# 帝国陷阱

THE EMPIRE TRAP

[美]诺埃尔·毛雷尔（Noel Maurer）◎著

黄欣　石莉◎译

国际文化出版公司
·北京·

图书在版编目（CIP）数据

帝国陷阱 /（美）诺埃尔·毛雷尔著；黄欣，石莉译. -- 北京：国际文化出版公司，2020.2
ISBN 978-7-5125-1159-0

Ⅰ. ①帝… Ⅱ. ①诺… ②黄… ③石… Ⅲ. ①政治-研究-美国 Ⅳ. ① D771.2

中国版本图书馆 CIP 数据核字（2019）第 286263 号

北京市版权局著作权合同登记记号：图字 01-2019-7889 号
The Empire Trap by Noel Maurer
Copyright © 2013 by Princeton University Press
Simplified Chinese translation copyright © 2020 by Sinoread Culture & Media Co., Ltd.
This edition published by arrangement with Princeton University Press
through Bardon-Chinese Media Agency
ALL RIGHTS RESERVED
No part of this book may be reproduced or transmitted in any form or by any means, electronic or mechanical, including photocopying, recording or by any information storage and retrieval system, without permission in writing from the Publisher.

## 帝国陷阱

| | |
|---|---|
| 作　　者 | [美]诺埃尔·毛雷尔 |
| 译　　者 | 黄　欣　石　莉 |
| 统筹监制 | 林绿波　鲁良洪 |
| 责任编辑 | 潘建农 |
| 策划编辑 | 杨婷婷 |
| 品质总监 | 张震宇 |
| 出版发行 | 国际文化出版公司 |
| 经　　销 | 国文润华文化传媒（北京）有限责任公司 |
| 印　　刷 | 三河市华晨印务有限公司 |
| 开　　本 | 710 毫米 ×1000 毫米　16 开<br>25 印张　　　　　　　　　332 千字 |
| 版　　次 | 2020 年 2 月第 1 版<br>2020 年 2 月第 1 次印刷 |
| 书　　号 | ISBN 978-7-5125-1159-0 |
| 定　　价 | 68.00 元 |

国际文化出版公司
北京朝阳区东土城路乙 9 号　　邮编：100013
总编室：（010）64271551　　传真：（010）64271578
销售热线：（010）64271187
传真：（010）64271187-800
E-mail: icpc@95777.sina.net

## 目录 | Contents

| | | |
|---|---|---|
| 第一章 | 导言 | 001 |
| 第二章 | 避免陷阱 | 023 |
| 第三章 | 设置陷阱 | 053 |
| 第四章 | 脱离陷阱 | 081 |
| | 特例一：墨西哥特例 | 121 |
| 第五章 | 香蕉共和主义 | 131 |
| 第六章 | 偶然脱离 | 163 |
| 第七章 | 再次落入陷阱 | 209 |
| 第八章 | 帝国陷阱与冷战 | 269 |
| | 特例二：埃塞俄比亚和尼加拉瓜 | 300 |
| 第九章 | 帝国陷阱的成功 | 303 |
| 第十章 | 意图脱离？ | 339 |
| 第十一章 | 21世纪的帝国陷阱 | 379 |

# 第一章

# 导言

文明国家历史上前所未有，也毫无正义可言的出奇行径，野蛮人的行径，因为，它践踏了最基本的国际法；是卑鄙可耻的行径，因为它是道德败坏的后果，是武力与背叛的计谋合从。

——西普里亚诺·卡斯特罗（Cipriano Castro），1902年

这是巨大威胁，是这个星球今年所面临的最大威胁。美国佬的帝国。

——乌戈·查韦斯（Hugo Chavez），2010年

1900年，时任委内瑞拉总统卡斯特罗（José cipriano Castro Ruiz）扣押没收了属于美国沥青信托公司的财产。委内瑞拉军队武力强行驱逐了沥青公司的雇员并占领了该公司位于贝穆德斯湖上的办公设施，这里是世界上最大的天然沥青坑之一。麦金利（威廉·麦金利，William McKinley，时任美国总统。）政府虽然提出抗议，美国海军部命令三艘战舰开赴现场，然而美国并没有进行干涉。由于不满意美国政府的官方回应，沥青信

托公司立即着手向一支叛军提供武器支持以推翻时任卡斯特罗政府。美国企业界对叛军的支持，导致卡斯特罗政府扣押了载有运送给政府敌对势力武器的商船。这些商船悬挂的是英国国旗。此举反过来招致卡斯特罗政府和英国之间的紧张对峙，而这一局势又导致德国——站在了英国一边——的卷入。英-德联军炮轰拉瓜依拉港①，击沉了两艘委内瑞拉商船，封锁了若干个港口，并威胁入侵。美国政府又被拖进——在海牙国际法庭调解国与国之间纷争的协议——这一争端。这一错综复杂的局面混乱难解，既富于政治性，又兼具暴力性。从1893年的夏威夷甘蔗种植者与女王利留卡拉尼（Queen Liliukalani of Hawaii）之间的对抗冲突，到20世纪20年代的"金元外交"，美国政府发现在不知不觉中一而再，再而三地被拖入美国投资者与外国政府之间涉及其财产权益的争端。

2007年，时任委内瑞拉总统乌戈·查韦斯扣押没收了属于美国石油大鳄埃克森-美孚石油公司和康菲国际石油公司的财产。国务院一名官员被问及此事时声称，"委内瑞拉政府，与任何其他国家政府一样，有权做出此类决定以改变所有权规则。我们的准则一贯是，我们希望看到他们在予以公平和公正的赔偿方面履行他们的国际承诺"。石油大鳄们然后就向国际商会（International of Chamber of Commerce）起诉委内瑞拉国营石油公司，向国际投资争端解决中心（International Center for Settlement of Investment Disputes）起诉委内瑞拉政府。美国政府没有卷入这些法律诉讼。国际商会裁决，委内瑞拉政府应给予埃克森-美孚石油公司9.076亿美元赔偿金。查韦斯狂怒咆哮，但还是支付了赔偿金。该争端解决尊重法律，而且相对来说比较有序。然而，这一争端并非独一无二。到2007年为止，美国公司因其认定的财产权受到侵犯而在国际特别法庭起诉外国政府——至少是某些时候，而赢得官司，获得赔偿，这类事情完全正常。

《帝国陷阱》一书，是关于诸如1900年错综复杂的政治化冲突，向诸

---

① 瓜依拉港，La Guaira，委内瑞拉重要港口之一。译者注。

如2007年更有秩序事件的法律化争端的转型。本书提出了四个基本的调查发现。第一，20世纪80年代，在获得赔偿方面，**代表美国对外投资者的美国政府干涉，取得了令人震惊的成功**。第二，与美国整体经济利益和潜在的战略损失比较而言，**美国国内利益——为了微弱的经济增长——一而再再而三地胜过、压制了战略考虑**。第三，在拉美和西非地区，即使是在美国代理人时期，更不用说以后了，**证明美国没能力进行强制性制度改革**。第四，随着时间的推移，最终——在某种非预期后果的情况下，且无须明确直接地要求政府部门的力量保护他们——彻底地改变了，政府对保护海外资产的手法是，**给予美国投资者一整套用于对付外国政府的工具**。

第一个发现——美国政府代表美国海外直接投资者，从19世纪90年代开始，至20世纪80年代，经常性地进行干涉，而且干涉成功——在自然资源方面尤其如此。国务院的报告提供了1900年至1987年之间引起国务院关注的每一起投资争端相关的数据。对于石油及硬岩自然资源的投资商来说，许多争端案件所涉及的国家，几乎全是苏联的公开盟友，这些国家都毫无疑问设法避免支付全额赔偿——根据预计未来收入的市场价值确定。仅在6起非涉及苏联的案件（共130起案件）中，投资商明确地收到低于他们的投资价值的赔偿以维持经营：1900年的委内瑞拉案、1952年和1969年的玻利维亚案、1972年的厄瓜多尔案、1975年的科威特案和1979年的伊朗案。换句话说，一旦你审视这些数据就会发现，外国没收美国资产的主要程序化的事实之一消失了：自然资源领域的投资商很少因没收行为遭受经济损失。原因在于，美国政府积极地保护这些所有者以及他们的利益，几乎根本不考虑战略局势或意识形态倾向。

这里的含意就是，国内利益一而再，再而三地高于和压制了战略需要——这就是本书的第二个发现。鉴于美国对外国的直接投资对美国经济相对不太重要，这个结果确实意外。美国在外国的直接投资从来就不是美国整体投资的重要部分，美国对外国直接投资的赢利，也从来不是国民收入的重要部分。美国在争取外国的原材料供应方面的确有其战略利益——

但是从未因安全原因而依赖美国对外国的矿井和矿山的法定所有权。外国证券投资略显重要——当然也只是从20世纪70年代才开始。自19世纪90年代起，到20世纪70年代，美国在主权债务方面的投资，既不占美国海外证券投资重要份额，对良好的金融体系也不具有系统的重要意义。尽管如此，美国行政部门三番五次地为与外国政府发生冲突的私营利益出头出力。甚至在第二次世界大战轴心国的崛起和冷战时期共产主义将此类冲突的潜在战略成本推至顶峰之时，这一原则仍适用。1958年古巴革命之后，国务院中许多人担心，正是美国在没收问题上的强硬政策才将卡斯特罗推入到苏联的怀抱——然而，美国在印度尼西亚、秘鲁和埃塞俄比亚以及其他地区一而再，再而三地不断冒诸如此类的战略风险。简单地说，没有一位总统能够承担得起充当大智大慧，而忽视私营利益施加的要求坚决保护他们财产权利的巨大压力。

无可否认，有几位总统比另外几位总统更需要说服。西奥多·罗斯福和理查德·尼克松几乎无须说服就会对已经威胁到美国财产的外国政府实施惩罚。威廉·塔夫脱和卡尔文·柯立芝无须花费很大精力就能被说服，代表投资商出面干涉。在另一方面，沃伦·哈定、哈利·杜鲁门和约翰·肯尼迪，都相对比较固执。最后，有几位总统需要连推带拉、大吵大闹，才迫使他们进行干涉。伍德罗·威尔逊、富兰克林·罗斯福、林登·约翰逊和吉米·卡特，几乎没有任何兴趣动用美国实力保护美国财富不受外国政府的侵占——虽然如此，但还是这样做了。

第三个发现就是，美国已证明，在处理、解决确信造成拉丁美洲以及其他地区的美国财产不安全的潜在因素方面无能为力。20世纪初期的正统经济学说所持的观点认为，经济不稳定、财产不安全、基础设备不完善，以及今天被称之为的"不发达"，都源自一个单一的、共同的根源：内部腐败导致的不完备征税。根据这一观点，征税与关税方面无能，使国家陷入一个恶性循环。这些国家政府需要支付税收人员工资以收取税费；所以，缺乏提高税收的行政能力，也就没有办法提高行政能力以提高税收。

反过来，低税收意味着很少的资源花费在公共利益上：军队维护秩序、法庭强制社会契约、基础设施运送商品和提高健康。结果将是政治的不稳定：没有税收能力，政府就会寻求没收私有财产（包括外国投资商的私有财产），这样做反过来将激起强烈反对。（政府）向外国借款，理论上说可以解决这一问题。麻烦在于，借款国家对经济活动带来的任何增长都缺乏征税能力。因而，其结果充其量就是一个循环。更糟糕的情况是，某一国家可能发现自己已被排除在外国资本市场之外，并且饱受严重泛滥的不稳定之困。邻国可能处于不稳定中，大有希望的投资机会就这样失去了。

上述判断和结论提供了显而易见的答案：任命美国人管理这个国家的税收部门。美国的管理者们拥有聘请和解雇，以及强制实施新的行政管理规则的权力，就能够减少腐败并提高效率，税收就会提高。高额的税收收入能够保证公共物品方面的更大支出。高额税收还可以减少借债机会，因而降低借款成本——使更多的支出分配在公共物品方面。这样就降低了政治不稳定性，促进增长，进而吸引外国直接投资，相应地创造更高的增长。最终的结果将会是稳定繁荣政体，在这个环境里，美国的投资将会得到安全保障。

这个理论唯一的问题就是，该理论根本行不通。美国对八个国家实施了强制性"财政破产管理"，绝大多数是与外国政府合作（甚至热衷于此）。除了第一个——多米尼加共和国以外，管理任何一个国家收到的税额，都没有比该国政府原来收的多。而在多米尼加共和国，接管提高了税收，不是因为美国人的管理减少了腐败，也不是因为制定了完善的规章制度或带来了创新管理，而是因为，美国官员们一接管，多米尼加造反者就停止了袭击海关。在其他地方，将行政权力交到美国的人手中（而且许多情况下修改了法律），还不足以改变根深蒂固的腐败文化。美国人即使最终接管了政府的**所有**行政职能，财政破产管理还是失败了，正如在古巴和海地的情况。此外，除第一个干预——多米尼加案例以外，其他市场对宣布破产接管的反应非常剧烈。破产接管宣布后一个月之内，拉丁美洲**其他**

国家债务的债券收益猛增数百个基点。投资商们没有表现出放心和欣慰，认为美国人已做好充分准备改进税收制度，相反，他们的表现，就好像破产接管提醒了他们，拉丁美洲实在是一个风险之地。

第四个发现，强迫赔偿的干预**手法**，随着时间的推移发生了戏剧性的变化。为了保护与外国政府发生冲突中美国财产权益（或者至少是这些权益所创造出的收入来源价值），美国政府需要做下列三项事情之一：贿赂外国政府、威胁外国政府，或者改变外国政府。保护外国领土上的美国财产最显而易见的办法，就是让这块领土不再是外国的——也就是说，将它变为美国领土，置于（美国）宪法保护之下。而此战略在美国开始投资于非白人人口居多数的地区时遇到了麻烦：种族主义的选举人不愿意接受全部领土，因为"第十四条修正案"的保证，兼并全部领土还要给予这些人公民权。夏威夷是诸多特定情况下的例外，是不可复制的。

要介绍的第一项新"技术"，就是兼并全部领土而不赋予宪法——就如同，比如，帝国统治。在声名狼藉的"岛屿诉讼案"中，美国最高法院准予接受全部领土，但不给予公民权，或者不受宪法的充分保护。对于投资商来说很不幸，这项"新技术"也证明有问题。国会中反帝国主义的民主党故意制定规则，严格限制在美国最大、经济利益最重要的两块领地上进行私人投资：菲律宾岛和已经被占领的古巴。这就是剩下非正规的帝国主义：胡萝卜加大棒政策的出台，以对付名义上独立的政府。从1904年到大萧条时期，大棒就是军事力量（通常都是利用威胁封锁），而胡萝卜就是准许进入美国信贷市场。20世纪30年代期间，这套胡萝卜加大棒政策放宽了：富兰克林·罗斯福将公债、外国援助和准入美国市场等添加到胡萝卜政策中，而将拒绝接受作为大棒政策。之后，第二次世界大战期间，美国政府建立一个完整的分支机构，专门致力于针对外国的秘密行动。再自然不过了，这项新工具需要重新调整、修改以保护美国在海外的私有财产权。

从20世纪第三个四分之一时期初开始，一系列基本无计划——不是全部的——创新改革将无条件主权豁免权概念从法律诉讼中去除，给予投资商直接向国际仲裁提出诉讼的权力，而无需向本国政府"陈述"抱怨和诉讼。其他的变革允许了判决结果由国家法院予以执行。这些变革为投资商在与外国政府合作和说服华盛顿政府在冲突中予以支持之间，又提供了第三个选择。这项新的选择在投资争端中去政治化方面产生了有益的附加作用，使美国政府免于因一而再，再而三地被拖入与外国政府的争端而引起的国内压力。

## 帝国陷阱

　　上述发现显示出某种"帝国陷阱"的可能，因为，只要美国某届政府承诺代表美国投资商出面予以干涉，就使得未来的政府要想避免此类干涉就更加困难。如果某位总统令人信服地承诺动用美国的强大势力保护在外国的美国财产权益，那么，这个国家可预见到的投资风险就会降低。更多的资本就会大量涌入，提高该地区投资商的政治影响。另外，投资商（历史事实上）将会预见到，承诺适用于相类似的国家——事实上，这类国家都将变得更具吸引力，投资商们只需要预见到承诺应用的"可能"，更多的美国资本将会涌入。未来的政府可以拒不履行含蓄的承诺——只要政府愿意对抗这些投资的所有者。这样一来必须带来政治成本，政治成本越大，投资商拥有的财富所面临的风险就越高。简言之，代表海外投资商进行的成功干涉，将引致更大的海外投资；而这些更大的海外投资一旦受到危险，又会制造更大的干涉压力。结果就形成一个"帝国陷阱"，而落入这个陷阱，美国政府就会发现，很难抵抗保护美国海外财产利益的强大压力。

　　投资者的困难在于，美国的总统们有诸多理由避免代表投资者的利益动用美国的强大势力。选民肯定不认为私营利益与国家利益是一致的。有些选民可能会因为意识形态原因而反对干涉。其他一些人反对干涉的原因在于，干涉使已知的成本效益测试失败。毕竟，鉴于美国经济的巨大规模，海外投资带给选民的利益通常都比较少。从另一方面说，卷入外国困境的成本有可能显得突出的昂贵。此类困境并非一定是军事麻烦。举例来说，与某个没收美国海外财产的外国政府发生经济冲突，可能导致该政府垮台，进而需要高额的不断资助以使该国的继任者稳定国家。同样，秘密行动有可能引起恐怖活动或其他类型的反击。最后，公众可能反对干涉，因为，公众对这些失去财产的国人们缺乏同情。举例来说，1929年持有拉丁美洲债务的银行家和债券持有者们，几乎没有任何同情心——根本不愿意支持海外投资者，因为它造成高额国内政治成本。

总统们对避免干涉也有他们战略考虑。美国有诸多利益，而保护私营利益可能使那些利益置于危险之中。举例来说，对没收美国财产的某国政府施加制裁，就要冒着促使该国政府与敌对势力结盟的风险。军事干涉的成本可能非常昂贵，可能触发目标国家的民族主义者的反应，而且要联合其他地区所需要的军事力量。非军事干涉也冒着激怒其他友好国家政府的风险，招致大众的愤怒，进而反对在目标国家经营或交易的所有美国企业。更糟糕的是，任何形式的干涉，都要冒着激起**目标国家以外的其他国家**愤怒的风险。（美国）对外投资微不足道的价值与美国经济的巨大规模抗衡，以及美国战略利益的多重性，都对干涉产生了不利的影响。

因而，美国在海外的投资商面临的，是典型的集体行为问题中较为不重要的一面：美国政府的强大势力足以保护海外投资商，但是，海外投资商的利益与美国整体利益相比，还是比较小。（这两个事实相互关联：美国政府有能力保护海外投资商的原因在于，美国的实力远比海外投资商所投资的那些国家强大。）因此，海外投资商必须说服政府动用其实力，代表他们的利益，根本不考虑他们属于少数，也不考虑此类行动会带来政治和战略成本这一事实。

作为一项实践经验的实务，20世纪的美国投资商，在压制国内反对派和战略利益方面普遍获得成功。他们所运用的特定政治战略随着时间的推移也已发生变化。20世纪初期，海外投资商绝大部分都是动用个人的政治关系以影响政策。随着帝国陷阱这一模式开始实施，个人政治关系变得更容易。之后，进入20世纪30年代时期，投资商们开始运用更为复杂的战略，将保护他们的利益与政府当时高度重视的其他利益联系在一起。第二次世界大战之后，投资商们鼓动公众和国会舆论，向行政部门施加压力。这些公司试图将国家利益，如反对共产主义，与他们的财产权益捆绑在一起，争辩说，保护他们的收入来源，对否认敌对国家诸如此类的收入来源发挥了有益的影响作用。美国各类公众认为，没收他们同胞的财产，就是针对美国的攻击和损害。其他公众担心，一个国家对美国财产的没收得到允许，其他国家可能会随之效仿，如此这样，在某个时刻，所受到的经济损失有可能高达一定程度，足以影响到公众他们自己的利益。诸如此类的担心并不一定是现实；它们只需要被人们相信。干涉成本往往都是分摊，范围覆盖全社会，借助了所有这些战略，海外投资商正是从这一事实中受益。同样，私人投资商也从干涉手法的变化中获益：拒绝资助的政治成本，或采取秘密活动低于（至少在短期内）封锁港口或实施财政破产接管的成本。

## 陷阱周期

帝国陷阱并非是一个必然发生或一成不变的过程。投资商们也不是总能随心所欲。投资商对财产权益强大保护（以及他们为达目的所运用的战略）的期望，与美国的政治体制、选民优先权和干涉手法的相互影响作用，形成了扩张和退出周期。注意，这些周期只涉及美国实力保护美国**财产**——它们不是因为民主扩张，或对苏联的遏制，或防止种族灭绝，或寻找大规模杀伤性武器，或者是美国展现和动用实力的其他任何原因。

本书第二章"避免陷阱"，审视民主党的帝国扩张反对派们如何阻止在菲律宾和被占领的古巴出现帝国陷阱。麦金利政府因诸多战略上的原因接收了菲律宾，但是，反帝国主义者们利用他们在参议院的阻挠权力限制美国在这个岛上的投资，**有意地防止国内利益集团支持将该岛保留作为美国的领土这种倾向的出现**。针对古巴类似的法律也获得通过，只要是美国占领政府仍当权。正因为这一结果，支持永久保留该群岛的"菲律宾游说"从未出现过。

第三章"设置陷阱"，详细叙述了加勒比海周边地区一个非正规的美国帝国的发展历程。不可能依赖国会支持投资商在殖民地区的利益，当这一点变得非常清楚的时候，正规的帝国主义根本就不予讨论，但是，美国的财产权益因极不负责任的外国政府和政局动荡的综合原因而继续受到威胁。在来自热带地区企业的直接投资商和拉丁美洲国家政府的债权人的压力之下，西奥多·罗斯福利用多米尼加共和国的不稳定，宣布了干涉范围，在这个范围内，一旦出现"长期的错误行为，或者因无能为力而导致文明社会格局普遍松散"，美国就会行使"国际警察的权力"。这一章介绍了市场对罗斯福的宣言是如何反应，包括美国的反对声音。然而，该章还表明，当美国投资者们的利益**不一致**的时候——如1900年委内瑞拉的情况，卡斯特罗总统精心制定了一个战略，使美国一部分投资商的利益与美国其他一些投资商的利益竞争、冲突——美国政府不会采取行动。

美国可以劝诱和威胁外国政府尽力保护美国财产。但是，此举证明在解决许多问题方面无能为力，而正是这些问题导致外国政府的政治动荡、违约和没收美国财产。第四章"脱离陷阱"，详细叙述财政破产管理初期的失败。甚至多米尼加共和国也在1912年又回到了内战状态。事实上，多米尼加政府于1916年彻底垮台，迫使美国的全面占领要重新一点一点地恢复秩序。反帝国主义的伍德罗·威尔逊总统终结了管理正在加剧的美国非正规的帝国。

1920年之后的共和党政府，继续坚持干涉政策，即使沃伦·哈丁总统在1920年的总统竞选过程中公开反对干涉政策。第五章"香蕉共和主义"，介绍哈丁总统如何试图使美国从中美洲、加勒比地区和利比里亚的干涉和接管中脱身,但却最终失败。卡尔文·柯立芝在沃伦·哈丁1923年去世后继任,然而柯立芝的政府也同样处于矛盾状态中。柯立芝也未能抗拒要求政府代表美国投资商出面干涉的压力。到1927年,柯立芝公开宣称,"就自尊自重的政府而言,应具有明确的、必须履行的职责,担负保护他们的公民和财产权益的责任,不论他们在什么地方"。

大萧条让美国政府做到了伍德罗·威尔逊总统和沃伦·哈丁总统不能做到的事情:大萧条允许赫伯特·胡佛和富兰克林·罗斯福撤回了西奥多·罗斯福的帝国承诺。第六章"偶然逃离",介绍大萧条如何通过停止债权人与直接投资商之间的合作,促使第一个美国帝国终结。在经济状况好的时候,拉丁美洲国家的政府通常都能够设法支付债务,同时又能够收到足够的财政收入以维持政府正常运作。然而在大萧条的情况下,这些政府面临非常痛苦的窘境:他们能够以紧缩政策的代价,保持继续支付他们的外国债务,而紧缩政策动摇了政治稳定;或者,他们可以强行没收高额税收,而这样一来就会直接侵害外国直接投资的利润;或者,他们可以违约拖欠债务。债权人希望这些国家的政府尽一切可能获得足够的税收,以继续支付他们的债务。直接投资拥有者们不同意:税收和紧缩政策侵蚀了他们的利润,降低了他们投资的价值。最终,这些措施具备了引起动荡的潜在可能性,而这恰恰威胁到他们投资的生存。在债券持有者与直接投资商之间的这场争斗中,直接投资商赢了:大萧条对金融家在国内的影响作用产生了毁灭性的打击。

因此,1931年,拉丁美洲国家掀起了一波违约大浪潮,当时控制玻利维亚政府财政的**美国人**同意认可了违约——玻利维亚政府事实上为此已积极地奋力争取长达一年。类似的情况在整个拉丁美洲的其他财政受保护国也发生了。但是在古巴,格拉多·马查多总统(Gerardo Machado)拒绝违约,甚至在经济彻底垮掉的时候。与罗马尼亚的独裁者尼古拉·齐奥塞斯库(Nicolae Ceauşescu)截然不同,马查多更愿意提高税收充公,而又停止支付政府官员们工资。结果简直是一个惊世骇俗的奇闻,罗斯福政府精心策划推翻了一位古巴总统,因为他**拒绝**拖欠自己欠美国投资商的债务。

然而,帝国陷阱所潜含逻辑仍继续保持不变。参与者却有所不同。债券持有者不再举足轻重,因为,大萧条摧毁了主权债务市场。(主权债务市场直到20世纪70年代银团贷款出现才真正复苏。)直接投资现在占据了首要地位,而且政策制定都围绕着劝阻外国政府的没收,或者随之而来的争取足够赔偿。在富兰克林·罗斯福的主政之下,美国开始向外国提供援助(以补贴和货款的形式),并且制定、实施了也许是当代第一个针对古巴总统的秘密行动。这两个工具在第二次世界大战都得到了充分的完善,见证了完整的政府部门的创建,这些部门专门致力于政府官员调动以及秘密操纵外国政府事务。不仅如此,复杂的贸易控制规定的制定,使针对其他国家出口实施有目标的行动成为可能;举例来说,1948年之后,美国政府借助准许或拒绝蔗糖配额的策略,试图影响拉丁美洲某些国家政府。这些新的工具降低了干涉行动的政治成本——使美国政府更容易再次落入帝国陷阱。第七章"再次落入陷阱",介绍再次落入帝国陷阱是如何发生的:从富兰克林·罗斯福在墨西哥的干涉行动开始,到艾森豪威尔在危地马拉和遥远的伊朗所进行的干涉行动。

第八章"帝国陷阱与冷战",介绍这个帝国陷阱在与苏联竞赛的环境背景下继续主导着美国的政策。冷战对帝国陷阱产生了两个截然相反的作用。一方面,冷战造成干涉行为的战略成本增大。美国向外国政府施加压力,如果没有成功,就会将该国推进苏联的阵营。(举例来说,美国政府中许多人相信,正是因为美国对菲德尔·卡斯特罗的民族主义的反应和抵制,才将他推进了苏联的怀抱,这一点确凿无疑。)另一方面,冷战期间非同寻常的对抗,也增加了国内对外国民族主义默许的成本。私人利益集团立即意识到,对共产主义扩张的恐惧,使他们操纵情报机构,影响公众与国会舆论变得更加轻而易举。肯尼迪政府试图对第三世界的没收行为不予理会,只要求国会授权对所涉事件的国家强制实施多项毁灭性的制裁。尼克松政府制裁秘鲁,而且冒着极大的战略风险,对与美国紧密结盟的阿拉伯石油生产国家采取了强硬的立场。卡特政府对埃塞俄比亚发起严厉制裁，尽管此前曾受到警告，认为制裁的结果有可能导致目标国家加入苏联阵营——事实上，该国确实加入了苏联阵营。

然而，这个新的世界，对美国的政策制定者们来说，无论是挑战与失败，它对美国的投资商来说总体上是相当有利。第九章介绍美国如何通过施加压力，为自然资源领域的绝大部分投资商争得合理的补偿。当然，冷战时期的帝国和大萧条之前的帝国之间，还有另外一个不同：冷战时期的第二个帝国，从根本上放弃了直接更改被干涉国家的国内法律法规的企图。美国政府启动了大规模的资助项目，美国顾问在诸如南越（越南共和国）等国家无处不在，但是，一旦掌控政权被迫从德国、奥地利、日本和韩国撤出，也就不再存在"财政破产管理"或占领——除了在多米尼加短短的几个月时间和格林纳达仅有的**数天**。即使美国在一些国家的确发挥了更大的积极作用，但是，这与美国的财产权益保护无关，而与遏制共产主义扩张关系更大。

然而，在这些表象之下，主导、控制"投资者-政府"合作互动的板块正在漂移。第十章"意图脱离？"，详细叙述20世纪50年代、60年代和70年代时期，法律和政治上一系列略微的创新改革开始允许私人投资商向国际法庭起诉外国政府，**然后利用美国和欧洲的法庭强制执行判决**。1945年之前，绝对主权豁免的法律原则认定，任何国家对另一国家法庭的行为都不负有任何责任。【这一原则也导致极具讽刺意义事件。1938年，墨西哥政府没收了美国和英国的石油公司资产。而当墨西哥人将一些没收的油轮停泊在美国亚拉巴马州莫比尔港口时，亚拉巴马州的一个法庭判决竟然阻止美国的"墨西哥之鹰石油公司"（Mexican Eagle Oil Company）收回其公司被没收的油轮。】1945年之后，经多次改革逐步取消了主权豁免。首先，国有公司的兴起促使发生了诸多变化：如果法国航空公司凭借着其所有权而享受绝对豁免，它又如何在意大利经营？其后，努力使投资争端非政治化的诸多改革兴起：首先，赋予私人投资商权力，无需向本国政府"争得"支持他们诉求,而直接将外国政府告到仲裁机构。这些变化绝对不仅仅是装装门面而已。这些变化表明,一旦发生出口型资产被没收,投资商们可以要求赔偿,并对其判决的法定诉讼程序享有主动权;之后,如果外国政府违背赔偿判决,**就利用其他国家的法庭强制封锁和阻止被没收的资产进行生产**。

这些发展在当时并没有被看作是戏剧性的重大改变。就20世纪60年代和70年代的投资商而言,旧的制裁体制依然发挥着作用。此外,苏联早已作好准备为加入其联盟的国家提供备选市场,因而削弱了新体制的作用与功效。但是,新的制度正在悄无声息地进行着一场革命:新的制度使美国行政部门**不再**代表投资商,因而降低了政治成本。配之以政治风险预防措施的制定,这些新制度从根本上改变了国际产权的性质。到20世纪90年代,美国管理者们面对外国投资争端时,除了默认当地政府的要求或向美国政府求救以外,还有第三个选择:他们可以向国际法庭提起诉讼——经常是这种情况;如果他们赢得官司,他们就可以收回所有。

为了说明这些发现,本书厚着脸皮跨界社会科学领域。本书采用的是一种"分析性叙述"方法,这是普林斯顿大学的一批社会科学教授首先运用的一种分析方法。关于美国努力保护边界以外其公民财产权的历史,有大量的经济类、法律类和历史类数据可以查看。分析性叙述将这些数据置于理论语境之下,从特殊到一般归纳结果,论证由"厚"到"薄",正如作者描述所运用的方法。《**帝国陷阱**》提出了一个解释,在若干要点上与普遍认可的观点有分歧。这个解释涉及、贯穿所有不同的领域,表明关于本书的发现,有必要就每一个发现所蕴含的意义分别有所说明。

# 第一章 导言

## 政治科学

本书主要部分的跨界研究，在传统上一直属于政治科学研究者的研究范围。政治学研究者很早就认定，美国政府在美国投资商与外国政府发生冲突时，为了帮助投资商而甘冒损失极大的风险。相关案例都有专门的著作介绍。然而，这些专著的作者们都没有充分认识到的是，政府在为美国投资商争取赔偿所获得的成功，其价值等同或超过了投资商的投资正常运转的价值。不仅如此，美国政府通常还要设法从获取原材料方面取得战略优势。

在《保护国家利益》（Defending the National Interest）一书中，斯蒂芬·凯瑞斯纳（Stephen Krasner）明确地拒绝接受"自由主义"利益集团这一模式。相反，他采纳这样一种观点，认为国家本身就有诸多利益和许多意识形态以奉行和遵守。凯瑞斯纳假定，美国的主要目的之一，就是要维持原材料的安全、充足供应。根据他的观点，企业是按国家利益照章办事。"国家的核心"——白宫和国务院——被"特殊的社会压力所隔绝"。本书分析是基于美国传统风格处理问题方式这一事实：当美国战略意义与美国投资商在外国原材料的经济利益发生冲突时——美国财产被没收时，战略意义胜出。

《帝国陷阱》对凯瑞斯纳的解释直接、坦率地提出异议。首先，美国在为国家利益，**尤其是自然资源**争取赔偿方面确实获得引人注目的成功。其次，美国政府一贯心甘情愿地冒巨大的地缘政治风险坚持这样做。林登·约翰逊总统说过，"如果我们终止所有援助，苏加诺①就可能转而投向俄罗斯人"——然后，就终止援助，看着苏加诺投向俄罗斯人。有确凿的证据说明，私人利益集团向美国政府施加压力以期获得赔偿，而美国政府甘冒巨大的战略风险以达到这一目的。

---

① 苏加诺，Bung Sukano，印度尼西亚第一任总统，1945年至1967年在位。译者注。

与之形成鲜明对比，查尔斯·里皮森（Charles Lipson）在他1985年出版的《守护》（Standing Guard）一书中，对投资争端提出了略带启示性的观点。里皮森相信，整个20世纪，（投资商）所在国家的发展，促进和推动了有利于投资商权益的国际制度，向基于主权的新国际制度转变。里皮森认为，投资商缺乏政治的"集中"以抵制外国的没收行为。投资商反而请求美国政府为政治风险提供资金保证，以保护他们不被进一步的抢夺。他断言，运用卡尔沃学说[①]的范围还会进一步的扩大，该学说坚持认为，国际投资争端的司法权限完全取决于投资所在国家。

冷战的终结使里皮森模式成了虚假部分。没有出现卡尔沃学说的百花齐放现象，相反，全世界在针对投资商的一整套全新的国际法律规范方面迅速趋于一致。里皮森的失察，就在于将苏联视为没收外国财产所在国的主要范例，而没有将苏联视为潜藏在美国与没收外国资财所在国之间所有"双边"谈判背后的角色。苏联解体以后，诸多旨在使投资争端去政治化的法规制度变得更加有效，而不是减弱。除此以外，里皮森还漏掉了其他两个要素。美国总统的确做出了巨大努力，避免行使法律授权对没收行为实施报复行动——**而仅仅是通过强制实施这些法律授权的制裁**。第二点，里皮森对"现代投资者—政府仲裁体制"的创立没有高度地重视；对于这一体制，国会就"谨慎解决投资争端，以使友好的政治关系继续下去"的问题展开了明确的讨论。当然，本书研究的发现，与里皮森的两个假设是一致的：1）美国政府没有自主权，企业优先权才是重要的；2）"过去的国际冲突，变成了关于未来经济成果分配的商业化谈判"。

杰弗里·佛雷登（Jeffry Frieden）再度提出了经济学作为干涉行为政治学科中的原因变量。"在这个方面，最需要密切考虑的问题，就是帝国干涉在增加大都市经济利益回报的过程中的潜在成本，以及干涉行为可能

---

[①] 卡尔沃学说，阿根廷外交家和法学家卡洛斯·卡尔沃（Carlos Calvo）所倡导的学说，即：在某国定居的外国人，应享有与当地国民相同的保护而不能要求更多的保护；外国人受所在国法律管辖，如受损害或遇争执，须由当地法院处理，不容任何外国干涉。译者注。

给这些经济利益带来的潜在收益。"佛雷登认为,殖民式的干涉越来越不缺乏吸引力,原因在于,投资已从初级产品领域,转向政府债券和以地方为主导的制造业和服务业。《帝国陷阱》一书中的发现,与佛雷登的某些经验主义论断相抵触——但是反过来却强化了他的整体论证。第二次世界大战之后,美国没有变得不愿意保护美国人所拥有的财产,而是保护自然资源方面的投资,比保护公用事业或主权债务更轻松容易实现。

最近,迈克尔·汤姆茨(Michael Tomz)争辩认为,报复行为对主权债务市场并不重要。在与马克·怀特(Mark Wright)合著的书中,迈克尔·汤姆茨提出证明,没收和拖欠行为交替发生(而不是同时发生)——拖欠的国家不采取没收行动,而没收的国家中几乎很少拖欠。本书提出的证据,与迈克尔·汤姆茨关于主权债务的论证相一致——而本书中所探讨的绝大部分内容,迈克尔·汤姆茨都没有涉及。另外,本书所提出的证据,也许可以解释迈克尔·汤姆茨对于没收和拖欠交替行为的发现。美国20世纪80年代期间的债务政策,实际上比20世纪30年代的政策更加强硬,但是80年代的华盛顿通过提供官方贷款的形式,帮助拉丁美洲经济进行调整。正如阿兰·加西亚①统治之下的秘鲁所发现的,如果美国财产权没有受到尊重,此类货款也就不能够到位。换句话说,交替模式可能是内在原因:拖欠的国家不太可能没收财产,因为他们需要美国的官方贷款。

## 经济学

历史学家可以为经济学做出的贡献之一,就是将特征事实——也就是出于论证目的而被接受的事实,转换为真正事实,并以数据和证据加以证实。《帝国陷阱》书中所搜集的证据,反驳了没收行为这一被接受的特征

---

① 阿兰·加西亚,Alan Garcia,1985年至1990年;2006年至2010年,两次出任秘鲁总统。译者注。

事实。根据"消退的讨价还价能力"这一特征事实说法,一个主权政府与某投资商达成某个协议。然而,投资商一旦将他们的资金投入下去,该政府就有动机违背最初的协议——而且该政府确实就是这么做的。然而,从经验观点看,即使以严谨、细致标准看,美国拥有的一切国有化的重要资源投资,几乎都获得了公平的赔偿。它的含义在于,冶金工业的外国投资(至少对美国人来说)过去(以及现在)的风险程度,远比绝大多数经济学家假定的要低得多。这一事实也可能解释了投资商在被没收之后非常明显的健忘性。

经济学家在分析没收行为过程中还常常假设,外国报复是政府的一个决策变量。这一假设忽略一整套的国际机制,这些机制在绝大多数的西方国家(和许多非西方国家)得到国内大量的法律支持,其目的就是阻止不予以赔偿的没收行为。国家侵犯外国人财产权利而免于司法惩罚,这一假设不正确。然而,这些机制的建立——从制定角度——相当缓慢,因此,实践尝试分析由没收行为引起的争端时,需要考虑这些耽搁因素。

最后,美国采取的财产破产管理失败记录,对保罗·罗默[①]将"宪章城市"(charter city)概念,作为提高管理和促进增长途径的可行性产生了质疑。保罗·罗默的概念基于这样的假设,即:贫穷国家之所以穷,是因为自身具有的鼓励腐败、专制垄断和效率极低的恶劣体制。一个宪章城市其背后的设想就是,某个国家创建一个"绿地投资地皮",这个区域内适用于完善的外国管理体制。该国仍保持该区域的主权,但是,由外国人或某个外国政府作为"保证人"进行管理,以确保"宪章在数十年内受到尊重和强化,直至未来"。洪都拉斯最近为该国的大西洋海岸的一个宪章城市拟定了条款和规定(尽管该国最高法院宣布这些条款和规定无效,该项目现在仍然处于停滞状态)。根据洪都拉斯的计划,该宪章城市将拥有自己的公共管理部门、税收体系、法律制度、警察机构和"签订条约和贸易与合作的国际协议的权力,所涉及的贸易与合作事项完全由宪章城市管

---

① 保罗·罗默,Paul Romer,世界银行首席经济学家,新增长理论的主要建立者之一。译者注。

理机构控制，并服从国会的批准"。这些条款和规定将由一个五名外国人组成的"透明化委员"强制实施：两名美国经济学教授、位于哥斯达黎加的INCAE商学院①前院长、商务准则国际学院（International Academy of Business Disciplines）前副院长和新加坡的一名退休将军。任何涉及洪都拉斯法律的司法冲突，将由一个三名法官组成的仲裁小组解决。这三名法官是从预先指定的40人名单中遴选出来的，40人中一半由洪都拉斯国会选出，另一半由透明化委员会选出。

美国财政破产管理与宪章城市概念如出一辙，从某种意义上说，所在国家保持主权，而美国管理者接管政府职能。美国人有权力雇用和解聘以及修改内部条例、规定以及程序。在某些情况下，美国人对税法和海关法提出修改建议；在其他一些情况下，税法和海关法的改变是破产管理的必要前提。与其他形式的外国干涉不同，财政破产管理具备其优势，它们的成功与失败很容易评判：财政收入或者增加（针对不同的反事实），或者没有增加。因此，财政破产管理目前可以作为宪章城市概念是否可行的部分试验。

美国人的财政破产管理失败了。原因诸多，归根结底就一个，财政收入没有增加。在巴拿马，美国的接管者们被腐化了；在秘鲁，他们受到自己下属们的威胁（尽管秘鲁总统声言支持）。只有一次，美国人成功了，就是1905年在多米尼加共和国，原因在于，美国人的存在，阻止了叛乱分子袭击海关，而不是因为减少了腐败或提高了效率。（换句话说，多米尼加的破产管理成功，是因为它类似于当代的联合国维和行动，而不是因为它是一个宪章城市。）当然，美国人的经验并不能证明宪章城市这一概念无效，但确实意味着，变更制度远比改变宪章城市希望的支持者难得多。

---

① INCAE商学院，INCAE Business School，该学院是拉美地区排名第一的国际商学院，在尼加拉瓜和哥斯达黎加分别有校院。译者注。

## 历史

《帝国陷阱》的主要贡献，是使过去模糊不清的概念具体化了。本书量化了美国在拉丁美洲进行干涉行为的财政和市场效果，并对美国20世纪30年代在这一地区开始的制裁程度，以及为投资者获得的成功都做了量化分析。它还证明，美国的反帝国主义的政客们充分意识到1898年的帝国陷阱的政治动荡，当时这些政客们限制美国在这一新的领地进行投资。

《帝国陷阱》提供一幅美国在海外财产权益上的立场的微妙图画。许多报告都依赖于西奥多·罗斯福争强好胜般保护美国利益而夸大其词的讽刺漫画。然而，正如迈克尔·汤姆茨曾表明，而且本书已确认，早期的干涉行动并非是无条件地只侧重于收回债款。事实上，大萧条初期数年间，美国鼓励拉丁美洲国家拖欠他们的主权债务。当债券持有者和直接投资商被设计相互对抗争斗时，直接投资商轻而易举就赢得了胜利。

赔偿支付方面所收集到的证据，与关于拉丁美洲经济国家主义中的标准叙述有出入。尤其是被收录为典范案例的1938年墨西哥石油没收事件，经与现有的数据进行对比分析时，看上去有非常大的出入。标准的事件叙述是，墨西哥支付的赔偿远远少于财产价值。这不真实：墨西哥所支付的赔偿，远远地高于财产的市场价值，而且，墨西哥这样做，是为了避免美国政府的经济制裁。另外两起近乎典范的经济国家主义事件——1968年至1974年之间秘鲁革命军事政府没收美国在秘鲁的十数家公司事件和1975年委内瑞拉石油国有化事件——根据现有的数据表明，看上去也有很大不同。经济国家主义产生了许多影响作用和效果，但是，将美国的股票价值转移给拉丁美洲国家政府不属于这些效果之一。

本书的分析还提出了美国经济帝国主义的新时期。美国非正规的帝国，在整个20世纪没有因总统的更迭而不断地移动，反而出现了两次明显的兴起与衰落。20世纪初期，当政治压力迫使美国政府必须保护其国家的海外利益时，第一帝国出现了。当大萧条摧毁了维系该帝国的政治联盟时，这个非正规的帝国就此寿终正寝。第二轮经济利益驱动的干涉行动崛起于20世纪30年代后期，一直持续到80年代。第二个帝国的地域范围更加广阔，受到富于挑战的反共产主义的影响，而且几乎不可能卷入直接的军事干涉；但是，第二个"帝国"（与第一个类似）也使得投资商操纵了美国政治系统，且常常相当成功，或者保护他们的投资，或者确保他们的损失获得赔偿。第二个帝国并没有彻底地终结，而是被司法化的争端解决机制所取代。而私人投资者发现，司法化争端解决机制的制定与发展，与求得华盛顿的支持一样极具吸引力。

最后，本书对历史学和社会学作了方法论说明。社会学的根本是关于社会进程的研究——人类互动和交流的方式，以及依据时间而构成的这类互动和交流的社会制度。因此，社会学家在借助历史方面并没有实际上的选择——社会学家对于随时间而变化的兴趣，使他们几乎没有选择，只能进行史实论证。社会学家的真正选择就是，他们所作的史实论证，是否得到系统地搜集得到的，并精心分析的证据所支持；或者，这些论证是否得到"特征事实"的支持。

与此同时，连贯、清晰的历史，需要一整套理论框架和一系列源自社会学的分析手段和方法。历史学家在借助定量证据，分析这一证据所必需的分析手段和方法方面并没有实际上的选择。在某种程度上，历史叙述的结构，需要探讨趋势、频率和分配。历史学家所面临的真正选择就是，他们所得出的推断是系统方法的结果，还是模糊的印象。同样，历史学家在借助理论方面也没有实际上的选择。撰写连贯、清晰叙述，需要历史学们采取某个框架体系，借助这个框架体系排列事实和事件，解释这些事实与事件之间的因果关系。无论历史学家意识到与否，他们所运用的这个框架体系就构成了一个理论。历史学家真正面对的选择就是，他们所运用的理论是含蓄的，还是直言不讳的；是模糊的，还是明确特定的；是杂乱无章的，还是逻辑一致的。总之，社会进程研究需要运用综合手段和方法，而这些手段和方法却都来自被认定为属于不同的学科。这些不同的学科的手段和方法综合为单一、一致的历史社会学方法，大有裨益。

# 第二章

# 避免陷阱

  该提案的根本理论，就是要让菲律宾人民表决通过他们自己的法律，确定他们自己的土地所有权规章制度。它也不包含赋予公民权制度；我们将该问题留给这个岛上的人民。它也不包含诸多银行制度；我们将银行交给那里的自治政府。它不包含货币制度；如果他们本身就有能力的任何形式的自治政府，他们就必须通过他们自己的货币法律。我们既不能赠送，也不准备赠送给他们公民选举权。假如我们即使为赠送公民选举权利哪怕仅仅做了极其微小的准备，那都是与民主理论相矛盾，因为我们在菲律宾岛上所布置、建设的每一项既得利益，都是支持永久保留的一个更强大的呼声：恳求不要将这一既得利益留下。

——众议员约翰·威廉姆斯（民主党，密西西比州）

  1898年，美国扩张进入夏威夷、波多黎各和菲律宾。之后，除了少数的例外行动，正式的扩张基本停止。而且，这些例外的扩张中，没有一例是受到美国投资商利益的驱动。

  美国井喷式的海外正式扩张期为什么如此的短暂？毕竟，保护你的国家在外国区域的投资最佳策略之一，是使该区域不再是外国领土。英国、法国、意大利、日本、德国和苏联，直到第二次世界大战结束才停止继续兼并外国领土。在美国基本放弃扩张行动时期前后，涉及国际准则方面没有任何突发性的彻底改变。

以1898年前后这一时期美国投资商的观点来看，美国宪法适用范围扩展，为美国财产权利提供了最完善的保护。本国政府理所当然要劝说外国政府，向他们发出警告，并实施制裁（通常是以被称之为"太平洋封锁"的形式），或者使用武力。全部兼并比上述这些做法和措施要更加极端，推行美国的法制体系、联邦司法及执行机构。就公司和政府所能运用的许许多多不同的"技术策略"而言，美国宪法的扩展可能是最富于强大的想象力。

当夏威夷王国威胁美国投资者的居住权时，这些投资商寻求美国政府的帮助，借助这一帮助于1893年推翻了该王国，之后立即申请全部兼并。最大障碍在于，夏威夷岛绝大多数的居民是夏威夷人，而不是白种美国移民。这个政变在美国国内引发一场巨大风暴。即将下台的本杰明·哈里森政府予以支持并批准全部兼并议案，然而格罗弗·克里夫兰政府拒绝承认该新政府。事实上，克里夫兰对这些移民予以谴责。移民们不得不等到1897年，直到另一个富于同情心的共和党人执政（威廉·麦金利）。这些移民然后才能够将他们个人和家庭事务与共和党政府联系到一起，推动兼并议案。

致使夏威夷成为完全并入美国的一个疆域，是诸多环境因素汇集的结果，这些因素是特定环境下独有的，是不可重复的。首先，那里的投资商视他们自己为当地的移民。第二，他们与发挥着重要作用的共和党政客们既有亲密家庭关系，又有密切的商业往来，尤其是来自新英格兰的政客。第三，夏威夷原住人口正在减少，周围群岛上的日本和中国的劳工几乎全部是男性，被认为是临时居民。因此，亚裔人口被认定对主岛上的种族平衡几乎不构成任何"威胁"。第四，1898年夏威夷人口中增长最为迅速的群体，是由葡萄牙移民人群和他们的后代构成，而美国国会认为葡萄牙移民的白种程度足以被接受。第五，夏威夷主岛的战略位置意味着，美国既不能将他们自己的财产给其他任何强权大国，也不能放弃利用珍珠港作为海军基地的权利。再也没有任何能够满足这些综合因素的情况。甚至后来美国制定战略兼并决策（举例来说，1917年的维尔京群岛，或1945年从日本政府争取到的太平洋区域）时，这些地区也都没有被全部并入美国的疆域。种族态度已表明，宪法绝不会扩展至非白人居住的区域。

保护美国财产还有第二个选择：帝国统治。美国可以将其法律制度和行政管理权扩展至当地居民，但同时又不给予当地人口公民权。理论上讲，帝国统治既保护了海外的美国投资者，又缓和了国内的种族主义担心。西班牙–美国之间的战争为这一选择提供了下个检验的机会。美国投入这场战争并不是因为菲律宾的缘故，而当这个岛屿落入了美国人之手的时候，麦金利政府认为，美国为了战略目的而必须保留和控制这个岛屿。麦金利因而决定采取新的措施：他兼并了这个岛屿，但却不将其并入美国疆域。

问题是，民主党的反对者们（包括一名共和党人，马萨诸塞州参议员乔治·豪尔）没有批准帝国扩展法案。反对的理由分为三个主要类别。第一类就是坚持原则从意识形态上反对对外国人民强迫施加异域统治。第二类就是担心，一旦美国的企业投资菲律宾产业（绝大部分是农业产品，但是，也许出人意料地担心是制造业），那么，也就不可能将菲律宾挡在美国的关税壁垒之外。第三类就是许多民主党人担心，从长远看，阻止菲律宾人（以及在菲律宾的中国人）移民至美国大陆是不可能的。

民主党人很清楚帝国陷阱所发挥的作用与活力，因而他们试图避免。但是，他们未能阻止兼并议案，原因在于，投票反对兼并议案，可能会意味着就是拒绝美英《巴黎条约》——正是这一条约终止了西班牙–美国之间的战争。然而，民主党的确成功地利用他们在国会的禁止权，通过了其他一些议案的修正案，限制美国人在该岛屿的投资能力。这些限制虽然不是绝对的，但结果确实使美国在菲律宾群岛的投资量大大地降低。但是，民主党人仍然要证明，**不具备宪法利益**的正规的帝国统治，对美国的投资者来说是非常糟糕的协议，因为，少数参议员能够强迫实施一些有损于美国商业利益的政策。从美国投资者的观点来看，这些限制证明，正规的帝国统治（至少从美国政府来讲）不符合他们的最佳利益。

最终的结果是，投资者支持正式扩展的情绪消失殆尽。国会能够，也肯定限制投资者在美国正式控制之下而又无须宪法保护的区域的投资能力。当然，美国的种族政治确保宪法不会扩展至欧洲后裔不占绝大多数人口的任何地方。正因如此，1898年之后美国政府代表美国投资商实施的海外干涉，都没有遵循大英帝国的先例。相反，美国采取一个新的形式。

## 夏威夷政变和与美国联盟

夏威夷的归属议案，是由接替已经被废黜的法定统治者而成立的临时政府提交给我们；看起来，这样的临时政府既没有制止大众革命，又没有给予选举权。

——总统格罗佛·克里夫兰（内战后首位民主党人总统）

一个国家没有法制力量保护美国公民，也就没有国家法律或任何社会规则可以理所当然地阻止我们拒绝为他们提供庇护，将他们置于我们的军队保护之下；不考虑它可能给女王带来的忧虑（虽然是女王造成的这个混乱），或者它可能带给人民的任何益处，因为人们正在争议女王恢复或保持君主权力的权利。

——参议员约翰·摩根（民主党，亚拉巴马州）

## 第二章 避免陷阱

初看起来，美国对夏威夷的扩张似乎遵循了在北美长期扩张过程中确立的程序化模式。移民到达某一地区，取代了当地的人口，最终确立了他们与美国其他部分的政治联系。之后，这个地区就会如1784年确立的"西北条例"（Northwest Ordinance）那样，争取领土地位。但是，夏威夷与之前的扩张地区之间有一个截然不同的关键：美国人在夏威夷的移民人口属于少数裔，而且，没有一点迹象显示出，美国移民在不久的未来会成为主要人口。

19世纪40年代，美国对夏威夷的政策，就是以保证该岛屿不落入英国或法国之手为中心。随后的美国-夏威夷关系则是以蔗糖业为中心。夏威夷糖业希望进入美国市场；美国国内利益想要将其挡在国外。1855年和1867年，参议院两次拒绝签署允许夏威夷糖业免税进入美国市场的条约。1855年的条约被拒绝是因为路易斯安那州的蔗糖种植者。1867年，路易斯安那州已不再是一个因素——该州自美国内战之后处于联邦占领之下，但是尽管如此，参议院仍然因为担心损失关税收益而拒绝了条约。1875年，参议院最终以51票对12票投票结果批准一项互惠互利条约；回报条款是阻止夏威夷将任何"港口、港湾，或其他区域"交由任何外国管理。美国国内糖业利益接受了这一协议，因为美国当时进口的90%糖业产品中，只有2%来自夏威夷。立法者们因而预期，从夏威夷增加进口将威胁到其他外国竞争者的成本，而不是国内的生产。

1875年通过签署的条约，引发了一轮美国投资热潮。美国在夏威夷的糖业债券价值，从1870年的2,500万美元（以2011年美元价值计），飙升至1880年的8,000万美元和1890年的2.59亿美元。鉴于与其他热带区域的环境相比，夏威夷的条件更有利于健康，因而，一部分投资拥有者选择了追随他们的投资来到这里。到1890年，美国出生居民的社区达到了1928个。

然而，这些移民在夏威夷人口中并不占据很大的比例。居住在这些岛上总共有1,890名美国人，只占总人口89,990的2.1%。到1896年，美国移民数量增加到2,266人，但是占总人口的比例却下降到1.94%。1896年的人口普查记录了在夏威夷出生了父亲是美国人的820个孩子，但是即使将这些孩子们包括在内，美国人在夏威夷总人口的比例也才增加到2.8%。美国移民似乎在不久的将来根本不可能成为主要人口。夏威夷种族部落人口也在减少，从1853年的70,036人，下降到1896年的39,504人，但是，被日本、中国和葡萄牙的劳工所替代，这些劳工都是船载运来为美国的蔗糖和菠萝种植园工作——到1896年，这类移民（以及他们在夏威夷出生的孩子们）所占总人口比例分别为22%、20%和14%。（经过一番有关葡萄牙人是否被认定为白人的激烈争论，主张兼并的人们感到了极大的安慰，因为与日本和中国劳工不一样，葡萄牙人的性别比例平衡，因而可以具有更高的出生率。）

1893年，美国侨民发动一场政变。直接起因是夏威夷利留卡拉尼女王决定实施新宪法，意图削弱对其权力的法律限制。（此前有利于投资者的宪法，是一支主要由美国侨民组成的武装国民卫队于1887年以立宪的形式强制实施。）美国侨民担心，允许女王颁布新宪法可能要开先例，实际上是将对政府的**所有**限制全部废除。一个13位成员组成的，主要由美国人控制的"安全委员会"（Committee of Safety），由夏威夷出生的桑福德·多尔——未来菠萝行业巨头詹姆斯·多尔的堂兄弟——领导，当时向驻檀香山的美国公使寻求帮助。1893年1月16日，该公使命令美国海军陆战队登上美国波士顿号巡洋舰抵达夏威夷，以"保护美国人的生命和财产"。安全委员会第二天占领了政府办公大楼，利留卡拉尼女王放弃权力。多尔成了临时政府第一任总统，并向美国提出了兼并诉求。

对临时政府非常不幸的是，政变是发生在本杰明·哈里森总统1892年11月的大选失败**以后**。这位落魄的总统，共和党人，向参议院提交了兼并条约，但是反对派们将批准事宜搁置。直到1893年3月格罗姆·克里夫兰，民主党人，宣誓入主白宫时，该议案仍被搁置中。克里夫兰亲自会见了利留卡拉尼女王，命令星条旗必须降下来。克里夫兰暗中支持国会就政变展开调查。调查的结论是，如果没有美国的干涉，政变肯定失败。克里夫兰怒吼："临时政府的存在，完全是因为美国的武装入侵。利用这种侵略行为，联合美国外交代表参与共同实施，又没有国会的授权……已铸成大错"。克里夫兰在他的国情咨文中补充说，"对我来说，我们这届政府致力追求的唯一荣誉，就是改正那些曾经代表我们的人所犯下的错误，尽可能切合实际地恢复我们武力干涉之前的状态"。临时政府仍然继续掌权，但在美国政府眼里，它是未获承认、非法的政权。

国会有其他的想法。在克里夫兰自己的党派内，参议员约翰·摩根（亚拉巴马州，民主党）委托完成了一份单独的报告，宣布美国和政变策划者无罪。（这不是最后一次立法部门设法破坏行政部门中反干涉主义者的意图。）1894年中期选举众议院大获全胜之后，共和党决定将兼并政策条款包括在其1896年的纲领之中。共和党总统候选人威廉·麦金利在1896年大选中击败威廉·詹宁斯·布赖恩（William Jennings Bryan）。1897年3月麦金利宣誓就职后，美国与夏威夷共和国之间的谈判得以恢复。

夏威夷的兼并事宜遭遇美国大陆糖业利益的反对，即使夏威夷的产量微不足道，而且**已经**获准进入美国市场。麦金利精明地选择了时机，等到西班牙-美国之间的战争结束以后才向国会提交了兼并议案。麦金利没有在条约上面冒险，因为通过条约需要参议院三分之二的支持票，而是说服内华达州民主党议员弗朗西斯·纽兰德于1898年5月4日提出关于兼并议案的共同决议。然而，众议院院长托马斯·里德早在1896年曾与麦金利竞争过共和党总统候选人，而且既反对西班牙-美国战争，又反对兼并议案。里德试图阻止议案进入投票程序，但是议案支持者设法通过外事委员会提出了议案。里德决定不让共和党分裂，因而允许议案进入投票程序；众议院于1898年6月15日投票，以209票对91票悬殊结果支持议案。不出所料，路易斯安那州和科罗拉多州的代表都投票反对决议——路易斯安那州是美国境内最大的甘蔗种植地，而科罗拉多州在当时是极少数主要的甜菜糖生产州之一。来自甜菜糖工业新兴的一些州——明尼苏达、威斯康星和犹他——的共和党代表分走了一些支持票。

这项"纽兰德共同决议"然后被提交到参议院。夏威夷总统桑福德·多尔并不打算游说发挥举足轻重作用的参议员,包括乔治·豪尔(马萨诸塞州,共和党),曾与他在白宫私下会过面。(多尔家族的大多数成员都是直接从马萨诸塞州移民至夏威夷,绝非巧合。)豪尔是西班牙-美国战争和帝国扩张战略最强烈的反对者之一,经过深思熟虑,准备反对这一决议。但是,他与多尔的会见,加上来自麦金利的压力,以及担心日本可能最终将该岛兼并,促使他支持该决议案。1898年7月6日,决议在参议院以42票对21票通过,26票弃权。麦金利第二天就签署法律。夏威夷成了一个彻底并入美国的区域:遵守美国宪法,居民成为美国公民。

夏威夷案充分展现了帝国陷阱中的国内政治。大胆直言的美国定居人口,具有强大的政治联系以及巨大财富,使得美国人接受了夏威夷王国这场违宪的政变。隐含的政治逻辑就是集体行动逻辑:居住在岛上,或拥有岛上投资的少数美国人,极大地受益于美国的参与和干涉,而其成本分摊给了美国整个制糖行业。至于结果,夏威夷的被兼并是一次性事件。然而,就其隐含的政治动态而言,夏威夷是一个风向标。

## 限制美国在菲律宾的投资

如果老杜威将军当年摧毁西班牙舰队后立即远航,那么他就为我们现在省去了许多麻烦。

——总统威廉·麦金利

美国事实上确实将其在太平洋的疆域扩展越过了夏威夷,而理由**绝不是**为了保护美国投资者的利益。相反,美国对菲律宾的兼并却是西班牙-

美国战争的一个意外结果。一旦拥有了这一片群岛，威廉·麦金利就决定为了战略原因而保留它，即：离中国非常近。

然而，民主党中对兼并菲律宾持反对意见的人们非常清楚帝国陷阱的逻辑。民主党和共和党人都预期，这项兼并可以为群岛带来大量美国的投资。民主党人担心，足够大的投资量将会产生一个国内的利益集团，其兴趣和利益在于使群岛永久性地保留。由于兼并已是既成事实——极少数民主党人希望要为拖延正式批准美英《巴黎条约》（该条约终止了西班牙-美国战争）的行为付出政治代价，所以，民主党的立法目的，就是制造严格的障碍，限制这个新的疆域上**美国的**私人投资。除此之外，反对帝国主义的人们将保护主义者的情绪调动起来——这与民主党平常支持低关税的立场相矛盾，目的就是要将菲律宾挡在美国的关税壁垒之外。这个领地直到1912年才全部进入美国的关税区域，而美国对在这一地区的投资限制仍然非常严格，直到该地区1946年在法律上独立。（必须指出的是，民主党中对菲律宾永久保留持反对立场的人们，从根本上对额外的700万马来人成为美国公民就有种族焦虑感。）

1898年4月11日，麦金利向国会发表演讲中提到了古巴。随之，4月20日通过的授权使用武力没有提及菲律宾：

决议：首先，古巴岛的人民现在，按照法律必须，拥有自由和独立。第二，这是美国的责任提出，美国政府现在特此提出，西班牙政府立即放弃在古巴岛的行政管理和统治权力，并从古巴岛和古巴水域撤出陆军和海军力量。第三，美国总统有权，在此他指示并授权动用美国全部陆军和海军力量，要求美国若干州的国民卫队做好实际准备，要准备充分到一定程度，以便必要情况下将决议付诸行动。

4月25日出现敌对状态之后，美国的亚洲分遣舰队——当时驻扎在香港——接到海军部长约翰·隆恩的简明扼要的命令："即刻向菲律宾岛进发。立即展开军事行动，特别针对西班牙舰队。你务必夺船，或摧毁之。竭尽全力。"在海军准将乔治·杜威的指挥下，亚洲分遣舰队于1898年5月1日驶进马尼拉湾，摧毁了西班牙舰队。美国人在此战役中的唯一伤亡源于心脏病发作。

杜威抵达马尼拉时，菲律宾人正处于艾米利奥·阿奎纳多（Emilio Aguinaldo）领导、反抗西班牙统治所开展的长达两年叛乱的后期。1897年12月，西班牙政府与反叛领导人达成了停火协议，将艾米利奥·阿奎纳多流放至香港。然而，游击战在吕宋岛的部分地区继续展开。由于缺乏其他指令，杜威将军只能继续向活动于甲米地附近的菲律宾游击队提供武器。他甚至派遣一艘巡洋舰将艾米利奥·阿奎纳多从香港接回来。当杜威与叛军联盟既成事实的消息传到华盛顿时，华盛顿撤销了杜威的决定，指示他避免"与叛乱者建立政治联盟"。

麦金利的问题在于，他的内阁对菲律宾没有预先的政策。当杜威击沉西班牙舰队的时候，海军坚决主张认为，美国——依靠与英国的亲善关系才将亚洲分遣舰队驻扎在香港——需要临近中国建立海军设施，以保卫美国的利益。因此，在菲律宾保留一个关塔那摩式的基地，就成了美国的一个目标。但是海军担心，如果不能控制吕宋岛——这个群岛中最主要的岛屿——马尼拉或苏比克湾的基地本身无法防御。因为，海军决策者们对艾米利奥·阿奎纳多建立一个稳定政府的能力持怀疑态度。吕宋岛上的民事骚乱为外国人的渗透创造了条件，使美国海军的设施易于受到陆地攻击。到1898年8月12日战事结束的时候，麦金利改变了立场，转而支持对吕宋岛的兼并。

然而，麦金利的政治顾问们报告说，如此部分兼并太类似欧洲风格的帝国主义，几乎不可能向美国公众说清楚。因而，1898年12月10日签订的《巴黎条约》，将菲律宾群岛以及关岛和波多黎各的权力全部移交给美国。（西班牙放弃在古巴的主权，但是没有将该岛移交给美国。）到那时候，麦金利政府已经决定，美国将永远保留关岛和波多黎各，并占

## 第二章 避免陷阱

领古巴，直到产生一个稳定的政府，但仍然没有关于菲律宾的政策。民主党人直言不讳反对兼并菲律宾；民主党参议员投票批准该条约，仅仅是因为（就如大多数条约）它是作为一个既定的事实呈递到参议院，就是一个"通过或否决"式的投票。

经过了十天的犹豫和考虑，麦金利宣布，美国在菲律宾的政策是"乐善好施地融入，以温和善良的正义与权利替代专制统治"。不出所料，艾米利奥·阿奎纳多和其他独立领导人都反对这一决定。1899年1月，他们在马尼拉东北部火车沿线的马洛洛斯镇成立一个政府，发动了一场武装叛乱。1899年2月战争打响。美国军队的力量从最初的1.2万人，迅速增加到1900年的最高值，达到了68,816人。从大部分数据看，这场战争（全部由志愿者组成的一支小规模军队）的激烈程度堪比伊拉克战争——与美国人口成正比，参战人数最高值显示，按每人平均投入计算，相当于2008年布置在伊拉克最高值的两倍。与此同时，1900年的战争伤亡比例（不包括死于疾病），每10万部队达到596名（略少于每天两名），几乎等同于伊拉克战争2004年至2007年期间608名的比例。

菲律宾战争成为1900年总统选举中标志性事件之一，民主党声言反对这场战争，而共和党宣称支持。叛军密切关注着美国政治动态，并据此围绕着大选来制定他们的战略。而当反帝国主义的民主党候选人威廉·詹宁斯·布莱恩败给麦金利后，叛军的士气崩溃，纷纷投降。艾米利奥·阿奎纳多被俘后，于1901年3月获得大赦，随之呼吁他的追随者们放下武器。马洛洛斯部分忠诚分子们继续战斗，直到1902年4月米盖尔·马尔瓦尔将军投降为止。1902年7月2日，美国战争部长（United States Secretary of War）宣布菲律宾叛乱结束，尽管暴力行动在偏远地区仍在持续，尤其是棉兰老岛地区。艾米利奥·阿奎纳多和叛军的其他前领导人接受了大片土地，后来又接受了政府的政治职位。

与此同时，麦金利政府需要国会授权批准在菲律宾建立文官政府。没有文官政府，美国在法律上就不能够出售公共土地、颁布矿山开采权，或者修改西班牙的其他法律。1900年11月11日，参议员约翰·斯普纳（威斯康星州，共和党）提出了一项议案，授予总统这样的权力。但是，民主党反对，阻止该提案进入投票程序。民主党少数派同意只有在限制美国投资进入菲律宾群岛的条件下，才接受文官政府的提案。这个条件对麦金利政府来说是不能接受的，当然原因在于，提案的目的恰恰就是要使文官政府允许美国资本的进入。1900年1月24日，美国战争部长伊莱休·鲁特在给麦金利的一份电报中明确强调这一点：

> 当前会期的斯普纳提案，极大地需要通过改善条件以获得最佳结果。该提案通过之前，纯粹的中央文官政府不可能建立起来，任何公共特许权不可能授予，私人资本不可能在国内改善方面进行实际投资……斯普纳提案通过之前，公共土地出售以及探矿权都不可能。当地数百美国矿业人员在等待法律通过以完善探矿权。还会有更多的矿业人员。这是对和平与安定最有利的因素……军队已经为菲律宾创造了条件，他们提供业已成熟和极具吸引力的投资和规划领域，但是必须有相应的采矿法、公地和土地法、常规运输法，以及银行和货币法，才能使这一切成为可能。

民主党的拖延战术——以及菲律宾境内持续不断战斗行动——使该议案胎死腹中。直到1902年1月，参议员亨利·卡伯特·洛奇（马萨诸塞州，共和党），时任参议院菲律宾事务委员会主席，设法提出了一项成立文官政府的新议案。

共和党在参议院的90个席位中占据55席，但是，他们的实际大多数，在洛奇议案中仅有一票。糖业再一次成了关键性议题。四个州——加利福尼亚、科罗拉多、密歇根和犹他——占据了美国1902年甜菜糖产量的87%。加利福尼亚和密歇根拥有全部的共和党席位，来自这些州的四名参议员全部都支持立法，以阻止在菲律宾建立美国人所拥有的糖业生产基地。犹他州唯一的参议员托马斯·卡恩斯选择在这一议题上不采取公开的立场。科罗拉多州的代表中还包括了民主党参议员。民主党参议员设法说服另外两名来自甜菜糖新兴产业州的共和党参议员支持限制美国在菲律宾群岛投资——亨利·汉斯布鲁夫（北达科他州，共和党）和查尔斯·迪特里奇（内布拉斯加州，共和党），以及不知怎么有些不可思议地说服了威廉·斯图尔德（共和党，内华达州）。最后，乔治·豪尔（马萨诸塞，共和党），尽管他属于共和党，长期以来对菲律宾之战从一开始就直言不讳的批评，因此，他不可能支持**任何**与菲律宾相关的议案。这一结果使得共和党仅剩下46票支持洛奇议案。

正常情况下，共和党领袖对那些固执、任性的议员们，长期以来一直都是花费一些时间施加压力（或者提出让步），或者努力以两票之差强行通过议案，即使冒着议案被阻挠的风险。对于共和党领袖来说，不幸的是，1902年属于不正常情况。自1902年1月开始，随着主要的作战行动结束，民主党参议员（反战的共和党参议员乔治·豪尔加入进来）就美国军队在菲律宾侵犯人权的广泛指控进行听证调查。争议最大的事件就是"水疗法"，即：美国士兵将水向被俘的菲律宾反叛人员的喉咙直接灌进去，以迫使他们泄露情报。水疗法给受害者一种强烈的溺水感，与后时代的水刑非常相似。此项调查的时间经过了刻意的安排，以期干扰洛奇议案的通过。参议员托马斯·帕特森（科罗拉多州，民主党）做得更极端，就在文官政府议案提交讨论的时候，甚至动议传唤当时在菲律宾服役的美国军官。共和党就此进行了反击，指责民主党"诽谤中伤"军队。作为回应，参议员乔治·特纳（华盛顿州，自由人党；特纳以民主党、共和党联合选票当选）举行一场旨在拖延投票的冗长演讲，并在演讲中称美国的雅各布·史密斯将军"披着人皮的恶魔"。

前南方军将军、参议员爱德蒙·佩特斯，将洛奇议案与重建时期[①]进行了不适宜的比较：

绝大部分参议员从未体验过政治投机者组建的政府的生活经历，但

---

① 重建时期，指美国南北战争之后南方各州重新加入联邦的时期。译者注。

是，你们那些曾经被政治投机者统治过的人们，不可能看不到该议案[共和党版的"**州建制法**①"，没有投资限制]实施后将产生的影响。如果这个议案成为法律，你可以，或确实给予货真价实的政治投机者一个选择：上天堂或菲律宾群岛，他会毫不犹豫地说："我要去菲律宾。"

爱德蒙·佩特斯的对比是婉转的表述，但是其他民主党人明确表示，他们根本不想让美国资本进入菲律宾群岛，担心这样做会使国内产生一个既得利益集团而永久保留。参议员费雷德·杜布斯（爱达荷州，民主党）详细阐述了这一逻辑：

我曾努力，正如我所说的，在语言上表现得心平气和。我也试图就该多数党议案提出的问题公正地争辩，态度温和，心意诚恳。美国资本一旦进入那里，在该议案带来的极具诱惑的机会中投入使用之后，如果未来事件证明撤出是明智和必要之举时，我认为，撤出菲律宾绝非易事。

他们不知道吗，如果这个议案通过，假如未来允许菲律宾人拥有他们自己的政府被认定为爱国主义和明智之举，那么我们的道路就更加困难重重？准允这些额外特权和非同寻常的诱惑条件，而这些特权和诱惑条件都是给予大型企业和财团，对我来说，其预先的目的，就是让该议案的支持者未来永久保留菲律宾群岛作为美国的一个殖民地，一个附属国。

参议员本杰明·蒂尔曼（南卡罗莱纳州，民主党），因在参议院会议上袭击另一位参议员而闻名，认同这一观点。"推迟时间对我们来说不公平，因为这些人到1904年在他们的地方事务问题上将拥有发言权；与此同时，授权塔夫脱及他的那群人占领整个地区，并赋予他们特权，这一切都将成为既得利益。"

---

① 州建制法，Organic Act，将准州改为正式州的法令。译者注。

共和党人将洛奇议案的一个版本提交到众议院，引起众议院反对派关注，同样是因为担心美国在菲律宾的投资，可能会将美国拖进永久保留该群岛的陷阱。阿伦·麦克德摩特众议员（Allan McDermott，新泽西州，民主党），以19世纪和20世纪之交时期常见的对共和党略不尊重的口吻声称，"该议案决定了共和党的政策（原文如此）。就是继续拥有和占有，而对于我们的债券债务又没有限制条件。该议案意味着，我们将要永久拥有菲律宾群岛，我断言，这个拥有将证明是对我们及我们的孩子们的灾难"。阿伦·麦克德摩特的同僚，约翰·鲁滨孙（John Robinson，内布拉斯加州，民主党）阐述说明了该议案终将导致永久保留的机制和程序：

现在提交到众议院的议案，为企业集团展开所有类别的商业活动做好了准备。它为菲律宾政府及那些岛屿上某些城市发行债券做好了准备。它邀请资本投资，因而，未来菲律宾境内我们和其他国家公民拥有的投资，将迫切地要求我们的保护，其呼声之高，要超过以往任何时候，而出于荣誉，我们绝不能对他们在这些岛屿的利益不予保护而弃之不管；但是，我们必须继续凭借武力压制这些人们。我们必须继续每年耗费数百万美元维持在那里的军队。我们必须继续派遣我们年轻的精英们到这些热带岛屿上来，只是因为，外国投资者仅仅为了最世俗的追逐利益，可能继续剥削这些不幸的人们。

主席先生，诸如此类的论据表明，我们能够从这些群岛撤回我们军队的时间可能永远也不会到来。它表明，现在阻止我们给予这些人们独立的原因，将年复一年地愈发强烈，而且，我们绝不能指望，我们退出司法管辖，也能使这些人民生活在自由与和平之中。

戴维·阿蒙德（David de Armond，密苏里州，民主党）责骂约翰·斯普纳议案会给予美国商业利益资源，因而获得过分的政治影响力：

为菲律宾人的文官政府！菲律宾人不参与的文官政府；菲律宾人没有席位的文官政府！菲律宾人不期望的文官政府；文官政府，不是为了美国公民利益，而是为了美国的倡导者们、美国的企业财团、美国的资本家、美国的大老板、美国的竞选基金捐款者，他们惯于腐化贪婪的选民，压制美国公民中诚实的人们的判断，以欺诈和谎言以及蓄意的不法行为赢得大选。（民主党座席响起热烈掌声）

民主党人不仅仅是担心"菲律宾游说"可能使菲律宾独立难以实现；他们还担心，类似利益集团可能会迫切要求自由贸易和更改美国的移民法。在参议院，本杰明·蒂尔曼（Benjamin Tillman，南卡罗莱纳州，民主党）争辩认为，允许（美国在菲律宾）投资就无法将菲律宾挡在美国关税壁垒之外：

美国人的既得利益在这一政体以及国会的另一边（众议院）变得足够强大和无限潜力之后，那时，这些人将会被赋予与波多黎各相同的贸易自由，波多黎各现在就是以此为自豪。这是虚假的关税保护！关税壁垒为了什么？这个虚假现在就是，你想为菲律宾政府提高税收。正如我所说，政府一旦让美国的资本进入那里成为可能，并且成了投资之后，那么，叫喊之声就会响起一片："政府在增加我们人民的负担。这些是你们歧视的美国人。我们一定要菲律宾与美国之间的自由贸易。"

参议员约瑟夫·罗林斯（Joseph Rawlins，犹他州，民主党）则最为关心甜菜糖行业。"我们在美国境内已经开始拥有被称为甜菜糖的行业，而且发展相当不错……我们在糖业生产方面能够与世界上任何地区竞争，古巴也不例外。我们现在还做不到，但是未来10年或15年，我认为，我们将有能力做到……绝不允许任何集团（在菲律宾）购买一英亩土地，除非它是为了盖一栋大楼，或者是正在实施中的某个项目所急需。"

费雷德·杜布斯（Fred Dubois，爱达荷州，民主党）想得更远，担心菲律宾将来借助工资低廉的中国和日本劳动力来发展自己的制造业：

将来那些被邀请到菲律宾的资本家们，他们将会建立潜力巨大、生机勃勃的工厂。比如，他们会建起一座棉花工厂。他们会雇用大量的中国劳动力，因为，有四亿中国人，就在他们的邻邦，可以为他们提供劳动力。他们也像其他人一样，在我们的指导和监督之下，有能力制造出高质量的商品，而且将这些商品投入到美国市场，与我们竞争。羊毛行业也是如此。他们会从澳大利亚和蒙古平原获得一切。钢铁行业也是如此。先生们也许会说，借助这个议案，你们已经说明，你可以对他们的商品征税，不让这些商品进入美国。当征税在那里有效时，你通过法律阻止商品进入美国市场，但是，你不可能通过法律将他们的商品也排除在其他国家市场，他们的商品将与我们的商品竞争，或者在美国市场，或者在世界的其他市场，尤其是中国。我说，你们开发那些群岛，离不开中国和日本的劳动力；所以更长远一些，下一步就将是允许他们（中国人和日本人）来到我们这里。

费雷德·杜布斯后来反复重申他的担心，认为，美国人拥有的菲律宾农业和制造业肯定会就允许中国人移民事宜进行游说：“这个议事大厅里，没有一位参议员不知道，当我们的资本家到了菲律宾，开始创建这些潜力巨大、生机勃勃的产业、工厂和农业庄园，他们对劳动力的需求就会无休无止，以至于必须表达出他们的呼声。过去有一种强烈的情绪，而现在共和党领袖之中也有一种正在增长的情绪，反对严格的排华法案，甚至在美国。"在众议院，詹姆斯·克拉克（James Clark，密苏里州，民主党）也担心低廉的菲律宾劳动力。"我们保留菲律宾，就意味着将工资降低至亚洲的水平。这是为什么我坚决反对兼并菲律宾的主要原因之一，也是我为什么至死也要反对保留他们的原因。不要让任何人心存幻想，认为亚洲人只是没有技能的劳动力，因为，案例证据已直截了当地驳斥了这理论……亚洲人不但能够与没有技能的劳动力竞争，而且还能够与那些具有各类等级技能的人们竞争，甚至是有最高技能的人们"。民主党向众议院提交一份关于候补文官政府议案，禁止在该群岛**所有**的美国投资。（本章开篇的引言就是民主党议员威廉姆斯对民主党这个议案的评价）

战争罪犯听证会上持续不断传来的负面宣传使美国政府——现在西奥多·罗斯福的掌控之中，1901年9月6日麦金利遇刺之后——越来越急迫地通过**任何**文官政府议案。1902年6月，参议员洛奇同意将非常驻的美国人（以及所有企业）在菲律宾拥有或租赁的土地面积上限定为2,530英亩。修改后的议案还限制采矿权面积为300米×300米之内，禁止非常驻人员或企业在同一属地拥有一个以上的采矿权。这一条款有效地禁止美国人拥有大规模矿产。洛奇后来声称，他转变了立场，因为他相信，限制美国人在菲律宾的"投机活动"，可能"从长远上"对"菲律宾岛上的人民更公正，更有利于他们最后的和平、繁荣和健全的政府"。威廉·霍华德·塔夫脱①，时任美国驻菲律宾民国政府总督，认为洛奇转变立场是为了保存面子："他毫不犹豫放弃菲律宾的真正利益，是为了他一旦提交方案而避免负面指责。"

最后版本的《菲律宾法案—1902年》禁止美国人和美国企业在菲律宾拥有超过1,024公顷（2,530英亩）的土地。该法案每个采矿权限制在1,000英尺×1,000英尺的面积。法案还阻止在菲律宾采取美元制，随后的立法创立了以黄金为支持的菲律宾比索，以2∶1的比率与美元挂钩。美国国家银行体系没有扩展至菲律宾群岛。

共和党人立即着手削弱民主党的胜利。1905年的一项法案准允这座孤岛上的政府颁布铁路特许权。之后的一系列法案准允美国企业投资于菲律宾的公用事业，而且在零售业和批发分销业没有任何限制（见表2.1）。民主党也设法将菲律宾挡在美国关税免税区以外。1908年，当选总统威

---

① 威廉·霍华德·塔夫脱，William Howard Taft，时任美国政府派驻菲律宾总督，1909年至1913年任美国总统。译者注。

廉·霍华德·塔夫脱,曾担任美国政府派驻菲律宾第一任总督,在此任上,他对菲律宾人的福利产生了强烈的兴趣——经过多次磋商,与"密歇根甜菜糖协会"(Michigan Beet Sugar Association)的负责人查尔斯·沃伦(Charles Warren)达成了一个协议。沃伦同意支持立法,允许30万吨菲律宾糖业产品进入美国市场,作为回报,要求塔夫脱政府继续保持对外国糖业产品征收关税。该法案于一年后的1909年7月通过。三年之后,塔夫脱会见参议员纳尔森·奥尔德里奇(Nelson Aldrich,罗得岛州,共和党),具体讨论一项关税法案。谈判之初,塔夫脱和奥尔德里奇在五百多个单独条款上无法统一。我们现在不知道塔夫脱当时提出了什么条件,但确实说明奥尔德里奇同意在烟草以及食糖方面给予菲律宾相当慷慨的配额。之后的谈判结果完全免除了菲律宾出口的配额。具有讽刺意义的是,1913年的《税收法案》是**民主党**的一项措施,普遍降低了关税利率,并由最近批准的第16项修正案的授权实施联邦所得税。将菲律宾全部引入美国关税壁垒,是做出了一个小小的让步,以获得民主党坚持已久的两个目的——尤其是在1909年的配额已证明过高而无法限制的特定情况下。

表2.1 美国在菲律宾的直接投资(以2011年百万美元价值计)

|  | 1897年 | 1908年 | 1914年 | 1919年 | 1924年 | 1929年 | 1935年 |
|---|---|---|---|---|---|---|---|
| 公用事业 |  | $284.8 | $269.5 | $166.3 | $199.6 | $292.9 | $406.1 |
| 糖业 |  |  | $50.5 | $59.0 | $105.6 | $162.2 | $216.2 |
| 石油分销 |  |  |  |  |  | $108.6 | $143.8 |
| 销售与分销 |  |  |  |  |  | $94.6 | $98.4 |
| 铁路 |  |  | $176.9 | $101.4 | $70.8 | $59.6 | $64.2 |
| 其他农业 |  |  | $16.8 | $19.7 | $31.7 | $41.8 | $59.0 |
| 制造业 |  |  |  |  |  | $40.8 | $120.8 |
| 橡胶 |  |  |  |  |  | $5.2 |  |
| 矿业① |  |  |  |  |  |  |  |
| **总计** | $0.0 | $284.8 | $513.7 | $346.4 | $407.7 | $805.8 | $1108.4 |

---

① 原书无数据。译者注。

*数据来源：*

①Cleona Lewis, America's Stake in International Investments (Washington, D.C.: Brookings Institution, 1938), pp.590－91 and 602－3.

②U.S. Department of Commerce, American Direct Investments in Foreign Countries (Washington, D.C.: GPO, 1930), p.26.

*注：1914年后，美国对铁路的投资下降，因为大多数铁路被证明无利可图，并被菲律宾岛国政府收购。票面价值使用美国GDP缩减指数。*

限制美国人在菲律宾投资达到预期的效果了吗？答案很显然是达到了（见表2.1）。1913年的《税收法案》将菲律宾群岛划入美国关税壁垒之前，美国在这一菲律宾农业领域的投资一直少得可怜。甚至进入关税壁垒之后，农业投资规模仍然很小。（到了1929年，美国在菲律宾农业领域的投资属于正常水平，价值仅有2,000万美元。以当年产值7,040万美元为计，这个字数微不足道。）美国糖业1929年至1935年之间投资价值明显的增长，美国价格水平下降20%原因所致：象征性的投资增长仅为6%。农业其他领域的投资，与菲律宾烟叶、干椰（子）肉和其他热带产品来说，仍然相对较少。

美国农业进入菲律宾糖业生产领域，其意义远比进入农业其他领域更重大，因为美国人被允许在农业产品的后期加工领域进行投资。1935年，菲律宾农商部公布农业出口行业投资数据。（菲律宾的数据与表2.1中引用的美国商务部的数据不匹配，因为菲律宾的数据还包括了常驻菲律宾的美国公民所拥有的投资。）糖业总投资的2.654亿美元中，1.813亿美元用于土地和土地改良，8.41亿美元用于生产工厂和精炼厂。美国投资商仅拥有土地投资的3%；菲律宾人拥有94%。然而，美国却拥有糖业**生产工厂**投资的26.7%。（见表2.2）

菲律宾其他出口行业的数字说明了相同的情况：美国投资商（除烟草行业）在投资炼油厂方面获得一定的收益，但是，美国商人没有能力投资大规模土地拥有权，妨碍了他们控制绝大多数行业领域。菲律宾控制糖业总投资的79%；椰子业总投资的88%（椰子油产品，如人造黄油）；马尼拉麻（麻蕉）总投资的91%；烟草总投资的68%。

表2.2　1935年各国在菲律宾出口行业的投资

| 行业 | 投资商 | 以2010年百万美元价值计 | | | 拥有的价值比例 | | |
|---|---|---|---|---|---|---|---|
| | | 土地及改良 | 工厂、精炼厂等 | 总额 | 土地 | 工厂 | 总额 |
| 糖业 | | | | | | | |
| | 菲律宾 | $2232.9 | $522.0 | $2754.9 | 94% | 47% | 79% |
| | 美国 | $71.4 | $294.1 | $364.8 | 3% | 27% | 10% |
| | 西班牙 | $47.8 | $262.0 | $309.8 | 2% | 24% | 9% |
| | 其他国家 | $23.6 | $23.6 | $47.2 | 1% | 2% | 1% |
| | 总计 | $2375.0 | $1101.1 | $3476.1 | | | |
| 椰子 | | | | | | | |
| | 菲律宾 | $2549.9 | $11.8 | $2561.7 | 93% | 8% | 88% |
| | 美国 | $110.0 | $72.7 | $182.1 | 4% | 47% | 6% |
| | 西班牙 | $55.0 | $7.2 | $61.6 | 2% | 5% | 2% |
| | 英国 | $0.0 | $45.9 | $45.9 | 0% | 29% | 2% |
| | 其他国家 | $27.5 | $19.0 | $45.9 | 1% | 12% | 2% |
| | 总计 | $2741.8 | $155.9 | $2897.7 | | | |
| 蕉麻 | | | | | | | |
| | 菲律宾 | $2308.9 | $13.1 | $2322.0 | 94% | 13% | 91% |
| | 美国 | $72.1 | $51.7 | $123.8 | 3% | 51% | 5% |
| | 日本 | $47.8 | $9.8 | $57.6 | 2% | 10% | 2% |
| | 英国 | $0.0 | $18.3 | $18.3 | 0% | 18% | 1% |
| | 其他国家 | $24.2 | $9.2 | $33.4 | 1% | 9% | 1% |
| | 总计 | $2453.0 | $102.2 | $2555.2 | | | |
| 烟草 | | | | | | | |
| | 菲律宾 | $266.6 | $1.3 | $267.9 | 97% | 1% | 68% |
| | 西班牙 | $5.2 | $79.3 | $84.5 | 2% | 65% | 21% |
| | 其他国家 | $2.6 | $40.6 | $43.2 | 1% | 34% | 11% |
| | 总计 | $275.1 | $121.2 | $396.3 | | | |

数据来源：Philippine Commonwealth, Department of Agriculture and Commerce, The Philippine Statistical Review, vol.3, no.4(1936), p.310.

美国的投资限制，意味着菲律宾橡胶业的实际夭折。橡胶不可能在美国大陆生长。美国工业对橡胶需求的急剧增加，引发了极大的要在美国控制之下保护这一资源的兴趣。事实上，1922年，橡胶价格的飙升，导致美国橡胶利益集团大规模地展开游说，要求允许他们进入菲律宾市场。这些游说均告失败，终究是莱昂纳多·伍德（Leonard Wood）总督实在差劲地缺乏政治技能和顽固的民主党反对立场等综合因素造成。

价格飙升是英国帝国主义阴谋诡计的结果。世界市场橡胶价格1920年大幅下降。1922年，英国主管殖民地事务的国务大臣温斯顿·丘吉尔（Winston Churchill），召集了一个调查委员会，就正在下跌的橡胶价格"危机"调查研究可能的解决方案。这个委员会——由詹姆斯·史蒂文森爵士领导（Sir James Stevenson），此人以创造威士忌广告语"尊尼获加：生于1820年，如今依然阔步前行"而闻名著称——制定了一个出口限制计划，限制锡兰①和马来联邦（特别限制）出口橡胶。史蒂文森计划导致橡胶价格从1922年初最低点的每磅11.5美分，骤然上升至1925年中不可思议的每磅1.03美元。（请见表2.3）

表2.3 美国橡胶价格和进口（1918-1929）

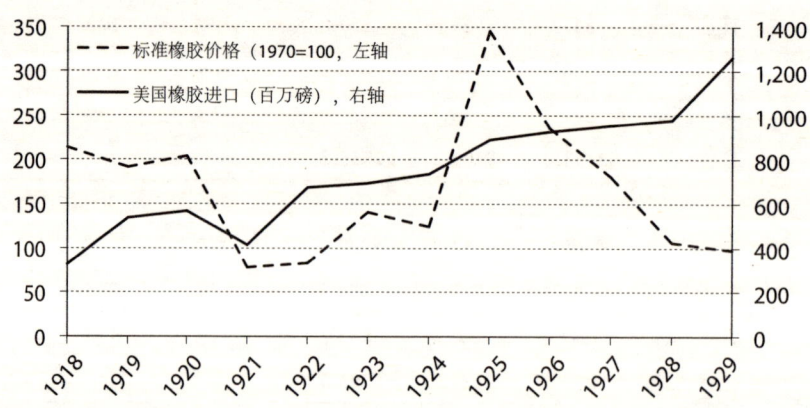

① 锡兰，Ceylon，19世纪末成为英国的一个殖民地，1948年独立，现更名为斯里兰卡。译者注。

数据来源：橡胶市场价格指数(1970 = 100)：1900-1986的数据来自Ocampo and Parra, "Los Términos de Intercambio de los Productos Básicos en el Siglo XX," Revista de la CEPAL, vol.79(2003), pp.7–35, 以及世界银行的数据。美国粗橡胶进口:美国国家经济研究局系列07044，累计12个月，周期截至12月。

菲律宾似乎坦然地利用了橡胶价格暴涨这个机会。莱昂纳多·伍德总督向当选的菲律宾立法机构提出议案，考虑允许美国企业租赁25年期公共土地的种植面积扩大到2万公顷（49,421英亩）。不幸的是，伍德不是一个以外交能力著称的人。作为一名政治失聪者，伍德的表现实在令人震惊不已，他将一些放宽采矿法和允许中国劳动力移民的条款包括在议案中，这是最敏感的两个议题，效力于菲律宾立法机构的精英立法委员坚决反对。结果，伍德没有找到任何一个菲律宾立法委员愿意提交他的议案。

由于菲律宾立法机构阻止放宽菲律宾国家土地法，费尔斯通轮胎和橡胶公司（Firestone Tire and Rubber Company）决定向美国政府提出请求。1925年，该公司公开了一项研究证明，菲律宾是橡胶生产的最佳地区。费尔斯通公司特别青睐菲律宾南部边疆的棉兰老岛。1926年1月，哈维·费尔斯通[①]本人在美国国会众议院作证。"正是因为已在菲律宾生效实施的土地法和当地政府的态度，我们的调查研究人员建议不要在菲律宾试图寻求大规模开发橡胶业。当然，建议我们的政府采取积极的措施废除这些现存的法律，是否切实可行？"四个月之后，1926年5月，众议员罗伯特·贝肯（Robert Bacon，纽约州，共和党）提出了一项议案，拟将棉兰老岛从菲律宾的其他区域分离出去，使棉兰老岛成为一个单独的、非自治的地区。贝肯以该群岛上穆斯林与天主教之间的紧张关系为依据就议案做了解释说明，但是，他也建议，立法机构应使美国从依赖进口橡胶的局面"解脱"出来。民主党的反对阻止了该议案向前推进。

---

[①] 哈维·费尔斯通，Harvey Firstone，费尔斯通轮胎和橡胶公司创始人，董事长。译者注。

对国会的失败做出回应，柯立芝政府派卡米亚·汤普森（Carmia Thompson）上校到菲律宾，试图说服这个与世隔绝的岛屿开放其"巨大的橡胶园地"。菲律宾政府非常愿意就此进行谈判。曼努埃尔·奎松（Manuel Quezon），时任菲律宾参议院议长，盛情款待了汤普森上校，并表示自己愿意开放橡胶园地，只要美国人准允"彻底独立，或至少完全自治"。奎松在公开场合声称希望独立，但他私下里承认，他更倾向于"自治"，因为这意味着要废除总督办公室和行政权力的移交。奎松与绝大多数菲律宾精英人士的想法一致，更愿意保留在共同市场，与美国构成防御联盟，因而很自然地厌恶由一个被任命的外国人行使行政管理权。汤普森上校回到美国，被奎松招待的满心欢喜，他的报告满篇都是关于莱昂纳多·伍德总督的桀骜不驯和与菲律宾立法机构毫无必要的冲突，而很少谈及土地法问题。汤普森离开菲律宾一个月以后，奎松再次重申他所期望的自治谈判，以给予外国投资自由。不幸的是，橡胶价格到1926年全面暴跌。费尔斯通放弃了它的计划。再也没有建立任何试验性的橡胶园，到1935年所有橡胶园都被变卖。

美国立法也使美国公司没有进入菲律宾的矿产业。这并不是说，美国人完全没有参与菲律宾矿业的开发。1938年，菲律宾的矿业运营总额大约价值为1亿美元。这其中，美国人占了3,700万美元。但是，这不是美国商务部官方统计的数字。原因在于，美国人所拥有的81%的菲律宾矿业资产，包含了实际运用的"本格特联合矿业公司"的少数股权——而且，这些股权被永久定居在吕宋岛的一名美国人持有。法律上的障碍，迫使美国投资商必须亲自移居到这个群岛，才能充分有效地参与到菲律宾的矿业发展。

在美国统治之下，本格特联合矿业公司是美国在菲律宾拥有的唯一的一个重要矿产。这个企业的历史可以追溯到西班牙统治时期，1898年归菲律宾拥有。然而在1911年，一场台风淹没整个矿山。因此，菲律宾群岛银行（菲律宾人拥有的一家机构）拥有该公司财产权。约翰·豪斯曼（John

Haussermann），前美国军官，台风袭击之前担任本格特矿业公司首席顾问，说服了菲律宾群岛银行向他贷款75000美元重建企业。豪斯曼用这笔贷款作为资本，在马尼拉出售股权，从中所获得的收益用于偿还银行贷款，并使矿业公司起死回生。豪斯曼将该企业基本上建成一家金矿产业，他本人拥有30%的股份——大约是3000万美元。

## 限制美国在被占领的古巴投资

美国占领古巴期间，美国政府，或任何军方或无论其他什么权力机构都禁止颁发在古巴岛的财产所有权、经销权或特许权。

——《费洛克修正案》，1899年

美国挑起西班牙-美国战争时，官方就否认了兼并古巴的所有意图。1898年的4月，随着战争逐步加剧，参议员亨利·特勒（Henry Teller，科罗拉多州，民主党；正是一个甜菜糖生产州，这绝非巧合。）向国会提出一项修正案，授权动用武力。修正案这样写道："除了安抚和维护其决定，美国特此否认在所涉岛屿（古巴）有任何行使主权、司法或控制的意向或意图；而当这一切完成的时候，就将管理和控制权交给其人民。"此修正案在参议院以及42票对35票通过，在众议院以311票对6票通过。

正式终结西班牙-美国战争的《巴黎条约》规定，西班牙必须放弃在古巴的所有主权，但是，该条约并没有将主权转交给美国。相反，条约的第一条款指出，"西班牙放弃对古巴的所有主权和称号。鉴丁该岛的事实，当其脱离西班牙之时，将应由美国占领；美国——只要美国的占领持续下去——将承担和执行保护生命与财产的义务；根据国际法，这些义务源于美国占领的事实。"

事实上，当时还不清楚美国会放弃对古巴的控制。古巴岛上有着强烈的兼并主义情绪。另外，美国也有保留这一岛屿的呼声，众所周知，常驻古巴的军事长官莱昂纳多·伍德将军支持兼并。

与菲律宾的情况截然不同，共和党在古巴问题上分为两派。参议员约瑟夫·费洛克（Joseph Foraker，俄亥俄州，共和党）反对兼并。1899年2月10日，他得到消息说，麦金利总统成立了一个委员会负责颁布经销权和特许权。费洛克立即就一项拨款议案提出了修正案，以阻止美国在古巴的占领当局颁布任何诸如此类的特权。费洛克的思维方式就是帝国陷阱的逻辑。"给予诸多特定的特许权，进而授权，因而导致大量资金的投资就会必然随之而来，这种情况可能会使我们的撤出至少拖延数年……这意味着，我猜想，给予特许权修建跨越古巴岛的铁路，或其他类型的高速公路；如果确实如此，那么，我反对美国在古巴岛参与任何此类投资业务，因为，我们在这里的占领应该是暂时的。换句话说，如果此类项目投入实施，就意味着，美国在数百年之内无法从古巴脱身"。该修正案以47票对11票得以通过。

《费洛克修正案》很容易避免，只要美国承诺终结对古巴的占领。1900年4月25日，若干个巨头富豪成立了"古巴公司"，目的就是要修建覆盖全古巴的铁路。主要投资人包括威廉·范·霍恩（William Van Horne，联合太平洋铁路公司董事长）、利维·摩顿（Levi Morton，摩顿信托公司总裁）、爱德华·哈里曼（Edward H. Harriman，联合太平洋铁路公司董事长）、亨利·费莱格勒（Henry Flagler，标准石油公司总裁，佛罗里达州迈阿密的建立者）、亨利·沃尔特（Henry Walters，大西洋海岸铁路公司董事长、惠特尼烟草信托的四名成员之一）和查尔斯·邦尼（Charles Barney，此人的银行于1938年拥有美邦银行一半股份），以及一家律师事务所，麦金利总统的第二任国务卿是该事务所的一名合伙人。

范·霍恩与伍德将军和古巴的一个律师小组共同努力，想出了一个避开《费洛克修正案》的方法。作为一个临时的应急措施，范·霍恩他们利用古巴土地法中的一项条款，即：在私人土地上修建私有铁路允许颁布"可撤销许可"。问题在于，可撤销许可这一条款不准许铁路穿过**公共土地**；且古巴法律也不能让军方政府通过征用权以救济的方式购置土地。因而，作为第二个临时的应急措施，伍德将军准允县级政府在它们的司法权限内批准铁路通过公共土地。这些措施使"古巴公司"能够开始土地并购，但是，他们不允许展开全面建设。

1900年9月，范·霍恩和伍德将军进行了一次会面，并就《费洛克修正案》签署了一份长期解决方案。他们设计的策略是依据现有的一项关于建立独立的古巴政府的协议。计划是由范·霍恩起草一份铁路法，然后由伍德将军对该法进行完善并提交给古巴政府批准。到任何反对者采取法律行动的时候，古巴可能已在某个独立的政府掌控之下，不受《费洛克修正案》的限制。此次会面之后，范·霍恩立即开始着手与古巴革命党以及议会代表团成员建立联系。该战略成功了。"古巴公司"获得了特许权，是**因为**古巴正在准备独立，而不是因为独立。

声称《费洛克修正案》是阻止古巴成为美国一部分的关键因素，可能有些过分。到1898年，美国国内的甜菜糖游说反对兼并古巴。然而，游说并不是全能的，美国坚持保留将古巴作为"海外属地"统治管理的选择，就像菲律宾一样，因而将古巴岛也拒之于美国关税免税区之外。《费洛克修正案》导致那些可能支持兼并的企业（如"古巴公司"）转而更倾向于使古巴成为美国保护之下的一个独立州。作为第二个最佳选择，独立派战胜了帝国统治派。

尽管如此，投资商绝对不希望处于任独立的古巴共和国摆布的地步。所以，他们游说国会，坚持强调古巴宪法中允许他们要求美国政府保护他们利益的条款。最终的结果是对"古巴宪法"的普拉特修正案出台。依据在古巴的美国投资商的观点出发，普拉特修正案有两个关键性的作用。首先，修正案第二条限制古巴政府在没有美国政府批准条件下的借款能力。（之后与美国签订的条约给予美国对古巴所有债务问题的否决权。）

第二，修正案第三条表明，"古巴政府同意，美国政府可以为维护古巴独立、维持政府充分保护生命、财产和个人自由的能力，以及履行《巴黎条约》所赋予美国涉及古巴的责任与义务而行使干涉权力"。

## 结论

帝国规划的反对力量，使美国人在菲律宾群岛的直接投资困难重重，这是为了避免某个"菲律宾游说集团"的出现，因为游说集团可能阻止政府关系的分裂。国会有能力限制投资，是因为菲律宾群岛没有全部归属美国领土，而是一块"未并入的"领地。菲律宾被拒绝并入美国，主要原因是数百万"马来裔"成为美国公民的可能性所引起的种族歇斯底里症，导致麦金利政府立即宣布，美国宪法不适用于西班牙占领的地域。经过一系列微弱多数投票决定，最高法院最终获得多数的支持。因而，菲律宾成了一个反常的境况——属于美国的领域，但是常住居民为"菲律宾公民"，不受商业条款的约束，即：允许国会的反帝国主义者们限制美国人的种植园、矿业和银行进入已正式属于美国的领域。

国会强加在美国宪法控制地域（如夏威夷和阿拉斯加）的投资限制，不能超过其对新罕布什尔州的投资限制。国会也不能禁止美国人在法律上的外国领土上投资，只要这些领土不对美国构成直接威胁。（这样的禁止令合法，但政治上不可行）由于美国宪法扩展到非白人为主要人口的地域在政治上不可能，而没有宪法支持的国会是不可能获得信任以促进投资，投资商对帝国正规扩张的支持热度迅速降温。美国自1900年后尝试正规扩张完全出于战略因素：维尔京群岛（1917年）和密克罗尼西亚群岛（1945年）成功；特立尼达岛和百慕大岛（1931年）失败；以及临时的巴拿马运河区（1903年至1979年）和冲绳岛（1945年至1972年）。

美国人的海外资本会有风险，美国人会寻求他们政府的政治支持以抵制敌对或不稳定的外国政府。现在的问题是,除了正规扩张以外,美国政府如何应对这些请求。能设计、规划出新方式和新战略以保护美国公民的财产权益和美国的疆域吗?

# 第三章

# 设置陷阱

如果一个国家表现出其知道如何在社会和政治事务中以合理的效率与体面行事,如果它维持秩序并承担义务,那么它不需要担心来自美国的干涉。(拉美国家)时常发生的越轨行为,或因虚弱无能而造成文明社会的纽带普遍松弛,在美洲也正如其他地区一样,终将需要某一个文明国家的干涉,而在西半球美国之奉行门罗主义,迫使美国,虽非出于心愿,将不得不在这种越轨行为或虚弱无能的重大案件中行使一种国际警察的权力。

——总统西奥多·罗斯福

"正式的帝国主义"在1900年之后就没有了讨论的意义,但美国人的财产权仍然受到来自无能的他国政府以及政治动荡的威胁。委内瑞拉和多米尼加共和国的政府侵占了美国的直接投资,而拉美的其他政府则拖欠美国债权人的债务。自1893年干预夏威夷、1895年解决委内瑞拉—圭亚那边境争端、1898年爆发西班牙—美国战争以及1903年策动巴拿马脱离哥伦比亚之后,对于任何一届美国政府而言,都难以质疑其拥有代表美国投资者进行干预的权力。

美国政府或许拥有代表私有利益进行干预的权力，但其干预意愿不仅取决于总统的性格，还取决于其所承受的压力程度。当投资者群体以相同的方式联合起来，**并且**能够形成令人信服的说法，即干预能够为战略利益服务时，干预才会变得更加可能。相反，如果投资者群体被分化而且不存在战略利益，那么干预将几乎不可能发生。

1904年，由于不稳定威胁到美国的直接投资，西奥多·罗斯福总统处于对多米尼加共和国实施干预的压力之下，但是他按兵不动，等待建立起政治支持。事实上，他一直等到多米尼加政府也加入债券持有者和投资者之中要求干预。然后，罗斯福宣布了其干预行动的广泛原则。如果拉美政府从事"时时发生的越轨行为"或因崩溃导致混乱，美国将在整个西半球行使"国际警察权力"。

通过用最广泛的可能性措辞来表述其理由，罗斯福有效地将在整个环加勒比地区保护美国财产权的任务委派给了其继任者。在罗斯福的公告下，不限于多米尼加共和国，整个环加勒比地区（即所有拥有加勒比海岸线的国家，加上萨尔瓦多）的所有主权债务问题上的风险溢价都降低了。下一任总统如果不希望冒险面对强烈的市场负面反应就不能收回这一承诺。事实上，当危机出现在美国的干预范围中时，市场**确实**有不良反应，直到在任的政府表现出采取行动的意愿。

当投资者的利益一致时，干预就可能发生，那么必然地，当投资者的利益分化时，干预就不可能发生。事实上，1902年在委内瑞拉就发生了这样的情况。西普里亚诺·卡斯特罗总统查抄了一家美国沥青公司的资产。但是，卡斯特罗将其侵占行为精心设计为与**两家**美国沥青公司利益诉求的冲突有关——而且从卡斯特罗的行动中所获益的那些人与有权有势的共和党政党关系密切。因而卡斯特罗成功地预防了美国对此的回应。他没有阻止受到侵害的沥青公司**秘密地**资助针对其政府的反叛活动，但他确实避免了美国对他采取行动。

第三章　设置陷阱

## 罗斯福提出了推论

当采取行动是一个备选方案时，西奥多·罗斯福通常不是一个选择无所作为的人。然而他在宣告对美洲的霸权时行动迟缓。多米尼加共和国出现了一连串的不幸事件之后，迫使美国总统宣告美国将在此半球行使"国际警察权力"。

多米尼加共和国自1844年从海地独立出来之后，时常处于不稳定状态。该共和国在1849年和1857年经历了武装叛乱。因为担心受到海地入侵（并且希望能够稳定其政府），佩德罗·桑塔纳总统在1861年同意并入西班牙。不幸的是，西班牙显然没能带来稳定：四年内战之后，马德里于1865年撤出。1870年，布埃纳文图拉·巴埃斯总统邀请美国接手主权。尤里西斯·格兰特总统签署了一份兼并协议，承认圣多明各的领土现状和州地位，但是因种族偏见而对接收一个"黑人共和国"加入联邦的反对致使该协议在参议院以28比28的票数未获得通过。

多米尼加的政治不稳定转化为了财政不稳定。1869年，多米尼加政府在伦敦市场上签订了75.7万英镑（按2011年美元币值计算为8,970万美元）债务合同。政府很快违约。1888年，多米尼加政府安排了价值77万英镑的新债务。它用14.28万英镑偿还了所拖欠的1869年债务——按每英镑45便士的价格，剩下的用于政府预算。作为抵押，多米尼加政府将海关交由承销商（一家荷兰公司，Westendrops公司）来正式控制，该公司从欧洲向多米尼加派遣了管理人员。两年后的1890年，Westendrops公司认购了61.5万英镑的债券，用于建设穿越圣地亚哥到海岸线上普拉塔港之间山区的42英里铁路。债券发行失败，Westendrops公司接收了债务。到了1892年，铁路已经完成了11英里，而此时多米尼加政府强制性地收回了海关控制权并再一次拖欠了债务。荷兰政府提出了抗议，但它没有合法的追索权，没有采取行动。

1892年，一家新成立的美国公司收购了Westendorps的股权。它将债务以每美元65美分的价格出售给了总部位于纽约的圣多明各改良公司（San Domingo Improvement Company）。圣多明各改良公司取得了对海关的"控制权"，但其管理人员明白，如果多米尼加政府决定取消他们的特权，他们只能任人宰割，因此圣多明各改良公司在协议中写到，一旦出现债务拖欠的情况，比利时、法国、荷兰、英国、美国的政府将指定一个"财政委员会"来直接掌控多米尼加的财政。圣多明各改良公司帮助多米尼加共和国偿还了现有债务，并发行了新的债券以完成铁路建设。

多米尼加共和国不安定的政治状态仍然对外国的利益形成威胁。1892年，尤里塞斯·厄鲁总统取得了一份针对法属圣多明各国民银行的法院判令，收缴了其资产。法国派出了炮艇，但没有交火。这场争端由西班牙政府来仲裁，但各种听证会都徒劳无功，于是法国政府于1895年威胁要夺取海关。厄鲁向圣多明各改良公司在纽约的总部请求帮助对付法国。圣多明各改良公司的反应，是将此事转告给了国务卿沃尔特·格雷沙姆。美国向多米尼加海域派遣了战舰。然后克利夫兰总统和格雷沙姆安排了一场交易，圣多明各改良公司将以75万美元的价格收购国民银行——当时，银行的全部资产包括19,200美元现金、"给多米尼加政府的数笔贷款，以及对厄鲁总统的行为所造成损失的索赔"。事实上，克利夫兰政府以中间人的身份安排了一份协议，圣多明各改良公司向法国付款之后得到了价值不明的多米尼加票据。还清法国的钱符合圣多明各改良公司利益，因为它控制着法国希望接管的海关。圣多明各改良公司很感激格雷沙姆本人"对待我们的友善态度和对我们公司——一个由美国公民组成的美国公司的权力的维护"。

1896年，多米尼加政府再一次拖欠债务。问题在于圣多明各改良公司对海关的控制微乎其微。多米尼加官员（非圣多明各改良公司指派人员）检查货物并决定应征税款。圣多明各改良公司主管的工作是参与检查（如果他想）、联合签署必要的文件和收集多米尼加税收员移交给圣多明各改良公司的资金。这个系统无论在最低还是最高级别中都很容易出现猫腻。

在最低级别中，腐败的官员为通关货物开出低价票据，以换取进口商的贿赂。在最高级别中，厄鲁总统给予著名的商人和种植园主临时性的个人免税额，以换取贷款或"政治贡献"。厄鲁不时地取消正式的免税额和直接下令将高税档的商品划入低税档。这些重新划档的工作会被公然造假：有一次，厄鲁总统让检查员将面粉划入水泥类。

1899年7月26日，拉蒙·卡塞雷斯，一位著名的地主（也是一位未来的多米尼加总统）在莫卡城外枪杀了厄鲁总统。这次暗杀立刻将这个国家拖入内战之中。霍拉西奥·巴斯克斯将军宣布由自己担任临时总统。经过组织不力的选举（在暴力频发的背景之下），巴斯克斯于11月15日辞职，转而支持胡安·伊西德罗·希门尼斯。希门尼斯挫败了对其统治的数次威胁，一直执政到1902年4月，巴斯克斯的第二次叛乱将他驱逐出境。然后，巴斯克斯于5月继任总统，这一次不再是临时性的。

巴斯克斯的叛乱产生了不幸的结果，军队和社会精英形成对立。1903年3月23日，巴斯克斯在一场政变的逼迫下下了台，阿莱杭德罗·沃斯·伊·吉尔成了总统。战乱并没停止——1903年4月1日至4月19日期间，因为无序的状态，美国不得不让美国海军"亚特兰大号"上的海军陆战队登陆，以保护位于圣多明各的美国领事馆。1903年12月6日，沃斯·伊·吉尔被普拉塔港省总督卡洛斯·莫拉莱斯领导的武装运动打败。然后，莫拉莱斯成了总统，尽管在持续内战的背景下这场武装运动意义不明。美国的军舰一直徘徊在近海。

多米尼加每一届新政府都尝试恢复债务偿还，均以失败告终。1900年3月20日，希门尼斯总统承诺从4月1日开始，将用32%的海关税收偿还外国和本国的债务，并在未来两年后将比例提升到37%。法国和比利时的债券持有者抗议称他们的债务应该有优先权，于是协议失败。8个月后，1901年1月10日，希门尼斯毫不客气地将圣多明各改良公司从海关赶走，并强占了圣地亚哥-普拉塔港铁路。圣多明各改良公司的股东们向国务院进行了投诉。美国建议希门尼斯与公司进行协商。1901年3月，希门尼斯同意多米尼加政府向圣多明各改良公司赎回铁路、国民银行和其掌握的所有多米尼加债务，总额由仲裁决定。1901年6月，多米尼加政府与其比利时和法国债权人形成了一个有利的协议，对方同意多米尼加共和国在未来20年中选择以票面价值一半的价格偿还债务的一部分，同时一次性付出5万美元以抵消过期利息。反过来，希门尼斯承诺将海关税收的15%或者30万美元用于还本付息，两者取其多。

但是，多米尼加政府没有履行协议的条款。在1901年6月至1903年6月之间（此间有三位不同的总统在圣多明各主政），付给法国—比利时债权人的总共有32.7万美元，远少于应付的75万美元。多米尼加政府还没能实现给圣多明各改良公司的承诺。1903年1月31日，巴斯克斯总统提出向圣多明各改良公司支付450万美元购买其资产，其中包括圣地亚哥—普拉塔港的铁路。（圣多明各改良公司的要价是1,100万美元）确切的条款交由仲裁决定，但政府同意在此期间每年支付22.5万美元。2月，多米尼加共和国成功付清了每个月的18750美元。一个月后，巴斯克斯被沃斯·伊·吉尔打败，从此再没有支付过更多的钱。

到1903年12月轮到沃斯·伊·吉尔倒台后，美国在多米尼加共和国进行直接投资的人们开始游说罗斯福政府。1903年12月12日，多米尼加共和国最大的糖业种植园主W·L·巴斯给美国驻圣多明各公使写信，力劝美国进行干预。1904年1月2日，中部安索尼亚糖业公司的A·F·苏亚雷斯也加入了游说。"国务卿先生"，他在从公司的纽约办公室发给国务卿海伊的信中写道，"在圣多明各现有的条件下，更长久地抛弃其公民和他们的利益绝不是美国的意愿！"苏亚雷斯很有说服力：在他给海伊写信的第二天，美国海军"哥伦比亚号"和"纽瓦克号"的海军陆战队在圣佩德罗德马科里斯和圣多明各登陆。他们与一支小规模的英国皇家海军陆战队一起，阻止普拉塔港、圣佩德罗德马科里斯和圣多明各的战乱。

仅仅一个月之后，美国海军陆战队于1904年2月11日离开。事实上，在美国投资者们看来，海军陆战队的出现并没有起什么作用。例如，1月

23日，休·凯利公司（一家制糖公司）给国务院写信称他们的财产"听凭一群未驯服和未开智的暴徒处置……很可能随时对个人和财产施以暴行"。暴行还阻断了收获季节的港口运输。而且，休·凯利公司律师私下请求国务卿阻止莫拉莱斯政府重新对糖征收出口税。2月10日和17日，总部在新泽西的多米尼加中央铁路公司要求国务院保护他们的财产不受当地政府的侵害。1904年2月15日，由于其1895年在厄鲁治下签订的交易协定允许他"拥有与圣多明各交易的实际控制权"，克莱德轮船公司的老板要求国务院阻止莫拉莱斯政府取消此协定。1904年7月9日，圣多明各南部铁路公司的董事长向美国寻求庇护。两天后，"在圣多明各拥有大量财产利益"的J·L·罗伯森也加入了游说，要求现任助理国务卿弗兰西斯·卢米斯提供"合理的保护承诺"。

美国对多米尼加局势不稳的担忧有第二个理由：担心德国。**非是**担心柏林会使用武力试图收债，而是担心穷困潦倒的多米尼加政府会向德国人提供在萨马纳或曼萨尼约湾的海军基地使用权，以换取财务和军事支持。美国驻圣多明各公使在1903年多次上报称，沃斯·伊·吉尔总统的外交部部长吉瑟斯·加尔万就支持这样的方案。（加尔万还是剥夺克莱德轮船公司特权法案的积极支持者。）这种担忧直到卡洛斯·莫拉莱斯取代沃斯·伊·吉尔上台后才减弱，但取而代之的是另一种担忧，即德国会向支持前总统胡安·伊西德罗·希门尼斯的叛乱者提供军事协助。此担心绝非毫无根据。1904年2月，美国缴获了希门尼斯派系的一位将军德梅特里奥·罗德里格斯写给德国驻圣多明各公使的信，公然要求得到德国的支持。作为回应，美国海军的詹姆斯·米勒舰长邀请罗德里格斯登上他的军舰，告诉他这个想法不妥："革命必须结束……无论他或者别人绝不能认为德国或其他外国势力可以占据一部分多米尼加的领土……美国绝不会听之任之。"

1904年2月，罗斯福总统决定尝试迫使多米尼加交战各派休战。美国海军巡洋舰"纽瓦克号"和"哥伦比亚号"、训练艇"哈特福德号"炮击了叛军控制的杜瓦迪和帕哈里托，要求交战各派坐下来解决争端。各派于1904年6月签署了一份和平协议。作为协议的一部分内容，莫拉莱斯总统承诺从11月起重新开启政府债务偿还。不幸的是，不管莫拉莱斯的愿望多么强烈，关于多米尼加共和国如何能够偿还债务却并不清楚。多米尼加的收入在1904年下半年达到185万美元（折合成年率），同时政府的年度运转支出有130万美元。不幸的是，这个国家面对的是90万美元欠款和1905年即将到期的170万美元债务。如果这个国家只想偿还债务（忽视欠款），它将只剩下15万美元来应对130万美元的运转支出——当然这些运转支出包括了军费。美国官员们认为，多米尼加共和国不可能遵守还款计划。更糟糕的是，和平协议没能达成：在此岛国内有投资的美国人仍然在控诉叛乱暴力活动和政府的掠夺行为。

莫拉莱斯总统面临着一个两难困境。他迫切需要收入来维持军队的忠诚和打击叛乱。问题是他无法借支，而且他也无法有效地征收海关税收。当然，问题的部分原因是普遍性的腐败——但是武装派系们经常性地抢劫海关的税收则带来了一个更大的问题。一位官员在给罗斯福总统的报告中称："一场多米尼加革命可以被简单地认定为是一支强盗游击队意图夺取海关。在其背后，作为一种推动力，通常会发现一位持不同政见者，为了自己的利益，雄心勃勃地想要推翻当权的独裁总统并接手控制权。但海关和叛乱首领才是决定形势的真正关键。"

莫拉莱斯的解决方式很简单：将海关移交给美国。对海关的外国**私有**管理模式已经惨遭失败，而**公共性质**的外国管理模式会怎样呢？从理论上讲，廉洁的美国管理者们可以征收到更多的税收。而且，美国官员的出现将阻止武装叛乱者袭击海关。莫拉莱斯希望由此形成良性循环。税收将增长，提供资金重启债务偿还。支出将减少，因为政府对武装叛乱的恐惧将减少，在防务上的开支也相应减少。稳定的债务偿还将降低借贷成本。这进而使得债务偿还的利息更低，将更多的收入松绑。因此，莫拉莱斯恳求美国接管海关，只要美国同意划拨足够的收入给圣多明各以保持多米尼加

第三章　设置陷阱

政府的运转。

美国驻圣多明各的代理人们都催促美国接受莫拉莱斯的提议。他们担心欧洲的政府会封锁这个国家……美国代办们认为，这种适得其反的情况只会使混乱状态恶化，而混乱之下已经有数位美国人被害。他们还担心欧洲的大国会试图通过向内战中不同派系提供武器来确保自己的利益。这些担忧并非毫无根据：4月，莫拉莱斯总统使用承诺给法国和比利时债券持有人的资金解决了他与意大利债权人的债务——结果就是，抢劫皮埃尔以支付保罗——"劫甲济乙"。当地的美国官员们甚至向他们的上级提出他们自愿请求接管海关。

罗斯福认为接管多米尼加财政的想法切合实际，但他还认为在行动之前需要得到国内的支持。1904年在美国国内，对于对外介入叛乱丛生的国家的支持还非常有限。菲律宾的残酷战争仍记忆犹新，而且美国军队仍然在棉兰老岛作战。罗斯福倾向于"推迟行动，直到行动的必要性清晰到即便最盲目的人也能看到"。

1904年5月20日，罗斯福在给战争部长伊莱休·鲁特的一封信件中宣布了对"门罗主义"的"罗斯福推论"。在纽约市华尔道夫大酒店举办的一次以庆祝古巴独立两周年的晚宴上，罗斯福请鲁特大声地朗读了这封信。在那个夏天，这封信为美国在多米尼加共和国的外交事务定下了基调。美国的海军官员们和外交人员们作为中间人，为多米尼加各交战派系安排了第二次和平谈判，这些派系于6月签署了和平协议。莫拉莱斯总统承诺在11月之前重启债务偿还。不幸的是，由于多米尼加政府无力负担其基本支出，似乎它极有可能无力履行这个承诺。

事实上，多米尼加共和国的财政地位在1904年7月14日极大地恶化，当日仲裁机构裁定，多米尼加政府将要在两年内每年向圣多明各改良公司支付45万美元，然后再支付50万美元。在150万美元到账之前，圣多明各改良公司将重新获得对圣地亚哥—普拉塔港铁路的控制权。如果出现无力支付的情况，由美国政府指定的一位代办将接管普拉塔港海关——如果多米尼加共和国仍然无法支付,那么其有权取得对其他北部港口的控制权。由于圣多明各改良公司未能成功管理好海关,该公司认为这位代办是位美国官员是至关重要的。"为了协议的条款得以实现,有两件事情是绝对有必要的",圣多明各改良公司的首席顾问写道,"第一,在对必要的税收进行征收和控制时,美国必须派代表进入;第二,美国的代表们必须实际占有抵押品"。

多米尼加政府对裁定的最初反应是对赔偿的规模表示震惊。财政部部长声称,多米尼加共和国无法履行更多的义务。莫拉莱斯总统带有一些夸张地称之为"共和国建国以来经历的最严重的问题"。但是再经考虑之后,莫拉莱斯决定,他将不会拒绝海关破产接管方案——这是他曾经支持的想法——原因就是圣多明各改良公司的赔偿规模。事实上,他声称,裁决小组的解决方案的最大问题,是其还远远不够。为何只移交一个海关呢?他要求美国接管该国的所有海关,并再一次预先声明要求美国承诺提供足够的税收来维持多米尼加政府的运转。

1904年圣诞前夕,意大利政府为罗斯福提供了一个应该接受莫拉莱斯提议的借口。罗马坚持认为,美国要么支付意大利向多米尼加共和国提出的索赔,要么允许罗马"直接从该共和国的海关收取其应得的配额"。意大利的威胁无足挂齿,但罗斯福认为,意大利的说法成功地在华盛顿引起了关注。他立即与莫拉莱斯展开了协商,并于1905年1月20日达成了一个协议,据此美国官员将接手对海关机构的控制权,只向多米尼加总统负责。美国人将拥有对人员和程序的控制权。美国将保证向多米尼加政府提供收入的45%,剩余部分将用于债务偿还。没有美国的同意,圣多明各将不能改变税率。美国承诺保护该共和国免受他国威胁。

罗斯福于1905年2月7日将此协议递交给了参议院。他辩称其有利于环加勒比海地区的稳定。"所有紧邻我们南部的社区应该是或者变得繁荣和稳定,从而不仅仅是名义上,而是事实上的独立和自治,这是极大地符合我们的利益"。但是,参议院否决了这个协议。一个重要的反对理由主要由共和党议员提出,即认为此协议没有阻止多米尼加共和国签订新债务。民主党参议员们反而反对防卫条款。为了解决这些担忧,罗斯福修改了措辞,从美国承诺"清算"多米尼加共和国的债务变为美国将只是"试着清算"。罗斯福还去掉了防卫条款。这些修改没能改变参议院的反对。

随后,多米尼加的财政部部长提议罗斯福接管海关而不用签订协议。在国会受挫后,罗斯福接受了这个提议。1905年3月31日,一位退休陆军上校乔治·科尔顿接管了多米尼加共和国的海关机构的管理工作。"宪法没有明确地给予我实现与圣多明各达成必要协议的权力",罗斯福说,"但宪法也没禁止我所做的事情"。当时罗斯福可能已经(也可能没有)意识到,行政机构对立法意图的颠覆将成为美国帝国外交的一个标志。投资者们将利用任何一个最适于保护他们利益的政府部门。

## 圣多明各的理发师

在多米尼加共和国实施罗斯福推论有三个目标:第一,稳定多米尼加共和国的财政;第二,向环加勒比海其他地区的投资者保证,美国随时准备保护他们的财产权利;第三,稳定多米尼加共和国的政治。罗斯福推论的实施是否实现了这些目标呢?在这个问题上,罗斯福的新政策在稳定多米尼加共和国财政上确有成效,在安抚投资者上勉强成功,而在改变多米尼加政治上失败。这一章将讨论前两点,第三点将在第四章中阐述。

美国于1905年3月31日实际接管了多米尼加共和国的海关机构。新的管理者们发现,与海地交界的150英里没有巡逻,"就好像是后门大开"。因此,美国人组织了一支海关和边境护卫队。这支新部队包括了118名多米尼加武装骑兵和5位美国指挥官。守卫们在边境地区还兼任邮政部队。美国人建造了一个小型的边界邮局,并开始建造第二个,成本为5,750美元(按2011年美元币值计算为11.7万美元)。在开始行动的前20个月中,护卫的总支出达10.3923万美元（按2011年美元币值计算为212万美元）。应征人员（队伍满员名额为150人，已有100人。）每年得到300美元（按2011年美元币值计算为7,910美元），在1905年的多米尼加共和国是相当可观的报酬，当时，多米尼加陆军士兵每年只能得到97美元，警察得到133美元。（通常情况下，糖业种植园每天向种植工人提供1美元，但这只是收获季节的行情。）海关的工作职责是危险的：两位美国人死于在拉斯马塔斯与武装走私犯的交火中。（这些走私犯逃到了海地，其中两人被捉拿归案并移交给了美国。死亡美国人之一的遗孀收到了来自多米尼加政府的5,563美元赔偿金；她带着他们的三个孩子回到了自己父母位于波多黎各的家中。）

美国人还需要建立一支缉私船队。"我们发现海关机构没有任何种类的水上交通"。新的管理层报告称。接管人从纽约定购了四艘汽油驱动的75英尺长缉私船，每一艘都在前部配备了一支霍奇基斯速射武器，在后部配备一支30毫米口径自动步枪。建造、运输和就位这些船只的花费达到了7.3489万美元（按2011年美元币值计算为136万美元）。

美国人改进了检验货物的方法。代理人们受命立即将所有货物的样品送至中央办公室核查。根据多米尼加法律，那些拒绝接受他们评估结果的进口商有权向关税法庭提起自动申诉。然后他们可以在裁定下达前拒绝支付。由于法庭通常会用六个月至一年的时间来做出裁决，而所欠金额没有利息，这明显地刺激了延期支付。新制度并没加快事情的推进速度，但它确实增加了有利裁决的概率：在接管的头20个月中的36份裁决中，只有1份不利于美国管理者。

最后，美国的存在有效终止了叛乱分子针对海关的袭击。美国不需要驻扎海军陆战队来阻止袭击。相反，相信报复会即刻发生就够了。事实上，美国人已经展示出了其从海上阻止袭击的能力：1904年2月的海军的一次炮击行动成功地破坏了这样的一次袭击。海关税收扶摇直上。（见表3.1）。在接管开始的第一年中，税收猛增了44%。大部分的增长用于债务偿还；多米尼加政府的净收入基本保持不变。

表3.1 多米尼加海关税收，1887–1930，按2009年美元值计

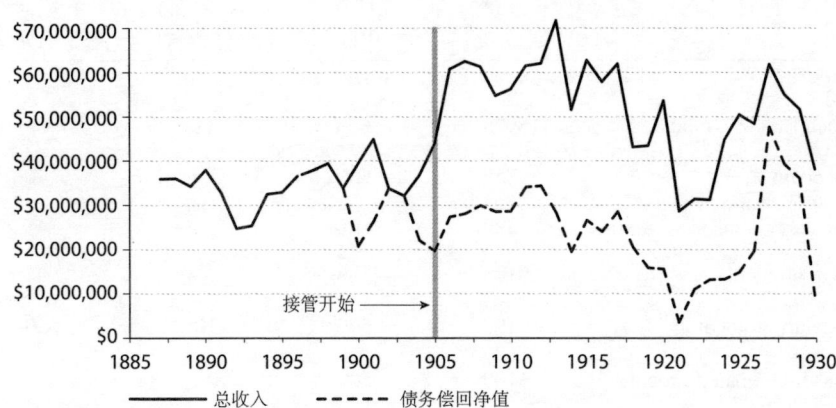

数据来源：Maurer and Mitchener,"Customs Receiverships and Crown Agents,"未发表的工作文件。

虽然收入增加了，但当美国在1907年2月牵线达成了债务重组时，债券持有人仍然不得不接受实质性的"理发（扣减）"。除去应付给圣多明各改良公司的侵占补偿，平均"理发"额度是57%，而且没有债权人接受低于50%的额度。（有些国家的国内债权人接受了90%的"理发"。）在法国和比利时市场上发售的债券收到了逾期利息，但其他债权人则没有（见表3.2）。

一位美国人雅各布·霍兰德（约翰·霍布金斯大学的一位经济学教授）受指派代表多米尼加共和国协商调解。霍兰德在这个职责上的明确对手是约翰·摩尔，圣多明各改良公司的首席顾问；摩尔的抗拒说明罗斯福忌讳于偏袒指控。罗斯福的担心是有理由的。《芝加哥论坛报》写道，海关接管"会掩盖和隐藏整个事件最阴险的本质——为始终神秘的'纽约圣多明各改良公司'450万美元索赔要求提供的特殊优先"。

表3.2 多米尼加债务解决方案，1907年①

| | 数额<br>（千美元） | "理发"<br>（扣减） | 是否包括<br>未付的利息 | 新数额<br>（千美元） |
|---|---|---|---|---|
| SDIC | $4493 | 10% | na | $4044 |
| French Belgian Bonds | $15975 | 50% | Yes | $7988 |
| Sala claim | $352 | 50% | Yes | $176 |
| Bancalari claim, 1904 contract | $89 | 50% | No | $45 |
| Italian protocol | $188 | 50% | No | $94 |
| Bancalari protocol | $100 | 50% | No | $50 |
| Spanish-German protocol | $100 | 50% | No | $50 |
| Ros claim | $37 | 50% | No | $19 |
| Old foreign debt | $351 | 50% | No | $176 |
| Consolidated interior debt | $1760 | 50% | No | $880 |
| Interior debt held by Vicini estate | $1621 | 50% | No | $811 |
| Treasury contracts | $240 | 50% | No | $120 |
| Vicini estate claim of 1903 | $250 | 50% | No | $125 |
| Certificates of Contaduria, dated | $468 | 60% | No | $187 |
| A. Front & Co. | $44 | 60% | No | $18 |
| West Indian public works | $122 | 70% | No | $37 |
| National bank notes | $1575 | 70% | No | $473 |
| Deferred debt | $1029 | 80% | No | $206 |
| Certificates of Contaduria, undated | $1038 | 90% | No | $104 |
| other | $2000 | 90% | No | $200 |
| 总计 | $31832 | 50% | | $15799 |
| 总计（不包括 SDIC） | $27339 | 57% | | $11755 |

数据来源：William Wynne, State Insolvency and Foreign Bondholders: Selected Case Histories of Governmental Foreign Bond Defaults and Debt Readjustments

① 表3.2中的原文为当时的债权公司名称、债务名称，故保留原文。译者注。

(Yale University Press: New Haven, 1951), p. 258.

注：French Belgian bonds和Sala claim的数额中包括了逾期利息。

当一切日益清楚之后，霍兰德打算对多米尼加共和国的债权人们强行施行巨额的"理发"时，圣多明各改良公司发现自己因向英国政府求助而处于尴尬境地，其通过与"英国外国债券持有人协会"的联系，要求帮助对抗美国政府的意图。恼火的国务院最后不得不写信给圣多明各改良公司的官员们，"总统不能承认上述公司有任何相对于其他任何债权人（不管美国的或者外国的）的特殊权力和优先权"。尽管如此，圣多明各改良公司得到了比较好的解决方案，获得了它早先同意的数额的90%，虽然其主要负责人继续公开宣称其被侵占的资产价值1,100万美元。

一旦债权人们签了字，这份解决方案就体现于美国和多米尼加共和国之间的一个条约中。这个新条约在参议院里遭遇了反对，主要是南部参议员反对它，但整体上反对是温和的。许多反帝国主义的报纸将接管归为一种先进的方法，有助于为愚昧的国家带来好的政府。《费城纪事》写道，"罗斯福总统承诺给予圣多明各岛一个经济管理有方的诚信政府。下一个是费城！"条约中的两个条款平息了反对之声。第一，它明确地解除了美国对多米尼加共和国债务的任何责任。第二，它禁止多米尼加共和国不经美国同意而签订任何新债务。

1907年2月25日，参议院以43票对19票批准了协议。而其在通过多米尼加国会时情况有些激烈，但国会于5月3日批准了该协议。最终，多米尼加共和国签发了2,000万美元的新债券，由此得到1,970万美元现金。收入中1,580万美元被用于偿还重组后的债务，剩余部分用于公共工程。新债务票面价值的利率是5%；实际利率是5.1%。

## 建立一个势力范围

无法明确在其他拉美国家的投资者是否会对罗斯福推论的公布做出了积极反应。首先，多米尼加共和国的情况有其独特性。一家美国公司管理海关、拥有中央银行和铁路线，而且美国人占据了大部分的甘蔗行业；干预工作更多是与保护这些直接投资相关，而不是与外国债券持有人相关。第二，地缘政治环境独特。多米尼加共和国享有一个特殊的战略位置，美国不希望其他大国插手。第三，美国控制了多米尼加的财务时，其强迫债权人接受了平均57%的"理发（扣减）"。最后，美国参议院明确不想为多米尼加共和国的债务问题进行担保。

但是，作为实证，各个市场对于2月份针对叛军袭击多米尼加海关的干预行动的反应非常有利。其他环加勒比海国家债务的债券收益率急剧下降。炮轰使收益率降至了危机前的水平；随着当局采取更多行动，收益率持续下降（见表3.3）。1905年4月5日，外国债券持有者社团（Corporation of Foreign Bondholders）秘书长詹姆斯·库珀报告称，"南美洲和中美洲各共和国的证券……在不久之前被说成是垃圾，除了最坚定的投机者，其他人都小心地避开它们，而现在被认为正迅速地向金边证券（gilt edged securities）靠拢"。库珀接着将债券价格的攀升归因于美国的举动。"已经发生的价格上涨似乎受到一种看法的影响，其认为美国即将以某种方式进行干预，从而让这些违约国偿还债务……而美国行政当局近期在圣多明各的行动被认为是对这种看法的证实。"

投资者信心的增加并没延伸至所有的拉丁美洲主权债券，更不用说总体上的主权债券。南锥体国家——阿根廷、巴西和智利——的收益率没有受到美国行动的影响。这并不是因为这三个国家没有政治或违约风险。所有三个国家都有曾欠债不还的历史，最近期的是在1890年巴林危机（The Barings crisis of 1890）之后。至少直到20世纪30年代，这些国家所没有的只是美国的控制。它们是现代国家，有着现代军队。阿根廷于1912年拥有了一支包括9艘不同型号装甲巡洋舰、7艘驱逐舰、21艘鱼雷艇和1艘潜艇的海军。阿根廷还有两艘战列舰正在马萨诸塞州昆西进行建造,以及12艘驱逐舰分别在英国、法国和德国的各个工厂中进行建造。巴西于1904年开始了大规模的海军建设:到1910年,此项目已经生产了2艘无畏级战舰、2艘侦察巡洋舰、10艘驱逐舰,还有更多的驱逐舰已经开始建造。1912年,智利海军包括了2艘战列舰、1艘装甲巡洋舰、2艘鱼雷巡洋舰、7艘驱逐舰、5艘鱼雷艇。智利的军舰最老的可追溯到19世纪90年代,但到1912年止,该国拥有了2艘现代化的无畏级战舰,6艘驱逐舰,还有2艘潜艇在建。

表3.3　10年期国债的平均债券利差,1900–1910(不包括多米尼加共和国)

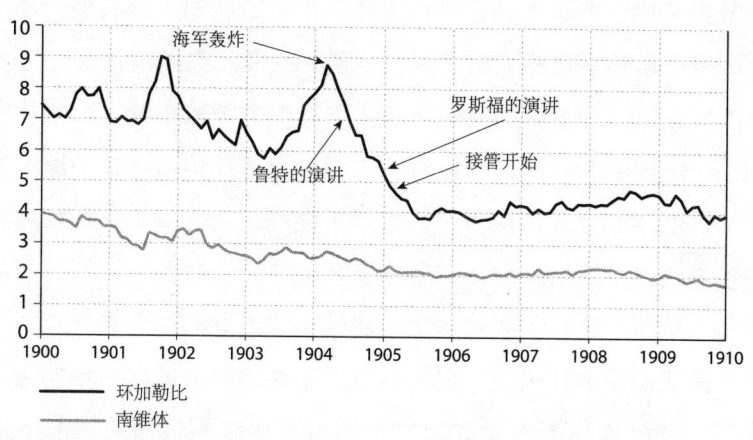

数据来源:有关优惠和债券价格的数据来自Investor's Monthly Manual(可在http://icf.som.yale.edu/london-stock-exchange-investor-monthly-manual-1869-1929查询),以及《华尔街日报》。

南锥体中没有国家能够在一场真实的海军冲突中打败美国,但任何想要利用炮艇来保护外国投资者利益的企图都可能陷入一场真正的战争,面临所有附带的风险。（在1914年中期，由8艘无畏级战舰、22艘战列舰、25艘巡洋舰、51艘驱逐舰、13艘鱼雷艇、30艘潜艇组成的美国海军遍布于两大洋。）美国与任何这些国家的战争还可能有将其推入德国阵营的后果。美国尤其担心柏林与巴西的关系，它们之间曾经历了意义深远的德国移民。因此，美国在美洲大陆的南锥体国家中并没有像在加勒比或太平洋沿岸至秘鲁的陆地和岛屿上所拥有的"实际控制权"。

## 行动中的霸权

美国政府向投资者做出了广泛的承诺。它将阻止对美国资产的拖欠、侵占和暴力破坏。本质上，它将普拉特修正案的应用扩展到整个环加勒比地区。而各个市场显然相信了美国的承诺。问题是美国是否会坚持下去。

美国对古巴——罗斯福离任前在美国影响力领域中唯一一个从内部爆裂的国家——1906年崩溃的反应巩固了债券市场的信心。托马斯·埃斯特拉达总统以欺诈的方式再次当选，引发了骚乱，进而发展成武装起义。当美国领事发电报给罗斯福时，"政府军队无法平息叛乱"，罗斯福的个人反应是对一位朋友说，"我对这个可恶的小古巴共和国非常气恼，以至于想把其人民从地球上抹去"。但是，罗斯福在给领事的电报中使用了更温和的措辞："可能你个人无法理解本国将在多么不情愿的情况下进行干预。"在听说了罗斯福的不情愿之后，埃斯特拉达总统威胁要辞职，"如果发生这种情况"，美国官员写道，"普遍的无政府状态将持续下去"。作为回应，罗斯福派遣战争部长塔夫脱前往哈瓦那，被授权可采取一切必要措施。（他还派遣了九艘军舰前往古巴的港口）当塔夫托发现古巴政府实际上除了少数几座城市以外，已失去对一切的控制，他在其信件抬头位置印刷了"总督办公室，古巴共和国，在美国的临时管治之下"的字样，并命令海军陆战队登陆。美国人留驻在古巴直到1909年。

如果罗斯福在古巴崩溃陷入混乱时袖手旁观,那么很显然,发生在多米尼加的情况就是一次性的。(在古巴,与多米尼加共和国不同,几乎没有战略利益受到威胁:没有证据说明外国势力试图利用动乱。)相反,罗斯福重申了推论将被坚持下去。确实,古巴(和巴拿马一起)是美国正式的受保护领地。但是似乎也确定了,在1904—1905年多米尼加行动之后,各市场相信美国的承诺同样地适用于其非正式受保护领地。当古巴爆发了不稳定,美国干预领域内**所有**国家的债券收益率都上涨了(见表3.4)。也就是说,古巴发生的暴力事件影响了罗斯福推论范围内**所有**国家的认知风险。当美国会干预的形势变得明朗时,收益率就稳定下来了。这个结果并不是与美国和古巴共和国之间享有特殊关系这个前提保持一致。在古巴的例子中,以参议院批准了多米尼加公约为标志,一旦明确了干预古巴不会影响美国在其他地方的承诺,各市场就放松下来。

表3.4 10年期国债的债券利差,1906–1907(不包括古巴和多米尼加共和国)

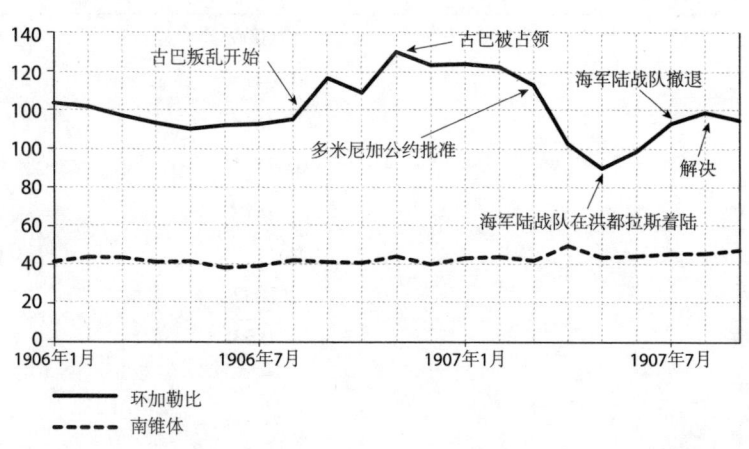

数据来源:有关优惠和债券价格的数据来自Investor's Monthly Manual(可在http://icf.som.yale.edu/london-stock-exchange-investor-monthly-manual-1869-1929查询),以及《华尔街日报》。

注:环加勒比债券收益率不包括古巴或洪都拉斯。

各市场可能对美国霸权有信心，但他们从来没有从其处理危机的能力或意愿中获得完全的信心。每当美国干预时，债券收益率在整个干预领域内上涨，就好像是美国的行动提醒了投资者这个地方是多么危险，而不是安抚他们华盛顿已将事态控制。干预古巴期间看到的收益率上涨，在尼加拉瓜于1907年为推翻曼纽尔·博尼拉总统的政府而入侵洪都拉斯时又再次重演。尼加拉瓜的军队在2月18日越过了边界，美国派海军陆战队在加勒比海的科尔特斯港登陆，以保护美国的香蕉投资。然后，美国海军进入了丰塞卡湾，使用枪炮阻止尼加拉瓜军队进一步威胁博尼拉的总统之位。博尼拉逃到了美国海军"芝加哥号"上。美国代办积极促成了一个解决方案，委派米格尔·达维拉将军入驻总统府，在此之后海军陆战队才撤回。

**表3.5** 10年期国债的债券利差，1905–1928

因变量：关于美国10年期国债的拉丁美洲国家中央政府债券年收益率的变化，按时期调整。

|  | (1) | (2) |
| --- | --- | --- |
| 干预前 | 0.006 | − 0.001 |
|  | (0.04) | (0.05) |
| 干预时 | 0.13 | 0.13 |
|  | (0.07) * | (0.07) |
| 干预后 | 0.19 | 0.19 |
|  | (0.08) ** | (0.08) ** |
| 观察例数 | 2982 | 2982 |
| 决定系数 | 0.53 | 0.73 |
| 国家矢量 | 是 | 是 |
| 时期矢量 | 是 | 是 |
| 时期趋势 × 国家矢量 | 否 | 是 |

数据来源：作者的计算，数据来自Investor's Monthly Manual(可在http://icf.som.yale.edu/london-stock-exchange-investor-monthly-manual-1869-1929查

询),以及《华尔街日报》。

注：与0显著不同的系数标注为*5%和**1%。

事实上，美国自1929年大萧条开始以后的干预行动就伴随着这种模式。每次美国在其领域内进行干预时，其他环加勒比地区的债券利差在前期上涨超过200个基点（见表3.5）。然后，债券收益率缓慢回落到正常；这个过程通常需要3个月。这种模式并没出现在南锥体国家债券中，但它确实出现在了联合果品公司和海外糖业公司的股票中。如果美国当局没能成功干预，结果就是其面临拉丁美洲主权债务市场崩溃——甚至还有来自投资者的政治压力——的真正风险。

## 支持委内瑞拉的经济国家主义

如果美国公布干预领域是受到了投资者之间一致利益的推动，那么人们可以预见，当这些利益不一致时，美国则不会干预。这样一种情况发生在1901年，当时委内瑞拉总统奇普里亚诺·卡斯特罗侵占了"纽约和贝穆德斯公司"（NY&B）的财产。卡斯特罗的顾问们熟知美国的政策。他将侵占行为表述成美国两家公司之间的纠纷，并谨慎地确认他所帮助的公司应该在共和国政府内部拥有富于影响力的朋友。面对看上去像是两组美国人之间的矛盾，麦金利（和后来的罗斯福）都选择不采取行动。

奇普里亚诺·卡斯特罗在一次内战中通过暴力手段上台。1899年5月23日，他领导下的叛军部队穿过他们在哥伦比亚的庇护所，进入了委内瑞拉的塔奇拉州。在混乱而暴力的推进之后，卡斯特罗于10月20日宣布自己是总统。他于11月2日进入加拉加斯。稳定并未随之而来——卡斯特罗与委内瑞拉后来的数位总统一样，被证明抑制不住地要插手困扰其邻国的内战。由于哥伦比亚的自由党军队曾为他提供庇护所，卡斯特罗决定在自由党对抗哥伦比亚保守党政府的斗争中给予回报。他允许自由党的队伍在委内瑞拉境内集结,并为他们提供了约一万支进口步枪。

但是,在游戏中双方会你来我往——在何塞·曼努埃尔·马罗金总统治下的波哥大保守党政府组织了一支4,000人的委内瑞拉反革命的队伍。以"打倒赤军"为口号,这些反革命分子于1900年7月26日穿越了哥伦比亚-委内瑞拉边界。他们抢劫了边境城镇,直到7月28日与委内瑞拉政府军开始交战。

卡斯特罗打败了叛军的入侵,但决定还之以牙,于1900年8月4日下令对哥伦比亚发动了一次注定失败的入侵。委内瑞拉军队沿着加勒比海岸推进,他们在喀塔赫纳以东190英里的里奥阿查遭遇了一支哥伦比亚军队。法国军舰出面阻止了委内瑞拉军队的前行,估计是为了让法国士兵可以疏散外国国民。哥伦比亚军队利用了这次喘息机会,登陆了1,200名士兵,迫使委内瑞拉人沿着海岸线南下,然后这支有组织的战斗力量遭到伏击并被消灭。

结果是一个破产倒闭的委内瑞拉政府。急需收入——而且充满民族主义激情——卡斯特罗决定压榨纽约和贝穆德斯公司,这是美国人所有的一家沥青公司。纽约和贝穆德斯公司的特许权最初是给予了来自曼哈顿的一位爱尔兰裔美国人霍雷肖·汉密尔顿。汉密尔顿是"一位小个子的瘦削男人,有着大鼻子和络腮胡子",他在19世纪80年代初从纽约来到加拉加斯,是万德维尔和福尔摩斯饼干公司的供应商。一到那里,他就与一个名叫默西迪丝·史密斯的委内瑞拉女人坠入爱河。汉密尔顿对新娘的选择很正确:史密斯家族与当时的委内瑞拉总统安东尼奥·古斯曼·布兰科关系密切,这位总统选择奖励这对幸福的夫妇以开发当时被称作贝穆德斯州(1909年,该州被重新命名为苏克雷。)的沥青沉积的专有权。汉密尔顿联系了三位纽约的企业家,托马斯兄弟(威廉和托马斯)和他们的合伙人安布罗斯·卡纳。这三个人用托马斯兄弟拿出的10万美元加上1万美元贷款成立了"纽约和贝穆德斯公司"。然后,汉密尔顿于1885年11月16日

## 第三章 设置陷阱

将贝穆德斯特许权卖给了纽约和贝穆德斯公司换取了公司90%的股份。

到19世纪90年代为止，与特立尼达西南部沥青湖每年22万吨的产量相比，贝穆德斯特许权每年只产出1.8万吨沥青。沥青湖归新泽西的特立尼达沥青公司所有，而该公司又归纽约的阿米兹·洛伦佐·巴伯所有。1893年，巴伯得到了纽约和贝穆德司公司的85%股份。1897年，巴伯把它并入一家在伦敦注册（但是由美国人拥有）的新的"新特立尼达湖沥青公司"，拥有的股份提升到99.8%。1899年，为了回应沥青市场的衰退，在弗兰西斯·格林将军（一位从菲律宾归来的战争英雄和一位著名的共和党人）的协助下，巴伯将新特立尼达湖沥青公司并入了美国沥青公司。沥青托拉斯诞生了。

因此，西普里亚诺·卡斯特罗选择挑战的是整个美国的沥青托拉斯。1900年，纽约和贝穆德斯公司按每吨40美分付给委内瑞拉生产税，相当于公司收入的7.9%。卡斯特罗想要更多，因此，他利用一系列特许权争端来敲诈纽约和贝穆德斯公司。在卡斯特罗看来，这些纠纷的最好之处在于**它们牵涉的是另外一家美国公司**。这不是一个巧合，而是卡斯特罗精心谋划的情况，目的是为了让美国政府保持中立。1900年，卡斯特罗邀请纽约锡拉丘兹市的"华纳—昆西沥青公司"到加拉加斯。（华纳—昆西需要托拉斯控制外的沥青资源）卡斯特罗将他们指向了纽约和贝穆德斯公司特许权范围内、大部分未经开发的资产。（纽约和贝穆德斯公司似乎留下了特许权范围内的大部分未经开发）然后，卡斯特罗的代理人们将这些资产（未明晰所有人）以4万美元的价格卖出。纠纷立即毫无意外地进入了诉讼程序。

卡斯特罗阻止美国干预的计划成功了。并不是说，美国没有大声抗议——毕竟，格林将军是麦克金总统的私人朋友，并曾与西奥多·罗斯福一起在纽约市警察局长理事会共事。参议员博伊斯·彭罗斯（宾夕法尼亚州共和党人）以个人名义在参议院为纽约和贝穆德斯公司案游说。但华纳—昆西并不缺乏与共和党的政治联系。查尔斯·华纳亲自联系了众议院议员迈克尔·德里斯科尔（纽约州共和党人，来自锡拉丘兹。）和前参议员弗兰克·汉考克（纽约州共和党人）。他们安排了一次与国务卿约翰·海伊的私下会面，为华纳-昆西案游说。这次会面后，海伊指示美国驻委内瑞拉公使弗兰西斯·卢米斯要保持中立。

卡斯特罗进行勒索的通道现在已经打开了。1900年12月，委内瑞拉一个法庭做出了对纽约和贝穆德斯公司不利的判决，该公司曾试图用价值1万美元的黄金贿赂两位法官，却被抓个正着，结果对其案子毫无助益。占据了道德高地并确保了美国的中立态度，卡斯特罗的司法部部长提出以40万美元和公司33%股份的代价来解决纽约和贝穆德斯公司的麻烦。当纽约和贝穆德斯公司犹豫时，司法部部长法布里西奥·康德要求付给政府40万美元和付给他个人5万美元"佣金"。纽约和贝穆德斯公司驻委内瑞拉人员安布罗斯·卡纳还价到25万美元，但提出他需要联系纽约以获得批准。但是，卡纳并没联系纽约，而是联系了美国公使卢米斯，公使非常愤怒。卢米斯建议美国派遣炮艇。事实上，华盛顿确实派遣了3艘军舰到达了委内瑞拉海岸——美国海军"哈特福德号"、美国海军"蝎子号"、美国海军"野牛号"——但是弗兰克·汉考克的第二轮有力游说确保了军舰的到来并未附加任何要求。卡斯特罗高兴地忽略了在其海岸附近的军舰：事实上，他开始侵占在委内瑞拉境内其他外国公司的财产。他使用同样的各个击破战术来对付与另一个美国人有法律冲突的"奥里诺科制铁公司"。然后他强占了"奥里诺科轮船公司"的船只，该公司因航运上的老大地位遭到其他美国公司的嫉恨。由于卡斯特罗的侵占行为中所涉及各方都是（有后台的）美国人，美国没有采取行动的动机。

美国最终还是干预了委内瑞拉，不过并不是为了保护美国的投资者，而是为了阻止委内瑞拉与英国-德国联盟之间的一场战争。冲突开始起源于沥青托拉斯决定资助反对卡斯特罗的一次暴动。托拉斯利用挂着英国国旗的船只向委内瑞拉运送武器，顺理成章地，委内瑞拉开始抢夺。反叛者还利用特立尼达附近的一个英属小岛作为集结区，而再次顺理成章地，卡斯特罗派委内瑞拉军队占领了该岛。但是，伦敦最初的反应是威胁委内瑞拉，而不是打击武器走私。德国加入了英国，因为它担心英国单边的胜利会带来不良后果。联盟双方都不是特别希望大动干戈，但是当1902年卡斯特罗拒绝接受他们的要求时，他们炮击了委内瑞拉。结果，美国被拖入冲突之中，成了调停者。

罗斯福政府最终促成了一个解决方案，对委内瑞拉的利益极为慷慨。在美国国务卿约翰·海伊的亲自建议下，卡斯特罗总统指定了一位美国人赫伯特·鲍恩代表委内瑞拉参与协商。该解决方案只考虑了侵占情况和战争的破坏情况——主权债务不在其中。美国直接投资者们收到了他们索赔金额的、近乎可笑的0.5%；来自其他国家的投资者们收到了21.3%。

## 反对墨西哥的经济国家主义

当美国利益被分化时，美国不采取行动——而当美国利益统一时，美国的总统们很少犹豫。参看威廉·霍华德·塔夫脱总统在1907—1909年墨西哥试图侵占他国矿主资产时全然不同的反应。在大多数的政治性事务上，波尔菲里奥·迪亚斯总统比他的委内瑞拉同行要熟练得多。但是当涉及用手段操纵美国政治体系时，与卡斯特罗相比，他就是个胆小鬼。迪亚斯想把外国的矿产重新分配给他的政治密友，但是他没能分化美国利益。结果，塔夫脱政府威胁进行经济制裁，将确保迪亚斯想要重新分配的资产变得没有价值。塔夫脱的干预技术——贸易制裁——与派遣炮艇不同，但效果一样：迪亚斯放弃了，矿主们保住了他们的财产。

1907年，波尔菲里奥·迪亚斯提议对管理外国所拥有矿产的财产权进行改革。改革的第一份草案由发展部长奥莱加里奥·莫利纳指定的一个委员会撰写，2月被公之于众。莫利纳又用了一年的时间修改它，在此期间，迪亚斯得到了墨西哥议会的批准，不管初稿会被如何修改都将依法颁布法令。1908年递交的新草案包含了对《矿业法》的几个引人注目的修改。第一，提案禁止外国个人在北部边境各州获得矿产。第二，它禁止外国公司在墨西哥共和国境内的**任何地方**获得矿产。（法律允许迪亚斯总统给予外国个人以豁免权，但不能给予外国公司。）由于绝大多数的工业金属生产存在于边境各州，而且其他任何地方的几乎所有外国矿产投资都来自公司投资，这个法令实质上禁止了外国人参与矿产业。禁令的唯一出路是在墨西哥进行公司重组，将需要在公司董事会中任命墨西哥公民，这为迪亚斯提供了一个有用的资助来源。

事实上，墨西哥所有的金属工业产品都出口到美国。这意味着，美国要制裁墨西哥只需要征收报复性关税，由此扼杀这个产业并拿走墨西哥政府的税收收入。1907年，美国对墨西哥的锌矿石征收20%的从价税。这对迪亚斯政府做出了有力的警告。

矿主、波尔菲里奥·迪亚斯与塔夫脱总统之间的协商细节并不可知。无疑大部分的协商发生在烟雾缭绕的密室里。但是我们确实知道，塔夫脱政府对提交的法令提出了抗议。矿业商会也加入抗议中，同时代表了外国和本地的生产者。迪亚斯开始寻求退路：他有权依法实施该法令，但他选择不这样做。然后，在与其内阁开了一次会之后，他选择放弃了要将外国公司在墨西哥获得矿产变得非法的文件。他还放宽了法案中有关限制外国个人在边境各州获得矿产条件的条款。然后，迪亚斯推迟了法案在国会获得通过的时间，这样他可以到埃尔帕索与塔夫脱会晤。参议院直到1909年11月20日才批准这项法令，直到1910年1月1日才开始生效——没有了限制外国人行为的条款。保留下来的唯一限制是沿着边界有80公里的专属经济区，外国公司不具有在此区内的开采权。外国个人在此区内可以拥有开采权，但必须获得总统的明确授权。但是，这条限制自1856年起一直是墨西哥采矿法的一个条款。最终，我们知道，迪亚斯给予了豁免权。1909年的采矿法案明确规定，那些现存于专属经济区的外国诉求，如果没有获得特殊的总统授权将被拍卖。简言之，外国的矿主在塔夫脱政府的支持下逼迫迪亚斯做出了战略后退。

## 第一 美国帝国的建立

投资者们把罗斯福推论宣言看作是美国将有限度地保护他们的财产不受政治动荡或贪婪政府损害的可信承诺。在这个时代，在美国的干预领域中，可以见到各国的债券利差大幅和持续性地降低。西奥多·罗斯福对1906年古巴崩溃的快速反应证实了债券市场的解读：美国现在正在建立帝国。

问题在于，一旦美国承担了保护海外财产权的工作，国内的压力将使其难以罢手。各个国家市场（以及在其中有投资的富人和机构）在美国干预的预期中定价。国内政治使美国很难收回在其干预领域内保卫美国财产权的承诺；也使得政府很难限定其干预领域的边界。不管何处，不管何时，只要美国有能力以有限的代价进行干预，压力将持续到**实际**干预为止。特迪·罗斯福提出的干预领域将变得更广泛，同时也更深入。

# 第四章

# 脱离陷阱

经济和社会力量,而不是军事力量,才能最好地建立起真正的稳定。财政稳定对于政治稳定的贡献可能要大于任何其他因素。

——国务卿菲兰德·诺克斯,1910年6月15日

在20世纪之交,美国外交政策的领导者们相信,他们已经确认,糟糕的财政状况是破坏拉丁美洲国家稳定的关键性因素。1900年1月,来自美国的古巴军事总督莱昂纳多·伍德将军在给美国战争部长伊莱休·鲁特的信中写道:"当别人问我稳定的政府是什么样时,我告诉他们,当资金借贷利息合理并且资本愿意在这个岛上投资时,稳定的一个条件就将实现。"

伍德将军是一位异常蹩脚的外交家,但是作为一位训练有素的医生,他诊断出了在美国的卫星国中财政健康与政治稳定之间的关系。伍德的诊断得到其他政治领导人的支持。威廉·霍华德·塔夫脱的国务卿菲兰德·诺克斯相信,违约和侵占行为的根本原因是政治动荡——而政治动荡的根本原因是糟糕的税收。来自匹兹堡的企业律师诺克斯以前曾在威

廉·麦金利和西奥多·罗斯福的两届共和党政府中担任司法部部长。塔夫脱和诺克斯一起制定了一项政策,也就是著名的"金元外交"。政府鼓励美国的银行向外国政权贷款,指定美国公民(或美国最高法院)来监督偿还或仲裁纠纷。当出现违约行为时,美国将推出其认为在多米尼加共和国行之有效的解决方案:由美国对当地财政机构进行直接控制。在美国人的管理下,收入将增加,借贷成本将下降,政治稳定将由此产生。

但是,不清楚这些国家市场是否认同莱昂纳多·伍德的诊断。我们确实知道市场对罗斯福推论宣言的反应非常积极。两种可能的说法解释了这种反应。第一种可能的说法是,投资者相信美国现在会介入进来并解决财政机构的问题。在这个观点中,信心来自美国的财政干预会增加收入和保证财产权安全的承诺。第二种可能的说法是,投资者相信美国现在会制裁那些行为不端的领导人。在这个观点中,美国的财政干预是否成功地增加政府收入并不重要。相反,重要的是外国领导人们将此视之为政治苦果——类似于海军炮轰或陆战队登陆的一种惩罚。财政接管并不需要一定成功;它只需要令人不快。

历史可以解决争端。除了第一次在多米尼加共和国,其后**每一次**财政干预都没能增加政府收入。多米尼加的成功要归因于美国人到来之前叛军定期洗劫海关这一事实。一旦美国官员入驻,叛乱的派系停止了大部分对海关的袭击。再者,多米尼加政府收入的增长没能产生任何预期的积极的政治效果。更多的收入并没有带来更少的腐败或更多的政治稳定。失去了海关渠道后,多米尼加的叛乱分子被证明具有从乡村筹集收入的非凡能力。多米尼加很快再度陷入内战,美国不得不在放任多米尼加局势完全崩溃和走向全面占领之间做出选择。

对尼加拉瓜、利比里亚、海地和巴拿马的财政干预没能增加收入。它们对政治稳定也无所助益。在海地的例子中,情况变得如此之糟以至于美国不得不接管了整个政府。在尼加拉瓜,美国从未正式占领该国,但海军陆战队用了数年时间进行打击叛乱的斗争,以支持本该因海关接管而变得

## 第四章 脱离陷阱

自给自足的政府。在巴拿马,美国军队不得不定期地离开他们在运河区的堡垒去恢复秩序。其他的国家没有崩溃,但指派美国官员进行管理事实上并不会改变国家机构的潜在动态。

对美国政治家们而言,问题变成了信誉问题。有影响力的债权人相信美国的财政接管是有效的,因为它们羞辱了当地政府并因此鼓励其他政府尽可能地避开它们。(这种信任没有根据,尽管市场会对接管有短期的负面反应——在美国干预领域内各国发行债券的收益率直到大萧条开始才回到1904年以前的水平。)如果美国政府拒绝在干预领域内行使权力,那么它可能面临整个领域中美国投资价值崩溃的风险。虽然这些投资总额相对于美国国内投资而言很少,但它们属于非常富有、交际广泛的金融家,这些人非常擅于施加政治压力来维护自己的利益。只要美国干预行为的政治代价保持低廉,美国各届政府就会继续干预。

因此,反对干预的伍德罗·威尔逊政府继续执行了西奥多·罗斯福和威廉·霍华德·塔夫脱的政策。伍德罗·威尔逊厌恶"强权即公理"的概念;认为对人权和国家廉洁而非商业或金融利益的尊重,才应该决定一个国家的外交政策。八年后,共和党人沃伦·哈丁竞选总统时,承诺要抛弃威尔逊发现自己无法避免的外交纠缠;他甚至因为拒绝支持一个保护富有银行家的非正式帝国而给人留下了平民主义者的印象。如果两位总统中任何一位能够按照自己的意愿实施其外交政策,第一个美国帝国就将幻灭。

然而,帝国陷阱必然的政治逻辑,意味着两个人都不能随意地遵从信仰的命令——或者甚至是完成竞选承诺。20世纪10年代的美国帝国主义是一段尝试撤退却失败的历史。由于美国无力打破其卫星国中动荡和财政管理不善的恶性循环,20世纪20年代期间从环加勒比地区撤出的努力是令人沮丧的失败。由罗斯福推论建立起来的"第一个美国帝国"横向扩展到了更多国家,并且在尼加拉瓜、海地、利比里亚和多米尼加共和国纵向发展成为更深入的干涉主义。引导罗斯福和塔夫脱采取干预行动的一系列国内和海外政治力量,强大到足以否决他们继任者们思想上的异议和竞选承诺。美国改进外国财政机构干预行动的连续失败也没能对帝国发展产生任何影响。

## 接管下的多米尼加政治

> 我们不希望操控他们。我们不希望任何外国操控他们。我们希望帮助他们。
>
> ——国务卿伊莱休·鲁特，1907年1月14日

在财政方面，多米尼加海关接管方案的建立是一个令人瞩目的成功。政府收入快速增加，该岛的债务负担降低了，海地边界问题得到控制，多米尼加共和国收到了390万美元（相当于2011年的7,490万美元）新贷款。收入上涨是因为叛乱分子停止了他们对海关的袭击——这个方法有效地提高了管理质量，但其受制于武装袭击这个首要问题。美国希望使海关免于被争夺，这样它能够结束内战的循环。进入接管的三个月后，托马斯·道森（美国驻多米尼加政府的首席代表）写道，一直以来，"针对现有政府的主动策划都已停止"。

道森过于乐观了。1905年的整个夏天和早秋中动乱频发，并于11月顺势演变为公开的叛乱。莫拉莱斯总统失去了其内阁的支持。莫拉莱斯总统鉴于生命受到威胁，于圣诞前夜逃离首都并加入叛乱分子内部。正如奥托·舍恩里克所说，"总统领导针对自己政府的暴乱，这件事本身就是一个反常的奇闻"。12月，随着秩序崩塌和政变谣言的扩散，道森请求获得（美国）军队登陆的许可。让道森显然大为吃惊的是，国务卿伊莱休·鲁特否决了这个意见。"除非为了保护美国公民的生命和财产，在绝

对必要的情况下,否则不会派遣军队"。鲁特借此机会澄清,美国之所以进驻是因为多米尼加政府的邀请。"这类保护……将延伸为在海关进行收入征收的美国人安全地完成任务,只要多米尼加政府期望他们继续提供服务。如果多米尼加政府决定终止与美国的**临时约定**,保护将延伸为他们和他们的财产安全撤出"。1906年1月,多米尼加叛乱分子袭击了普拉塔港,但是袭击很草率,还未能威胁到海关设施就被击退。(叛乱将军德梅特里奥·罗德里格斯早前曾寻求德国对叛乱的支持,他在这次突袭中丧生。)受断腿折磨的莫拉莱斯向美国公使馆投降。1906年1月12日,莫拉莱斯乘坐美国海军一艘舰艇前往波多黎各。刺杀厄鲁的拉蒙·卡塞雷斯接任总统。战斗在西北部持续了几个月,但卡塞雷斯政府很快控制了局面。

1905—1906年的事件使道森相信,他最初的意见是正确的——接管已经增加了政治稳定。1906年2月,他写道,"政治领导人了解或者认为,他们无法通过暴力来控制中央政府,在现存的体制下对省级政府的控制没有决定性作用,他们无法拿回海关,因此,他们不会刺激当地的'领袖人物'和职业斗士去拿起武器"。

然而,在几个月之内,道森开始再次表现出怀疑。"我待在这个国家越久,越相信来自职业革命家阶层的威胁可以通过使海关远离他们而被暂时消除。但是,这个阶层带来威胁的背后,是由极端贫困引发革命的可能性"。这一次,道森的预言被证实是对的。1911年11月19日,枪手伏击了卡塞雷斯总统乘坐的四轮马车。卡塞雷斯在枪战中丧生。由路易斯·特杰拉将军领导的伏击者们乘坐汽车逃离现场。在逃跑过程中,这些反叛者不知怎么将汽车开进了河里。特杰拉在与卡塞雷斯的交火中被打中了腿部,他的同伙把他丢弃在路旁的小房子中。多米尼加当局逮捕了特杰拉,并草草处决了他。

特杰拉的快速被捕和被处决并没有使政治状况平稳下来。由于卡塞雷斯没有依法指定的继任人,陆军司令阿尔弗雷多·维多利亚夺取了政权。然后,维多利亚说服多米尼加国会任命了他的叔叔埃拉迪奥·维多利亚担任总统。维多利亚的当选被普遍认为是行贿和"以惊人速度重回完全无政府状态"现状的产物。前总统霍拉西奥·巴斯克斯组织了反对政府的暴动，到12月时国家再次陷入内战。暴乱促使美国放弃了沿海地边界的海关（虽然它们并未直接受到袭击），导致对美国保护多米尼加海关机构职责的质疑。

为何道森最初对政治稳定的希望落空了呢？第一个问题是，武装人员和武器自由穿过海地边界，而海地政府想从推动多米尼加的动荡中谋利。1912年4月15日，美国公使报告，"政府有一支装备精良的部队参与作战，若非他们指控海地政府正在给予的有效协助，将能够很快镇压西北部边界上的叛乱"。一直以来，美国能够利用小规模的边境队伍控制走私，但阻止大规模的武装部队穿越边境则是截然不同的任务。正如以上所说，当暴乱恶化时，美国转移了海地边境地区的人员、放弃了当地的邮局，把在此地区的职责转交给了多米尼加军队。

这导致了第二个更大的问题：多米尼加军队组织混乱、腐败严重。军官们经常将应付给手下人的酬劳据为己有，并在他们行动的地区大肆掠夺。美国公使于1912年8月3日提交的一份令人沮丧的报告直白地称，"与八个月之前相比，革命分子推翻政府的希望并没有进展，而政府仍然在针对革命分子的军事行动上花费巨资。现在大家相当普遍地承认，这种状态正被政府军首领们有意识地拖延，他们正以牺牲军队为代价敛财"。

最后，多米尼加叛乱分子被证实能够从乡村地区榨取资源；没有必要抢夺海关。收入来自贷款，强迫性的，或者从农村城镇和种植园榨取。这些收入来源可能并不足以维持对抗一个组织严密政府的叛乱，但多米尼加共和国并不喜欢这样一个政府。到1912年11月13日，由塔夫脱总统派出的一个特别调查委员会报告称，"政府目前毫无信誉可言，如果没有物质上的援助是完全无法抵御叛军的，它不惜一切代价想要尽可能长地保持当前有利可图的地位。另一方面，比以前更为强大而且自信会获得最终胜利的革命派则不愿意与政府达成任何条件"。

## 第四章 脱离陷阱

1912年，多米尼加共和国内战在以武力威胁为支持的美国**积极**干预下结束。1912年11月，塔夫脱政府中止了预付给多米尼加政府的、高于海关接管条件所规定45%最低额的资金。然后，美国公开威胁要切断多米尼加政府的所有资金来源，**并开始**资助叛党，除非维多利亚总统辞职。750名海军陆战队员就在近海出现，使威胁更具有了说服力。1912年11月26日，维多利亚辞职。美国的代表们会见了巴斯克斯，顺利地敲定由阿尔道弗·诺埃尔主教出任临时总统。海军陆战队未曾登陆。

美国的接管可以稳定的是多米尼加的金融，而不是多米尼加的政治。政府收入增加是因为美国人阻止了对海关的袭击，但无法让政府明智或有效地使用资金。武装机构中的腐败侵蚀了政府打击叛乱的能力。同时，乡村地区为叛党提供了足够的人力和资金资源，而武器和集结待命区在海地边界的另一边是现成的。

但是，美国不能轻易放弃多米尼加共和国。首先，叛乱即将要演变成与海地的战争——海地政府积极地帮助叛党，多米尼加和海地的军队多次发生冲突。第二，有政治影响力的叛国者拥有多米尼加的债券、铁路、银行和种植园，所有这些都将会因为多米尼加局势的崩溃而受到损害。最后，美国的信誉受到了威胁。在美国管理下或其他情况下，如果多米尼加经济在内战的压力之下崩溃，那么就不会有交易可供海关征税。如果这使得多米尼加共和国再次违约，或者促生了一个模仿西普里奥诺·卡斯特罗的新政府并开始侵占美国的投资，后果将在整个环加勒比地区回响。这个帝国陷阱，至少是在多米尼加共和国的，关闭了。

## 占领之路

美国将永不再寻求征服额外一英尺领土。

——总统伍德罗·威尔逊1913年在亚拉巴马州莫比尔的演讲

阿道尔弗·诺埃尔主教出任多米尼加总统,暂时满足了不同派系的要求。但是,这位大主教发现行政工作令人痛苦,上任两周后就想要辞职。只有美国驻圣多明各公使的恳求,才成功地说服他继续留任。诺埃尔试图收买互相对抗的各派系。这个战略让已经枯竭的多米尼加财政雪上加霜,财政部转而要求政府向美国银行借贷更多的钱。塔夫脱政府于1913年3月1日同意由国家城市银行贷出150万美元(按2011年美元币值计算为2,600万美元,使用GDP平减指数)。贷款缓解了财政部的财务负担,但对于缓解诺埃尔总统的身体负担毫无作用。尽管当选总统威尔逊亲自恳求,健康受损的诺埃尔还是在威尔逊宣誓就职后不久辞了职。

新的临时总统何塞·博达斯马上就面对自己的政治盟友发起的造反。国务卿布赖恩对博达斯的对手们采取了强硬的态度,声称"如果革命成功,基于总统的政策声明,(美国)政府将拒绝承认**既定**政府,因此,只要这个未被承认的**既定**政府存在,就将扣留海关征收款中属于圣多明各的份额"。布赖恩成功地拼凑出了一个脆弱的解决方案。作为协议的一部分,不顾博达斯总统的强烈反对,美国坚持要对将于1913年12月举行的宪法会议选举进行监管。美国的观察员们没能阻止博达斯在选举的第二天以阴谋破坏指控逮捕了反对派的六位领导人。尽管如此,反对派还是成功地赢得了议会的多数席位——但并未达到法定人数,这使得博达斯的支持者们能够阻止新宪法的进展。

政治闹剧对多米尼加的财政毫无助益,当博达斯想要收买反对派时,财政迅速陷入赤字。美国国务院建议多米尼加政府用1907年为公共工程的债券出售收入中所剩余的120万美元（按2011年美元币值计算为2,080万美元）来支付当前开支。反对派控制的多米尼加国会否决了这个想法。为解燃眉之急，海关的美国破产管理人开始每天给博达斯政府预付款，以支付急用款项和欠薪。在这种形势之下，博达斯决定宣布自己为1914年选举的候选人。可想而知，反对派的反应非常强烈。极度缺钱的博达斯同意任命一位美国财务主管来控制开支，以要求更多的预付款。（不清楚这位主管应该如何配合实现美国有关助长博达斯赤字开支的决定）

美国人中途换马并未对他们的境遇有所帮助。威尔逊政府认识到，一旦出现暴力性的反对派，博达斯的地位将岌岌可危。然后，按照美国外交政策的最擅长的传统，美国命令美国海军向似乎要攻击叛军占领的普拉塔港的博达斯军队开火，又使自己陷入了最不利的境地。到1914年中期，美国已经撤回到在多米尼加内战中保持实际中立的位置，不是出于理想主义，而是因为美国海军和海军陆战队因其他承诺而捉襟见肘，尤其是对墨西哥韦拉克鲁斯的占领。

威尔逊总统现在选择直接解决多米尼加共和国的混乱现状。由总统亲自执笔的"威尔逊计划"，命令所有派系放下武器并协商出一位新的临时总统。否则，美国将指定其自己的候选人。之后，这位临时总统将在美国的监督下举行选举。威尔逊明确提出将不会给予博达斯特殊照顾。

最初，威尔逊计划似乎是成功的。在一周内，所有主要派系的领导人们都同意了此计划，除了德西德里奥·阿里亚斯，他的基地因为位于靠近海地边界的西北边境地区而成了实际独立的领地。8月，两位美国专员前往多米尼加共和国，同时派遣了海军陆战队到达圣多明各的港口。新的临时总统拉蒙·巴埃斯同意不干涉阿里亚斯的领地（与国务卿布赖恩的希望相反）以换取对巴埃斯临时总统职权的承认。选举于1914年10月25日举行，每个投票站都安排有两名美国人。胜选人是多米尼加政坛的名人：胡安·伊西德罗·希门尼斯。希门尼斯在普选中赢得了勉强多数；他的主要对手霍拉西奥·巴斯克斯被指控阻碍希门尼斯就职，直到受到国务卿布赖恩的亲自斥责。希门尼斯于1914年12月5日宣誓就职。

希门尼斯政府试图规避美国的监管。希门尼斯不愿批准美国财务总管的职位。希门尼斯两次将这个职位提交国会表决，国会两次否决了它。因此，希门尼斯裁定财务总管一职无权控制多米尼加的财政。（希门尼斯的立场与当地领导人们的观点一致，认为外国的财务监管具有政治损害性，应该被摒弃。）

威尔逊的新国务卿罗伯特·兰辛治下的美国国务院，对希门尼斯的决定反应消极。鉴于布赖恩曾一直希望为了政治稳定减少1907年协议中规定的多米尼加共和国财务职责，兰辛认为，希门尼斯拒绝控制支出是理所当然的行为。国务院提议对1907年协议进行修订，增加一位对多米尼加预算拥有**完全**控制权的财务"顾问"、美国人管理的警察局和美国公共卫生官员。不出所料，此提议对于希门尼斯而言是政治毒药，他告知国务院，多米尼加人民一致反对它。但是，希门尼斯本人年事已高，健康不佳。他在1915年夏天时身体衰竭，由分裂的内阁来执政。

美国和多米尼加共和国之间的僵局一直持续到1916年4月中，当时希门尼斯重新回归工作。这引发了一场冲突，其直接原因是希门尼斯决定针对德西德里奥·阿里亚斯采取行动，阿里亚斯现在是作战部长——但仍然控制着他自己的地理领地。阿里亚斯趁希门尼斯生病期间积累力量，而且他在国会的支持者们开始了针对希门尼斯的弹劾进程。因此，希门尼斯逮捕了阿里亚斯的主要副手。阿里亚斯的支持者们进行了暴力抗议——这有助于阿里亚斯控制武装力量——而阿里亚斯本人则躲藏在首都一个戒备森严的院子里。接下来，希门尼斯撤销了阿里亚斯的职务，并试图把他从他的堡垒中逼迫出来。

美国迅速地卷入了阿里亚斯和希门尼斯之间的争斗。美国公使馆受到了轻小武器袭击。美国公使要求得到美国海军陆战队的保护。1916年5月6日，希门尼斯部队的弹药耗尽，此时，希门尼斯要求得到美国的军事支持。第二天，希门尼斯改变了主意——他收回了请求，辞去了总统职务。然后，多米尼加国会中阿里亚斯的支持者们试图让阿里亚斯当选为总统，但对手阻止了他们达到法定人数。此时，美国公使认为军事干预已不可避免。5月13日，刚从海地任务中归来的美国海军上将威廉·卡珀顿威胁要占领首都，并用武力解除了阿里亚斯的武装。当天晚上，阿里亚斯放弃了圣多明各。美国海军陆战队第二天在毫无阻拦的情况下登陆，占领多米尼加共和国用了不到两个月的时间。1916年7月6日，不费一枪一弹，美国海军陆战队拿下了阿里亚斯在圣地亚哥的最后一个据点。

然而，反美情绪高涨，多米尼加的领导者们没有能够建立起被美国这个占领国接受的政府，并发挥被其认可的作用。多米尼加国会想要推举多米尼加最高法院首席大法官费德里科·亨里克斯·伊·卡瓦哈尔。问题是，亨里克斯反对与美国缔结的任何新条约。美国公使徒劳地建议海军陆战队逮捕某些支持亨里克斯当选的多米尼加参议员。（华府否决了这个建议）7月25日，国会推举费德里科·亨里克斯的兄弟弗朗西斯科代替他成了临时总统。这个欲盖弥彰的举动并未打动美国，美国中止了所有给多米尼加政府的收入。弗朗西斯科·亨里克斯总统提出了妥协，由美国指定一位非官方顾问，并允许美国在其境内驻扎军队。（这个提议的好处是使美国承诺支持亨里克斯兄弟以对抗他们的武装对手）于7月接替卡珀顿成为美军驻多米尼加共和国最高长官的查尔斯·庞德上将认为，此提议有可取之处。但是国务院没有批准。被猜测的原因是担心亨里克斯会"削弱"在其国内的任何"非官方"美国代理人；而真实的担心是亨里克斯兄弟缺乏国内支持。

对美国人而言，不幸的是，多米尼加立法部门拒绝考虑总统一职的任何其他人选。10月31日，来自美国国务院和海军的律师得出结论，美国必须或者将收入交付给亨里克斯政府或者实施正式占领——没有了收入，多米尼加的局势正逐步走向彻底崩溃。面对多米尼加的固执，并被说服了投入将是低廉的（而且是通过对多米尼加人口征税来自行筹资），威尔逊于

1916年11月26日批准了占领行动。"我被说服了，在这个错综复杂的局势之下，这是可以看到的最小不幸了"。11月29日，美国海军舰长H·S·纳普本人作为军事总督，开始了接管多米尼加共和国政府的工作。

美国对多米尼加共和国的占领实际上是军事专政。美国人收缴了5万多枪支、20万发弹药和1.4万件刀具。占领军政府严禁多米尼加的新闻报纸评估其任何行动。诸如"思想自由"和"言论自由"等用语被禁，任何多米尼加人不能被冠以"将军"的称号。纳普根据宾夕法尼亚州骑警部队的模式，建立了新的警察部队——国民警卫队。多米尼加新兵的质量不高。警卫队能力最突出的新兵利奥尼达斯·特鲁希略，在1920年因为劫持了一名人质勒索赎金，并强奸了人质十几岁的女儿而受到军事法庭审讯；他被判无罪释放。

占领军政府签订了若干巨额外国贷款，使美国占领者可以扩建道路和学校体系。不幸的是，1919年2月海军少将托马斯·斯诺登接替纳普成为军事总督时，反美情绪复燃。斯诺登试图通过撤销审查制度来安抚多米尼加的民意，但他颁布的法令规定了因煽动性演讲和写作入狱的时间，以取代审查制度，却使自己的计划被削弱。占领军不再试图阻止他们抗议，而是在抗议成事实之后逮捕他们，多米尼加人并不因此而感动。

对反美抗议者采取一系列高调监禁，使美国在多米尼加共和国的行动引发国内的强烈批评之后，威尔逊政府认识到，一种无限制的占领难以维持。（1920年的选举过程帮助人们统一了认识，沃伦·哈丁在竞选期间提出反对美国涉入伊斯帕尼奥拉岛和尼加拉瓜。）1920年11月29日，国务院向海军部长提交了一份计划，详述了"在多米尼加共和国当前存在的平稳状态下的"可能性撤军。但是，这个计划要求撤军是在美国—多米尼加共管之下进行，不是恢复完全主权，而且不会有多米尼加的有声望的政治家来支持这个计划。占领问题被推给了即将成立的哈丁政府。

总之，多米尼加的海关接管没能产生预期的有益成果。它在短期内确实提高了收入，但它没有带来政治稳定。它也没能在长期内稳定多米尼加的金融，因为动荡中孕育了压力，要使用政府的收入来收买对手和潜在对手。最后，美国被迫面对霍布森选择，接管多米尼加共和国的政府或者任由这个国家崩溃。伍德罗·威尔逊选择了与其思想倾向背道而驰的前者。威尔逊可能未曾想要追求征服，但他确实构建了它。

## 尼加拉瓜：干预的背景

我永远不能理解，支持（当地）革命的相对较小的美国商业利益，如何能够实质性地控制整个的美国媒体并释放出如此普遍错误的观点。

——海军少将威廉·金博尔，（驻）尼加拉瓜远征军司令

美国在尼加拉瓜的经历也如多米尼加情况一样，陷入失败。事实上，尼加拉瓜的经历更糟：尼加拉瓜海关接管没能增加收入。（尼加拉瓜海关在接管前没有受到经常的袭击）在收入和叛军威胁的压力之下，尼加拉瓜局势避免了崩溃是因为威尔逊政府找到了方法，让美国国会同意了直接输送资源到马那瓜，这显然是它在多米尼加共和国没能做到的。另外，美国的海军陆战队驻扎留守超过十年以支持当地政府，而美国的官员们接管了对其国内收入的管理。美国避免了正式占领的形式，但没有避开其实质。

尼加拉瓜自1893年何塞·桑托斯·塞拉亚掌权以来就一直是美国中美洲政策的绊脚石。塞拉亚是一个情感强烈的人，他热诚地信奉着尼加拉瓜的国家伟大。1894年，他建立起尼加拉瓜对自治的莫斯基托海岸的控制权，莫斯基托海岸以大西洋边的小镇布卢菲尔兹为中心，历史上是英国领地。塞拉亚对该地区存有野心，1907年，他支持洪都拉斯流亡者，这些人在纳马锡克战役中血腥地击败了洪都拉斯—萨尔瓦多联军，成功地向特古

西加尔巴推进——只有美国的干预才阻止他将洪都拉斯变成了马那瓜的傀儡政权。

塞拉亚的国内政策也与美国针锋相对。1903年，塞拉亚开始攻击美国私有利益。这些事件中的第一例，针对的就是来自马萨诸塞州的乔治·埃默里公司，拥有人是与之同名的乔治·埃默里。1893年，该公司拿到了沿大西洋海岸的红木木材特许证，覆盖了尼加拉瓜领土几近五分之一的面积。公司为特许证花费了20万美元。（此付款按2011年美元币值计算为470万美元，以GDP均减指数计——但如果按当时美国GDP所占比例计算，许可证的费用相当于2011年的1.96亿美元。）另外，公司要付2万美元年租费再加每棵原木特许权使用费。它最终雇用了1300人，1898年至1906年期间平均每年的利润是18.6万美元。（利润按2011年美元币值计算为每年370万美元）1906年，塞拉亚（如实地）指出埃默里没有修建其承诺的50英里铁路，并且没有在砍伐完的土地上进行复种。在布卢菲尔兹举行的一次仲裁讨论（由两个美国人运作，一个由塞拉亚指定，另一个由公司指定。）向埃默里罚款1.2万美元。塞拉亚不满于这笔较小金额的罚金，1907年1月彻底取消了合同，收回了许可证。公司公布了这个侵占行为，美国国务院提出了抗议。

第二例争端是与拉鲁兹-洛杉矶矿业公司。拉鲁兹-洛杉矶矿业公司在1903年签订的协议使这个控股公司拥有对其许可领域内的垄断性勘探权。1907年，塞拉亚威胁要取消这个特许权。1908年，塞拉亚通过（受政府影响的）马那瓜媒体的社论开始了公开威胁。随着措辞的升级，1909年3月，拉鲁兹-洛杉矶矿业公司董事长给国务卿菲兰德·诺克斯写信称，他担心"尼加拉瓜政府不公正的没收行为"，并请求"保护"。他指出，拉鲁兹-洛杉矶矿业公司属于重要的匹兹堡利益。匹兹堡是诺克斯的故乡和政治上的大本营。（诺克斯成长于布朗斯维尔，是匹兹堡以南35英里的莫农加希拉河畔的一个工业小镇，并于1904年至1909年期间成了宾夕法尼亚州的资历较浅的参议员。）

## 第四章　脱离陷阱

拉鲁兹-洛杉矶矿业公司的股东名单就像是宾夕法尼亚州商界的名人录：第一大股东托马斯·赖特是赖特-康利制造公司的董事长，该公司为美国钢铁公司制造高炉和其他重型资本货物。（赖特-康利是美国最大的钢结构制造商）后两位大股东是弗莱彻兄弟，吉尔摩和亨利。吉尔摩是赖特-康利的副董事长，亨利是一位职业外交官。排在他们后面的有威廉·里斯（一家匹兹堡明轮船制造公司的董事长）、德班·霍姆（联合国家银行的董事）、W·W·布莱克本（卡内基钢铁公司副董事长）、罗伯特·皮特凯恩（宾夕法尼亚州铁路公司匹兹堡分部负责人，两家银行的董事，安德鲁·卡内基的私人朋友）和丹尼尔·克莱姆森（卡内基天然气公司董事长和卡内基钢铁公司董事）。这些人都非常有背景，但其中最密切的是弗莱彻家族与国务卿诺克斯之间的关系：诺克斯在入职公职之前，曾经在匹兹堡为弗莱彻家族工作过。

塞拉亚在谋取美国利益上表现得毫无惧色，但直到1909年，他一直小心翼翼地与联合果品公司保持着良好关系，他把该公司视作是自己在应对美国政府时的保护者。塞拉亚给予了布洛菲尔兹轮船公司（联合果品拥有其51%的股份）对香蕉贸易的垄断权。作为交换，联合果品每年向尼加拉瓜政府支付1.5万美元，并另外给塞拉亚总统个人1万美元。（塞拉亚收到的辛苦费按2011年美元币值计算为25.5万美元。另一方面，世界在20世纪之初时要贫困得多：在将美国GDP增长计入之后，联合果品每年支付给塞拉亚的数额相当于2011年的980万美元。）另外，联合果品还设法获得了来自新奥尔良国家银行的100万美元贷款。

塞拉亚的麻烦在于，轮船特许使得联合果品封锁了大西洋沿岸的近600个独立的种植园主。这种状态引发了种植园主们对塞拉亚政权的不满。这个问题因为种族差别而雪上加霜：布洛菲尔兹的种植园主们有的是白人美国定居者，有的是英属西印度群岛黑人移民的讲英语的后裔。这些种植园主们在1901年和1905年组织了抵制活动；1903年，他们试图建立一个独立公司进行竞争，也以失败告终。尼加拉瓜政府的回应是没收和销毁那些运往独立运输公司的香蕉。塞拉亚试图安抚种植园主们，允许他们在他自己特别挑选的最高法院赢得了1907年的针对联合果品的一次起诉，然后却拒绝履行判决。

1909年，塞拉亚的平衡行为受阻。他提高了香蕉出口税和种植园主们所消耗物品的进口税。各种抗议促使他取消了进口税方面的变动，但是4月时，种植园主们宣布将要启动又一轮抵制联合果品的行动，目的是逼迫该公司提高香蕉的收购价格。这一次，塞拉亚支持了种植园主们。不幸的是，他试图想左右逢源。当抗议者袭击那些继续向联合果品公司出售香蕉的种植者时，塞拉亚威胁要向这些抗议者开枪，并派遣军队从拉马镇来保护这些与联合果品公司站在一起的种植者。但是这些士兵没有赶到。联合果品公司认为塞拉亚欺骗了他们，向塔夫脱政府投诉。塔夫脱向布洛菲尔兹派遣了一只炮艇。这时，为了避免美国入侵，塞拉亚命令当地长官逮捕了数百名正在抗议的种植园主。

塞拉亚此时已经成功地疏远了所有可依靠的基础。抗议虽然逐渐平息下去，但仍然继续引发各种戏剧性事件——例如1909年5月17日，三位入狱抗议者的妻子佩戴枪支登上了布洛菲尔兹轮船公司的一只装载香蕉的轮船并毁掉了整船货物。塞拉亚在这些事件中失去了当地人民的支持。同时，联合果品公司仍然相信塞拉亚欺骗了它。10月，布洛菲尔兹省的省长胡安·何塞·埃斯特拉达起义反对塞拉亚。对埃斯特拉达的财务支持，来自拉鲁兹-洛杉矶矿业公司的一位主管阿道尔夫·迪亚兹。在矿业公司每年收入仅有1,000美元（按2011年美元币值计为2.52万美元）的情况下，但不知怎么却设法提供了给埃斯特拉达60万美元贷款购买武器和补给。

埃斯特拉达的起义得到美国驻布洛菲尔兹领事托马斯·莫法特不太隐晦的支持。1909年10月7日，莫法特告知其上级，起义将于第二天爆发，而且新政府希望得到美国的承认。塞拉亚的反应即使不是特别迅速（归因于大西洋沿岸和马那瓜之间沟通不畅），但确实血腥。塞拉亚处死了两名美国的私人承包商，李·勒罗伊·坎农和伦纳德·格罗斯，他们因试图在圣胡安河探矿被抓。（两名美国人都居住在布洛菲尔兹省；坎农是一名土木工程师，而格罗斯是一名矿工，后者有一位尼加拉瓜妻子和四个孩子。他们在此地区拥有土地，坎农是埃斯特拉达的雇员。）

对这两位美国人的处决激起美国国内的轩然大波。塔夫脱总统下令组建了往尼加拉瓜的远征军。1909年12月20日，美国海军陆战队的一个团在距马那瓜不足100英里的太平洋沿岸的科林托港登陆。美国的兵力迅速上升到近2,700人。塞拉亚意识到自己陷入了僵局，在尼加拉瓜远征军指挥官金博尔少将的唆使之下，逃上了停驻在科林的一艘墨西哥军舰。何塞·马德里斯继任总统，但他迫于美国的压力于1910年8月21日下台。胡安·何塞·埃斯特拉达接任。

## 尼加拉瓜：干预背后的政治结盟

当经济、战略和国内政治因素都指向同一方向时，干预会更容易。在尼加拉瓜的情况中，美国没有进行干预的战略理由——到1907年为止，美国一直成功地遏制了塞拉亚政府。他的邻居们不再认为塞拉亚政权是个威胁。当美国政府发起"对尼加拉瓜发动战争的露骨邀请"时，哥斯达黎加政府以及尼加拉瓜的其他邻国们都表示反对。墨西哥政府明确表示，它认为塞拉亚不再是不稳定因素了。即便如此，虽然美国在1909年几乎没有废黜塞拉亚的战略理由，它也没有不这样做的战略理由。1909年4月，墨西哥政府宣称其在中美洲没有"现实利益"。墨西哥的中立去除了进行干预的最后一道战略障碍。

美国的债权人几乎没有向尼加拉瓜的贷款，因为塞拉亚更愿意从欧洲渠道借贷。1909年5月，塞拉亚与伦敦的埃塞尔伯加财团领导的一个英国-法国联合团体签订协议，贷款125万英镑修建一条到大西洋海岸的铁路。国务卿诺克斯要求英国和法国政府向银行家们施压以取消贷款，但结果只是阻止所发行的债券在巴黎证券交易所正式挂牌。美国提出反对的理由，是塞拉亚可能利用这笔钱"购买军需品，以维持其暴政，并使其有能力攻击邻国"。这几乎无疑就是真实的原因——没有证据可以证明美国银行家们为了获得向尼加拉瓜政府借贷更多钱的荣幸而积极推动推翻塞拉亚。

直接投资者们似乎是干预的关键推动者。支持这一观点的首要证据是美国驻布洛菲尔兹领事托马斯·莫法特在国会的作证证词。在宣誓作证时，莫法特明确告诉国会，拉鲁兹-洛杉矶矿业公司的纠纷就是干预的原因。国务院和公司管理人员之间的系列交流情况有说服力地支持了莫法特的证词。1909年9月28日，公司的董事长告知诺克斯，加戴恩·斯图尔特上尉将作为代理人前往尼加拉瓜"为了我们的矿产权益"与塞拉亚总统会面。由于"这些资产和特许的拥有者们"是"最重要的匹兹堡利益"，有着"上百万美元的投资"。他希望诺克斯能够"抽出宝贵时间与上尉见面谈谈有关情况"。诺克斯确实会见了斯图尔特，并于12月1日与塞拉亚断绝了关系，随后斯图尔特对于国务院"对所涉情况采取行动"表示了感谢。

美国的商界也给予埃斯特拉达财务支持，虽然是在国务院支持之下，但同时却违反了中立法。国务院估计埃斯特拉达从美国商界至少接收了100万美元。美国政府不光在对待埃斯特拉达的支持者时不按照中立法办理；而且它还积极向洪都拉斯政府施压，迫使其放行了一艘运送武器的船只。莫法特报告称，埃斯特拉达从美国私人渠道收到了至少3,100支步枪和30万发弹药。

公众舆论阻止过美国干预吗？答案似乎是否定的：坎农和格罗斯被处决，使在尼加拉瓜的公司借机动员起民众反尼加拉瓜政府的情绪。对领导远征军的工作缺乏热情的威廉·金博尔少将在写到有关针对杀人凶手的反应时称："我永远不能理解，支持革命的相对较小的美国商业利益如何能够实质性的控制整个的美国媒体并释放出如此普遍错误的观点。"

第四章 脱离陷阱

## 尼加拉瓜：干预的失败

　　尼加拉瓜政府还决定聘用一位美国公民担任海关总征收员。美国财政顾问的工作应该带来持久性的福祉，使共和国的繁荣、商业和和平受益无穷。

——总统威廉·霍华德·塔夫脱

　　塔夫脱政府认为财政稳定可以带来政治稳定。因此，政府的条件包括了由美国官员操控的海关接管、建立由美国银行家控制的尼加拉瓜中央银行和指定一位美国顾问帮助尼加拉瓜实现金本位制度。1911年6月6日，一份贷款协议在华盛顿签署，并迅速地获得了尼加拉瓜国民议会的批准。但是，由于民主党的疑虑，这份协议受阻于美国参议院。尽管如此，美国的布朗兄弟和塞利格曼公司提出了一项短期贷款，条件是建立由美国管理的海关税收。尼加拉瓜议会同意了，克利福德·哈姆成了海关征税员。议会允许哈姆签发新的海关规定，但他不能单方面地改变税率。对塔夫脱来说，他遵循罗斯福在1905年的先例，在无协议的情况下通过行政命令批准了接管行动。

　　尼加拉瓜的接管并不是特别成功。尼加拉瓜的叛乱分子从不把海关当作收入来源。而且尼加拉瓜政府也不像多米尼加共和国对海地边境地区缺乏控制那样，对与某个敌对政府之间的重要边界缺乏控制。实际收入在接管开始的前两年中有了提升，但仍未超过不久前的水平。之后的1914年和1915年收入急剧下降，原因是一战的爆发加上一场蝗灾。（蝗虫毁掉了几个国家的咖啡作物，受灾最厉害的是马塔加尔帕。）1913年海关的账面收入超过了1906年的账面收入，但只超过8.4%，而且只有那一年。事实上，实际收入降低了（见表4.1）。尼加拉瓜政府通过在美国控制之外采取的财政措施稳定了总体收入：它保留了国家对美国的朗姆酒和烟草垄断，提高印花税，征收3,000美元免额以上、每1,000美元估值5美元的财产税。

表4.1　尼加拉瓜财政收入，1892–1916，2009年美元币值

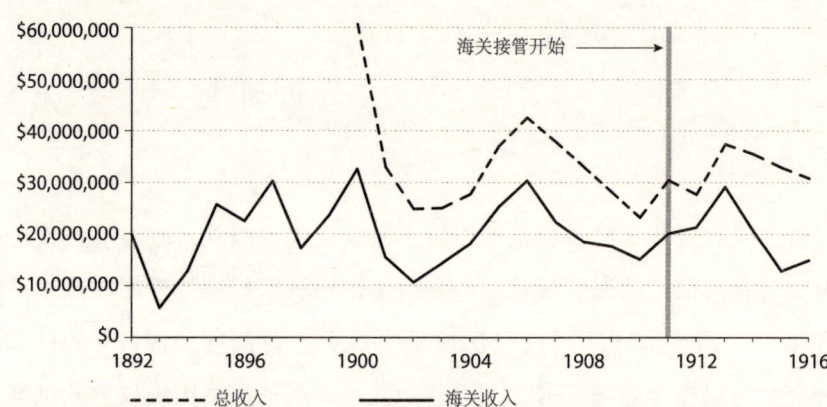

数据来源：The Statesman's Year-Book (various years); Kimber's Record of Government Debts and Other Foreign Securities (1922), pp. 645–46; Latin-American Year Book for Investors and Merchants for 1918, p. 455; and the Memoria del Recaudor General de Aduanas por 18 Diciembre 1911 a 30 Junio 1913 (Washington, D.C.: GPO, 1913), pp. 44–46, 63, and 74.

注：所有值按美国GDP缩减指数。

接管在政治方面也失败了。美国为尼加拉瓜精心挑选的领导人胡安·何塞·埃斯特拉达结果是一个偏执狂酗酒者，他很快就逃离了这个国家。他的继任者阿道尔夫·迪亚兹被证明就是个公司里的小人物，没有能力管理好尼加拉瓜的国家政治。接管为迪亚兹政府制造了一个合法性难题，这更增加了其本想避免的政治动荡。1912年3月，国务卿诺克斯对马那瓜进行了一次紧急的友好访问，引发了反美抗议和涂鸦，还有来自尼加拉瓜立法者们含蓄的侮辱。诺克斯即将遇刺的谣言甚嚣尘上，于是，国务

卿迅速地离开了首都（马那瓜）。到1912年7月底时，迪亚兹自己的作战部长路易斯·梅纳将军公然倒戈。美国驻尼加拉瓜公使乔治·韦策尔写道，骚乱使得美国的投资受到了威胁。一周之内，塔夫脱下令启用美国驻扎在尼加拉瓜的海军陆战队来支持政府。梅纳于9月底投降——他的作战能力在一场痢疾的严酷袭击之下大打折扣——而美国下令由驻马那瓜海军陆战队的"公使卫队"担任应对威胁迪亚兹政权力量的快速反应部队。

这场叛乱加重了尼加拉瓜的财政赤字，迪亚兹发现自己获得了（用美国公使的话就是）"某种内部贷款，其条件如果并非不合情理就是毫无远见"。这笔钱被用于支持政府的日常开支。而威廉·塔夫脱（总统职位）即将为伍德罗·威尔逊所取代，这迫使国务院和迪亚兹都需要找到解决财政问题的快捷方法。首先，他们匆忙通过了《查莫罗–韦策尔协议》，约定向尼加拉瓜提供300万美元（按2011年美元币值计算为5,210万美元），作为建设横跨尼加拉瓜的穿越地峡运河的方案（将不会被修建）和为美国海军提供基地建立权（将不会被使用）的回报。尼加拉瓜于2月8日批准了此协议，国务院官员赶赴华盛顿，但在参议院能够发挥作用之前国会的会期结束了。（即使更快些将协议送至华盛顿也不会带来不同：民主党少数派强烈反对它。）1913年3月3日，伍德罗·威尔逊就职的前一天，布朗兄弟和塞利格曼公司同意至6月30日前预付给尼加拉瓜1.5万美元和所有的海关收入。

## 困于尼加拉瓜

1913年初，尼加拉瓜的形势看上去像是进入了灾难倒计时。迪亚兹政府极度缺乏资金。尼加拉瓜与其美国债主之间的约定将于6月到期，但因为民主党拒不妥协，援助协议受阻于参议院。5月，国务院向国务卿布赖恩简要汇报了前届政府在尼加拉瓜的工作："尼加拉瓜需要和想要的是和平。没有美国的支持和合作，它能否获得和平似乎是令人生疑的……可能上届政府的所谓金元外交最显著的例子就是以贷款协议为手段来向尼加拉瓜担保这些结果。现在该由现任政府来界定其对贷款协议和尼加拉瓜大体问题的态度了。"

布赖恩意识到，塔夫脱治下拟定的1911年贷款协议是不可行的。他决定对韦策尔在数月前协商的协议进行修改。新协议保留了《查莫罗-韦策尔协议》的基本内容:美国将向尼加拉瓜支付300万美元，以获得跨越地峡运河建设的优先权。布赖恩的版本增加了尼加拉瓜的加勒比海岸外科恩群岛的99年租约。（事实上，美国并不打算使用这个租约，这就是协议的不寻常之处，而非遗漏，即便美国最终在小科恩岛上建了个灯塔。）它还包含了一个普拉特式的修订条款，允许美国进行军事干预。迪亚兹总统乐于接受这个协议，"这样一来，我的国民可以见到尼加拉瓜信誉提升，自然资源得到开发，全国实现和平"。

问题是，这个普拉特式的修订条款被证明对于参议院外交关系委员会而言有些过头。它拒绝了这种开放式卷入的前景。不幸的是，尼加拉瓜的危机不会为等待参议院而停止。濒临破产的尼加拉瓜与布朗兄弟和塞利格曼公司商定了一个交易，即今天所说的私有化:200万美元交换太平洋铁路公司和国家银行的多数控股权。虽然布赖恩并不信任布朗兄弟和塞利格曼公司，但他还是亲自批准了合约。为了避免陷入帝国陷阱的状况，布顿恩宣称"这个批准并不承诺国务院会采取任何进一步的行动，它只是提供意见"。虽然如此，债权人们还是将国务院的卷入解读为是一种担保，而不是一种否定。合约签署于1913年10月8日。

预付方式延迟而非预先阻止了美国更进一步的卷入。来自布朗兄弟和塞利格曼公司的200万美元中的大多数用于偿还尼加拉瓜更早期的债务。到1914年初，尼加拉瓜通过布赖恩向布朗兄弟和塞利格曼公司要求新的贷款。政府解决自身财务的途径包括迪亚兹总统自掏腰包，一笔来自（现由美国控股的）国家银行的紧急贷款，和1914年11月来自布朗兄弟和塞利格曼公司的预付款。同时，布赖恩在继续推进他所协商的援助尼加拉瓜的协议。他去除了普拉特修订条款，之后于1914年8月5日将《布赖恩-查莫罗协议》提交给了美国参议院。即使是那时，协议仍然搁置了18个月，直到在威尔逊总统的强力逼迫下才获得通过。

延迟没有改善尼加拉瓜的财务状况。第一次世界大战的来临阻断了尼加拉瓜的欧洲市场。布朗兄弟和塞利格曼公司和英国的债券持有人们同意暂时停止支付他们将从运河条约资金中得到的补偿承诺。问题在于，国务院还向其他外国和美国索赔人承诺，**他们**将从条约基金中获得偿还。条约于1916年2月在参议院获得通过，但300万美元中的240万美元因有争议而被冻结。尼加拉瓜最终破产，国务院极力要求尼加拉瓜接受美国对其财政的监督。

尼加拉瓜新总统埃米利亚诺·查莫罗（于1917年初当选）推迟了好几个月才接受财政顾问——他一度威胁要收回海关控制权——但结果并未有多大疑问。1917年10月20日，尼加拉瓜与美国及银行家们签署了一系列合约。尼加拉瓜预算将被控制在每月9.5万美元以内，超支三分之一以上时需获得由一位尼加拉瓜人、一位美国人和一位由美国国务卿选定的仲裁人组成的高级委员会的批准。50万美元给尼加拉瓜政府偿还欠薪，其余的协议资金被分配给了英国埃塞尔伯加债券持有人、布朗兄弟和塞利格曼公司、尼加拉瓜国家银行和各种索赔。美国重新任命了前海关征收员克利福德·哈姆为总税务官，如今负责尼加拉瓜所有的税收机构；他的助手欧文·林德伯格1912年来到尼加拉瓜时负责改革其会计制度，现成为了高级专员。（林德伯格在他的这个职位上一直留任到1952年）

尼加拉瓜的财政状况在查莫罗和威尔逊的剩余任期内得到了改善。（见表4.2）但是，征税的增加不能归因于设置高级专员所带来的更好管理。从1919年开始，尼加拉瓜政府（不可否认是在林德伯格的催促之下）开始征收各种新的附加税，以1919年全部关税率上涨12%为开端。而且，1921至1928年间火爆的出口持续繁荣。提高关税率和国内税，加上出口的繁荣，不出所料地增加了收入。

简言之，美国一步一步地卷入尼加拉瓜，然后发现自己无法撤回，即使干预未能产生预期效果。美国的经济界担心塞拉亚的侵占行为，寻求各种方法让塔夫脱政府来保护他们。塔夫脱政府试图通过军事和财政干预相结合的方法，解决它所认为的尼加拉瓜潜在问题。但是，因为美国金融资本家不断上升的投入，以及威尔逊政府不愿让尼加拉瓜在其眼皮底下陷入混乱，财政干预进一步将尼加拉瓜的利益与美国绑在一起。伍德罗·威尔逊的任期见证了美国政府更深地涉入拉丁美洲的事务中——即使在被不断蔓延的有关佛兰德战场的恐惧所占据时，而且尽管威尔逊有人民自决的理想信念。无论是总统的思想倾向还是欧洲的全面战争都无法成功地使驱动帝国陷阱的利益联盟分解、转向或分散注意力。

表4.2　尼加拉瓜政府收入，1916-1935，2009年美元币值

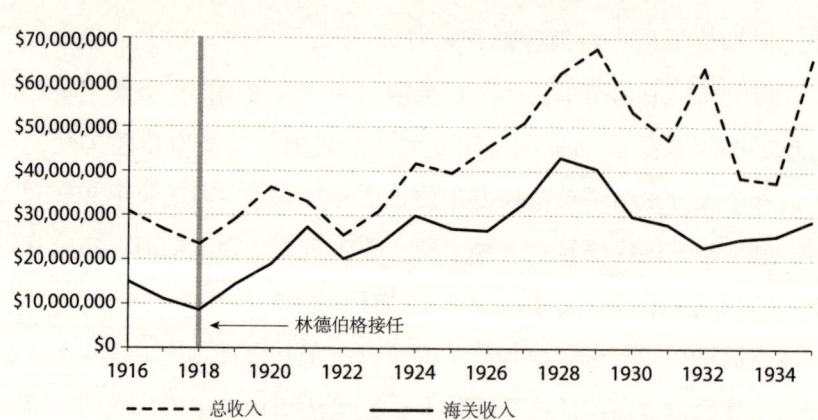

数据来源：The Statesman's Year-Book (various years); Kimber's Record of Government Debts and Other Foreign Securities (1922), pp. 645–46; Latin-American Year Book for Investors and Merchants for 1918, p. 455; Latin-American Year Book for Investors and Merchants for 1920, p. 532; and Knut Walter, The Regime of Anastasio Somoza (Chapel Hill: University of North Carolina Press, 1993), p. 37.

## 拿下海地

从物质利益的角度来决定一个国家的外交政策是一件非常危险的事。

——总统伍德罗·威尔逊

1912年的美国总统选举是一次三方角逐：作为共和党现任者的塔夫脱；作为从共和党左翼分裂出来、新成立的进步党候选人西奥多·罗斯福；民主党候选人、新泽西州长伍德罗·威尔逊。作为一个相对低调的人，威尔逊利用了作为一名政治学家的学术名气赢得了新泽西的州长一职，然后又在第46次投票中赢得了民主党的总统职务提名人资格。塔夫脱在尼加拉瓜的干预政策不是竞选的中心议题，但他支持银行的立场和与"金融托拉斯"的联系则绝对是。塔夫脱在投票选举中遭到了否决，他得到24%的民众选票，只在犹他州和新罕布什尔州获胜。威尔逊以42%的民众选票和压倒性的435张选举人票获得当选。

威尔逊在人们的记忆中是美国最理想主义的总统之一。威尔逊式一词被用于描述一种外交政策类型，其排斥现实政治，支持制度化的合作国际主义、政治民主和人民自决。因此，他的政府呈现的正是一个假设的压力实验，即：对于民选的美国政府，绝对无法不代表其公民在海外的经济利益而采取干预行动。

威尔逊并不想经营一个帝国，无论正式的或非正式的。威尔逊1913年10月27日在亚拉巴马州莫比尔的一次著名的演讲中阐述他的拉丁美洲政策，他说，"从物质利益的角度来决定一个国家的外交政策是一件非常危险的事。不仅对于那些你正在打交道的人是不公平的，而且对于你自己的行为而言也是可耻的……相对于物质利益的人权、国家完整、机会——女士们先生们，这是我们现在不得不面对的问题。我想利用此机会说，美国将永不再寻求征服额外一英尺领土"。

然而，美国之前的承诺和其强大的海外利益使得很难摆脱，进一步被牵涉进去反而更容易。徒劳的制度改革工作——威尔逊在其新泽西州长任期内成功完成的某项工作——在开始废除第一个美国帝国时被证明是过多的。而历史的反讽是，威尔逊的崇高思想将导致他成为同时代干预最多的美国总统。

威尔逊总统的首批行动似乎为美国从他国事务中撤退埋下了伏笔。他快速地解散了濒死的中国投资和外汇稳定国际财团，认为其代表了对中国内政的过多干涉①。他试图修复由罗斯福和塔夫脱政府有关巴拿马运河的阴谋所引发的某些外交上的附加损害。他废除了1912年巴拿马运河法案中的一个条款，该条款将优惠待遇给予了美国海运。威尔逊还为罗斯福于1904年"夺取"巴拿马而协商了给哥伦比亚政府的赔偿和正式道歉，虽然他没能使此协议在参议院获得通过。

中国和巴拿马运河法案是易于实现的目标。在中国的财团基本上已经名存实亡，而巴拿马运河法案明显违背了美国的条约义务，并已经引发了与大英帝国之间的严重外交裂痕。威尔逊的反帝国主义理想将在西半球领域经受真正的考验，从海地开始。在那里，处于险境中的庞大得多的美国利益将产生完全不同的结果。

塔夫脱政府想以多元外交为工具稳定海地。但是，独立后的海地政治环境使美国控制的贷款发放具有不确定性。海地的政治阶层关注的是法国而不是美国，而且，法国和德国的商业利益在经济中占据了主要地位。1910年，法国和德国商界组成的某个财团发放了一笔6,500万法郎（1,250万美元，或按2011年美元币值计算为2.26亿美元）的贷款，得到了海地国家银行的控股权。美国国务院提出反对，称此举对海地政府而言是"明目张胆

---

① 1913年3月21日，美国财团以"借款的条件近乎损害中国本身的行政"为由，退出在华的"六国银行团"，变承认中华民国的立场为支持袁世凯复辟帝制。实为美与列强直接争夺在华特殊利益而采取的政治、经济策略的调整。译者注。

的不合理"和不公平,但是当财团同意美国银行参与后就平息了抱怨。

当海地的革命者于1914年1月抢占了位于海地角的海关,同时另一队由扎莫尔兄弟领导的革命力量接管了首都时,麻烦开始了。美国在岛上的投资相对较少——大约1,500万美元,或者按2011年美元币值计算为2.58亿美元。即便如此,1914年的美国经济规模,比2011年的经济规模要小得多——与美国的GDP相对应,1914年的1,500万美元相当于2011年的63亿美元。这个利益已经足以产生巨大的政治压力。

对德国涉入可能性的战略关注,使商界有了需要用来说服反干涉主义政府保护其利益的"入口"。国务卿布赖恩受到了来自波阿斯·朗(拉丁美洲事务部主管)和海地国家银行(其中美国各银行拥有40%股份)副总裁罗杰·法纳姆的施压。朗与华尔街联系紧密,并且是联合果品公司的一位律师的私人朋友——这使他成了商界向新的民主党政府表达需求的完美渠道。1913年5月,朗警告称,法国已经派遣了一艘炮艇前往海地保护他们的利益。更严峻的是,朗在第二个月告诉布赖恩,德国政府正试图在摩尔·圣·尼古拉斯得到一个海军基地。布赖恩的回应是试图通过协商将摩尔·圣·尼古拉斯卖给美国;虽然失败了,但米歇尔·奥莱斯特总统治下的海地政府同意不将此港口卖给其他任何国家。因此,当奥莱斯特的政府于1914年1月被叛乱推翻,开启了一个亲德派上台的可能性时,可以理解布赖恩是很关注的。

当罗杰·法纳姆给布赖恩发电报警告,称法国和德国的利益暗中支持叛乱,而且将在新政府中占据重要地位时,他"触发了正确的按钮"。到1914年之前战斗一直不休不止。海地国会于2月8日批准扎莫尔出任总统,但布赖恩直到3月才承认。布赖恩要求扎莫尔将摩尔·圣·尼古拉斯割让给美国**并且**将海关控制权交给华盛顿。朗建议布赖恩拒绝予以承认,但布赖恩于3月改弦易辙,他希望和解立场能诱导扎莫尔同意美国的条件。(不管多米尼加和尼加拉瓜的经验如何,布赖恩似乎仍然相信海关接管政策会提高政治稳定。)扎莫尔断然拒绝了布赖恩并增加了反美言论。到了7月,局势变得如此紧张，以至于海军助理部长富兰克林·罗斯福下令驻关塔那摩的750名海军陆战队为海地行动做好准备。

欧洲爆发的战争简化了美国对欧洲列强的立场，同时也使海地的经济——依赖于出口贸易——进一步恶化。如果美国的关注是战略性的，就不会即将开始对海地进行干预：德国在1914年8月后放弃了在伊斯帕尼奥拉岛建立基地的所有努力。正如历史学家梅尔文·斯莫尔所说，"8月的枪声响起之后，这个要求被遗忘了，因为德国人在8月4日之后不愿疏远最大的中立国"。问题是美国在海地的利益**并不**全是战略性的。

海地政府在1915年期间倒台。约瑟夫·达维尔马尔·泰奥多尔于1914年11月7日推翻了扎莫尔政府。接下来，维布伦·让·纪尧姆·桑于1915年3月4日推翻了泰奥多尔。这两次变动，美国都考虑进行干预，但政府间的权力移交都过于迅速。1915年7月27日，太子港的一场起义让桑总统措手不及。愤怒的暴徒们包围了总统府。桑逃到法国公使馆，但在此之前下令处决了上百名政治犯，其中包括前总统奥莱斯特·扎莫尔。在知道了处决信息之后，这个城市的反应迅速而血腥。第二天上午11点，美国公使代办致电华府，报告了美国外交史上最令人恐怖的信息之一："十点半时，暴徒侵入了法国公使馆，把总统带了出来，在公使馆的大门前杀死并肢解了他。情绪失控的人群把他的尸体各部分挂在杆子上在街道上游行。美国海军'华盛顿号'进入了港口。"

威尔逊和他的新国务卿罗伯特·兰辛感到很震惊。太子港供应不足，其外国居民极度恐慌，似乎碎片式的海地财政机构只被用于资助血腥和掠夺性政府的循环往复。威尔逊经过几天的考虑（并收到来自罗杰·法纳姆的可怕报告）后，决定在没有明确的开战理由的情况下对海地进行干预，他写信给兰辛，称"对于我们显然应该做的事，我们没有合法授权……我想除了迎难而上并恢复秩序以外别无他法了"。威尔逊的目标是人道主义——但美国的经济利益对其政府进行了强有力的推动。

美国非常迅速地运用其实力影响了海地的政治局势。最有可能接任桑的候选人罗萨尔沃·博博，因为其亲德思想和与驻扎在城内的叛军的关系而受到美国当局的怀疑。美国更喜欢海地参议院的议长苏德勒·达蒂格纳夫。在紧密监管下，美国精心安排了选举，禁止所有未得到海地国会或美国军事长官颁布的通行证的海地人进入举行选举的大楼，并且解除那些有通行证的来客们的武装。（通常情况下，海地立法者可以持有自己的私人武器。）在这些条件下，达蒂格纳夫轻松当选。作为总统当选人的达蒂格纳夫，很快感觉到对他权力的极大限制，在讨论与美国的一个新协议时，他威胁，如果美国拒绝考虑他的政府对（协议）内容的修改，就要辞职。国务院告诉他，如果他选择放弃职位，美国会很乐意建立一个军事政府。达蒂格纳夫签署了协议。

根据1915年协议的条款，美国将征收总税收入、监督海地预算、管理海地卫生系统和建立公共健康项目，并按照菲律宾模式组建一个受美国指挥的警察部队——宪兵队——直到有足够的海地官员能够胜任。根据协议，美国继续执行1905年的海关法。任何成果应该归因于更高的效率和更少的腐败，而不是关税税率的变化。此协议确立了美国对海地长达十年的控制。

海地的新任财政顾问艾迪生·鲁安想说服法国政府转换法国持有的海地债券，目的是给海地财政更多的喘息空间。为了资助这个方案，海地政府将需要美国银行发放一笔新的巨额贷款。国务院建议，这些贷款最好额外要求延长1915年协议的期限，以使投资者可感知风险实现最小化。考虑到这一点，1917年3月28日，海地政府同意将议定书协议期限从10年延长到20年。但是，鲁安无法与法国政府商定旧债券的合适定价，而纽约的各银行只在法国同意的情况下才会发放贷款。鲁安的交易没能落实，除了给海地留下了一个更长期限的协议承诺，其他一无所获。

美国的占领是否成功地为海地政府带来更多收入？数据显示，美国在管理海关机构上并不比之前的海地人更有效率。美国占领之前几乎没有完善的贸易额数字（而且这些数字是内生于关税征收的），但占领之前的收入可从两个来源获得：《政治家年鉴》和美国财政代表办公室于1935年撰写的报告。两个来源都说明一个问题：在美国接管之后并没有出现税收征管的离散性暴涨（见表4.3）。收入自1917的低点开始逐步增长，但从未超过历史上的最高点。

**表4.3** 海地关税收入，1901–1934，按2011年美元币值百万计算

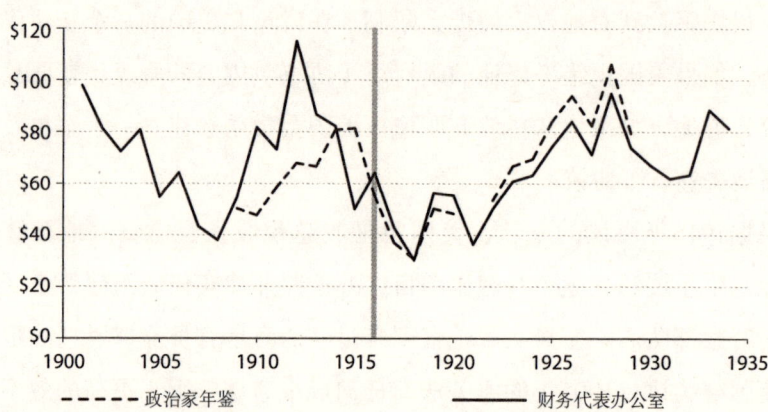

数据来源：The Statesman's Year-Book and Haiti, Annual Report of the Fiscal Representative for the Fiscal Year October 1933 – September 1934 (Port-au-Prince: Imprimerie de l'Etat, 1935), p. 120.

注：《政治家年鉴》本身没有记录关税收入，但其分别记录了美元和古德的收入，提示了美元收入中大部分来自贸易税。来自财政代表的1911年之前的数据代表的是总收入，而非关税收入。在海关接管生效之前，1912－1916年关税收入占总收入的97%。票面价值使用美国GDP缩减指数。

财政代表报告了收入，使用的货币是古德但与美元的固定汇率为5比1，而不是市场汇率。数据的确切注释如下："1919年5月2日稳定之前古德价值的波动已经计算出来并反映在1919-1920年之前的收入统计数据中。"对于1915年至1919年的数据，可以根据海关接收报告进行交叉核对，结果是每美元汇率为5古德。1910年至1915年，海地货币不稳定的时期，古德的市场价格在每美元3至7之间波动。参见O. Ernest Moore, "Monetary-Fiscal Policy and Economic Development in Haiti," Public Finance, vol. 9, no. 3 (1954), pp. 230–53.

而美国的财政干预也未能带来政治稳定。美国和海地都同意，1915年

的协议并不符合现有的海地宪法。美国、达蒂格纳夫、达蒂格纳夫的政治对手——态度上不断增长的反美表现——每一方都有自己的理由赞成新宪法的出台。但是，1918年宪法不完全属于海地，还受到了国务院、美国海军、美国驻海地公使的严格审查。（沸沸扬扬却不真实，富兰克林·罗斯福宣称他在担任海军助理部长时撰写了此宪法的内容。）新宪法允许外国拥有海地土地，这是自海地革命以来一直被禁止。宪法在1918年6月18日以荒谬的98,225票对768票的优势获得了公民投票批准。美国观察家们称海地选民们缺乏热情。

紧随公民投票之后的卡科暴乱并不是由投票引发的，而是由美国管理下的宪兵队触发的。在史沫特莱·巴特勒的指挥下，宪兵队执行的是古老的1864年法律，要求无力以现金交税的海地农民到修路队服劳役——主要在不流通的农村地区。美国人于1918年10月1日正式废除了徭役制度，但仍继续在远离首都的郊区执行它。光靠宪兵队自身无力处理由此产生的涉及两万武装分子的叛乱。

美国陆战队和宪兵队用两年时间，在整个海地农村地区实施了反叛乱行动（包括空中轰炸）。太子港被袭击了两次，分别在1919年10月和1920年1月。冲突具有很强烈的种族战争的色彩，美国海军陆战队几乎全部是白人，而他们的对手几乎全部是黑人；在一次刺杀卡科领导人查理曼·佩拉特的著名行动中，为了通过佩拉特的卫兵，海军陆战队不得不用软木碳抹黑了他们的脸。200万当地人口中，超过两万人死在对卡科叛军的镇压中。美国直到1943年都保持了对海地事务的控制权。威尔逊在1915年的干预——"去做我们显然应该做的事"——呈现出了其自己的残酷逻辑。

## 在巴拿马的失败

尽管明显地毁誉参半，美国的财政干预仍在继续。巴拿马宪法的第

136条规定，来自《海伊-比诺-瓦里亚条约》的条约款600万美元仍将投资于纽约的房地产。当巴拿马在1911年试图用这笔钱修建从巴拿马城到奇里基省的铁路时，国务院宣布，将这笔款项挪作任何它用都将使美国有责任根据第136条进行干预。美国官员坚称"拉丁美洲官员们很容易就毫不谨慎地卷入财政债务中，这可是出了名的"，以此来为他们的行为辩护。

除了上述刻板印象之外，美国人还担心巴拿马人的精明，这已被证实是有根据的。1914年，美国批准了来自国家城市银行的300万贷款，将用于修建从奇里基省大卫城到巴拿马城的铁路。美国为巴拿马运河缴纳的25万美元年金为贷款作了担保。但是，国民议会在第二年将三分之一的款项挪用于不明确的系列"公共工程"。美国提出了抗议。1915年，巴拿马政府用纽约地产的收入作担保又发行了450万美元债券。但是，同一年晚些时候，传闻浮出水面，称巴拿马总统贝利萨里奥·波拉斯将1915年贷款中的10万美元用于支付政府的运营成本。第二年，美国官员们得知巴拿马从联合果品公司借到了75万美元，以香蕉出口税收入的一半作为担保。政府的运营预算在1904—1914年间大致处于平衡状态，在1916年时陷入了220万美元的赤字——占支出的整整39%。1917年3月，美国否决了调回纽约资金的一次企图。最后，1918年，美国政府得知巴拿马通过挪用1914年贷款的余款"平衡了"其运营预算。

1918年得知这个情况之后，国务院向巴拿马城施压，要求其接受一位完全"控制和主管国家财政"的美国"财政代理人"。曾担任美国驻海地财政顾问和美国政府在菲律宾的财务支出主管的艾迪生·鲁安接受了这个职位。在鲁安的监督下，巴拿马政府实现了预算的总体平衡——1919—1920年的盈余填补了1921—1922年的亏空。1926年，巴拿马协商了260万美元的贷款，用于奇里基铁路的进一步工作和安蒙勒斯码头建设。政府用出口税和印花税的收入来为这笔贷款作担保。

表4.4　借款费用，按期限调整

|  | 1914年12月 | 1915年5月 | 1926年6月 | 1928年5月 |
|---|---|---|---|---|
| 美国 | 3.6% | 3.6% | 3.6% | 3.5% |
| 哥伦比亚 | 6.0% | 6.0% | 6.5% | 6.3% |
| 哥斯达黎加 | 6.8% | 7.6% | 4.1% | 3.7% |
| 古巴 | 4.7% | 5.1% | 4.9% | 4.6% |
| 多米尼加共和国 | na | na | 5.6% | 5.5% |
| 萨尔瓦多 | 6.1% | 7.0% | 7.5% | 6.4% |
| 危地马拉 | 8.4% | 8.9% | 8.3% | 7.0% |
| 洪都拉斯 | 12.2% | 26.7% | 14.3% | 10.5% |
| 尼加拉瓜 | 7.7% | 9.4% | 6.9% | 6.6% |
| 巴拿马 | 5.2% | 5.6% | 6.3% | 5.2% |
| 委内瑞拉 | 5.5% | 5.5% | 3.6% | 3.5% |

数据来源：Maurer and Yu, Financial Times, 以及《华尔街日报》。
注：洪都拉斯和巴拿马的债务没有进行公开交易。洪都拉斯利率基于短期贷款。

也许有人曾希望美国的监督会在巴拿马产生显著效益。毕竟，国务院密切地关注着巴拿马的金融，而且1918年后还有一位美国官员直接审批预算。巴拿马的债券没有在二级市场上公开交易，但可以计算贷款人在四个主要债务问题上向政府收取的按期限调整的利率，并与其他拉丁美洲主权借款人发放的债券收益进行比较。

数据显示，在巴拿马几乎没有有益的"帝国影响"的迹象，虽然它与美国之间有着合乎宪法的关系，虽然有巴拿马运河，虽然配置了一位财政代理人（见表4.4）。1926年——紧随在1925年用3个营的美国士兵平息巴拿马城暴乱之后——巴拿马的贷款费用低于大多数的中美洲国家，但是高于古巴、多米尼加共和国、委内瑞拉和邻近的哥斯达黎加的费用——并且只比哥伦比亚稍低一点。只有在1928年，随着巴拿马在一段时间实现了几近完美的预算平衡，它才能以低于多米尼加共和国的费用借款。

为什么美国的干预未能减少巴拿马的贷款费用？原因是巴拿马规避了

美国的财政控制。贝利萨里·波拉斯治下的巴拿马政府蓄意拒绝听从财政代理人的命令。1919年，波拉斯用巴拿马的香蕉出口收入为抵押，从联合果品公司获得了一笔15万美元贷款。然后波拉斯批准了一个法案，允许巴拿马财政部兑现内阁成员签发的汇票，完全绕过了财政代理人。当美国公使馆提出抗议时，虽然波拉斯本人签署使其成为法律，他仍宣称财政代理人办公室是违宪的。美国的压力很快迫使波拉斯改变了那个决定，但巴拿马官员们继续设法回避美国的要求。1922年底，受挫的艾迪生·鲁安——这个人曾管理过海地混乱的财政——辞去了职务。如美国驻巴拿马公使所说，取代他的沃尔特·沃里克"袖手旁观，允许（巴拿马）政府为所欲为，甚至购买全新的昂贵汽车供总统和他的内阁使用，其中包括给财政代理人本人一辆"。有人肯定会质疑，在一个几乎没有道路铺设好的国家，沃里克能在哪儿开他的全新昂贵汽车。

美国政府最终承认，在巴拿马的财政代理人并不比一位顾问发挥更多作用。政府收入在美国控制时期内稳步增长，但这与第一次世界大战结束后的商业恢复和1921年巴拿马运河完全向商业运输开放是相对应的（见表4.5）。1924年，国务院的一位官员总结称，美国的监督收获寥寥，又加上一句，"我想是该处理沃里克的时候了。"1928年初，当巴拿马政府开始策划一笔1,620万美元的债券发行时，助理国务卿弗朗西斯·怀特声明，虽然美国"与古巴、海地、多米尼加共和国有一定的财政性质的条约责任，还与尼加拉瓜有着特别的关系……与巴拿马并不存在这类关系"。

表4.5 巴拿马政府收入，1910–1930，按2011年美元币值百万计

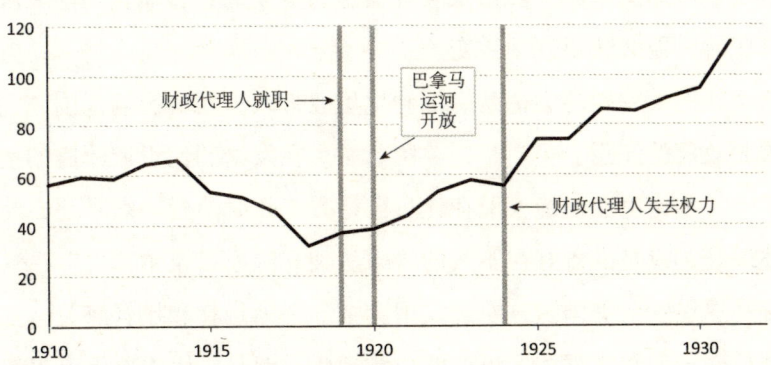

数据来源：The Statesman's Year-Book

## 美国的非洲前哨

帝国陷阱的驱动力还将美国深深地拉入到利比里亚混乱的国内事务中。国务院发现，自己在非洲海岸应用了各种干预方式：美国支持下被控制的贷款、海关接管以及美国官员被指派主管国家部门。在利比里亚，其他两个因素使得关系错综复杂。首先，利比里亚靠近欧洲在西非的殖民地，这意味着，如果美国无法履行作为利比里亚保护者的应尽职责，欧洲列强愿意并能够进行干预。第二，利比里亚的独特历史意味着，它在美国种族政治中处于特别敏感的位置。但是，这些因素推动美国各届政府趋向了更多的干预。

自19世纪20年代沦为非洲裔美国人的殖民地以来，非洲国家利比里亚一直是美国非正式范围的一部分。到了1900年，利比里亚成了由美裔利比里亚精英控制的独立国家，其财力因需要压制国内叛乱而被消耗殆尽。当世纪之交对非洲的争夺激化时，欧洲列强表达出对利比里亚长期动荡的不耐烦。英国指挥官R·麦凯·卡德尔为部队配备塞拉利昂殖民地士兵之

后，对利比里亚边防部队正规化进行了一次尝试，几乎导致了灾难。之后，卡德尔威逼蒙罗维亚城市议会任命他为警察局长，而且当国家议会要求他辞职时，他威胁要发动兵变。

这个并不太精妙的尝试是想把利比里亚带入英国的影响范围，它引起了塔夫脱政府的注意。（当是，英国总领事在发给利比里亚政府的便笺中写道，"［利比里亚］绝不能在让自己认真工作时浪费一点时间，而要把房子整理好，或是准备好在不久的将来从独立国家目录中消失"，这也有助于统一思想。）美国国务院建议国会批准一笔贷款和接管海关，并指派美国官员去培训和指挥利比里亚的边防部队。但是，塔夫脱政府很快认识到，一个不愿意批准洪都拉斯和尼加拉瓜协议的国会，也不会批准与利比里亚的协议。塔夫脱绕过国会，牵线促成了利比里亚政府与北美集团之间170万美元贷款协议，后者是一个由美国库恩·勒布公司领导的财团。贷款的大部分，即130万美元，将被用于清偿利比里亚现有的债务，国务院将任命一位美国官员负责监督利比里亚的海关。海关接管要服务于利比里亚现有债务，其后的结余将被转交给国家财政部。

为避免欧洲反对，美国促成了解决利比里亚边境冲突的一个方案，并且允许北美集团中有代表英国、法国和德国的代理人。与塞拉利昂的边界以转让两个省和支付4,000英镑（相当于当时的1.94万美元，按2011年美元币值计算为35.3万美元。）为代价得以解决。解决与几内亚和科特迪瓦的边界则容易得多——法国政府接受利比里亚诉求的条件是"维护在利比里亚的所有列强之间完全的经济平等"和"法国在该国财政组织中的参与权"，但是没有签署正式的协议。

为什么美国想保持利比里亚的独立呢？在这个国家，利益既非经济的也非战略的。相反，帮助利比里亚是安抚倾向于共和党的黑人选民（和精英）而又不引起白人种族主义者反感的低成本方式。塔夫脱在1912年12月3日证实这个政治考量："尝试确保一个对我们广大公民有着深厚感情和未来真正利益的国家的持久性，也是美国政府的职责。"民主党的各界政府支持利比里亚的理由与之类似：种族主义白人选民支持利比里亚，是希望非裔美国人会选择迁移到那儿。1919年的种族骚乱期间，威尔逊政府的一名官员写道："对美国黑人骚乱而言，似乎坚持不削弱我们对利比里亚事务的威信和控制是至关重要的。事实上，这些鼓动者们会面对这样一种言论，即：如果他们对在美国的条件不满，他们可以求助于共和形式的政府统治下的在非洲的黑人之邦，这将使在这个国家的黑人在很大程度上安静下来。"

海关接管于1912年11月26日开始实行，由一位美国人里德·佩奇·克拉克领导，他手下有法国、德国和英国的接管人。国务院最初提名由美国驻利比里亚武官本杰明·戴维斯担任利比里亚边防部队最高指挥官——他后来成了美国陆军的第一位黑人将军——但是，戴维斯退出了人选名单。之后，美国任命了西点军校的第三位黑人毕业生查尔斯·杨。杨接受了这个职位。

利比里亚的海关接管效果与在海地和尼加拉瓜的情况一样，可被最仁慈地描述为令人失望（见表4.6）。接管的开始与第一次世界大战爆发时间一致。关税收入随着贸易量和贸易值的下降而暴跌——克拉克先生几乎无所作为。更糟的是，美国建议对此前该国内没交税的人口征收棚屋税，这对利比里亚的政治稳定毫无好处。利比里亚在1909-1910年、1912-1913年、1915年面对的是沿海的克鲁人起义；在1915年的叛乱中，装备了英国武器的克鲁叛军向"德国和利比里亚"宣战，并呼吁依附于大英帝国。面对内部叛乱和经济衰退，利比里亚政府在1916年7月暂停了对其债务的偿还。正如利比里亚财政部部长詹姆斯·库珀所说，"很明显，政府无法继续支付利息并维持自身。"

理论上，美国本可以继续利息支付，任由利比里亚崩溃：毕竟，它控制着海关接管。实际上，它明白违约是不可避免的——詹姆斯·库珀的分析完全正确——但是，来自国家城市银行的压力（和利比里亚在美国国内政治中的地位）意味着不可能置身事外。1917年初，国务卿兰辛向利比里

表4.6 利比里亚政府收入，1900–1931，按2011年美元币值百万计

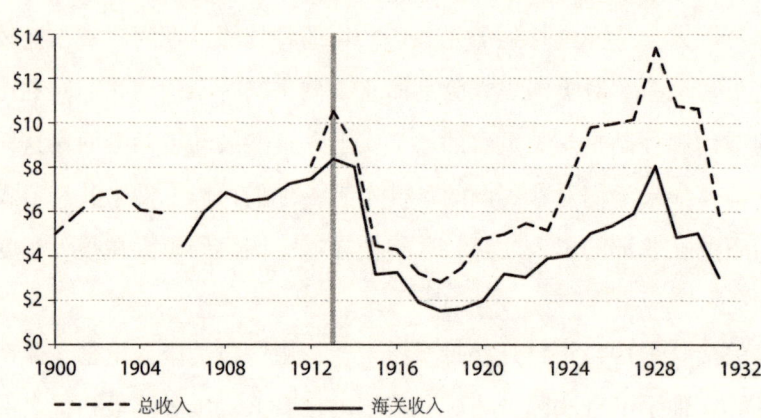

数据来源：The Statesman's Year-Book

亚政府提出了最后通牒。他说："美国不能再受到其他外国势力对贷款协议的批评，不能再容忍利比里亚政府在制定和实施必要改革方面的失败。除非利比里亚政府立即根据所提意见和建议采取行动，否则，这届政府将不得不遗憾地撤回迄今为止因历史和其他考虑促成其给予的友好支持。"这些建议包括重组利比里亚的政府部门和税收制度，以及限制立法人的薪水。作为权宜之计，1917年2月，美国促成了与英国西非银行的一项协议，每月贷款9,000美元——总额不超过10万美元——用于利比里亚政府的日常运作。尽管利比里亚政府成功地每月从英国西非银行获得了5,000美元的贷款，但紧缩政策未能避免财政灾难的发生。驻蒙罗维亚的美国临时代办预计，政府的现金流将于1918年7月变为负数。

英国西非银行的经理W·H·罗斯—贝尔向利比里亚总统丹尼尔·霍华德建议，由一个"经济调查委员会"来管理这个国家，以解决"共和国的财政问题"。利比里亚政府将此解读为是又一次逼迫利比里亚进入英国影响范围的尝试。为了防止出现这个结果，霍华德请求美国国务院，希望直接从美国政府贷款500万美元，回报是美国可利用利比里亚的剩余劳动

力、食品供应、两条电缆和两部无线电发射机。随着即将来临的危机逼近，英国西非银行为支持性贷款制定了更严格的条款，起草了一份为期25年的合同，将绕过利比里亚的立法和行政机构，由银行对利比里亚进行实际的管理。这一进展让威尔逊政府目瞪口呆，国务卿办公室不断给财政部部长威廉·麦卡多写信，要求批准利比里亚的信用额度。财政部于1918年8月批准了贷款。

财政部预付这笔款项之前，建立于1912年的多国海关接管条款需要重新谈判——当然不包括德国。1919年谈判在巴黎举行，法国和英国表示，他们愿意美国加强对利比里亚的控制。那些在美国人看来是进行金融支持和财政监督的初步计划，在欧洲人看来就是美国作为利比里亚保护国的蓝图，正如法国是摩洛哥的保护国一样。美国回避了这个界定，称自己是利比里亚"诉讼代理人"，这是一个法律用语，指一个人代表另一个缺乏此类行为能力的人行事。不满于美国不愿承担对利比里亚的明确责任，英国建议由国际联盟授权将该国移交给美国。无论是华盛顿还是蒙罗维亚都无意如此，这使得英国和法国别无选择，只能接受美国的想法。1919年9月，这两个国家退出了接管，使美国成了唯一的强国。海关接管仍在继续，与过去一样无效。

## 结论

对于在不发达国家中财产权徒有虚名的原因判断，美国被证明在两点上是错的。首先，仅仅让美国人控制政府部门的行为不会自动产生更高的效率。从理论上讲，一位美国管理者与一位当地公民有不同的动机：从事贪污行为（或不履行职责）的成本应该非常高。对于一位美国人来说，掩藏贪污行为也会更困难——毕竟，美国人需要用某些方法将不义之财转移到美国。再者，按照逻辑，一位相对廉洁的美国人的下属们如果偷拿或偷懒，应该更担心失去他们的职位。同时，美国的当地监督者们会发现不被察觉的偷拿更难了。

事实上，实践与理论大不相同。在美国干预的国家中，贪污和官僚效率低下并不是获得更多收入的首要挑战。相反，问题在于，这些国家的经济没有产生税收收入，却需要相对较高水平的公共支出。只有在多米尼加共和国，仅将海关置于美国管理之下就导致了收入的大幅增长，但这是由于事实上，美国的存在使多米尼加叛乱分子停止洗劫海关。在叛乱分子没有经常性洗劫海关的地方，美国人没有带来任何改变。

第二，增加政府收入（在它发生之处，如在多米尼加共和国和不久后的——与美国人无关的——尼加拉瓜。）并没产生政治稳定的增强。贪污的国家机构，尤其是军队，意味着高公共支出并没产生更多的公共产品供给。另外，除了洗劫海关设施外，多米尼加叛乱分子事实上非常善于用其他方式为自己筹钱。来自农村的强迫性贷款、来自海地的援助以及从政府那里抽走的资金，为他们提供了足够经费来破坏多米尼加政府的稳定。国家最终彻底崩溃，迫使美国在承认失败或完全占领之间做出选择。

这并不是说美国让这些国家进入接管的战略是完全失败的。拉丁美洲大部分国家的国内政治家们发现，外国控制其财政的可能性非常令人反感。反过来，美国的投资者也相信，财政接管的威胁提供了强有力的动机，以防止政治家们威胁美国的财产权。（一旦就位，接管事先优先考虑了债务偿还——但是在多米尼加共和国和利比里亚接管下的债务延期表明这个概括从事后来看是错误的。）由于财政接管的破坏性小于轰炸或封锁，美国的战略为制裁"失职"政府提供了一种更好的方法。当然，军事干预仍在进行，但它们的发生通常（也有例外）是为了阻止政府陷入内战，从而威胁到美国的财产，而不是为了惩罚其他的稳定政府。正如威尔逊之后的共和党各届政府所发现的，这个战略的问题在于，没有一种简单的方法可以解除它。

# 特例一
# 墨西哥的例外

革命时期的墨西哥是帝国逻辑的一个例外，原因很简单：它面积太大以致无法入侵。墨西哥在1914—1917年处于内战状态，没有一届政府完全控制了这个国家的领土。在这样的情况下，没有完整的政府可制裁，因而，保护美国定居者、店主和地主们的唯一方法就是占领整个国家——这样的财政和军事负担，没有任何一届美国政府准备背负。然而，美国无须使用军事力量就可以保护其投资者中的一部分。石油和矿产投资依赖于美国市场准入来获取价值，而用于对抗波菲里奥·迪亚斯的技巧也可以用来迫使革命派系停止没收或摧毁矿山和油田。

伍德罗·威尔逊总统毫不怀疑美国干预墨西哥的正当性。他认为，维多利亚诺·韦尔塔将军在1913年初建立的军事政府不合法，并拒绝承认它；而对韦尔塔而言，他认为威尔逊是个伪君子。双方的敌意源自这样的事实：即将离职的塔夫脱政府下令发动政变，使韦尔塔上台。1913年2月18日，在美国大使馆内签署了推翻弗朗西斯科·马德罗总统的协议——威尔逊正式就职的10天前。韦尔塔对美国政治体制的了解用仁慈的话说就是不够完整。韦尔塔不明白的是，这位总统当选人既不了解也不赞成前任的行为。因此，韦尔塔想当然地认为，对于他逮捕马德罗并任由其在三天后"因试图逃跑被击毙"，以及解散墨西哥国会，当选总统威尔逊不会反对。

韦尔塔的所作所为震惊了威尔逊——他甚至更震惊地在3月4日的《纽约世界报》上看到美国大使卷入政变的消息。他立即派威廉·巴亚德·黑尔去调查真正发生了什么。（黑尔是一名报纸记者，也是威尔逊竞选传记的作者。）1913年6月18日，黑尔报告称，大使亨利·莱恩·威尔逊（与总统不是亲戚）确实批准了政变。"（政变）期间，不是没有机会可能结束痛苦局势和制止流血事件，只要美国使馆向背叛的军官发出严厉警告，称美国将赞成和平的合法手段……直到坚信美国大使没有反对意见，马德罗总统才被其军官们背叛和逮捕"。威尔逊大使否认了黑尔的指控，但是，威尔逊总统还是在7月召回了他。威尔逊总统接着要求韦尔塔举行"提前和自由的选举"，而韦尔塔将被禁止参加。之后，威尔逊总统实施了武器禁运。韦尔塔认为这些举动是非常令人费解的背叛。

正是在这种超负荷的气氛中，1914年4月，发生在坦皮科的一个小事件升级为一场大的外交事件。一群美国水兵在经过墨西哥军事基地被意外逮捕，美国要求21响海军礼炮作为道歉。韦尔塔坚持要求美国人相对应地要向墨西哥国旗敬礼，美国外交官担心这会被解读为承认的信号。在双方争执不下时，德国轮船"伊比兰加号"到达韦拉克鲁斯，装载着机枪和弹药，这为威尔逊政府提供了进行干预的借口。威尔逊相信军事行动的冲击足以使韦尔塔——他正在慢慢输掉他的政变所引发的内战——下台。作为墨西哥最大的港口，关税收入的主要来源，以及墨西哥城的历史悠久的大门，韦拉克鲁斯是进行军事干预的理想地点。威尔逊命令海军接管韦拉克鲁斯的海关并没收"伊比兰加号"的货物。水兵和海军陆战队于4月21日开始登陆。到了4月24日，海军陆战队已确保了城市的安全。17名美国人和126名墨西哥人死于交战中。

威尔逊在韦拉克鲁斯的军事胜利被证明是一次政治上的失败。韦尔塔似乎震惊美国的举动，但他并不感到畏惧：不管是韦尔塔还是实际上的敌对方领导人贝努斯蒂亚诺·卡兰萨都谴责了占领行动。墨西哥的公众舆论猛烈地抨击美国。阿根廷、巴西和智利提议进行国际调解。意识到错误的威尔逊很快同意了。在中立的安大略的尼亚加拉瀑布举行的和平会议开始于1914年5月20日，韦尔塔和卡兰萨都派出了代表。（威廉·F·老巴克利是韦尔塔政府的顾问）但是，每一方都有触犯其他方不愿妥协立场的要求——尤其是韦尔塔提出辞职——于是会议迅速陷入僵局。

韦尔塔在那次会议的一个月之后辞职，但不是因为美国占领了韦拉克鲁斯。相反，他辞职是因为贝努蒂亚诺·卡兰萨和弗朗西斯科·"潘乔"·维拉的联合部队在战场上击溃了他的军队。（武器禁运当然有利于叛乱分子，但美国不需要实际占领韦拉克鲁斯来实施它。）韦尔塔和他的家人在皇后区宁静的森林山社区的一处豪宅渡过了余生。这场对抗反革命斗争胜利者们面对的命运也并不美好。他们很快开始在一场不留情面的内战中互相打起来了，对韦拉克鲁斯的占领拖延下来。

最后，对韦拉克鲁斯的占领毫无成效。韦尔塔被打败之后，在胜利者之间的战斗中，威尔逊政府支持了卡兰萨的主要对手弗朗西斯科·维拉。然而，具有讽刺意味的是，美国军队驻扎在韦拉克鲁斯，为卡兰萨提供了一个安全庇护所，在那里建立了一个临时首都并重新整编队伍。卡兰萨继续赢得了内战，而维拉理所当然地被视作"叛徒"，因而对美国充满怨恨。1916年3月14日，维拉突袭了新墨西哥州的哥伦布。威尔逊以在此种情况下一位美国总统能够做出的唯一选择进行了回应：他入侵了墨西哥北部。

这次干预的目的是抓捕潘乔·维拉。不幸的是，美国不可能派遣一个师的兵力进入墨西哥而避开与卡兰萨军队的交战。两个月之后，美国军队7月与墨西哥军队在奇瓦瓦的卡里萨尔交火。美国人死亡16人，而墨西哥人俘虏了23名骑兵。眼看干预行动有可能引发与卡兰萨政府开战的风险，威尔逊政府实施了对交战的限制性规定，以确保此类战斗不会重演。然后，美国政府开始非正式地对卡兰萨政权的所有军事动向提出警告。由于军事远征军被有效地禁止了从事军事行动，远征军不寻常地未能实现其目的：到美国于1917年2月7日撤军之前，维拉都未被抓住。

## 面积太大，以致无法入侵

美国陆军制定了几个入侵和占领墨西哥的应急计划。1911年，当混乱首次爆发时，陆军军事学院完善了1904年的粗略计划。计划A准备从得克萨斯发起进攻，而作为首选的计划B则主张11.4万士兵从得克萨斯入侵，同时

13.7万士兵从韦拉克鲁斯行动。军事学院认为韦拉克鲁斯的卫生环境过于恶劣，以致入侵中病或亡的士兵人数将是不可承受的，于是计划B排除了4月至10月间的入侵。

计划的规模是令人震惊的，因为当时美国陆军总的现役力量是45,914人，而现有预备役和国民警卫队（当时通常被称作"有组织的民兵"，虽然国民警卫队一词正逐步开始流传开来。）中额外的士兵只有116,124。最终，陆军批准了准备进攻墨西哥城的更小规模的计划，只使用11.5万兵力。计划后来于1913年做出了改进，将军力需求提升到13万（另有16,800守卫美国－墨西哥的边境），并且有计划在发生战事时将常规军和后备役（包括国民警卫队）的联合规模提高到248,753人。与九十年后的入侵伊拉克时所推出的非常相似的战略观念不同，1913年的精简化入侵计划受到来自文职部门领导者们的严重阻挠，他们抗议称，军事文件中没有条款适用于应对游击队抵抗或者占领韦拉克鲁斯和墨西哥城之外的该国其他地方。于是，军事学院对计划进行了多次修改。

战争计划的最后版本公布于1914年7月，主张发动兵力为352,985人的入侵。1914年，美国陆军有98,544名现役人员。1914年的入侵墨西哥计划要求在该数字的基础上再增加259,601人，所依据是夸张的假定——即现有的国民警卫队兵力已经为战斗做好了准备——这个假定在第一次世界大战的动员期间被证明是错误的。甚至该计划更为乐观地断定，美国可以将现役预备役扩充到28.1万，并能启用所有新兵参与美国之外的战斗任务。考虑到需要训练和装备如此多的新兵，在下达命令和开始入侵之间至少应该有九个月的间隙。

入侵墨西哥的财政成本是多少呢？从参议院的战争拨款听证会的数据中可以得出最小估值，显示出一支最终兵力分别为12.2万、13.2万和15.6万名士兵的军队的服装、装备、支付、供应、掩蔽和交通的总成本。（不出所料地，在大多数类别中，边际成本低于平均成本，但也有一些情况是起伏的支出导致了边际成本的显著上升。）

1914年，招募、训练、装备和运输额外兵力的边际成本达到了1.73亿美元。更现实的假设条件是国民警卫队的兵力作为新兵需要训练和供给，因此入侵墨西哥所需的兵力招募成本将共计2.38亿美元——当时美国国防预算总额是3.47亿美元。另外，这些估值并不包括在战场上维持美国军队的费用。使用第一次世界大战的数据，在战场上维持352,985兵力六个月的费用将是1.25亿美元。总的财政成本将达到GDP的1.3%——按照极其不可能实现的假设条件，即美国能够建立、安置一个友好的政府，并且在战斗开始的六个月内撤军。占领每增加一年，最低限度的成本估算是GDP的2.6%。

简而言之，与1904至1934年间美国其他干预的小额（实际上几乎可以忽略不计）财政成本不同，入侵墨西哥将涉及与西班牙-美国战争不相上下的国家投入，而此时对这样一种冒险行为的政治支持要比1898年时低得多。再者，这类干预导致长期不规律冲突的可能性——以甚至更大的财政和人力代价——是非常大的。因此，革命时期墨西哥的美国债权人、小投资者和地主们是孤立无援的。美国从未成功地说服墨西哥政府承认其革命前的债务。它也未能成功得到对革命期间被没收和毁掉的美国农业财产的全部赔偿——墨西哥直到1934年才开始支付相关索赔的5,350万美元。（此赔偿达到了墨西哥GDP的1%）

## 保护美国的财产——采矿和石油

但是，墨西哥的石油和采矿投资的特性，使得以入侵以外的方式保护美国财产成为可能。地理因素为美国公司和国务院提供了一套简单易行的工具。革命领导人们很快发现，向外国矿主们勒索金钱的企图将导致对墨西哥出口的抵制，从而使矿石丧失了任何经济价值。理论上，通过在墨西哥的冶炼厂精炼矿石和将精炼过的金属出口到欧洲（有较高的价值／重量比率，因此，穿越大西洋的船运是有利可图的。）可以规避美国的抵制，但这要求拥有运营冶炼厂的专业知识——而在被战争蹂躏的墨西哥,很难获得这种专业知识。

第一个领教这一教训的墨西哥领导人是维多利亚诺·韦尔塔,他试图向杜兰戈的外国矿主勒索金钱,不然就处死。美国矿主的反应是集体关闭了矿场并离开了这个国家。第二个接受教训的墨西哥领导人——不断重复地——是潘乔·维拉。维拉的军队在1913至1915年间控制了墨西哥大部分的主要矿区。最初,维拉与美国的矿主们结盟。正如美国冶炼和精炼公司的一位负责人所说:"我们与维拉及其手下关系最好……他们数次不厌其烦地协助我们公司。"这就是美国采矿利益在革命早期游说威尔逊政府支持维拉的原因。

但是,尽管已经尽力,维拉还是无法推动矿产业。由于矿场位置远离边境地区,根本性问题是缺乏铁路交通。墨西哥处于一场现代战争之中,这意味着军队和装备必须通过铁路转移。因此,铁路成了破坏的战略目标。结果,从1913年到1917年,铁路受损严重。对于远在北部的矿场而言,问题在于价格不断下降。铜价在1912年是每磅16.3美分,1913年跌到15.3美分,1914年又跌到13.6美分。铅价按同样的方向发展,从1912年的每磅4.5美分跌到1914年的3.9美分。矿主们对低价的回应是削减产量并暂时停止他们成本最高的经营活动。

维拉派系的一些官员认为可以强迫采矿公司恢复生产。1914年5月,杜兰戈州的维拉派系州长托马斯·乌尔维纳命令外国的采矿公司恢复生产,否则将被没收。两个月后(1914年7月),奇瓦瓦州长菲德尔·阿维拉和维拉的国务卿希尔维斯特·特拉萨斯签发了一项法令,命令这些公司在一个月内恢复"采矿、生产和其他因为战争而停止的经营活动",并威胁"如果他们坚持停止他们的经营活动"将进行没收。事实上,州和地方的领导人没收了一些墨西哥所有的矿场。

这个战略从一开始就注定了失败。首先,维拉派系无法对矿石进行熔炼或化学提纯。美国拥有的"美国熔炼和精炼公司"垄断了北墨西哥的所有精炼技术,而该公司拒绝加工来自被没收矿场的矿石。第二,维拉派系无法接管冶炼厂,因为他们缺乏运营这些工厂的能力。有一次,维拉派系试图启动该公司的一个冶炼厂,但很快发现他们根本不知道要做什么。最后,美国政府阻止了将未熔炼矿石运到美国的企图,同时协助矿主们建立了特别办公室,当"被盗的"矿石到达边界时向海关官员发出警示。总之,该公司和美国海关机构有效行使了矿主的财产权,而不需要派遣海军陆战队——在北墨西哥更有可能发生的情况——或派遣军队。

维拉想要从矿主身上得到更多的资源——美国国务院轻松地阻止了他这样做。由在墨西哥的若干家最大(大部分是美国的)采矿公司成立于1915年2月的"矿主和冶炼厂主协会",立即开始与维拉派系反复商讨出了一系列有关税收、劳动力权利和货币汇率的政策。维拉派系在劳动力法(该法将不会被改变)、汇率(将由市场决定)和税率(将与迪亚斯统治下的情况一样)上高度配合。维拉从"矿主和冶炼厂主协会"那里得到的唯一让步是,美国矿主们同意一次性支付占收入5%的特别战争税。即使这个特别税后来也被减少了,当时维拉声明(迫于美国国务院的压力)"在无法适用之处"将不征收此税。

对运营一个熔炼厂不像运营一个养牛场那么简单这个事实,维拉确实无法绕过它找到出路;他从矿场没收的任何矿石都失去了价值,因为他无法将其出口到美国,而"矿主和冶炼厂主协会"能够以电子速度发电报给美国国务院。1915年3月中,在战争中失败并急需收入的维拉放弃了他与矿主们的联盟,下令那些未开工的矿场将被没收。"矿主和冶炼厂主协会"和国务院迅速采取行动,于是,维拉退让了。1915年7月,维拉需要资金购买正在埃尔帕索等待付款的25万发子弹。由于缺钱,他的财政部部长希望"矿主和冶炼厂主协会"驻奇瓦瓦的代表提供一笔30万美元的贷款。矿主们拒绝了。维拉的回应是下令所有在奇瓦瓦的采矿公司立即恢复运营并把矿石上交给他的政府。"矿主和冶炼厂主协会"果然发电报给国务院,后者派休·斯科特将军来见维拉。我们无从知道斯科特对维拉说了什么。但我们知道,维拉放弃了所有要求,换取了1,000吨的煤。

到1916年底，卡兰萨的军队实质上已经击败了维兰，卡兰萨派系很快轻率地卷入到曾制约维拉派系的力量中。1916年9月14日，卡兰萨下令闲置的矿产将由政府运营，或任由第三方申诉。采矿公司向国务院投诉，国务院立即进行了抗议，并建议矿主们提出辩护声明，解释他们关闭矿场的原因。11月14日，卡兰萨允许矿主们延期到1917年2月14日。事实上，卡兰萨不得不进行了两次威胁（1916年9月14日和1916年11月14日再一次），而且，他允许矿主们到1917年2月再执行，这表示他本人也知道他不可能真正没收矿主们的资产而又不挑起禁运，一旦禁运，矿场就失去了价值——而矿主们肯定意识到这些。不出所料，卡兰萨实施了战略性的撤退：他既没有废除这个法令，也从未试图执行它。《工程和采矿日报》出版的有关墨西哥事件的报告，倾向于把卡兰萨描绘为可想象的最负面的人物，但也没有提及根据此法令进行没收的任何事件。

对卡兰萨实际上不懂运营矿场这一说法，后来的事件为我们提供了两次检验机会。第一次发生在1917年初，当时，索诺拉州阿里斯佩的其斯派司矿场的管理者们拒绝了有关增长工资、雇佣更多人员和增加产量的命令。卡兰萨政府监禁了经理并没收了矿场。但是，政府很快发现，没有外国的管理者它无法运营赢利，于是不得不关闭了经营。政府还发现它没能有效地关押住矿场经理，他从监狱中逃走并逃到了亚利桑那州。第二次检验的机会，是同一年稍晚些时候发生在科阿韦拉，当时因为一个劳工纠纷，联邦政府决定接管该州的煤矿并进行自营。但政府很快发现，没有采矿公司技术人员的合作，它无法为矿山排水和重启生产，这并非轻而易举的事。因此政府推翻了没收矿场的计划。

保护石油产业需要某种程度上更为积极主动的措施，因为原油和墨西哥炼油厂的产品能够以实惠的成本运往欧洲。1914年，国务卿布赖恩要求将以坦皮科港为中心的油区列为"中立区"，在革命时期没有派系正式承认中立区的存在，但是，他们都表现得好像他们已经做了似的。原因是，所有的派系都明白，如果他们抢占油田，他们将与美国发生没有胜算的冲突。美国确实考虑自己抢占油田——国务卿兰辛比他的前任布赖恩明显更为好战,他强力倡导这个主意——但是要在敌方抵抗摧毁油田之前夺取它们很困难,这使得计划被取消。取代它的是一个威胁,如果敌对的派系抢占了油田,那么,这个派系能够享受油田租金的时间就到美国远征军到达并夺回油田为止——当油田在墨西哥人手中,其被摧毁的可能性就不再能阻止美国干预了。任何革命派系都尤其不希望承担这个风险。美国石油公司的薪资偶尔被墨西哥的派系偷走,而且会有关于税率的一些讨价还价,但油田没被没收过。

# 第五章

# 香蕉共和主义

对于有自尊心的政府来说,有一个明确而有约束力的义务,即:为公民的人身和财产提供保护,无论他们身在哪里。正义的基本法则在实践中具有普遍性。这些是公民不可分离的权利,无论他走到哪里,我们政府的职责必须跟随他。

——总统卡尔文·柯立芝,1927年

共和党人沃伦·哈丁入主白宫后,决定避开困扰其前任的帝国复杂状况。哈丁在1920年以26个百分点的优势当选,与其说是对胜利者优点的认可——俄亥俄一位相对不出名的参议员打败了俄亥俄相对不知名的州长——不如说是对威尔逊时代的否定。他的民主党对手詹姆斯·考克斯只在"坚固的南方"赢得选举人票,在这个一党的领地里,共和党的最大支持者——非洲裔美国人——被剥夺了投票权。哈丁在竞选中提出回归"常态",他几乎没有外交政策方面的知识,国内经验也不多。累赘的威尔逊帝国主义政策很容易成为哈丁的目标,他曾在其位于俄亥俄州马里恩的家中门廊上承诺,作为总统,他将不会"为西印度群岛上无助的邻国们起草宪法，然后由美国海军陆战队用刺刀逼着塞进他们的咽喉"。

但是，哈丁与威尔逊一样，发现几乎不可能避开帝国陷阱。总统缺乏坚定的内心，这绝对是一个重要因素。透过哈丁的形象可看出其本质：一位愿意支持朋友和倾听顾问意见的和蔼可亲却没有思想的老好人。结果，他的内阁是20世纪最多样化的内阁之一，从某种意义上混合了腐败的亲信和某些被委以重任的专业人士。哈丁的任命中有：安德鲁·梅隆，作为亿万富翁的匹兹堡实业银行家，出任财政部部长；赫伯特·胡佛，美国在战后欧洲救灾工作负责人，出任商务部长；以及纽约州前州长、高等法院法官、共和党前总统提名人查尔斯·埃文斯·休斯，出任国务卿。

美国的非正式帝国政策使这些个性鲜明的人变得针锋相对。干预主义阵营的是商务部长赫伯特·胡佛，他认为积极主动地监控对外投资是美国的责任，从三个主要群体的角度考虑：美国直接投资者，他们希望自己的商业利益得到美国政府力量的保护；美国银行家，他们希望能得到美国外交带来的好处；外国政府自身，否则它们将（在胡佛看来）实施不明智的借贷。与之相对，梅隆的财政部采取不干预立场，私人投资者应该管理好自己的风险。国务卿休斯采取折中立场，对于拉丁美洲分部提出的异议。他领导的国务院采用了由国务院经济顾问阿瑟·杨起草的政策。该政策宣称，国务院将审查外国贷款和大规模的投资，但仅以顾问的身份；在收到来自投资者的资料后，国务院将"对事项进行审议，并根据其占有的信息尽力告之是否存在或不存在对所涉贷款的异议……它不用因为贷款的优势而提出商业建议，也不会承担任何与贷款交易相关的责任"。

哈丁于1923年在其第一届任期中去世后，美国对拉丁美洲外交政策的状况没有任何变化，虽然它呈现出共和党更传统的亲商言论。卡尔文·"沉默的卡尔"·柯立芝赢得了1924年的重新选举之后接任总统，他任命弗兰克·凯洛格取代休斯出任国务卿，这是一位自学成才的国际法学者和来自明尼苏达的前参议员。与休斯高尚的、几近庄严的语气不同，柯立芝和凯洛格在拉丁美洲问题上的言论更为咄咄逼人。国务卿凯洛格不外乎就是用赤色罪名来胁迫国会同意干预拉丁美洲。仅仅根据托洛茨基居住在墨西哥，凯洛格于1927年在参议院外交关系委员会作证时就称："布尔什维克领导人们……已经将摧毁他们定义的美国帝国主义政策作为其重大任务之一，以此作为国际革命运动在新世界成功发展的必要先决条件。""红色墨西哥"的幽灵在华盛顿出没——不止一次，这种过热的言论将多届政府置于干涉主义立场。

侵略性的言论掩饰着幕后的摇摆不定。国务院担心美国作为世界第一的资本输出国地位使帝国陷阱更加危险重重。"金元外交"演变成政治纠缠的机会太多了。尽管反复地澄清，许多美国银行和外国投资者将国务院的"没有异议"解读为是美国对贷款和投资项目的积极承诺。只能像原始政府文件的起草人阿瑟·杨所建议的，国务院只签发提案的确认收据。

干预领域的帝国潜在意义开始变得难以忽视。虽然，美国拒绝承认它实际上经营着一个帝国，但是，美国已经在经历某些帝国统治上的经典问题。美国财政顾问们得到了很好的补偿，然后远离他们本应为其利益服务的国家。例如，总税务官克利福德·哈姆在尼加拉瓜的薪水是每年1.5万——按2011年美元币值计为36.6万元（采用美国消费者物价水平指数）。同时代的人认为这个"困难"补助水平是荒唐的：国务院的一份调查显示，在这份报酬下，哈姆完成了"相对较少的工作"。美国在整个海地零星派驻了许多美国官员以平息种族冲突，但在利比里亚，国务院批准的顾问团队则引人注目地全是白人。（被派去训练利比里亚边防部队的军官们除外）这种对文化特质的视而不见虽然本身事小，但对美国在干预范围内推行稳定的努力毫无帮助。

美国的政策引发了一些国内的反对之声。反帝国主义者1921年和1922年在参议院召集了有关美国军队在海地和多米尼加共和国所谓暴行的高调听证会。听证会不可避免地调查——和严厉抨击了——导致占领的政策。内部抵制也在国务院内增长。在柯立芝的任期快结束时，副国务卿鲁本·克拉克撰写了对美国外交史中门罗主义历史性应用的评论。这份200

页的记录主要是对门罗主义行动的简短个案研究，其总结道："人们认为门罗主义条款并不能证明（罗斯福）推论的合理性，虽然自我保护主义理论的应用可能已经在很大程度上证明了其合理性。"

反对几乎没有效果。国会仍处于分化状态。同时，国务院内部对美国在拉丁美洲角色的疑虑甚至比威尔逊或哈丁在竞选时的反帝承诺的影响更小。即使有关美国干预无法提升在拉丁美洲的财产权安全的证据越多，美国仍然专注于这条道路。到20世纪20年代，美国已经成为世界上最大的资本输出国，而在受政治动荡困扰的国家中，美国干预与美国资本如影随形。

关键是从政治角度来说，财政干预相对廉价。20世纪20年代的干预很少需要炮艇开赴敌方的港口——当出现失误，就如在伊斯帕尼奥拉岛（海地）或尼加拉瓜一样，问题需要好几年时间才会显现，而且在伊斯帕尼奥拉岛几乎没给美国财政部造成损失。（美国利用占领国政敌以被占国的名义发行的债务来为占领海地和多米尼加筹措资金）另外，即使具体利益下降，特定的投资者们继续为干预进行口头游说。因为，几乎没有可与之抗衡的压力，20世纪20年代的这些共和国政府被证明无法抗拒。在巴拿马、尼加拉瓜、海地、利比里亚、玻利维亚和秘鲁，"金元外交"就是帝国陷阱的委婉表达。

## 在利比里亚的本末倒置

20世纪20年代，利比里亚引起了美国商界的关注。在没能进入菲律宾之后，费尔斯通轮胎公司选定利比里亚作为自己橡胶种植园的潜在场地。但是，如果没有来自美国政府保护其财产权的担保，费尔斯通轮胎公司就拒绝投资。美国政府已经受到来自国家城市银行的压力，要求政府有所作为，使利比里亚继续偿还债务。结果是一个令银行家们如愿以偿的协议，

## 第五章　香蕉共和主义

实际上将利比里亚的管理交给了费尔斯通轮胎公司，并规定由美国担任担保人。

哈丁政府执政之初，利比里亚似乎要从美国政府获得一笔500万贷款（按2011年美元币值计为5,450万美元）。1921年的大部分时间里，利比里亚总统查尔斯·金都在与美国协商这份贷款协议。利比里亚议会没有做任何修改，于1922年1月23日通过了这个协议。在美国，众议院于5月11日投了赞成票，并将决议转递到参议院。虽然有哈丁总统的支持——国务卿休斯开玩笑地称对利比里亚的援助是罗斯福、塔夫脱、威尔逊和哈丁几位总统都认可的唯一项政策——这项决议在参议院招致了猛烈的批评。

威廉·博拉（爱达荷州，共和党人）以一种守法的反银行论点提出了第一个异议，声称贷款的期限是为1917年战时环境而设，已不再适用，因此使美国银行获得从前的利比里亚索赔中的未到期利润。但是，参议院的辩论很快出现了强烈种族主义的转变。在博拉发表意见的第二天，参议员汤姆·沃森（佐治亚州，民主党人）充满讽刺地建议不如把钱给在美国的非洲裔美国人。"利比里亚每个黑人家庭500美元！那会是怎样一个欢欣鼓舞的场面！"当辩论拖到11月，参议员帕特·哈里森（密西西比州，民主党人）宣称，这笔贷款实际上将把65万美元转给五位与共和党关系密切的非洲裔美国人（他说出了姓名）。参议员乔治·诺里斯（内布拉斯加州，共和党人）用有关利比里亚人战斗力的种族笑话加入"批评"中（如果能够称之为批评的话）。1922年11月27日，最终投票以42票对33票反对，有12名共和党人加入到了民主党的反贷款方队中。没有任何的指导意见，决议回到了参议院财政委员会，就此终结。事后，《纽约时报》认为，参议院中对戴尔反私刑法案的积怨污染了利比里亚贷款决议的通过环境。不管事实如何，美国种族主义挫败了美国政府给利比里亚的任何官方贷款，而哈丁想要讨好黑人选举人的尝试也以失败告终。但是，美国在利比里亚的海关接管仍然存在着，国务院仍希望指导有兴趣投资的美国公司。

哈维·费尔斯通从官方贷款项目的失败中发现了机遇。他可以向利比

135

里亚政府提供与国务院的期限相同的贷款，而作为回报，利比里亚将解除对外国土地拥有权的法律限制。费尔斯通以"美国必须种植自己的橡胶"为口号游说国会支持。1923年3月，他成功地让国会拨款50万美元（按2011年美元币值计为5,300万美元）以进行对潜在橡胶生产区域的调查。

美国政府的调查团于1923年12月到达利比里亚，视察了该国巴克利山的2000英亩废弃种植园。气候和地理条件似乎都适宜，但费尔斯通担心两个因素：利比里亚糟糕的交通基础设施和法律上对外国拥有权的禁令。金总统提议以每年1.5万美元（按2011年美元币值计为16万美元）的租金试租巴克利山的一个种植园。如果试租成功，金承诺可以每年3万美元的租金租下额外的50万英亩。15年之后，费尔斯通轮胎公司将缴付收入总额的5%作为出口税。作为回报，利比里亚将投入30万美元来改善蒙罗维亚的港口。考虑到那些障碍，费尔斯通轮胎公司拒绝了金总统的提议。

利比里亚政府对资金的需求使费尔斯通轮胎公司在后续谈判中占据了优势。在制定政治策略时，费尔斯通轮胎公司收到了来自海关接管主管西德尼·德拉鲁非常宝贵的协助。作为土生土长的新泽西人，德拉鲁曾作为一名文职人员任职于多米尼加共和国的占领政府，后来于1921年来到利比里亚。德拉鲁并**不是**国务院雇员，而是纽约的国家城市银行的雇员。当然，国家城市银行想要为利比里亚仍然拖欠的贷款进行再融资。

1924年，德拉鲁前往美国与费尔斯通轮胎公司和国务院官员会面。1924年7月1日，德拉鲁向国务院利比里亚事务主管威廉·卡斯尔解释了他的政治策略，关键在于获得美国国内的非洲裔美国人的支持。德拉鲁建议将驻蒙罗维亚的黑人美国领事所罗门·胡德召回美国。在国内，胡德可以帮助游说"黑人群体"。他还说，费尔斯通轮胎公司应该同意为黑人技术人员预留工作岗位，这将使得"所有杜波依斯控制下的激进媒体站在我们这一方"。当月末，德拉鲁见到了哈维·费尔斯通。据国务院的一位官员罗杰·特雷德韦尔说，德拉鲁告诉费尔斯通，"没有贷款，国务院不会赞同费尔斯通进入利比里亚"。费尔斯通"不应该期望去控制这个国家或贷款。已经说得很明白了,这必须是某个银行家的贷款,而且控制也将由政府提名的顾问来执行"。

对于代表国家城市银行与利比里亚谈判这个主意,费尔斯通并不感到兴奋。他想要借钱给利比里亚,但只要求对利比里亚政府某些部门的控制作为回报。1924年7月8日,费尔斯通的法律总顾问阿莫斯·米勒与助理国务卿利兰·哈里森会面。米勒告诉哈里森,该公司准备向利比里亚共和国贷款500万美元,"通过其财政代理人,比如纽约的国家城市银行,只要利比里亚的所有收入被指定为贷款所用,此外还要求利比里亚政府同意美国总统指派美国人征收和支出所有这些收入"。

当助理国务卿询问为何费尔斯通会认为有必要控制利比里亚的整个收入机构时,米勒回答称,美国没能保护在墨西哥的美国投资免受政治动荡的影响,而且门罗主义不适用于利比里亚。哈里森最后建议美国任命"一个利比里亚政府的财政委员会、一位法律顾问和边防部队的四位高级军官"。1924年12月12日,国务卿休斯在一次私人会面中告诉米勒和费尔斯通,他同意哈里森的建议。但是,他确实让所有人"清楚地明白了诉诸武力是不可能的"。

当利比里亚人对某些条款犹豫不决时,费尔斯通让美国政府代表他向利比里亚人施压。1925年4月30日,他给柯立芝总统写信称:"我在促成利比里亚政府在国务院批准的橡胶种植协议上签字时遇到了困难……知道您关注橡胶发展,我冒昧地向您提及这一情况。谨致以个人的问候。"此后不久,国务卿弗兰克·凯洛格(于1925年3月取代休斯)发给利比里亚人一个信息:

> 国务院理解利比里亚政府不愿意对在利比里亚经营的私人利益承担义务,而这些义务与它可能愿意对美国政府承担的义务是一致的……但是,显然不可能以利比里亚能够提供的担保在美国国内筹集任何贷款,除非会出现费尔斯通轮胎公司协议所考虑的广泛发展……费尔斯通先生已经在与

荷属婆罗洲的橡胶种植园进行协商……他到华盛顿的目的之一是与专员讨论菲律宾岛屿上的橡胶开放。在国务院看来，如果费尔斯通先生将其利益转移到别的地方，对于利比里亚而言是非常不幸的。

当利比里亚仍然犹豫不决时，国务卿凯洛格发电报给美国驻蒙罗维亚公使胡德称："你要全力消除所有可能的误解……并促使谈判迅速完结。为此你可以向利比里亚当局出示和阅读这份电报。"当法国于1925年抢占了泽塔省时，美国暗示，只要金总统与费尔斯通轮胎公司达成协议，美国将为抵制周围的欧洲帝国提供帮助。

最终的协议允许费尔斯通轮胎公司通以每年9万美元租借100万英亩99年，并按收入总额的1%纳税。考虑到利比里亚的国内橡胶市场几乎为零，这相当于是出口税，但称其为收入税使金政府可以将这个协议美化成一次民族主义的胜利。作为回报，费尔斯通轮胎公司会借给利比里亚40年期限的500万美元贷款，票面利率为7%。美国政府为此协议担保。协议不仅使海关接管保留下来，还增加了内容，给予美国政府指派"一位总统财政顾问"的权力。这位所谓的"顾问"对所有的政府支出有单项否决权。更严重的是，顾问的薪水是1.25万美元（按2011年美元币值计为15.9万美元），这笔钱**由利比里亚政府支付**。费尔斯通轮胎公司本身则获得了对利比里亚共和国新借款的否决权。

这份协议在本质上并没有特别不公平之处——虽然否决立法拨款的能力超出了之前的财政接管——但费尔斯通轮胎公司还没就此结束。根据接管条款，所有的关税收入将存入美国贸易公司银行营业部的一个账户，此公司是费尔斯通轮胎公司的附属公司。相应地，美国贸易公司在存款**流入**此账户时收取1.5%的手续费，在资金被转到纽约偿付债务时再收取1%的手续费。也就是说，在美国政府的协助下，费尔斯通轮胎公司可以对利比里亚政府的所有收入征收一个附加税。

## 尼加拉瓜的政治崩溃

哈丁政府执政之初由美国管理的国家中,尼加拉瓜似乎是最有希望撤回的国家。在20世纪20年代初总体繁荣的经济气氛下,尼加拉瓜的金融发展兴旺。1920年的尼加拉瓜选举存在严重的违规行为——国务院的一位观察员称名单"严重的作假"——但从埃米利亚诺·查莫罗总统到他的叔叔迭戈之间的权力移交足以平稳过渡。到1923年,对国务院而言,局势似乎稳定到可以宣布负责保卫美国公使馆的海军陆战队分遣队将在1924年选举之后撤回。正如国务卿休斯给美国驻马那瓜的临时代办的信中所说,"整个撤军计划的成功取决于即将上台的政府……它将处于强势地位,到那时当海军陆战队撤出,就不会出现政治动乱"。保守党人卡洛斯·索诺扎诺与自由党胡安·包蒂斯塔·萨卡萨的联盟在1924年10月的选举中获胜。

不幸的是,休斯有关新政府会强大到足以允许撤回海军陆战队的预言被证明是错误的。担任总统一职的一周之内,索诺扎诺"对于失去海军陆战队的前景大为惊恐",这是美国临时代办所言。他还补充说,马那瓜的普遍看法是"一旦海军陆战队离开,一场革命将不可避免"。索诺扎诺要求美国推迟撤军,直到尼加拉瓜的国家部队接受了美国教官的训练。他精明地强调了撤军的商业后果:它会引发"此国家中所有公共事务和活动、外国资本(对于持续下去)的不安……定制债券的萎靡和通货贬值……政府立即建立一支常规军的责任……一个拆东墙补西墙的组织,目的却是为了维持可观数额资金以更好地被用于资源发展或维持公共政府"。索诺扎诺显然清楚哪些会使美国担心。

但是,柯立芝政府不愿意抛弃大肆宣扬的将从尼加拉瓜撤军的声明。为了加速离开,美国于1925年5月同意为一个新成立的国民警卫队提供支持,"这是一个不受任何政治影响的机构"。一旦开始运转,它将同时取代尼加拉瓜军队和国家的多支私人武装。它将由来自得克萨斯州埃尔金的美国陆军少校卡尔文·卡特进行训练。海军陆战队于8月初离开了马那瓜。

8月28日，索诺扎诺总统的小舅子阿尔弗雷多·里瓦斯将军派了一队士兵到马那瓜的国际俱乐部破坏了一场为教育部长举行的聚会，带走和拘留了数位著名的自由派。这一切就在许多美国客人不可思议的眼皮底下发生了。里瓦斯控制着当地的卫戍部队，其后，他与索诺扎诺在总统家中谈判——带着50名武装人员，还有两支机关枪正对着房子。索诺扎诺手上只有一张牌可用，他请求美国派遣军舰。军舰在一周内到达。里瓦斯退让了，于是军舰撤回。对各方而言，显然索诺扎诺的能力与国务卿休斯所希望的相反，它的能力来自隐藏背后的美国军事实力暗含的威胁。

到这一刻，埃米利亚诺·查莫罗决定公开反对索诺扎诺。1925年10月25日，查莫罗夺取了对马那瓜卫戍部队的控制权，要求得到尼加拉瓜军队统帅的任命。索诺扎诺很快默许，对所有参与的士兵实行大赦，甚至还报销了查莫罗的开支。作为尼加拉瓜前驻美大使，查莫罗相信，只要他保持合乎宪法的遮羞布，避免破坏美国的经济利益，美国就不会干预。查莫罗将目标对准了索诺扎诺联盟中的自由党部分，迫使副总统萨卡萨离开了这个国家。然后，他继续从尼加拉瓜国会剔除执政联盟的成员。国务院察觉了查莫罗的战略，但"不认为应该用军舰把萨卡萨送回去。那样可能制造一个尴尬的先例"。1926年1月3日，查莫斯入选尼加拉瓜参议院，参议院于1月12日指定他为总统继任者。尼加拉瓜国会于1月13日将副总统萨卡萨驱逐出国流放两年，而总统索诺扎诺于1月17日辞职。查莫罗成了总统——但显然让他惊讶的是，美国拒绝承认他的政府，虽然接管但并没将收入扣留不给。

尼加拉瓜的政治局势迅速蜕变成内战。大西洋沿岸的自由党军队从布卢菲尔兹的——大批美国人的聚居地——尼加拉瓜国家银行抢夺了16万美元以资助叛乱。作为回应，美国派出了军舰，并宣布布卢菲尔兹为"中立区"。国务卿凯洛格宣称，"无论是自由党军队的还是查莫罗军队的军事行动都应该被阻止，除非对于保护美国人的人身和财产安全是必要的"。不幸的是，当自由党军队开始从墨西哥城的卡列斯政府购买武器时，凯洛格之前的"红色墨西哥"言论又回过头来使他深受其害。

1926年8月,凯洛格向查莫罗发出了一个隐讳的威胁,称如果他不坐下来与自由党协商就会切断所有的政府收入。"急于并期望避免干涉尼加拉瓜的纯粹国内事务,国务院不得不指出……对于控制尼加拉瓜政府的人所采取的想要阻止1917年和1920年财务计划自由运作的行动,美国政府感到非常担心"。凯洛格的隐讳威胁"明显打动了"查莫罗,他回复"他已下定决心要坚持与尼加拉瓜所有人为敌的立场,但愿意接受美国军队进行干预,会欣然地将政府移交给美国军队"。

1926年10月,由美国促成,保守党和自由党各派在驻扎于太平洋港口科林托的美国海军"丹佛号"上举行了一次和平会谈。查莫罗辞去现职,成为尼加拉瓜驻欧洲的无任所公使。前总统阿道尔夫·迪亚兹作为一名保守党人,是国务卿凯洛格的优先选择,成了查莫罗的指定继任者。但是在和平对话期间,前副总统萨卡萨没有放弃他对总统职务的诉求。凯洛格不打算任由萨卡萨的野心毁掉他精心打造的和平协议:他指示国务院,如果萨卡萨在尼加拉瓜建立了政府,"国务院只能把他看作是一名革命者"。

不幸的是,凯洛格有关"布尔什维克"墨西哥影响尼加拉瓜的过度言论再一次干扰了他促成和平的能力。银行拒绝"借钱以发动一场针对接受墨西哥人援助的对手的无用战争"。1926年底,没有继续作战的资金,迪亚兹的内阁通知国务院,"政府现在(没有)资金可用于实施军事行动",并"将在必要时采取绝望困境中政府能用的所有措施和权宜之计,例如通货膨胀,先对自由党继而无差别地进行资本征税(即征用),最终暂停对外国债务的偿还"。

意识到保守党政府即将采取征用政策,华府做出了决定。1927年1月4日,美国海军陆战队从美国海军"加尔维斯敦号"上登陆。6天后的1月10日,柯立芝总统向国会宣布,他不仅授权向迪亚兹政府出售武器,并且将"使用托付给我的权力来确保对所有在尼加拉瓜的美国利益的保护,无论是该共和国事务的内部纷争还是外部干涉将他们置于了危险之境"。

柯立芝对国会发表的强有力的演讲使华尔街士气大振，1927年3月，担保信托公司和塞利格曼公司向尼加拉瓜提供一笔100万美元的贷款。不幸的是，柯立芝的威胁还激励了尼加拉瓜的自由党军队，他们采用了新的反美措辞。为了限制自由党军队的行动，美国扩展了其在海岸沿线的"中立"区，但自由党军队能够充分利用尼加拉瓜崎岖的内陆。

1927年4月，美国派遣前陆军部长亨利·史汀生带着和平使命前往尼加拉瓜。史汀生迅速得出结论，如果没有外部助力，哪一方也不能够在内战中获胜，而且，暂时性妥协是可以实现的。自由党和保守党各派都同意，美国监督下的1928年总统选举将是可接受的和平条件。史汀生本人相信，可能会延续到后期选举的监督，比"赤裸裸的军事干预"这一选择更能够获得接受。在蒂皮塔帕的小镇上，史汀生亲自与自由党军队主要领导人何塞·玛丽亚·蒙卡达将军会面。史汀生说服了蒙卡达——用和平的胡萝卜加上美国实施强行缴械的大棒——同意了选举计划。到5月底（雨季的开始，这使得竞选活动几乎不可能举行。），双方都将武器移交给了美国的监督人以换取现金，包括至少1.1万支来复枪、300支机枪和50万发子弹。萨卡萨于1927年5月20日终止了他对总统职务的诉求，虽然他拒绝在协议上签字并离开这个国家前往了哥斯达黎加。另一位鲜为人知的自由党军队领导人奥古斯都·塞萨尔·桑迪诺也拒绝解除武装并匆匆逃往洪都拉斯边界。

令人惊讶的是，尼加拉瓜的财政状况并未因为战争而受到严重破坏。美国临时代办认为，到1928年中期，尼加拉瓜可还清1927年塞格利曼公司的紧急贷款，而下一步的战争索赔贷款也是可以实施的。另外，还需要收入来供养改造后的国民警卫队，史汀生计划准备将其打造为一个无党派的军队，取代尼加拉瓜军队和警察部队，由美国海军和海军陆战队的人员进行培训和协助。这样一支军队会是昂贵的，但美国观察家们认为尼加拉瓜有供养它的资金。

真正的问题正如国务卿凯洛格所担心的，即：许多尼加拉瓜人因为战争而变得激进。他们反对美国对意识形态问题的干涉。几乎紧随史汀生协议之后，桑迪诺发动游击战，反对在他看来与美国沆瀣一气的尼加拉瓜政府。讽刺的是，如今身为民族主义者实际军事领袖的奥古斯都·桑迪诺确实是在墨西哥了解了有关社会公平理论，但不是从墨西哥政府那里。相反，他是在位于坦皮科的标准石油公司附属公司当工人时变得激进起来。

桑迪诺的队伍从来不是大规模的，在与美国海军陆战队直接交战时输得很惨烈，但在更加势均力敌的情况下，进行了小规模、打了就撤的战斗。美国刻意淡化了桑迪诺起义中的意识形态本质。事实上，美国坚持让尼加拉瓜政府根本不要承认这是起义。相反，国务院宁愿使用"土匪活动"一词。另一方面，桑迪诺明显地意识形态化，专门以美国军队和美国拥有的资产为目标。他还追求出名，尤其是在北美的媒体上。虽然，自由党在1928年选举中获胜——由美国监督，诚信度得到广泛认可——桑迪诺的起义和美国的干预继续延续下去。到1929年初，超过3,000名的海军陆战队在整个尼加拉瓜的农村地区抓捕桑迪诺的队伍。情况的升级引起了美国许多人的警惕。1929年2月，美国参议院投票决定中止为海军陆战队的尼加拉瓜行动提供进一步的资金。但是，柯立芝在任上的最后几个举措之一，就是逼迫参议院的成员们改变了他们的投票。这场在尼加拉瓜的"小规模战争"继续延续到了胡佛政府执政时期。

## 陷于伊斯帕尼奥拉岛

哈丁政府努力想从各种军事占领中解脱出来，这种努力在伊斯帕尼奥拉岛并没有更大的成功。美国确实成功地从多米尼加共和国撤出了占领政府。但是，实际的撤出与理论上的撤出有很大差别。多米尼加的国民行使着名义上的主权，但美国在多米尼加事务中保持了高压手段：海关、内部收入和公共工程部门仍然在美国的掌控之下。同时，美国对海地的占领仍在持续,大部分要归因于海地独裁总统路易斯·博尔诺的急切合作愿望,他乐意接受美国作为其政权靠山而存在。

1921年6月14日,美国提出了第一个撤回提案,涉及多米尼加共和国。所提议的"撤离条约"有五个条件。第一,新政府要认可占领期间的所有立法法案,包括以多米尼加共和国名义获得的贷款。第二,政府要批准一笔250万美元的最后贷款,这是"为了完成正在实际建设中的公共工程所需的最低贷款"。第三,海关接管要保留。第四,海关接管要扩展到有权"在关税收入被证明不足以满足对共和国外国债务的偿还时,对共和国国内收入中证明必要的这部分进行征收和发放"。第五,美国要继续训练——并在必要时指挥——国民警卫队。(占领当局实际上希望贷款是1,000万美元,因为更少的贷款没法使整个岛上的主干道完成铺设和完工。国务院否决了这个建议,担心债券问题在"面对我们公布的撤回政策"时会失败。)

圣多明各的公众反应并不是正面的:美国公使将其描述为"一阵抗议的热潮"。美国的回应说明,它希望与一个推举出来的代表大会的代表来协商这个条约。1922年2月,面对着一个反对方阵,美国宣布,除非最后能敲定协议,否则占领将一直持续到修完公路和培训后警察部队……或者到1924年7月1日,以先到者为准。多尼米加人拒绝了——"我们继续坚决抗议,反对美国军事力量对多米尼加共和国的占领"——美国适时地撤回了其提议。

其实,双方都在虚张声势。妥协很快达成,其中,美国同意在条约最后商定之前,准许挑选一位临时总统,而多米尼加人同意了财政方面的明确要求。美国还同意撤回其在国民警卫队中的军官。在高级专员萨姆纳·韦尔斯的批准下,胡安·包蒂斯塔·比西尼·布尔戈斯于1922年10月21日出任临时总统。1924年3月15日举行了选举。霍拉西奥·巴斯克斯·拉哈拉轻松地击败了弗朗西斯科·佩纳多,7月13日,美国将主权归还给了圣多明各……除了海关、国内收入和公共工程部门。国民警卫队被移交给多米尼加人控制，由拉斐尔·特鲁希略指挥。

无论政治稳定还是民主，都无法在美国撤回后幸存下来——在几乎完全控制了八年之后，美国人在持久性体制改革方面几乎一无所成。但是，美国确实成功地建立了一个权力中心，一旦政治动荡抬头，它能维持秩序而不需要美国的军事支持——它就是国民警卫队。

巴斯克斯总统在一场无法确定是否合宪的运动，迫使国民议会将其任期从四年延长至六年，这里问题开始出现。他的主要对手费德里克·贝拉斯克斯组织了一场叛乱作为回应。叛乱被证明对新组建的国民警卫队没有造成太大威胁，但是，巴斯克斯开始失去政治上的支持。1930年2月，特鲁希略组织了一场政变。当各省军事起义的报告到达总统府时，巴斯克斯召见了他的军事统帅并单刀直入地问道："我还是总统吗？"特鲁希略回答称巴斯克斯仍是总统，而且特鲁希略仍然听从他的命令——但他接下来就用自己的人代替了巴斯克斯的效忠者。在一个月之内，巴斯克斯被迫辞职。特鲁希略一直谨慎地等待着，直到一个选举年才组织了他的政变，他保留了所有的宪政体制，坚称巴斯克斯的辞职是自愿的。1930年3月19日，举行选举的两个月之前，国务院通知美国公使，"国务院希望你劝说特鲁希略不要出任（总统）候选人，但意识到了实现这一点的巨大困难，而且，如果你不能成功而特鲁希略当选，最重要的是你不能以任何方式损害你与他的关系"。计划中的选举于5月19日举行，特鲁希略以95%的选票当选为总统——他所得的223,851票超过了注册投票人的数目。

在伊斯帕尼奥拉岛的另一侧，美国继续对海地保持着占领。海地政府在美国的有效否决权下被保留下来。虽然美国的海军陆战队压制住了大部分的公开暴力活动，反美情绪仍然高涨。在太子港，已经很明显，民众中非常不受欢迎的海地总统达蒂格内大对与美国合作没什么兴趣。1920年夏，达蒂格内夫与美国派到海地的财务顾问约翰·艾弗里·麦基尔亨尼——来自麦基尔亨尼塔巴斯科拉沙司家族——在纽约国家城市银行对海地国家银行进行重组以及对海地古德实行货币管制的问题上发生了意见冲突。作为回应，麦基尔亨尼暂停了海地内阁的预算进程。达蒂格内夫仍然固执己见，于是，美国驻海地公使暂停了海地内阁的薪水，包括总统的薪水，直到出现"态度转变"。虽然9月时美国海军"明尼苏达号"军舰和海军上将纳普来到太子港谈判，海地政府并没表现得"友好好客"。

国务院意识到已经达到了这个策略的极限，于10月不顾驻海地公使的反对，下令公使恢复海地内阁官员们的薪水。达蒂格内夫希望美国政府的变化会给他带来更多的行动自由。然而，国务卿休斯决定利用海地的选举周期来对付他。新的美国高级专员约翰·H·拉塞尔准将引人注目地拒绝支持这位现任者——签发声明给海地媒体，称他"支持无候选人原则"。1922年4月，海地的国务委员会另选了达蒂格内夫的外交部部长、律师路易斯·博尔诺出任总统。

专员拉塞尔最初对于博尔诺是否愿意接受美国的财政安排心有疑虑。但是，博尔诺私下接受了拉塞尔有关通过国务委员会加快跟进所要求的贷款法案事宜。于是，1922年6月26日，国家议会一致同意了这笔4000万美元的贷款。以同样的方式，博尔诺迅速地与纽约国家城市银行达成了有关该银行对海地国家银行的管理协议——博尔诺主要的异议是，在城市银行对任何存款准备金加以立法完全绝望时，该银行还保持了**更高**的存款准备金。拉塞尔和国务卿休斯都很吃惊。

不过，这种对美国意愿的无条件服从是以牺牲海地民主为代价的。博尔诺作为贝尼托·墨索里尼的崇拜者，喜欢通过国务委员会来独断专行，他在两届任期中拒绝进行立法选举，并经常性地逮捕反对派记者。除了试图修改海地宪法以获得较长任期外，美国官员们很少对博尔诺的独裁提出异议。事实上，美国对博尔诺评价如此之高，以致当博尔诺于1926要求协助他再次当选时，美国海军将其军舰移出了海地水域达数月之久。

第五章　香蕉共和主义

## 不断扩充帝国

如果按我的想法，秘鲁会在五或十五年内真正成为美国的。

——总统（秘鲁）奥古斯都·莱吉亚

20世纪20年代期间，美国的财务监督扩展到了两个出人意料的国家：秘鲁和玻利维亚。这两个国家在地理上都不与美国接近；华盛顿也不认为两者在战略层面上有特殊的重要性。两个国家的共同点在于，领导者都认为将国家职能外包给美国能够提高管理水平、吸引外资、使经济增长加速——当然，还能够帮助保证他们执政。当地领导者的串通共谋与美国公司希望美国为其财产权担保的愿望相吻合。

秘鲁的过程最为顺利。1912年，应美国数家银行的请求，塔夫脱政府开始支持对秘鲁政府的贷款，目标是"为我们的商业利益带来稳定"和"将该共和国财务未来交由美国资本家们来掌控"。奥古斯都·莱吉亚之前的政策几乎没有成果，1919至1930年间，秘鲁总统决定谨慎地把他的国家尽可能深入地融合到非正式的美国帝国中。莱吉亚跟着美国离开了国际联盟，支持对尼加拉瓜的占领，将詹姆斯·门罗的肖像悬挂在总统府中，并宣布7月4日为国庆日。他告诉美国使团，他希望"将秘鲁交到美国手中……按保护国的性质"。莱吉亚甚至写道，"我的愿望是让一位美国人来负责我国政府活动的每一个部分"。

接下来，莱吉亚将秘鲁财政机构的大部分移交给了美国。（人们可能认为，莱吉亚的热心可能动摇了有关财务接管是一种**惩罚**的观念。）1921年5月，纽约担保信用公司宣布它将向莱吉亚的政府提供贷款，条件是秘鲁提名由国务院指定的美国人为海关主管。之后，莱吉亚在贷款获批之前就要求威廉·冈萨雷斯大使让美国指定某人来就职。莱吉亚告诉大使，他不希望对美国人的权力移交显示出与贷款相关。然后，他全权委托国务院来决定该办公室的职权。

莱吉亚整个9月份一直让国务院不胜其扰，直到国务卿查尔斯·埃文斯·休斯最后宣布，他将来自明尼苏达大学、有着广泛政府经验的经济学教授威廉·坎伯兰提名为海关主管。但是，在秘鲁政府明确其权力和补偿金之前，休斯并不能保证坎伯兰会接受这个工作。莱吉亚回复称，坎伯兰将拥有政府和关税征收改革方面合适的权力，并有权对改变关税结构提出建议。坎伯兰将保证得到，每周与总统举行一次例会、秘鲁中央银行董事会席位和1.6万美元月薪——按2011年美元币值计为21.1064万美元。最终的协议给予坎伯兰授权以"改变现有的征收收入并将其纳入财政国库的体系……研究现有的进出口税的体系并提出相关修改建议……提出海关机构雇员的任命、升职、降职、调动或辞退……保证守法征收和用正当警察保护手段保卫关税收入"。他将"在政府行动或提议之前提供有关所有财政政策的咨询……并将担任秘鲁共和国可能成立的任何政府金融财政机构的董事会成员"。他还有权雇佣四位美国人分别担任审计员、海关检查员、统计员和私人秘书。

莱吉亚似乎希望接管能够迫使美国在秘鲁与其邻国的各类领土冲突中支持秘鲁。这样的愿望落空了。美国同意仲裁秘鲁与智利、哥伦比来和厄瓜多尔的各个冲突，但是，美国充当了一个不偏不倚的法官，而不是秘鲁的辩护人。与哥伦比亚的解决方案更是一枚苦果：1922年的《所罗门—洛扎诺条约》将边界定在了有利于哥伦比亚的普图马约河上。莱吉亚一直拖延把此协议递交秘鲁国会的时间；直到1927年在美国的压力之下才这样做。莱吉亚还相信，美国的财政控制可以产生更大的美国市场准入，但华盛顿直接拒绝给予秘鲁的糖与古巴糖一样的关税优惠。

另外，让一位美国管理者负责海关这一举措本身并未成功：关税收入几乎没有超过以前的峰值。关税收入确实走出了1921—1922年的最低点（见表5.1），但这是1921年美国经济衰退中的贸易复苏的结果，而不是任何的管理魔法。与**非**美国控制的收入流强势增长形成对比,海关收入增长失败就更加凸现出来。坎伯兰无力改革海关的管理。正如他后来写道,"贪污成风;几乎没有人按照关税所要求的付税——就是与秘鲁官员们进行讨价还价的交易"。当坎伯兰解雇了一位被当场发现收受贿赂的腐败官员时,该官员要求与他进行决斗。(那时和现在一样,学术政治是一个不好的事物,但进行决斗不是明尼苏达大学的标准操作程序。)坎伯兰还被证明在控制中央银行的腐败方面软弱无能。莱吉亚的一位亲戚欧洛希奥·罗梅罗——"一位最不择手段的政治家",成了银行主管。罗梅罗捏造了一个方案,非法削减了铸币的银含量。坎伯兰发现了这个方案,却对此无能为力。事实上,他对一种用于支付学校教师的学券制感到非常震惊。教师们会用这种券与当地国会议员换取现金,这些国会议员将得到25%的佣金。"这是秘鲁贪污的主要来源之一,也是人们想要成为参议员或众议员的主要动机之一。每个人都收取了其选区内学校教师的大部分薪水"。当坎伯兰发现这个制度时,涉及其中的秘鲁政治家的回应是也向他提供了一份佣金。

表5.1　秘鲁政府收入,1900–1929,按2009年美元币值百万计

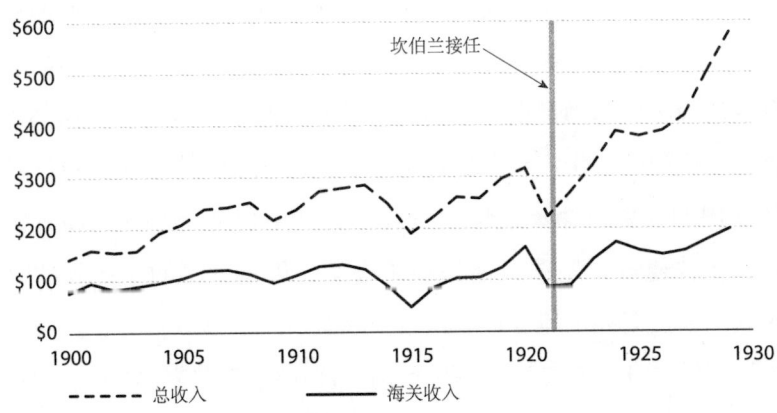

数据来源:牛津拉丁美洲研究数据库

坎伯兰最终忍无可忍。他发现，腐败和管理不善延伸到了秘鲁政府的最高层。当他接管海关时，他发现通过"特殊信用"或其他规避财政管制的形式，所有政府部门支出水平大约是收入的两倍。用坎伯兰的话就是，"（莱吉亚）毁掉了秘鲁的财政，完全因为似乎他本人就是个贪污犯"。他宁愿管理海地的财政，于1924年离开。不出所料，担保信托公司决定不给秘鲁贷款。

莱吉亚对美国的欣然接受，没有能够提高关税收入（与其他收入或更早期的趋势相比）、未能获得美国市场准入或赢得对秘鲁昂贵的领土索赔的支持。它的主要收益只是争取柯立芝政府成为秘鲁的贷款助推器。当担保信托公司退出时，国务院把另一家银行——怀特-韦尔德公司拉了进来。怀特-韦尔德公司于1924年10月签订了700万美元的合同，使得莱吉亚填补了他的长期亏空。国内外贸易局开始发布有关秘鲁的各种看涨报告。当怀特-韦尔德公司的财力被证明不足以满足秘鲁的财务需求时，美国政府开始向更小的银行保证，秘鲁事实上信誉良好。

为何美国政府要支持这样一个不负责任的政权呢？简单地说，新泽西标准石油公司在这个国家拥有重要的（但在政治上敏感的）石油利益，保护其投资安全一本万利。1922年，国际石油公司（IPC），新泽西标准石油公司在加拿大的一家子公司，购买了位于北部海岸的拉布雷亚和帕里纳斯油田的权力。问题是国际石油公司的要求有很大的争议性，而且是以可论证有效的合法要求为依据。最初的要求来自西蒙·博利瓦于1826年签发的拉布雷亚庄园的一份产权。土地给予了何塞·安东尼奥·德拉昆塔纳，用以偿还博利瓦的革命运动所用贷款，而其中包含了一个"沥青矿"。1873年，秘鲁通过了一项石油和采矿法案，规定了不同采矿权的颁发。1877年的一项法案要求所有现有产权要提交进行验证，但是，拉布雷亚的拥有者没有做这件事。之后，一位英国公民赫伯特·特维德尔于1888年买下了这个产权。他要求政府明确它的现状。秘鲁政府判定它是私人财产，但任由产权界限含糊不清。1890年，特维德尔将其租给了伦敦和太平洋石油公司。这个要求在该国显然是唯一合并了地表和地下权利。1914年,英国将此产业转租给了国际石油公司。国际石油公司投资了1900万美元;到1921年它每天生产7741桶石油。

国际石油公司一开始生产石油,最初要求的模糊性就成了一个紧迫问题。1916年,秘鲁政府宣称该土地的面积要比原来认为的大得多,因此英国的拥有者——以及间受到影响的国际石油公司——应该承担更高的税额。公司的预估账单从每年30英镑涨到了12万英镑。国际石油公司派了一个代表团来谈判,但秘鲁政府拒绝对话。于是,该公司于1918年压缩了生产,关闭了它的炼油厂。由于秘鲁石油是以国内市场为目标,这立即制造了一种危机感。秘鲁政府几乎没有可用来迫使国际石油公司进行生产的筹码,因为,该公司在秘鲁的炼油厂规模很小,所以大部分原油要用船运往加利福尼亚进行提炼。政府无法强迫该公司在加利福尼亚提炼原油,然后运回秘鲁。如果它采取侵占政策,它将需要在世界市场上推销原油和购买经过提炼的石油产品,这是一项艰巨的工作。

但是,秘鲁能够做的,就是威胁将特许权转给另一家国际公司。虽然,莱吉亚公开宣告了他对华盛顿的忠诚,他圆滑地在英国和美国利益之间进行挑拨。他在完全清楚美国大使会提出抗议的前提下,承诺给荷兰皇家壳牌石油公司独家勘探权。新泽西标准石油公司建议将争议提交给一个由加拿大、秘鲁和瑞士陪审员组成的临时仲裁小组。莱吉亚提出要求100万美元,然后才会同意进行仲裁。国际石油公司同意了,仲裁开始。仲裁员们的决定对政府有利:该要求的拥有者到1927年之前将支付12万英镑。但是,该小组在签署决定时还隐讳地承认了英国公司拥有对地下的权力,该公司立即将其卖给了国际石油公司。之后,国际石油公司在运营中投资了6,000万美元,到1929年将产量提升到了每天2.96万桶,1936年顶峰时达4.13万桶。

新泽西标准石油公司意识到它在秘鲁的地位相对不够稳定。公司特许权的合法基础是有争议的。另外,它依赖于莱吉亚总统对公司免税和1922

年协议所制定的税率（见表5.2）的支持。事实上，公司相对较低的税率被广泛看作是对国际石油公司试图为秘鲁政府帮助安排贷款的补偿。因此，美国政府同意为秘鲁寻求外国资金提供支持，以此来帮助新泽西标准石油公司。

表5.2　国际石油公司的税率和资产收益率（税后），1916–1930

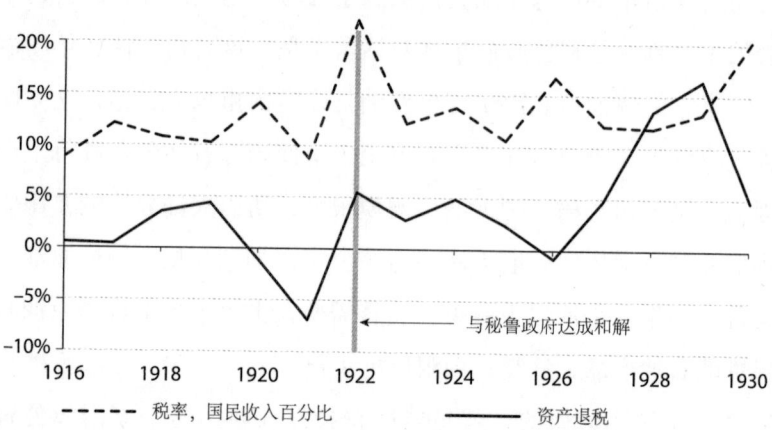

数据来源：Rosemary Thorp and Geoffrey Bertram, Peru, 1890–1977: Growth and Policy in an Open Economy (New York: Columbia University Press, 1978), pp. 104–6.

注：1922年的税款猛增要归功于国际石油公司支付给秘鲁政府的100万美元特别款，它是1922年解决方案的一部分。

值得注意的是，另外两家美国公司在秘鲁获得了更大的授权（虽然不清楚它们是否直接代表莱吉亚游说美国政府）：塞罗德帕斯科公司和W·R·格雷斯公司。塞罗德帕斯科公司是由一位名叫詹姆斯·本·阿里·哈金的土耳其裔美国人建立于1902年，该公司非常自豪地拥有J·P·摩根、范德比尔特家族的一位成员、威廉·伦道夫·赫斯特的母亲和奥格登·米尔斯的祖父作为主要负责人。到1916年，塞罗德帕斯科公司在秘鲁的投资（包括一条为矿山服务的铁路）达到了3,000万美元（按

2009年美元币值计算为4.29亿美元）。到1929年，其投资的账面价值达到了5,000万美元（按2009年美元币值计算为5.17亿美元），与新泽西标准石油公司的6,850万美元不相上下。W·R·格雷斯公司控制着美国与秘鲁之间的船运，并在多家纺织工厂（它控制了秘鲁该行业产量的90%）、糖的种植园和糖厂（秘鲁产量的18%）、发电和输电中占有股份。事实上，W·R·格雷斯是该国最大的单体商业企业。

## 在玻利维亚的常设财政委员会

玻利维亚的情况是，美国财政干预产生了较高的收入——因为美国人推动通过了对锡产业的首轮加税，而不是因为新任的美国管理者们减少了腐败。然后，加税触发了美国债权人与美国的锡矿矿主之间的一轮冲突。锡矿矿主们在这些冲突中获胜，限制了玻利维亚财政部中美国管理者们提高收入的能力。然后，财政干预最终失败了：到1928年，美国对玻利维亚财政的管理部门开始认为，违约已不可避免。

普遍贪污促使美国对玻利维亚进行财务干预。国务院官员们报告称，财政部部长"个人保留了"——也就是偷——国家所有所征税款的20%。玻利维亚的海关主管估计25%的关税收入消失于征收到上缴中央政府之间的环节。在哈丁政府的支持下，美国银行家劝说玻利维亚政府同意1922年的一笔3,300万美元（按2011年美元币值计算为3.61亿美元）贷款合同，该合同授权将其大部分的收入交由一个名为常设财务委员会的组织来控制。由三位官员组成常设财务委员会：一位由玻利维亚政府指定，而两位由纽约各银行指定。根据合同，常设财务委员会获得了管理部分税务体系和有限制地调整税率的权力。

当玻利维亚政府对签字表现出迟疑时，休斯直接施加了影响。他在给美国驻拉巴斯公使的信中写道，"公平信托公司的代表们通知国务院……

玻利维亚总统暂且婉拒了授予委托书（给玻利维亚驻华盛顿公使以签署债券合同的权力）……口头或非正式地用银行家们对此事的看法引起玻利维亚总统的关注"。当这个办法被证明不够时，休斯加大了施压。"你要这样说，"他告诉公使，"政府出于为玻利维亚考虑的好心，最诚挚而强烈地建议他立即实施合同条款，玻利维亚信用的崩溃似乎会是唯一的选择。用事实来打动他，即如果银行家们不能交付确定的债券……众多因为相信玻利维亚政府的诚信和正直而购买债券的美国投资者将遭受严重损失……甚至玻利维亚不可能缔结其他的外国贷款合同"。

在美国的压力（和对资金的需求）之下，玻利维亚最终签署协议。1923年11月30日，常设财务委员会用9%的总采矿所得税代替了采矿利得税。改为所得税意在收入中性，但玻利维亚国会（在常设财务委员会刺激下）也提高了矿业权转让税和工商业的销售及利得税。随后矿业出口税也被提高。1927年至1928年，根据经济学家埃德温·凯默尔带领的一个到访的美国委员会的建议，玻利维亚国会修改了对出口税的增长和，将其降低了四分之一，但增加了35%的进口税作为补偿。实际税率几乎翻倍，从1920年至1923年矿业出口所得的6.5%增至1924年至1928年的12.8%（见表5.3）。

表5.3 玻利维亚政府收入，1905–1931，2009年美元币值百万计

数据来源：Comisión Fiscal Permanente, Sexta Memoria presentada al Ministerio de Hacienda, 1928-29 (La Paz, I929), pp. 3, 以及牛津拉丁美洲研究数据库。票面价值使用美国GDP缩减指数。

常设财务委员会积极执行了新规则的实施。它立即开始了对大矿业公司的年度审计。在1923年至1928年间，每年矿业税收的名义价值从55.7万美元增至200万美元。国务院宣称，常设财务委员会通过消除腐败机会增加了20%的收入，但没有提供实例证明。

常设财务委员会的执行工作是否使税收相对增加有了显著提高呢？收入增长中约三分之一来自帕蒂诺矿区和联合企业公司的组建所产生的转让税收。另外17.8%是因为更改了矿业总所得税。最后，增长中还有18.2%来自出口税的提高。总之，收入增加中至少有三分之二来自意外收入或增税。

我们还可以注意到常设财务委员会从公司审计中征收了多少。1923至1930年期间，常设财务委员会审计了该国最大商业公司（实际上是采矿行业）的账簿。它提出有970万玻利维亚诺欠缴税款，其中它征收了520万美元（按2009年美元币值计算为1,820万美元）。这些收入只占常设财务委员会在1923年至1930年所征收总收入的2.4%。另外，似乎常设财务委员会管辖下的收入增加，发生在委员们真正控制财政机构**之前**（见表5.3）。事实上，同一时期玻利维亚开始了一个由锡驱动的长期商品繁荣。有假没认为，将管理权外包给美国官员产生的一场行政改革，减少腐败来增加收入，上述情况并不与之相符。

帝国陷阱

## 玻利维亚财政改革的局限性

　　常设财务委员会遇到了来自矿业公司的强烈反弹。矿业公司抗议增税，他们组建了玻利维亚矿业协会以游说反对进一步征税。1924年，最大的锡矿公司帕蒂诺矿区和企业联合公司愿意以8%的盈利包销一笔60万英镑政府贷款（290万美元，或以2011年美元币值计算为3,100万美元），以完成苏克雷–波托西的铁路。作为回报，政府必须承诺不对锡生产或出口征收新税。矿主们也直接向管理常设财务委员会的国务院和纽约银行家们游说。该协会用语法不通的速记方式写信给公平信托公司：

　　无法通过应急条款可在五年内解决课税的法律，将使对矿业增税畅行无阻，后者发生将自动迫使本协会的成员们认真考虑联合行动关闭矿场……如果因为你们的反对，或者因为SDW（华盛顿国务院）的干预，贷款失败而铁路没得到修建，那么大部分责任将被归于美国，并向全国宣传，以此降低美国这个国家的声望……我们希望你们理解，帕蒂诺贷款的失败包含了损害玻利维亚信誉和降低其债券在你们国家市场中报价的最大危险，而进一步的危险是依据你们自己和华盛顿国务院追求的行动而损害美国在这里的声望。

　　游说发挥了作用。1924年12月，玻利维亚国会批准了帕蒂诺贷款；债券于1925年在伦敦上市。作为回应，常设财务委员会冻结了税率并略微放缓了征收工作。到1930年，常设财务委员会征收了拖欠的180万美元，但是，会计发现，同期有340万美元的未付税款。
　　为何常设财务委员会同意牺牲债权人的利益而让锡公司受惠呢？简单地说，美国投资者占有玻利维亚锡产业的大部分股份。1926年，帕蒂诺公司控制了玻利维亚42%的产量——成为世界上最大的锡矿公司。帕蒂诺是奥鲁罗的一家商店的售货员西蒙·帕蒂诺建立的。作为一位售货员，帕蒂诺用探矿者的债权作为抵押，将商店的250美元贷给一名探矿者使用。当探矿者无法支付时，商店解雇了帕蒂诺，探矿者的债权契约也留就给了这名店员。这些契约最终与产量巨大的拉拉瓜和温西亚锡矿产密切相关。帕蒂诺和他的妻子自己运作这些债权，最终从一家英国商行拿到了一笔贷款，以相对宽松的条款换取销售产品的权利。1922年，帕蒂诺将他在拉拉瓜的矿价值150万美元（按2009年美元币值计算为1,590万美元）的股份卖给了费城的国家铝业公司。两年后，他在特拉华州重新组建了帕蒂诺矿区和企业联合公司。国家铝业公司在新公司中占股4%，其股票现在的票面价值达3,000万美元。帕蒂诺本人与家人一起移居巴黎。1926年12月，公司在纽约以25美元的价格出售了150万股中的20万股，以雷曼为承销商。到此时，居住在美国的股东们拥有了帕蒂诺公司17%的股份。

纽约的古根海姆家族控制了该国第二大锡公司——卡拉高莱斯公司。卡拉高莱斯于1925年生产了玻利维亚16%的锡产品。1922年，西蒙·古根海姆花费160万美元购买了若干个位于拉巴斯与奥鲁罗之间的奎沙克鲁兹的现有矿场。这些矿场在多山地带，所以，公司需要修建一条架空索道，从海拔15,300英尺的分拣站到12,500英尺的选矿厂。美国人还拥有几个规模较小的矿场，包括法布洛萨联合矿区、玻利维亚锡公司、贝伦格拉锡矿有限公司和更小规模的拉巴斯省矿业总公司。

锡价于1927年开始跌落，没法解决锡公司和债权人的利益之间的问题。因而，与锡公司的交易，使得对玻利维亚这个主要产业的增税的问题搁置下来。减少逃税的举措遇到了强烈反对。1927年，常设财务委员会估计税收机关因避税而损失的收入占15%。常设财务委员会提出了许多简单的改革建议，例如，要求酒类生产商向政府公开账簿。玻利维亚国会拒绝批准任何建议。另外，政府其他部门的腐败让常设财务委员会的工作变得更加困难。例如，1926年，国务院报告称，财政部部长试图恐吓该委员会，目的是"夺回他接收一定比例的矿业公司所缴纳的税款"。

玻利维亚政府在收入改革上另有两个举措。首先，1928年4月，它组建了国家服务公司。国家服务公司是一个私营的、以盈利为目的的公司，负责为政府征收国内消费税。国家服务公司成功地增加了国内消费税收入——1929年，酒类税收入猛增了2.7倍。国家服务公司还以一年6%的利息向政府提供短期贷款，而且，它的资金是政府获得国内银行家长期贷款的担保金。国家服务公司是一个成功的财政改革——但值得注意的是，这是一个**玻利维亚式的**改革，由"当地银行家和商人"组织实施。

第二个举措——相当不成功——包括了1927年的"凯默尔委员会"。埃德温·凯默尔是来自普林斯顿的经济学家，自1923年开始，他在国务院的一致赞同之下，对许多国家实施财务改革，包括哥伦比亚、智利、厄瓜多尔、危地马拉和秘鲁。（凯默尔还在美属菲律宾和波多黎各执行了货币改革，并管理在中国、德国、波兰和土耳其的顾问委员会。）凯默尔委员会被看作是在美国的一个"受正式认可的好管家"，是一个在纽约获得信用的必要而不充分的先锋。当预算赤字隐现时，玻利维亚总统赫南多·锡莱斯希望该委员会能让他更容易地将外国贷款投入股市，即使常设财务委员会不同意。美国驻玻利维亚大使承诺会"以任何可能的方式"支持凯默尔的委员会。凯默尔建议削减出口税，他认为出口税高于保持收入最大化的水平。他还建议实施个人收入税、海关重组，并成立一个配备一位美国人的"总审计长办公室"以作为常设财务委员会的补充。不清楚凯默尔的委员会具体成果如何：玻利维亚没有颁布所建议的任何改革。另一方面，玻利维亚可能颁布改革的预期说服华尔街**不顾**常设财务委员会的反对给予了贷款。在玻利维亚没有任何改革的情况下，甚至在委员会完成**之前**，纽约的德威公司就已商定了一笔1,400万美元的贷款。第二笔2,300万美元（按2011年美元币值计算为1.52亿美元和2.47亿美元）贷款于1928年紧随而至。似乎华尔街仍然愿意为已经处于干预下的国家提供贷款，不是因为干预产生更多收入，而是因为他们相信接管会优先偿还新的资本。

第五章　香蕉共和主义

## 金元外交的失败

本章和前一章中的各个国家分别的叙述，综合在一起说明了连番的失败。美国认为，不良的收入征收是财产权不稳定的根源，但它被证明无法在其干预的国家中提高收入。但是，持怀疑态度的读者可能会反对，认为对各个国家财政干预的分别叙述，用的是干预前同一批国家的反事实。没有美国官员，收入可能会减少（或减少更多）吗？

为了检验没有美国干预收入将减少这一假设，有必要掌握**其他**拉丁美洲国家中普遍经济条件下的收入趋势。除了八个接管国家，还需要收集未接受财政干预的12个拉丁美洲国家的数据。它还需要收集这些国家的进出口价格数据，作为经济条件的一个指标。例如，一个正经历出口繁荣的国家预计会比一个没有出口繁荣的国家有更多的财政收入。

当分析接管被置于比较视角下时，美国干预的表现比特定案例所反映的甚至更糟。表5.4中的回归使用了一个固定效应参数来决定财政干预对收入的自然对数的影响，它根据贸易、出口价格、第一次世界大战和其他拉丁美洲国家的所得收入的变化这些条件进行调整。前四个参数使用关税收入作为因变量；后四个参数使用总收入。在所有的参数中，结果是相同的：享受美国财政监督的国家的收入要低于那些管理自己财政系统的国家的收入。

财政监督对降低被干预国相对邻国的资本成本毫无作用。事实上，当财务接管被公布出来，其他拉丁美洲国家签发的主权债的收益以平均50个基点猛增。与其提供有关山姆大叔做出准备要解决拉丁美洲财务问题的保证，不如说财务接管似乎提醒了投资者，拉丁美洲实际上是一个有如此巨大风险的地方。

由阿根廷、巴西和智利这些南锥体国家（他们在任何可能的情况下都不可能走到需要美国的财政接管这一步）所签发主权债务，与1925年之后在环加勒比地区和安第斯山脉稳步扩张的美国势力范围内的国家所签发主权债务的到期调整收益之间的利差,从1925年1月的22个基点到1929年10月的175个基点实质性地单调递增。此利差仍然低于1904年公布罗斯福推论之前其平均达到的300个基点,但衰退是显著的。

表5.4 收入回归,拉丁美洲,1900–1931

因变量:(1)至(4)中为自然对数海关收入,(5)至(8)中为总收入

|  | (1) | (2) | (3) | (4) | (5) | (6) | (7) | (8) |
|---|---|---|---|---|---|---|---|---|
| 财务接管 | -2.56** | -2.56** | -2.08** | -1.38** | -2.01** | -2.01** | -1.45** | -1.15** |
|  | (0.74) | (0.74) | (0.53) | (0.42) | (0.66) | (0.66) | (0.43) | (0.39) |
| 第一次世界大战 |  | 0.61 | 1.38 | 1.72* |  | 1.12* | 1.23* | 1.95* |
|  |  | (0.92) | (0.79) | (0.74) |  | (0.39) | (0.38) | (0.39) |
| 进出口交换比例 |  |  | -0.005 |  |  |  | 0.000 |  |
|  |  |  | (0.005) |  |  |  | (0.004) |  |
| 出口价格 |  |  |  | 0.011* |  |  |  | 0.011* |
|  |  |  |  | (0.005) |  |  |  | (0.004) |
| 常量 | 9.63** | 9.63** | 9.45** | 9.71** | 9.26** | 9.26** | 9.26** | 10.12** |
|  | (0.84) | (0.84) | (0.86) | (0.69) | (0.44) | (0.44) | (0.64) | (0.48) |
| 国家固定常数 | 是 | 是 | 是 | 是 | 是 | 是 | 是 | 是 |
| 时间固定常数 | 是 | 是 | 是 | 是 | 是 | 是 | 是 | 是 |
| 样本数据 | 366 | 366 | 337 | 337 | 525 | 525 | 493 | 494 |

注:稳健标准误差由(5)到(8)中的国家集群。与0显著不同的系数表示为*5%和**1%。

## 结论

第一个非正式的美国帝国以代表美国债权人和投资者的系列干预行动启动于环加勒比地区内部。这开始了帝国的垂直扩张:为了确保这些国家没有侵占行为和违约行为,美国承诺帮助他们改革他们的财政体系。圈套

在于，美国官员一旦到达当地，承担管理这些国家的核心职能之后，当这些国家陷入政治动荡时就不可能撤出。在海地和多米尼加共和国，美国任命了美国的占领政府。在尼加拉瓜，美国从未正式取代当地政府，但在实际中这种不同是无差别的。

帝国也在横向扩展（见表5.5）。美国一旦承诺保护在环加勒比地区的投资者，在其他国家的投资者就开始要求美国政府也来保护**他们的**利益。这一政策广泛运用的约束性限制，是美国实施和运用实力的能力。在利比里亚，美国训练、装备、指挥了一支由美国人领导的代理部队平息了克鲁人的叛乱。即使在遥远的玻利维亚这样的地方，即使存在玻利维亚对智利和巴拉圭的传统敌意，并且缺乏与阿根廷和巴西的交通，以及值得依赖的其他外国资本，美国仍然能够有效地对其商业进行钳制。到这段时期末，如果拉丁美洲国家侵犯了美国投资者的利益，对于美国而言，几乎没有一个拉美国家遥远到无法进行可靠、有效威胁性经济制裁（以很低的国内成本）。尽管如此，由于庞大的面积、相应的军事实力和欧洲联系等因素，阿根廷和巴西仍然大体上处于美国的势力范围之外。

表5.5 第一个美国帝国，1929年左右

非正式帝国扩展的局限性提出了一个自我推论：当整体国家利益的成本上涨到一定高度，以致狭隘的经济利益无法动员争取到国内的足够支持以压制反对时，美国的帝国力量就终止了。这一逆向现象解释了为什么20世纪20年代的优惠性贸易税（除了古巴已有的特权）未被予以考虑，即便它们能使美国在海外的投资者受益。降低关税可能会引起国内产业利益集团的愤怒。任何一届政府都不可能以可接受的政治代价来压制由此而产生的反对力量。伍德罗·威尔逊根本无力去除巴拿马运河法案中给予美国航运业优惠待遇的条款，即便它实际上违背了与大英帝国的条约协议。

政治势力的相互关系影响很大，致使没有政府，无论其目标是什么，能避开帝国陷阱。威尔逊政府和哈丁政府都在执政时明确承诺，要让美国退出使用国家力量保护美国海外经济利益的事务。反过来，他们主导深化了罗斯福政府时期所建立范围内的干预程度，并拓宽了其势力范围而将利比里亚和安第斯地区国家包括在内。事实上，美国对改革外国机构的直接举措是失败的，但这丝毫不能阻止扩张。美国作为一个整体，为干预付出的政治代价——军事等——与个体债权人所得利益相比，实在是太小了。

一个美国帝国理念吸引不到意识形态上的支持；没有人会为美国在圣多明各的海军陆战队，或在尼加拉瓜的海关管理人员们创作诗歌或戏剧。像威廉·坎伯兰和卡尔文·卡特这样的人没有成为国家英雄，或者有以他们名字命名的公立学校。尽管如此，只要代价足够低廉，就不可能鼓动、赢得政治上的支持，以使美国政府放弃在有实力做到的地方保护其公民财产权的承诺。这并不是说，美国人可以信赖政府开出的空白支票，或投资者可以在每次纠纷中达到目的。而是说，外国债券拥有者和外国直接投资者之间的联盟足够强大——而干预需要更广泛的公众付出的代价则足够小，共和党各届政府和民主党各届政府的最美好意愿并不足以使美国摆脱它为自己建立的非正式帝国。

# 第六章

# 偶然脱离

靠武力干预来确保或维持美国公民与外国政府或外国公民之间的协议不应该成为美国的政策。

——总统赫伯特·胡佛

大萧条是两个时代之间的分界点,是20世纪20年代的全球繁荣与20世纪30年代的瘫痪和萎缩的经济之间出现的明显断层。大萧条也是一个快速的政治转型时期。在许多国家,政治机会主义者利用大萧条追求国家主义、军国主义、甚至种族灭绝的目标。希特勒、斯大林、墨索里尼和其他蛊惑民心的政客们巧妙地利用萧条时期的恐惧和焦虑,最大化他们自己的实力并获得对使用武力的支持——针对他们自己的民众和外国民众。

但是,在美国,萧条重组政治的方式是**减少军国主义和干预主义**。通过将曾在之前四分之一世纪中维持干预主义的联盟碎片化,旷日持久的经济停滞使政府摆脱了过去的一代为其自己建立的模式——帝国陷阱。首先,它将债权人的利益和直接投资者的利益分开。第二,它极大地弱化了债权人和金融资本家的国内政治实力。第三,它强化了国内生产者,他们开始推动对抗外国竞争的保护升级，这反过来又降低了美国拥有的海外直接投资的价值。

导致美国从其财政保护领地撤出的一连串事件开始于国外。在繁荣时期，美国影响范围内的某个债务国，常常能够成功地完成债务偿还，而且以充足的公共支出来保持低税率，进而提供充足的公共物品。但是，萧条时期的匮乏使这些国家面临着艰难的选择。他们可以继续偿还主权债务——但是要以破坏政治稳定的紧缩政策为代价。或者，他们可以保持公共支出但在债务上违约，代价是潜在的美国报复。

主权债务的持有者和直接投资的拥有者不再想要相同的结果。金融资本家们希望政府做一切可能的事来继续服务于他们的债务。他们认为，提高关税和消费税、变更许可证期限、暂停免税和削减开支是可取的——甚至是称心如意的。而另一方面，直接投资的拥有者发现这些举措都不可接受。更多的税种和关税会直接影响他们投资的价值。削减公共开支产生政治动荡，这威胁了他们的财产权。

大萧条决定了直接投资者们将赢得由此产生的政治博弈。原因在于（与2007年开始的较小萧条不同），大萧条促成了持续性地对银行的政治抵触情绪。随着丑闻事件的发生（以及金融资本家们宣称已经建立起来的财富大部分消失不见），对于债权人而言，在最好的情况下，想要发挥他们在1929年之前享受到的对外交政策的影响力可能也很难。

但是，大萧条对于美国的对外直接投资者而言并非是一场完胜。匮乏唤醒了国内的产业巨头。在繁荣时期，当需求充足时，相比提高壁垒阻挡美国自己的海外竞争者，国内生产者有更好的事情可做。也存在保护主义，但它**较为**克制。但当消费下降时，国内生产者坚定地开始利用其政治资本以清除竞争对手。美国在海外的利益没有赢的可能：贬值的对外投资价值建立起政治影响降低的恶性——或良性——循环，反过来减少了拥有者们游说华盛顿保护他们免受东道国政府影响的能力。

这样，大萧条的政治逻辑推翻了以前的商业利益权力等级。随着美国国内游说促使帝国陷阱产生分歧,胡佛和罗斯福开始逐步废除美国的非正式帝国。胡佛政府官员们批准了玻利维亚、多米尼加、巴拿马、秘鲁和萨尔瓦多的欠债违约,胡佛签署了著名的"斯姆特—霍利法案",该法案提高了对美国自己的海外投资所生产的产品的关税。政治转变的某些后果只能被称为不寻常:富兰克林·罗斯福甚至**推翻了**古巴政府,因为该国对未履行外债责任的拒绝威胁到了岛上美国直接投资的安全。

## 赫伯特·胡佛和美国的非正式帝国

赫伯特·胡佛并不打算废除美国的非正式帝国。事实上,作为商务部长,他提议建立一个公营公司来评估所有拉丁美洲贷款的活力。胡佛还试图让柯立芝政府进行"货币改革"——意味着对美元的固定汇率——他认为浮动汇率阻碍了美国的贸易和投资。

在担任国务卿期间,胡佛在内阁的同事查尔斯·埃文斯·休斯重申了当美国财产受到威胁时美国有权进行海外干预的信条。1928年初在哈瓦那举行的第六届美洲国家国际会议上,作为美国代表团团长,休斯宣称,"一个政府有充分的理由采取行动——我将称之为临时性的介入——目的是保护其国民的人身和财产安全"。休斯试图软化他的声明,又补充称,"我认为这不构成干预"。当然,拉丁美洲的各代表团对于休斯的声明并不感到特别高兴——除了古巴这个明显的例外。

当选总统胡佛于1928年11月动身开始一次象征性的"亲善访问"时,他摆出了尊重拉丁美洲主权的郑重姿态,自掏腰包支付了额外开支。胡佛搭乘美国海军"马里兰号"访问了洪都拉斯、萨尔瓦多、尼加拉瓜、哥斯达黎加、厄瓜多尔、秘鲁和智利,然后,他从那儿穿过安第斯山脉到了阿根廷。他从阿根廷登上美国海军"犹他号",然后在回程中访问了乌拉圭和巴西。这位当选总统在行程中所做的25场讲演的重复主题就是:美国希望成为拉丁美洲的"好邻居"——经常与他的继任者联系起来的一个词。

当地对胡佛访问的反映最恰当的描述是矛盾的。派系阴谋险些破坏了他对尼加拉瓜的访问,虽然该国局势明显不稳定,但胡佛承诺要撤回美国军队。而另一方面,在秘鲁和巴西——胡佛的访问引发了赞誉和公民庆典。

但是直到1931年,胡佛的行为远不如他的言语那么慷慨。他的政府在三次不同的情况下威胁多米尼加共和国;在海地议会一致否决了他提议的解决方案之后,他没有从海地撤军。胡佛成功地从尼加拉瓜撤出了军队,但只把权力移交给了阿纳斯塔西奥·索摩查,此人后来被证明是拉丁美洲最残暴和腐败无度的领导人之一。当动乱在哥斯达黎加和巴拿马爆发时,他确实抵制了采取干预行动的诱惑,但这两个国家的情况都没有对美国利益产生严重威胁。

但是,对于美国的拉丁美洲政策,华盛顿是有些摇摆不定,虽然讨论没有现在通常所认为的那么严重。1928年12月,副国务卿鲁本·克拉克为当选总统胡佛制作了一份有关门罗主义的长篇报告。许多历史学家认为,克拉克的备忘录否定了干预。事实上,它与此无关。克拉克的报告用晦涩的法律语言主张,门罗主义几乎不适用于一切:内战、拉丁美洲各国之间的战争、母国与前殖民地之间的战争(除了"西班牙再吞并"企图这一情况),或者是欧洲国家和拉丁美洲国家之间的战争。在克拉克看来,门罗主义的唯一目标是防止拉丁美洲的领土被半球外的势力"永久性占领"。克拉克甚至认为,门罗主义没有"解除拉丁美洲国家作为独立主权的责任",而如果拉丁美洲政府不能保护其国民或财产,欧洲国家仍然可以进行干预。另外,克拉克提出美国有同样的权力:

(门罗)宣言并不适用于单纯的美洲国家关系。该宣言也不是要制定任何原则来管理西半球国家之间的相互关系……例如,美国所做出的与古巴、圣多明各(多米尼加)、海地和尼加拉瓜的这类安排,并不属于门罗所宣告的这个主义。它们可以被算作是一个国家政策的表现，其与主义本身一样，出于安全或自保的迫切需要。

所谓"罗斯福推论"，按普遍的理解，指如果在弱小的拉丁美洲国家出现财务或其他难题，美国应该尝试相关调整以防欧洲政府干预，而且进行干预应该占领领土——这个行为与门罗主义的原则相违背……正如以上所表明的，人们并不认为这个推论可由门罗主义的条款加以证明，虽然其大部分可经应用自我保护主义证明其合理。

## 首例违约

鉴于我们这样的投资和贸易关系，几乎无法想象世界上任何地方的任何冲突不会对我们产生有害的影响。

——总统卡尔文·柯立芝

在几乎没有国内反对的情况下，胡佛为什么结束了废除美国在拉丁美洲经济保护领地的举措呢？答案是大萧条迫使他如此。第一张倒下的多米诺骨牌是玻利维亚。玻利维亚的地理位置决定了它永远不会完全处于美国的保护之下。与拉丁美洲的其他国家（除了巴拉圭）不同，玻利维亚明显不在美国陆军军事学院的应急计划名单上。只是因为该国缺乏与阿根廷、巴西和智利的交通联系，才为美国提供了潜在的可利用之处。

但是，通过常设财务委员会，玻利维亚处于了美国的财务监管之下。1928年，玻利维亚在常设财务委员会的反对声中签订新的贷款协议。埃德温·凯默尔领导着在玻利维亚的美国顾问委员会，他告诉国务院，认为玻利维亚将无法偿还债务；事实上，"他怀疑这个国家最后是否能作为一个国家幸存下来"。商务部建议美国否决这些贷款。国务院负责评估钊对玻利维亚政策的官员也加入了这个大合唱。他写道，新发放贷款只会"确保（银行家们）得到一笔可观利润和客户，而之前债券的购买者们……则从不可避免的违约得到一个喘息机会"。但是，其他官员担心贷款一旦失败对玻利维亚国内的影响，原因是需要资金维持政府的雇佣率。国务院决定不否决这些贷款。但是，它确实警告银行家们，美国认为他们将自作自受。但是，不确定是否有人相信这些质疑和否定，贷款获得了通过。

当玻利维亚政府收入在1930年如预期般下降时（见表6.1），美国分析家们认为，避免违约的唯一可用的一些方法将是（a）通过"没收"税沉重打击采矿行业，或者（b）通过大力的开支削减让政府稳定处于危险之中。结果，国务院宣布违约是"不可避免的"。常设财务委员会表示同意，也宣称税率已经达到了其实际最大值。

表6.1 玻利维亚中央政府收入（左轴）和锡价（右轴），1922–1932

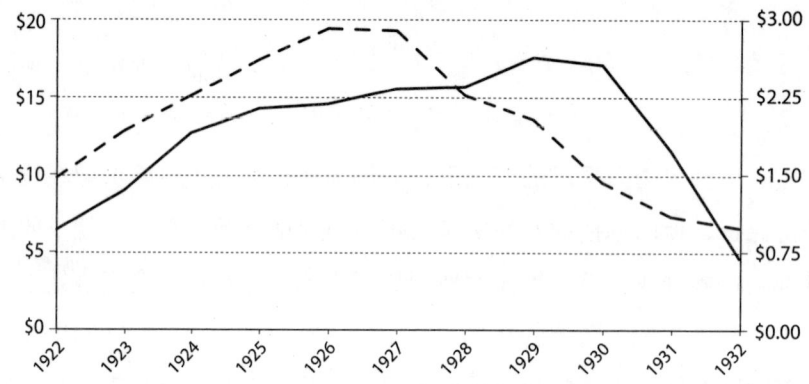

数据来源：Ocampo and Parra, "Los Términos de Intercambio de los Productos Básicos en el Siglo XX," Revista de la CEPAL 79 (2003), pp. 7–35, 以及世界银行的数据。

1930年6月，玻利维亚总统锡尔斯在军队的施压下辞职。之后，军队强制性地解散了内阁。新政权努力想保持对外债的偿还，但下降的收入使其束手无策。因此，政府向美国一个银行财团申请了还债贷款。采矿行业担心更高的税率，宣布反对。美国银行家们请求国务院参与他们的债务讨论。胡佛政府站在了矿主们一边，反对再融资并断然拒绝了这个请求。有了这个决策，1931年1月，美国控制的常设财务委员会批准暂停债务偿还，玻利维亚成了首个违约的拉丁美洲国家。

## 违约冲击波

玻利维亚开启了整个拉丁美洲的一波违约。下一个于1931年7月倒下的多米诺骨牌是秘鲁。和玻利维亚的情况一样，大萧条引发了秘鲁的收入和经济崩溃，诱发了勒吉亚政府的垮台。1930年8月，路易斯·桑切斯·塞罗上校废黜了勒吉亚。桑切斯一直担任总统，直到1933年他遭到暗杀，除了1931年底一个短暂的中断，当时他暂时辞职参加一个专门的总统选举。

该国面临了严峻的经济形势。出口和税收以美元计算的下降请见表（见表6.2）。国务院担心衰退将使由维克多·阿亚·德·拉·托雷领导

表6.2　秘鲁中央政府收入与石油和棉花的价格，1921–1932

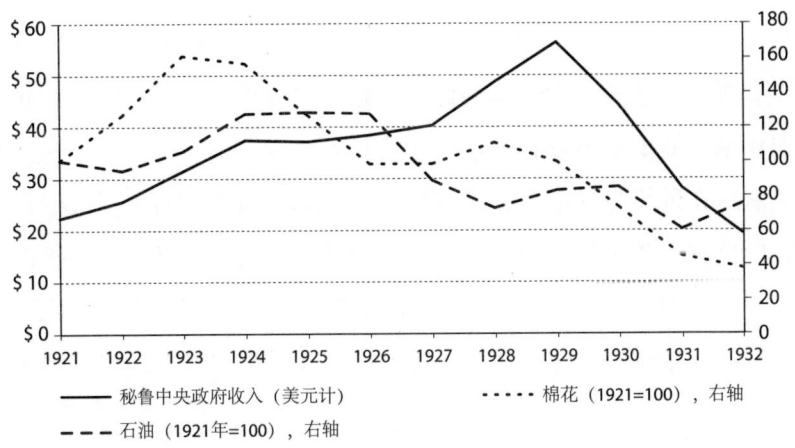

数据来源：Ocampo and Parra, "Los Términos de Intercambio de los Productos Básicos en el Siglo XX," Revista de la CE-PAL, vol. 79(2003), pp. 7–35，以及世界银行的数据。牛津石油市场价格指数的政府收入(1970=100)：1920年至1970年的数据来自Baptista, Bases Cuantitativas de la Economía Venezolana, 1830–1989 (1989)。（委内瑞拉的篮子价格被用来代替秘鲁的石油价格。）牛津拉丁美洲研究数据库的政府收入。

的反对党美洲人民革命联盟——阿普拉党得到壮大。阿普拉党赞成将美国的投资国有化。阿亚·德·拉·托雷告诉美国大使，阿普拉党是"一个纯粹的法西斯主义组织，而不是共产主义组织"，而华盛顿仍然感到不安。

胡佛政府非常希望桑切斯继续掌权。因此，桑切斯不情愿地同意接待由埃德温·凯默尔带领的一个经济改革代表团，目的是吸引更多贷款以支撑他的政府。胡佛政府承认，桑切斯接受凯默尔的访问时非常不情愿。"我确定，如果有任何其他出路，而不是邀请更多的美国人的财政协助"，一位在利马的美国官员写道，"当前的秘鲁政府会找到它的"。银行家们请求美国使馆将承认其政府和解决该国债务问题挂钩，美国使馆忽略了这些试图支持桑切斯的政治地位的请求。

与玻利维亚的情况一样，在秘鲁的直接投资者利益与债权人利益相背离这一事实，促成华盛顿对银行家们的冷淡态度。索尔①的不断贬值降低了秘鲁的还债能力，这是为债权人所愤恨的，但却增加了秘鲁主要产品出口的竞争力，这是为直接投资者所喜欢。另外，秘鲁政府大部分的支出，用在了基础设施建设，尤其是为修建道路，主要由美国建筑公司修建。这些公司比桑切斯更不愿意看到政府削减开支。

凯默尔在最终报告中，建议秘鲁拖久其**国内**债务，而美国银行家们用一个短期贷款来帮助秘鲁。秘鲁政府拒绝了这些建议。事实上，秘鲁所做的正相反。1931年5月29日，秘鲁政府尽管"研究"了凯默尔的建议，仍暂停了**外国**债务偿还。然后，政府签发了更多的国内债务，它试图强迫常

---

① 秘鲁币值。译者注。

驻的美国公司购买,警告称"如果他们不认购,他(桑切斯总统)无法保证共产主义不会爆发,也无法保证政府能保持法治和秩序"。美国公司不吃这一套,拒绝购买新的债券。第二个月,秘鲁政府暂停了**所有**的债务偿还。在凯默尔的个人建议下,美国政府考虑到秘鲁国库的悲惨现状和对美国的矿业和农业公司的威胁,决定"慢慢来,看看事态的发展"。

美国官员们批准了——事实上是口头支持——前两个拉丁美洲国家的违约,但美国对后面三个暂停偿还的国家的控制要少得多。巴西和智利在美国的势力范围之外。在厄瓜多尔,确实有一位美国官员威廉·罗比于1925至1931年间管理着该国的海关机构。但是,厄瓜多尔已经在某些外国债务上违约,而且已经有一段时间了。再者,柯立芝政府和胡佛政府拒绝承认于1925年罢免了民选政府的军政府,即使任命了一位美国人掌管海关机构。在这样的背景下,当厄瓜多尔政府暂停兑换并对余下的债务违约时,没人会感到惊讶。

但是,美国确实对第六个违约国有控制权:多米尼加共和国。该共和国面临着三重的经济困境。第一,暴跌的糖价重创了政府收入(见表6.3)。第二,美国占领当局办理的1926年贷款从1930年3月开始分期偿还。每年的贷款利息从110万美元增至290万美元。第三,1930年9月3日,飓风圣泽农登陆。气象报告估算有4,000人死亡,财产损失达5,000万美元(按2011年美元币值计算为5.55亿美元)。布鲁金斯学会1930年的一份报告称,特鲁希略政府受到三重危机的威胁。美国控制的多米尼加海关接管虽然提及不多,但也以自己的方式出现了同样严重的问题:"整个关税收入的65.24%或几乎三分之二(都被用于支付贷款利息)。鉴于收入总量的显著减少,上述资金在扣除了运营成本后留给政府的只有比较小的数额。事实上,总共848,870.76美元,**是政府除了1921年以外在单个一年中收到的最少金额**。"

为了扭转迫在眉睫的财政灾难,特鲁希略总统试图通过向美国海军出租萨马纳湾以增加收入。虽然海军委员会一份报告称萨马纳"比其他任何位置更有成为加勒比地区防御主要基地的突出优势",胡佛政府并不打算增加美国的军事存在。他拒绝了特鲁希略的提议。

**表6.3　多米尼加关税收入和糖价，1921–1933**

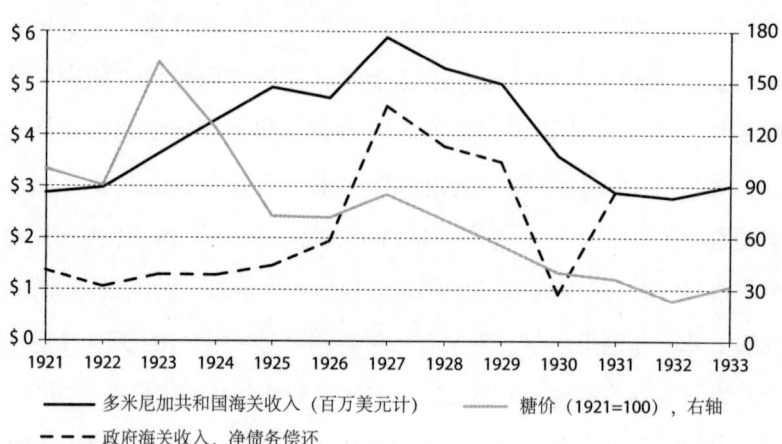

数据来源：政府从多米尼加海关收款年度报告中获得的收入（各年）。Ocampo and Parra, "Los Términos de Intercambio de los Productos Básicos en el Siglo XX," Revista de la CEPAL, vol. 79 (2003), pp. 7–35，以及世界银行的数据。

在这种情况下，美国政府认定多米尼加共和国除了违约别无选择。海关接管的主管威廉·普鲁姆建议"暂缓偿付"。普鲁姆自1907年开始负责多米尼加的接管，他可能比地球上其他任何人都熟悉该国的财政。不过，美国驻圣多明各大使查尔斯·博伊德·柯蒂斯（不要因同姓而与副总统搞混）不同意普鲁姆的意见。柯蒂斯担心违约会损害多米尼加共和国的信用等级。赫伯特·胡佛面对在圣多明各的下属的不同意见，如他自己所说的，"请波士顿的爱略特·沃兹沃思带着政府的特殊使命前往圣多明各。在与圣多明各的政府磋商后，我们认为应该派人去讨论圣多明各的各种债务，为圣多明各的重建工作开发某些财政援助"。沃兹沃思建议两年期的暂缓偿付，同时为飓风救援提供新贷款。

拉菲尔·特鲁希略出人意料地成了阻碍。特鲁希略拒绝违约。反过来，他申请了3,000万美元的私人贷款，和另一笔来自美国政府的500万美元贷款。当然，特鲁希略的申请是一个幻想。副国务卿约瑟夫·科顿于

## 第六章 偶然脱离

1931年1月拒绝了这个申请，理由是未来的债务利息将占据"政府收入的过高比例"。国务卿史汀生相信，特鲁希略有能力阻止"趁火打劫者"和"政客们"偷走资金——理由不得而知——但他也反对增加多米尼加共和国的债务负担。

特鲁希略不那么容易就此停步：他与一家建筑和工程公司——J·G·怀特公司协商了一笔500万美元的30年贷款，实际利率为6.1%。国务卿史汀生表示怀疑，认为这个利率理想得令人难以置信。史汀生问多米尼加驻美国公使拉菲尔·布拉什，这是一个"无担保贷款提案"，还是需要为J·G·怀特公司安排公共工程合同。布拉什告诉史汀生，这是一个无担保贷款，虽然J·G·怀特公司"自然而然地希望他们将来承担的所有公共工程都按成本加12%给予优惠"。然后，史汀生告诉布拉什，美国政府"在数月前非常懊恼地听说在另一个国家的另一笔贷款中，银行家们付给一位中间人一笔佣金——而这次，是付给了政府一位高官的亲戚"。布拉什安慰国务卿没有涉及不好的事。

布拉什保证这笔贷款光明磊落，史汀生并未因此信服。2月12日，美国拒绝给予这笔500万美元贷款优先的关税收入留置权。此项目不了了之。随后，一家银行公司——李·希金逊公司，愿意为多米尼加共和国提供500万美元贷款，只要美国为债务担保。这比多米尼加现有的债务协议享有**更多**的保护。史汀生再次拒绝。

债权人们如今认为，多米尼加共和国将不得不违约。"（偿债基金）的偿付如今总计每年1,851,667美元，"李·希金逊公司写道。"由于多米尼加政府在1931年的总收入暂且被估为830万美元，似乎光是偿债基金就吸收了政府收入的22%。这是对政府当前资源的极大消耗，除非其对繁荣有立竿见影的回报……而似乎这种繁荣回报没有立竿见影的，我们感觉多米尼加财务状况不会有明显改善。"

美国的反对令多米尼加政府别无选择。1931年8月25日，特鲁希略向胡佛总统提出了一个两年的暂缓申请，"请阁下批准多米尼加政府的作为应急措施的计划"。胡佛于9月5日发电报表示同意。胡佛的措辞转弯抹角地让人发笑,似乎他不想承认他正允许这位**大元帅**违反美国已实施了四分之一世纪的一项合同义务:

> 尊敬的好朋友:我非常高兴收悉阁下写于1931年8月25日的重要信函,它概述了多米尼加政府通过准时支付外债利息而成功地维特了其财务信用的举措,尽管当前的世界性萧条和1930年9月过境圣多明各的毁灭性飓风给它带来了沉重的负担。
>
> 阁下在那封信中还详尽地解释了在多米尼加共和国维持足够公共管理并同时满足对债务的分期偿付的不可能性,要求美国政府合作取得对财务问题的某些解决方案。
>
> 对于当前阁下的政府所面临财务问题,我的政府将予以积极而及时的考虑。

国务院请求并收到了对此计划的一些小改动。10月22日,经过修改的计划在多米尼克国会两院获得通过。它暂停所有分期偿付两年。超出1922年贷款利息所需数额的收入将被放入一个由一位美国公民管理的"应急基金"。应急基金将按顺序支付:1926年贷款利息,美国管理的海关机构和应急基金的运转支出、政府工资、因飓风灾害而拖欠红十字会的款项、余下的当前支出和工资欠款——到10月份政府工资已经数月未付——最后是本金。当美国债权人抱怨时,国务院回应称,美国收到了多米尼加政府打算违约的预先通知并同意了这个决策。

特鲁希略自己似乎认为整个运作有点像政治歌舞伎,为了分散债权人的注意力,而不去注意美国实质上让他们来背黑锅这一事实。事实上,华盛顿有两个充分的理由不去简单地命令多米尼加共和国违约。第一,对于胡佛政府而言,背弃美国政府二十五年来有关保护债权人的承诺在政治上损失惨重。多米尼加政权可能别无选择——除了允许该国崩溃——但对胡佛来说,看上去好像是**特鲁希略**主动会更好。第二，多米尼加主动的表象使胡佛可以保持"好邻居"形象。美国可以假装从旁关注一个主权国家实施其自己的经济政策，而不是命令其多米尼加总督实施华盛顿制定的政策。

## 更多的多米诺骨牌倒下

美国的其他正式和非正式的经济保护领地很快跟随多米尼加共和国违约。美国财政机构于1932年1月批准了四分之一的巴拿马外债违约。哥伦比亚于2月违约。哥斯达黎加于1932年11月开始签发债券以覆盖其债务利益；它于1935对这些债券违约。美国违反了贷款协议，拒绝实行海关接管。萨尔瓦多于1933年1月违约，危地马拉于2月停止对未结清债务进行分期支付。在所有这些事例中，如果出现违约，美国代理人们随时准备接管财务机构；但美国没有对一例采取行动。

美国批准了这些违约中的大部分，因为担心出现政治动荡。萨尔瓦多提供了一个例子：除了需要增加军备预算以平息一场被认定为共产主义性质的叛乱以外，该国的偿付能力从未出现问题（见表6.4）。而且，萨尔瓦多的违约正好出现在美国支持能够维护国内秩序的强人政权而正式放弃推广"立宪政府"的时候。在美国非正式帝国的其他国家中，如桑切斯和特鲁希略这样的人开始掌权，已经使美国对宪政民主的承诺受到质疑，但正是萨尔瓦多的经历最终结束了它。

1929年，美国人在萨尔瓦多拥有价值2,900万美元（按2011年美元币值计算为3.1亿美元）的直接投资。这是一个庞大但并非压倒性的数额；相对于在美国GDP中的占比，它相当于2011年的42亿美元。最大的投资是联合果品公司的铁路线，从危地马拉边境到拉乌尼翁港横穿整个国家。另外，萨尔瓦多政府还欠美国债权人2,100万美元。一位美国代理人监管着收入征收。但是，美国人并没有完全的控制权：根据1926年协议，只有在发生违约时才可实现。

表6.4 萨尔瓦多外部债务，关税收入和及糖价，1921–1935

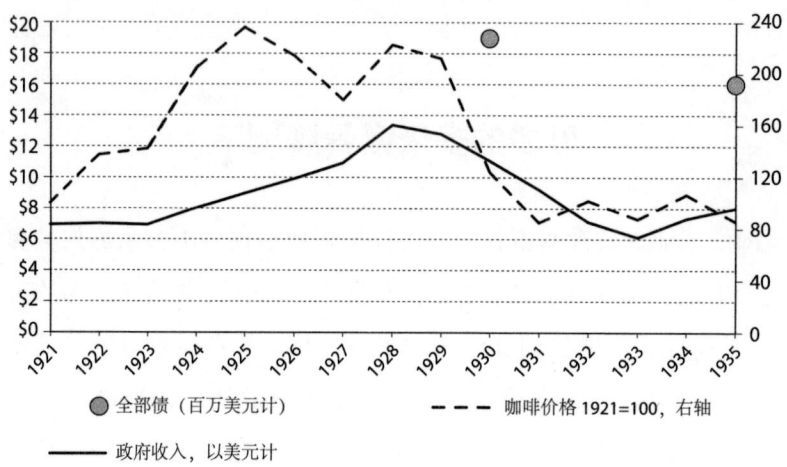

数据来源：牛津拉丁美洲研究数据库

正当大萧条来临时，皮奥·罗梅罗·博斯克总统出乎意料地开始开启萨尔瓦多的政治进程。美国公使沃伦·罗宾斯认为这是一个实质性的错误。1929年6月，罗宾斯报告称，罗梅罗总统"否决了继承习俗"，根据该习俗，萨尔瓦多总统有权指定其继承人，而且，罗梅罗计划于1931年举行自由选举。罗宾斯担心这个决定可能引发动乱。（与之相反，罗梅罗似乎相信，自由选举是防止动荡的最好方式。）1930年3月，有关瞄准地主精英的政治暴动情况的最初报告被送至华盛顿。在华盛顿看来，更严重的是，共产党在"五·一"劳动节时组织了一系列群众示威。尽管如此，罗梅罗总统仍然坚持1931年举行自由选举的决定，虽然，他确实在投票的准备阶段拘留了1,200名政治活动家。参与人数非常高：86%的成人男性人口于1931年1月11日参加了投票。阿图罗·阿罗约虽然是一个著名的地主，却有着激进分子的名声，他赢得了47%的票数。他的政纲包括一个有补偿的土地改革，最低工资法和农村工会合法化。

阿罗约总统很快发现，自己被困在了敌视他的改革计划的富裕地主和其贫穷选民不断增长的期望之间。"十四大家族"（其实不止14个）的寡头势力拒绝让他们的支持者们为其政府工作。萨尔瓦多国会举行的选举在总统投票选举的两天后举行；保守派代表取得了控制权并拦截了阿罗约的土地和税务改革法案。1931年4月，农村地区爆发了一系列罢工，政府不得不派出军队镇压。奥古斯丁·法拉班多·马蒂——中美洲共产党的奠基人之一，也是苏联支持下替代红十字会的国际红色救济会的积极参与者，宣布绝食抗议。马蒂的被捕导致了更多的示威游行。4月底，军队在农村地区的松索纳特镇向抗议者开枪，并于第二天在萨拉戈萨一次抗议松索纳特屠杀的示威中杀害了更多的农民。

大萧条使动乱进一步恶化。1931年，萨尔瓦尔的重要出口作物咖啡的价格下跌了一半。萨尔瓦多的实际国内生产总值在1931年下降了11%，而名义国内生产总值暴跌了37%。紧急增税将政府账面收入的下跌控制在了29%（2,100万美元到1,500万美元）。7月11日，国会批准了来自美国银行的一笔100万美元贷款。但是，贷款表决导致了第二天的学生示威，并与军队发生了冲突，迫使阿罗约宣布进入戒严状态。10月7日，政府禁止了黄金出口，从而失去最后的精英支持者。萨尔瓦多的美国官员们毫不留情地将动乱归咎于阿罗约"引导许多农民和工人相信幸福时代即将来临"。

当政府收入下降时，阿罗约政府逾期支付了军费，从而结束了阿罗约的政治命运。1931年12月2日，军队废黜了他。马西米利亚诺·"术士"·埃尔南德斯·马丁内斯将军取得了控制权。这场政变使美国处于了一个困难的位置。一方面，马丁内斯在共产党候选人赢得1932年1月的市政选举时，阻止了他们就职，并向美国公使保证政府会偿付债务。另一方面，美国曾经承诺拒绝承认拉丁美洲的非宪政。例如，1923年，美国召集了一次所有五个中美洲国家（不包括巴拿马）之间的会议，目的是签订一个总的和平协议。所缔结的《和平友好总条约》的第二条规定：

对于在五个共和国的任何国家中通过针对已获承认政府的政变或革命上台的任何其他政府，只要其自由当选的人民代表还没有依宪重组国家，签约各方的政府将不会给予承认。

美国没有签署此协议，但作为参与协商的一方，哈丁政府承诺将支持其规定。当1925年一个右翼政变罢黜了萨尔瓦多政府时，共和党骄傲地继承了民主党在拉丁美洲的职责，柯立芝总统拒绝给予承认。

胡佛总统支持其前任们设定的传统，拒绝承认马丁内斯政权。国务卿史汀生愤怒地批评了美国公使查尔斯·柯蒂斯，因为他没有将美国不会支持他们这一信息告知政变的计划者。史汀生尤其愤怒于柯蒂斯坚称此政变合宪的固执，他认为这是个似是而非的立场。胡佛派出了一位特使杰弗逊·卡弗里，试图说服马丁内斯让位。马丁内斯拒绝了，卡弗里写信给史汀生称"不幸的是，当地更好的人选现在都支持马丁内斯将军，因为他目前提供了一个稳定的政府"。卡弗里于1932年1月8日返回了华盛顿。

卡弗里离开几天之后，萨尔瓦多就爆发了骚乱。1932年1月10日，一群"共产分子"袭击了阿瓦查潘省的政府办公室。30人在战斗中死亡。阿瓦查潘袭击发生后，1月19日，数名军队军士因参与"共产主义活动"的嫌疑而被捕。同一天，"数百名共产主义分子，其中包括全副武装和携带炸药弹的学生"，袭击了骑兵营房。1月22日，有组织的农民队伍夺取了数个城镇的控制权。第二天，美国临时代办弗兰克·麦卡弗蒂写道，"如果国务院能以任何形式给予帮助，它可能会阻止伴随许多流血事件、在此建立一个共产主义国家的威胁。我和这里的主要美国人认为，确实存在着危及美国和外国人身和财产安全的严重问题"。

萨尔瓦多政府现在面对的是一个泛化的（和明显共产主义的）叛乱，它请求美国使馆提供25万美元（按2011年美元币值计算为280万美元），以支付军队的补给和薪水。胡佛总统拒绝直接提供资金，但政府通过与制

第六章 偶然脱离

造商查塔姆银行斡旋贷到了此笔款项。美国还从巴拿马派出了载有海军陆战队一个营兵力的三艘军舰；另有加拿大皇家海军的两艘驱逐舰也加入进来。

萨尔瓦多政府以最残酷的手段镇压了叛乱。1月25日，《纽约时报》报道有600人死亡。四天后，萨尔瓦多政府报告称"4,800名布尔什维克主义者的信息已查明"。在接下来的一个月中，马丁内斯政权处决了约三万人，占萨尔瓦多人口的2%左右。有一个描述栩栩如生，"道路上和排水渠里到处扔着尸体，被秃鹰和猪撕啃着。酒店被抢劫；金色头发的人因为疑似俄国人而被拖出去杀掉。男人们的拇指被绑在一起，然后被处决，跌进之前他们被迫挖好的集体坟墓里"。

面对它所认为的公然出现在美洲的共产主义国家幽灵，美国放弃了在萨尔瓦多推行民主和致力于财务稳定的最后一点决心。1932年1月29日，马丁内斯通知美国临时代办，他希望取消美国财务代理人办公室，并暂停支付外债利息。代办赞同地上报了这个提议。"危机绝对没有结束，在未来的几个月里，继续维持秩序似乎极大地依赖于当局获得足够资金供养武装力量的能力"，他写道。"就目前而言，从除海关以外所有渠道得到的收入可以忽略不计。因此，政府签署了一条法令，为了从1月25日起由政府临时性直接征收100%的进出口收入"，什么也没留给债务利息支付。"这个法令称，采取这个手段是完全有必要的，因为共产主义运动严重威胁了国家的生命，还强调这个手段是临时性的并重申政府打算在情况允许时立即履行合同义务"。

有了美国的默许，萨尔瓦多中止了对所有外债的偿付，并于2月27日进入技术性违约。1926年的贷款协议要求一旦出现违约，美国政府要介入并建立财务接管，而现在美国断然拒绝这样做。事实上，美国不但不惩罚马丁内斯；它还安排了一笔40万美元贷款，用于购买弹药。美国公使馆报告称，这笔贷款实际"是为了保住他（马丁内斯）自己的总统位置"，但华盛顿认为，面对共产主义胜利的幽灵，保住马丁内斯的位置胜过其他选择。

　　胡佛政府还没有做好完全放弃民主促进的准备。一旦迫在眉睫的危机过去，它会承诺向平民政府提供来自私人或美国政府渠道的新贷款，从而试图让马丁内斯下台。这个提议似乎很有吸引力。马丁内斯告诉美国驻圣萨尔瓦多的公使馆，他会辞去总统职务，然后担任作战部长。

　　马丁内斯撒了谎。1932年6月8日，他宣布打算留任到1935年。美国临时代办报告称，马丁内斯做出这个决定的原因在于，他已经确信，不论他如何决定，大萧条意味着新的外国贷款都不会到位。危地马拉政府告诉美国代表，"马丁内斯欺骗了美国"，并建言"经济抵制就会让他立刻俯首帖耳"。但是，中美洲其他国家政府不赞同危地马拉的看法。国务卿史汀生考虑从萨尔瓦多召回美国公使，但认为由此带来不稳定的风险太高。

　　富兰克林·德拉诺·罗斯福当选后，有关承认的问题仍在继续。1932年12月5日，萨尔瓦多宣布了一个项目，与一个由美国银行家J·劳伦斯·吉尔森任主席的私营债权人保护委员会进行债务重组。在这个项目下，萨尔瓦多将重启对其A和B系列优先债务——遗漏了两张息票——的全额付息，并支付剩下C系列债券的利息，一半用现金，一半用1935年开始带来4%名义息票收益的新债券。1933年6月28日，萨尔瓦多成了重启付息的第一个拉丁美洲国家。

　　随后，美国外交官萨姆纳·韦尔斯提出了一个计划，在该计划下，尼加拉瓜、危地马拉和洪都拉斯将继续遵守他们在1923年签订的总条约（在其中，他们承诺不承认通过政变手段上台的政府），但承认萨尔瓦多政府。罗斯福对此计划表示赞许。1934年1月24日，中美洲国家政府承认了马丁内斯，美国在两天后紧随其后。这样，美国影响范围内的民主促进活动不了了之。除了在卡特政府时期昙花一现，直到20世纪90年代之前它都没有真正恢复。

第六章 偶然脱离

## 美国帝国中的古巴

古巴典型案例,是有关大萧条如何通过摧毁支撑干预主义的政治联盟而攻破第一个美国帝国中的薄弱环节。这些利益冲突结合在一起产生了终极的荒谬:推翻古巴政府,因为它坚持偿还外债。

大萧条削弱了古巴以优惠条件进入美国市场的权利。美国对糖产品进口实施了一个三层的关税体系。来自夏威夷、波多黎各和菲律宾这些属岛的糖产品不用纳税。来自美国非正式帝国之下的国家的糖产品要缴纳全额关税。第三层由古巴组成。古巴面对的是一个优惠关税。这个政策保证了几乎所有的糖产品都来自美国海关辖区。随着时间推移,美国在古巴的投资者从进入美国市场的优惠条件中获利丰厚。

商品价格下跌开始于20世纪20年代,为大多数古巴糖业种植园和糖厂的美国拥有者提供福利的**国内**政治成本不断上涨。胡佛政府被证明无力抵抗对古巴糖业增加关税的压力。事实上,政府被证明几乎完全不想抵制它们。接下来,更高的关税重创了已经不景气的古巴经济。然后,不景气的古巴经济分化了古巴政府债务的美国持有者和古巴糖厂的美国拥有者之间的联盟。随着政府收入下降,债权人希望债务能通过任何必要手段得到偿付。相反,直接投资人希望古巴的税率保持在低水平而古巴的公共服务保持在高价格。这是难以实现的。

这是一个颇具嘲讽意味的扭曲,债券持有者和直接投资者之间的分裂并不允许美国放弃干预。古巴政府为了自己的理由决定,无论古巴经济受到怎样严重的挤压,它都将进行偿付。因工资欠发而引发的反政府暴力活动更加严重——包括制糖工人中的动乱——古巴对债务偿付的坚持越来越被看作是动荡的一个根源。因此,罗斯福政府不得不在保护债券持有者和保护美国糖业利益之间做出选择。最终结果是令人难以置信的混乱景象,一个主权国家政府密谋推翻另一个政府,因为后者拒绝对前者公民的债务违约。

## 美国甜菜与古巴甘蔗的较量

从根本上讲,美国对拉丁美洲很感兴趣,这不用重申。在建立我们的关系时,没有什么比我们在贸易上的共同利益更重要了。共同目标必须是提高我们所有人的生活水平……我们越是扩大商品交易,越能促进我们的文明共同进步和商业互通的扩展,越能确定我们已建立的长期友谊的发展。

——商务部长赫伯特·胡佛,1921年3月

20世纪之初,古巴经济的主导产品是糖。如艾伦·戴伊和理察德·西科特指出,这对两国关系有重要影响。第一次世界大战导致糖价猛涨(见表6.5)。此次暴涨以一个陡然下跌结束,由此引发的破产使大部分的古巴糖产业落入了北美人的手中。1914年,美国拥有的运营和加拿大拥有的运营控制了古巴糖业产能的38%;到1924年,他们控制了65%。

古巴的粗糖流向东北部许多州的精炼厂,这些地方恰巧也是大多数古巴糖种植土地的企业和美国的个人拥有者的家乡。1903年,当首次协商给予古巴优惠准入条件的互惠协议时,美国的糖业生产集中在仅六个州。佛罗里达州和路易斯安那州生产甘蔗糖。另外11个州生产甜菜糖,但加利福尼亚州、科罗拉多州、密歇根州和犹他州占据了87%的甜菜生产。结果,支持古巴和反对古巴的糖业游说相对势均力敌。糖业利益强大到足以阻止古巴零关税准入,但还没强大到完全将它拒之门外。

**表6.5** 账面名义上的古巴糖价（每磅以美分计）年平均数，1900–1933

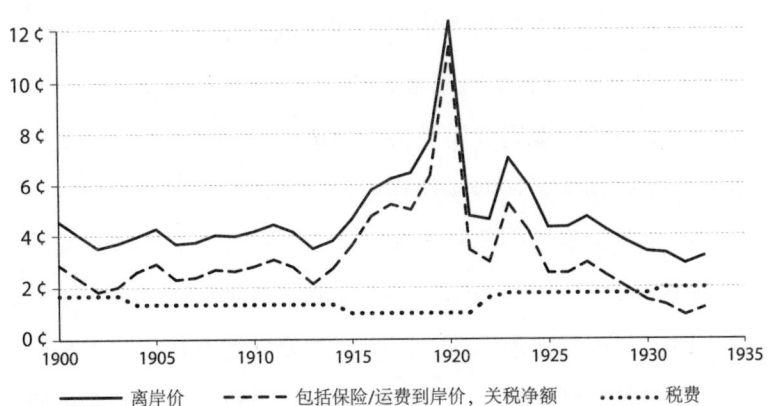

*数据来源*：Alan Dye and Richard Sicotte, "The Political Economy of Exporting Economic Instability: The US Sugar Tariff and the Cuban Revolution of 1933," Barnard College Working Paper Series #99-05, November 1998, p. 40.

但是，第一次世界大战改变了甜菜糖业的布局。为说服甜菜糖生产者在战时扩大生产，美国政府不得不提供保证声称，糖的关税在未来不会被降低。这个政策发展得非常好：到1920年，不少于21个州在生产甜菜糖。国内甜菜糖有一个额外的优势，它只需一个生产阶段就直接流向消费者：不需要被运到东北部进行精炼。

因此，在政治上，到20世纪20年代中期，甜菜糖生产者已经从古巴糖精炼者和古巴糖种植土地拥有者之间的国会辩论中获取了好处。共和党在1920年选举中的不断获胜，与1921年经济衰退，这两个因素综合起来，不可避免地使关税被提高。1921年，应急关税法案将古巴糖的关税提高到每磅1.3美分。众议院通过了一项提案，将应急法案永久化并提高古巴糖关税到1.6美分。

但是，古巴糖业利益集团希望从行政部门获得他们无法从国会赢得利益。糖业利益集团是共和党的主要捐助人，商务部长赫伯特·胡佛受到了来自要求保持低税的"古巴游说"的压力。他与参议员里德·斯穆特（犹他州共和党人）协作，提出了一个妥协方案：为了保持1.4美分关税，古巴生产者要"志愿地"限制对美销售。胡佛的提案并非是他独创。相反，这个想法是以古巴的一个先例为基础。1921年2月11日到12月21日之间，古巴政府运作了古巴糖业财务委员会。梅诺卡尔总统建立这个委员会是为了"让他们掌控1920年至1921年作物销售和运输"以保持价格。

但是，糖业财务委员会的经验并不令人开心。首先，委员会收取每磅0.5美分手续费，这达到了古巴港口糖的平均离岸价的17%。第二，该委员会的建立使信用市场陷于瘫痪，因为，想要知道在政府签发出口许可之前，糖会被存储多久已变得不可能了。最后，委员会本身就是失败的，因为它没能抑制价格下跌。事实上，在1921年5月末至8月初期间，委员会几乎将古巴糖业完全撤出市场，却收效甚微。哈丁政府试图阻止古巴撤销该委员会，因为"如果该委员会被取消，如今由古巴控制的糖就会被抛到市场上，就会造成银行界（贷款给古巴工厂的人）的巨大损失"。但是，到1921年11月，委员会的失败已经清楚无误。国家城市银行告诉国务院，它不再支持糖业财务委员会的活动，之后，该委员会很快就倒闭了。

考虑到糖业财务委员会的糟糕经验，古巴政府否决胡佛—斯穆特提案也就不足为奇。作为回应，斯穆特"谴责"了银行家和东部的精炼厂主们，控诉他们煽动了一个"华尔街阴谋"以破坏甜菜糖行业。福德尼—麦坎伯关税条约的最终版本在1922年将古巴糖业关税增加到1.6美分，在1923年增加到1.76美分。1923年和1924年的高糖价缓解了古巴的压力，但1925年古巴作物的创纪录高产使价格跌至战后的新低，待售的古巴糖库存翻了一倍，达到了1,800万吨。当代一位观察家写道："世界上的糖业生产者都惊呆了。"

古巴经济受到了糖价和销售量下跌的影响。杰拉尔多·马查多总统恳请美国政府削减关税。以一种奇怪的鸵鸟行为方式，国务院——意识到不可能获得国会批准但又不想让古巴人失望——命令克劳德大使不要答复马查多。然后，古巴驻美国大使奥雷斯特斯·费拉拉直接向国务卿弗兰克·凯洛格提出了这个要求。凯洛格坦率地告诉费拉拉,参议院不会同意削减关税。当费拉拉继续推动这个问题时,凯洛格只是简单地告诉他,费拉拉的分析所依据的假定,是当前关税使美国受益而古巴受损,这是错误的。从狭义经济理论的角度,凯洛格的论断当然是正确的:关税破坏的是**两个**国家的整体经济。但是从实用政治的角度,关税使国内甜菜糖产业极大获益,而在美国的国内政治家们看来,这才是重要的。

没有了美国贸易政策的帮助,马查多总统试图再次提出作物限制,以提高古巴糖价。1926年,他下令古巴生产者减产10%。这个战略带来了两个问题。第一个问题是,虽然古巴是主要生产国,但并没有大到可以通过减产10%来提高价格。第二个问题是,古巴的作物限制为美国甜菜糖生产商提供了进行游说争取更多保护的口实。美国甜菜商的游说者们指责古巴试图"消除本国内的糖产业"。这个指控没有经济价值,但它为甜菜商游说提供了一种威胁手段,他们可以用来对付古巴政府以要求——自相矛盾地——甚至更进一步的作物限制。1927年,古巴政府试图与岛上的主要糖出口商们协商一个协议,进一步抑制生产。国内对生产限制的反对之声迅速增长,于是,马查多于1928年12月27日取消了这些限制。

## 斯穆特-霍利法案和人们对它的不满

1928年的总统竞选中,赫伯特·胡佛承诺要提高农业关税。在1929年3月上台之初,胡佛总统就呼吁关税改革。参议员斯穆特担任了参议院财政委员会主席。毫不意外,所完成的1930年关税法案——声名狼藉的《斯穆特—霍利法案》——将古巴糖关税从每磅1.76美分增加到了2.0美分。

参议员斯穆特在试图提高古巴进口关税时受到了强烈的反对。两个团体都调动了一切力量在国会会议中为古巴利益辩护。第一个是古巴美国商会和美国糖业协会的联盟。第二个是由美国瓶装碳酸饮料公司、好时食品公司和由H·H·派克领导的糖经纪人协会之间的联盟。第一个联盟代表的是古巴糖产品生产厂的美国拥有者，而第二个代表的是古巴糖产品的中层消费者。好时食品公司涉及了两个团体：公司不仅仅是糖产品的消费者，还拥有65,000英亩古巴糖种植土地并雇用了12,000名当地人。

这两大古巴游说团体全力出击，保护他们的投资。他们筹措了9.5万美元，按2011年美元币值相当于100万美元，以游说国会和胡佛总统。（以国民收入计算，联盟筹措的资金相当于2011年的1500万美元。）古巴的游说团体用这笔钱雇用了与胡佛私人关系密切的纽约律师埃德温·沙特克。如古巴公司总裁和美国糖业协会的主要负责人赫伯特·拉金所言，"我非常幸运地发现，沙特克可能是胡佛最亲密的律师朋友。他是胡佛和其家人的私人律师。我认为，我已经说服了沙特克承担一个秘密使命，代表古巴，先说服胡佛，第二步再对各委员会和国会会员们做工作"。另外，沙特克还曾与胡佛一起工作于糖业平等化理事会、美国救济管理局和欧洲儿童基金。

当胡佛从1928年的拉丁美洲亲善访问归来后，沙特克以游说人的身份，与胡佛在迈阿密见了面。胡佛向沙特克保证，无论正在讨论的新关税提案产生什么结果，都不会使他"为难"。在讨论中，沙特克试图说服胡佛和参议员斯穆特支持一个计划，将菲律宾群岛逐出美国的关税辖区。对于沙特克而言，不幸的是，国务卿史汀生刚结束他的菲律宾总督任期，他的强烈反对断送了这个主意。

有两位国会众议员在领导反对古巴糖增税的斗争中发挥了特殊的重要作用。众议员鲁思·普拉特（纽约州，共和党人）担任抵制增税的代言人。普拉特是首位来自纽约州在国会任职的女性。她也是一位服务于曼哈顿上东区第17选区（当时该州最富裕的地区）的共和党人。古巴游说团的宣传部负责人为众议员普拉特提供院内讲演的信息。在另一边，古巴游说团计划，如果科德尔·赫尔（田纳西州，民主党人）离开国会，就雇佣他为游说者。当赫尔决定不退休时，他成了抵制关税的幕后工作的实际领导人。

## 第六章　偶然脱离

1929年5月7日，众议院赋税委员会上报给众议院一份关税提案，其中包括了对古巴糖征税2.4美分。赫尔认为，糖增税不得人心，如何他的团队能够推动进行独立的众院表决，增税会在众院失败。但是，为了达到这个目的，古巴游说团需要一个强有力的争议话题。5月21日，普拉特攻击了甜菜糖行业可怕的劳动条件。她挥舞着来自美国劳工联合会主席的一封信件，声明，"对于在甜菜田地中雇佣妇女、儿童和墨西哥劳工的情况，这份证词是决定性的。我坚决反对糖关税增加的原因是明显的，本国内的糖产业扩展是不可能达到满足我们需求的程度。国内的产业不仅受到其劳工问题的束缚；它还受限于我们的气候"。

对于古巴游说——以及引申开来，古巴经济——而言不幸的是，共和党在众议院的领导层用谋略击败了糖关税的反对者。1929年5月25日，《纽约时报》报道称"共和党的压路机运行良好地以全速撞倒了众议院的民主党少数党……以234票对138票，依照（5月24日）共和党核心小组会议的指令，众议院采用了一条规则……在此规则下，所有对此提案的修正条款，除非经过了赋税委员会中共和党多数党的批准，否则将被放弃，而不需经过任何性质的辩论或考虑"。共和党人党纪如此之严，众议员普拉特也投票**赞成**了这条禁止辩论规则。普拉特的决定导致她与少数党领袖众议员约翰·南斯·加纳（得克萨斯州，民主党人）之间有了以下的古怪对话：

加纳：当你回到你的选区而你并没有提供打击对糖条款的修订方案，我希望你告诉选民们，你故意放弃了自己提供这样一个修正条款的权利，因为你的政党的迫切需要比对祖国的爱国主义更能吸引你。

普拉特：纽约州完全能够地理解这种情况。

加纳：那么我明白了，你是说，在纽约，党派效忠比你的爱国主义更有价值，这已经得到了谅解。

然后，众议院的这份提案被提交到参议院。1930年1月16日，参议院帕特·哈里森（密西西比州，民主党人）与会时推动通过了一个修正条款，以50∶40的得票比推翻了2.4美分的关税规定。古巴的一群汽车经销商和米高梅电影发行人纷纷给糖业游说集团发电报表示祝贺。他们高兴得太早。作为参议院财务委员会主席，斯穆特用第二个修正条款来反击哈里森的修正条款，将关税提升至一个"折中的"2.0美分税率。然后，斯穆特利用他对委员会议程的控制权，阻止了将利率保持在1.76美分的第二次尝试。考虑到众议院的投票情况和斯穆特著名的对高关税的偏好，这也许保证了当众议院和参议院的提案被合并进行协商时采纳了2.4美分的税率。但是，程序性战术上，提案的反对者成功地拉出了足够的众议院共产党人来反对让协商委员会控制糖关税。结果，协商委员会接受了2.0美分税率。在最后关头，民主党的策略阻止了税率增至2.4美分，但没能阻止其增至2.0美分。赫伯特·胡佛总统于1930年6月17日签发了这个关税法案。

虽然有协调一致的游说举措，能上达总统本人的高层次联系人，大量的公共关系支出和强有力的国会策略，美国的古巴糖业支持者仍未能保住古巴对美国市场的准入条件。他们充其量只是成功地防止了坏结果变得更糟。1930年关税法案标志了国内生产者对外国投资拥有者的胜利。

## 一座岛上的凯恩斯主义

美国政府并非对古巴经济问题视而不见。它没兴趣为了古巴的利益与国内糖业利益较量，但它可以批准古巴用粗糙的原始凯恩斯主义的方式恢复经济的尝试。其控制权的法律根据是普拉特修正案的第二条："（古巴）政府不应承担和签订任何公共债务协议（义务），要支付其利息，要为其最终免除制作合理的偿债基金条款，该岛的普通收入在支付了当前政府开支之后，将是不够的。"

## 第六章 偶然脱离

美国政府将这一条款大致地解读为，华盛顿保持对古巴政府任何借款的否决权。但是，无论华盛顿还是哈瓦那都不希望，在每一次古巴希望获得贷款时都需要总统请求常驻大使给予批准，这损害了古巴作为国家的合法权利。相反，一种微妙的惯例出现了，美国银行在完成了与古巴的协商后，向国务院请教意见。然后，华盛顿的国务院将询问美国驻哈瓦那大使对所提议贷款的意见。之后，国务卿再将意见传递到国务院，带有含蓄的理解，即：不赞同可能将阻止合同生效。

在实际中，只要款项进入保证古巴就业的项目，美国允许了它可能会否决的贷款。例如，1926年底，杰拉尔多·马查多总统从大通国民银行申请一笔1,000万美元贷款（按2011年美元币值计算为1.08亿美元），为了加速1925年就已开始的一项公共工程。根据这个惯例，大通询问国务院是否对此贷款有反对意见——马查多总统宣称这并不是一个真正的贷款，更像是对未来税收收入的"预支"。国务院回复称它无法解析预支款和贷款的区别，虽然如此，却没有理由反对。1927年6月，古巴政府从J·P·摩根申请一笔900万美元贷款（按2011年美元币值计算为9,800万美元），为与公共工程项目相关的应付账款提供资金。这笔贷款数额不小：它将增加古巴当年的总预算赤字，达到1,900万美元，占古巴GDP的3%（见表6.6）。国务卿凯洛格担心古巴财政不断恶化的状态，但由于岛上失业增加，他不想强迫哈瓦那削减支出。

尽管在财政上比较挥霍，古巴的经济继续缩水。马查多总统的应对措施，是借更多的钱以避免节俭。美国不情愿地继续容忍马查多。1928年3月31日，马查多总统开始与大通国民银行协商一个2,000万美元（按2011年美元币值计算为2.14亿美元）的信用额度。两周后，他将申请提高到2500万美元。又一周后，它涨到了3,200万美元。到5月初，古巴政府协商的是5,000万美元。美国在古巴的临时代办查尔斯·博伊德·柯蒂斯很生气，因为，当贷款规模呈螺旋状上升时，马查多没有咨询美国使馆的意见。

表6.6 古巴政府债务，借款净额和名义账面GDP增长，1926–1937

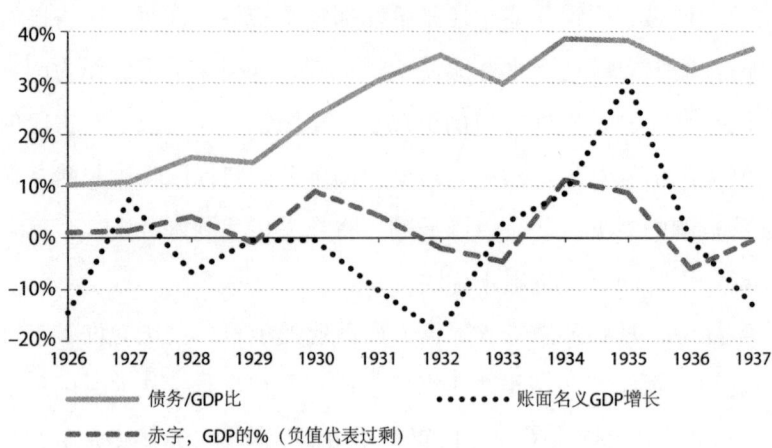

数据来源：全球金融数据库与Foreign Relations of the United States一书

"但是，我非常吃惊，当人们相信他一再重复不再进一步融资的保证时，他竟然会允许采取这样的方式"。柯蒂斯继续警告华盛顿说："政府收入正严重减少，在得到改善前肯定会继续下降。在持续性的经济危机下，巨额赤字已然出现。"

美国最终批准了这笔贷款，虽然知道古巴在用途上说了谎，它想用来支付当前的开支。国务卿凯洛格指示柯蒂斯与古巴政府"谈谈"这笔贷款。他还告诉柯蒂斯，要提醒古巴政府，美国银行会咨询国务院的意见。"不需要你的言论以普拉特修正案或1903年条约为基础，但不应该出现回避讨论的现象"。当面对第二次询问时，马查多政府澄清这笔贷款将用于完成中央公路项目，这条长707英里、宽22英尺的经过铺设的公路，是从西部比那尔德里奥到东部圣地亚哥。但是，美国使馆非常清楚马查多在撒谎：古巴国会已经通过了立法，允许这些贷款资金被用于支付当前的开支。虽然如此，担心猛然削减公共支出会带来严重后果，国务院于1928年6月20日给大通国际开了绿灯。

胡佛于1929年3月上任。1930年2月，大通国际以票面价值的95%购买了古巴的面值为4,000万美元的15年债券，实际利率为5.8%。古巴政府在该银行另存了一笔4,000万美元的未发行债券，作为一笔2,000万美元信用额度的担保。到1930年8月，古巴用完了这笔信用额度。古巴政府开始与中央公路项目的两个主要承包商（华伦兄弟公司和古巴承包商公司）进行谈判以签发1,900万美元的5年无记名债券，利率仍然为5.8%。1930年政府总贷款达7,700万美元（按2011年美元币值计算为8.53亿美元），在古巴GDP中占到令人咋舌的13%。华盛顿因为害怕削减开支会影响就业，批准了这些贷款。

## 政治动荡和政府债务

国务院继续批准给古巴的贷款，是因为担心未来的经济收缩会给该岛带来不稳定。1931年，古巴驻美国大使直率地告诉国务院，"整个问题的根源是经济。古巴已经从巨富变成了贫穷。影响人民如此之大的不是贫穷这个现实，而是从富变穷这个转变"。

1928年11月，马查多总统在保证通过一系列宪法改革之后获得了连任。事实上，虽然，马查多名义上是自由党人，但他获得了所有三个政治党派的提名。美国大使馆认为，他用政府资金贿赂了保守党和古巴人民党的领导人们。由卡洛斯·门迭塔领导的中间偏左反对党在"民族主义联盟"的旗帜下进行了重组，不料却被警察骚扰并被排除在了1928年的投票权之外。

1930年国会选举的准备阶段，农村和城市的暴力活动增加。马查多总统将这些暴力活动描述为是"古巴经济衰退的合理的伴生物"。当警察在驱散哈瓦那大学的一次示威活动时，三名学生和一名警察在枪击中受伤。有位受伤学生第二天死亡。作为回应，马查多推动通过了一次国会投票，暂时中止了所有宪法方面的承诺。他还使用警力关闭了反对派的报纸。几乎所有报纸中断了出版。5月，在阿特米萨驱散民族主义联盟集会的一次行动中，数位警官和平民被杀。

随着暴力活动升级，反对党领袖们请求美国援用普拉特修正案。美国拒绝了。在一个新闻发布会上，国务卿史汀生声明，"当仍有政权存续时，美国军队从未踏足过古巴。我们数次进入古巴领土，都是在没有政府的时候"。古巴国会11月选举进行时，用一位国务院前官员的话就是"暴力活动已经习以为常"。

选举之后无序状态变得更加糟糕。1930年12月，马查多总统关闭了大学、高中和师范学校。在他剩下的任期内，学校一直被关闭着。1月，大学生理事会全部都被逮捕，其中包括数位女学生。美国使馆报告称"几乎每一个夜晚都能听见一个或几个小炸弹爆炸的声音"，政治集会总是被催泪瓦斯或"臭气弹"打断。古根海姆大使警告马查多总统，"除了收了政府钱的人，几乎每个人都反对政府"。古根海姆建议总统应该与反对党和解，以免他的政权走上新近被罢黜的秘鲁政府的老路。总统同意了，并转过来要求古根姆斯帮忙延期应付给大通银行的2,000万美元的偿付款。一周后，总统提出了一个方案，允许他无限期地中止了有关宪法的承诺。

连接不断的爆炸和暴力活动进一步恶化，古巴监狱中的政治犯人数呈螺旋式上升。1931年2月23日，一枚炸弹被放入了总统府。到4月，国务卿史汀生对被马查多监禁的人数忧心忡忡。史汀生试图牵线协商一个政治解决方案，但失败了。马查多同意在1933年而不是1935年辞职，但拒绝举行新的选举。他还拒绝缩短国会议员的任期。当古根海姆向他施压时，马查多威胁会在**不指定继任者**的前提下辞职。而两人都知道，这将导致古巴陷入动乱。古根姆斯写道，他怀疑马查多不打算辞职，直到他能够"偿还据说他为得到总统职务而付给扎亚斯（前任总统）的巨额金钱"。

1931年8月，古巴反对派发动了一场有组织的叛乱。军队与叛军在哈瓦那、马坦萨斯、比那尔德里奥和圣克拉拉交战，大多数的战斗发生在圣克拉拉。叛乱在一周之内瓦解，但报复行动继续。不是所有的报复行动都由警察实施：到1931年底，马查多已经给予其支持者489次赦免，其中有400人都是暴力犯罪。首都仍然有炸弹爆炸。

暴力活动在1932年愈加激烈。1月1日，爆炸事件在一次对圣克拉拉的烟草遴选人联合会的袭击之后继续出现。之后，一系列的爆炸事件袭击了哈瓦那，大部分是由两个团体的人组织实施的：ABC和革命激进小组组织。（ABC的名称来源于其小组结构：A小组和B小组等。）两个组织都赞成非常温和的政治纲领，即使按照当时的标准来看——他们呼吁消费者保护、累进税制、国有化公用事业、保护劳工立法以及ABC提倡缩小排除文盲的各种选举权，但他们的战术包括了对政府办公室和官员的炸弹袭击。1月12日，12个独立的炸弹在哈瓦那爆炸。1月25日，警察发现了一辆满载着玻璃和钉子的带有炸药的汽车。同一月，ABC在弗罗雷斯大街的一幢房子里埋了地雷。一个匿名线索将两名警察引到了房子，他们因打电话触发炸弹而死。2月19日，一个被扔上公交车的炸弹使三位乘客受伤。九天后，在初选期间，一名男子被枪击中，一个女人死于一次炸弹袭击；圣地亚哥还发生了两次炸弹爆炸，但没有伤亡。4月19日，在又一系列的炸弹袭击之后，警察突袭了哈瓦那大学工程学教授安东尼奥·希瓦斯的家，他们发现了"一个定时炸弹，其实是一辆被制成一枚巨大炸弹的汽车"。据警察报告称，有些"年轻人计划将此汽车停在靠近警察总部的地方，这样，当放下手刹让汽车离开街道，电路将闭合，从而引爆巨量（350磅）TNT炸药，由此毁坏总部建筑并杀死驻扎在里面的大多数警察后备人员"。

5月20日，另一波大规模的爆炸事件从哈瓦那开始，给警官送邮件炸弹成了一个经常性事件。许多人在联合袭击中被杀。5月31日，三枚炸弹在哈瓦那最著名的私立学校爆炸。6月9日，一枚炸弹在圣克拉拉的一场音乐会上爆炸，致使两死十二伤。第二天，马查多总统计划开车经过某个地点的几分钟之前，一枚炸弹在到访地被发现。数百次的逮捕行动紧跟其后。爆炸事件7月份增多。在那个月，反对派的一位领袖埃斯特班·德尔加多死于一次与警察的枪战中。（德尔加多的司机在前一天受到枪击）两天后，一幢正被搜查的房子被放入了炸弹，一名警察死亡，四名受伤。触发器被伪装成放在桌上的一本书。古巴政府在美国使馆周围增加了岗哨。7月10日，几个枪手把车停在了古巴安全机关首脑米格尔·卡尔沃乘坐的汽车旁，用猎枪打死了车上的所有人。9月28日，ABC组织在一次炸弹袭击炸死了两名警察之后，紧接着杀死了参议院议长克莱门特·巴斯克斯·贝罗。之后，ABC组织试图爆炸贝罗的葬礼，用填装了300磅炸药的23个独立地雷在墓地布线。这个阴谋失败了，因为一位园丁发现了爆炸物。马查多用另一波暴力镇压作为回应。因此，枪手们杀死了国会的两名反对党议员，而他们的兄弟姐妹也死于美国使馆认为的报复行动。10月，马查多实施了一项计划，对非法拥有枪支或爆炸物的任何人处以死刑。

到1932年底，国务院对马查多恢复秩序的能力已经失去了信心。同时，在哈瓦那的美国外交人员也发现，很难保持美国政府在古巴内部事务中的中立。国务卿史汀生严厉地警告古根海姆，他应该单独表达对马查多总统的公开反对。在一封毫无松口迹象的信件中，他指责古根海姆与反对党走得过近：

> 我认为，对马查多总统缺乏同情的任何表现，比如你所建议的……将相当于在完全内部的政治问题上选择立场……鉴于以上，我相信你不会在有关古巴内部政治问题上摆明任何态度或立场……关于你提议的政策转变，你应以下面这一句作为参考结束你的发文："这至少会免除我们的政府对马查多坚持当前路线带来不可避免后果的责任。"国务院不能默许这种观点，即我们不干涉古巴内政政策的延续性，使我们的政府牵涉到对古巴行政机关政策的任何责任中。

在国务院看来，难处在于，马查多仍然得到美国银行家的支持。在一次私人会面中，史汀生告诉了古根海姆美国不能指责或削弱马查多的原因:"这些银行家们在古巴有大股份,他们正在努力制定一个方案,希望这个方案会令人满意地解决问题。"所谈及的这个方案是一次债务重新协商,在此方案中,古巴将暂停分期偿还,但继续支付利息。

马查多有三个理由以避免违约。当然,第一,是担心违约可能切断古巴对外国资本市场的准入。第二,是担心美国干预,虽然鉴于美国批准了其他地方的违约,这种担心本该减少(但显然没有)。但是,第三个理由是关键:古巴的债主们向马查多和他的支持者们提供**个人激励**来继续政府的债务偿还。大通银行向马查多提供价值13万美元(以2011年美元币值计算为215万美元)的个人贷款。"几乎没有即时偿付的可能性",据后来参议院的一个调查委员会称。大通还向古巴总统拥有的企业提供贷款:它给了一家建筑公司4.5万美元(以2011年美元币值计算为74.5万美元);给了一家鞋厂8.9万美元(以2011年美元币值计算为148万美元)。另外,大通雇用了马查多的女婿何塞·艾米利奥·奥布雷贡,虽然正如大通负责人自己所写的,"我们知道,从任何商业角度看,他都毫无用处"。奥布雷贡虽然对大通的生意毫无用处,但他仍然获得了1.2万美元的起薪(后来迅速涨到1.9万美元,以2011年美元币值计算为从20.2万美元涨到31.9万美元),还有额外的50万美元(以2011年美元币值计算为850万美元)佣金,是为了奖励他在确保1928年公共工程贷款中所发挥的作用。另外,在古巴的公共债务中,与马查多关系亲密的古巴家族也获得了投资。国务院报告称,至少有150万美元的古巴公共工程债券(以2011年美元币值计算为2,630万美元)是由"与总统关系密切的个人"持有,另外,还有550万美元(以2011年美元币值计算为9,680万美元)属于古巴承包商公司,"其中的主要权益人是奥古斯塔斯·阿尔瓦雷斯和鲁道夫·爱瑞莱诺,两个人都与总统关系密切"。

## 为了稳定而违约

当美国确信马查多的政策将导致古巴的国家崩溃时，它最终收回了对马查多的支持。作为第一个美国帝国的最大讽刺之一，马查多的政策既不激进，从传统意义上讲也不是不负责任。毕竟，古巴在偿付债务。问题是，偿付债务意味着关闭学校体系和允许政府工资被拖欠，以及将税收提高到类似没收充公的程度。这些行动促使糖业游说开始攻击马查多。一旦糖业游说这么做了，美国政府跟随其后。前十年中，那些拥有古巴债务的银行可能成功地击退了进攻——但在20世纪30年代的背景下，他们缺乏影响力。

国务院早在1931年年中时就意识到，进行一次债务重新协商有利于美国利益。但是，马查多仍然极力反对任何可能破坏古巴债务价值的行动。因此，他继续偿付债务，即使他的举动变得不受欢迎。例如，1931年12月，马查多请求银行为225万美元的如期债务偿付保密，因为政府已经好几次拖欠工资，他担心出现公众抗议。第二个月，1932年1月，美国大使报告称，"对公共债务的违约已经无法再推迟了"。

古根海姆大使对古巴违约的预测是错误的。马查多采取了越来越"英勇"的措施来继续偿付。3月，他批准以200万美元的成本铸票面价值600万美元的银币——铸币税用于债务偿还。12月，马查多政府拼凑了一个新贷款和增税的结合体。大通国家银行同意预付165万美元并允许政府延期对公共工程债务的30%到40%的本金偿付。另外，在古巴运营的三家最大的石油公司同意比照他们1933年税款预付184万美元（以2011年美元币值计算为2,640万美元）。然后，当纽约的糖（美国关税后净额）交易价为0.9美分时，古巴对精炼后的糖征收了每磅1美分的消费税。也就是说，马查多想对糖征收其市场价格100%**以上**的税。考虑到美国糖市场的竞争性，生产者不可能有能力将大部分的负担转嫁给消费者。不足为奇，这项税引发了来自糖业生产者的愤怒反应。又一次，古根海姆大使写信给华盛顿主

## 第六章　偶然脱离

张实行违约，他直率地说这可能比银行家和石油公司提出的计划更好。

马查多的政府也减少开支——但以一种随意的和具有政治爆炸性的方式。1931年12月，它推迟政府支付工资达好几周。1932年6月，它再次开始拖欠工资，只支付了司法机关、高层官员和军队的工资。1932年9月，它停止支付司法机关工资。1933年1月，它停止支付行政部门主管者的工资。到5月，拖欠的工资已达到1,900万美元，而当年政府预算总额是4,000万美元。

考虑到在该岛上的美国企业所承担的繁重税负，美国新任驻古巴大使萨姆纳·韦尔斯，建议古巴宣布暂停所有本金支付。国务院原则上同意了，明确提到了"由对古巴政府人员的令人担忧的工资拖欠发展而来的事态中固有的危险"。即将就任的罗斯福政府也同意这一评价，但它仍未准备命令古巴政府对美国银行家违约。"（政府）不能主动向银行家建议暂停偿付，"代理国务卿科德尔·赫尔于1933年6月写道。在罗斯福看来，问题并不在于银行家在国内的政治影响力。大萧条已经在很大程度上降低了他们的影响力。问题反而在于古巴的政治。古根海姆大使简短总结道："我们的政府引导银行家缓解马查多政府资金紧张的任何举措，都会被普遍谴责认为，是美国在支持不得人心的马查多政府。"

当然，马查多面对自己的两难境地——他无法在不怠慢其政治根基的情况下对债务违约，但他也无法在不使古巴国家受到重创的情况下继续还债。1933年3月，他宣布在两年内暂停铁路公司、糖厂和农场的所有私人债务偿付，以试图减轻新税负担。他还将城市抵押贷款的利息限制在最高5%。但不足为奇的是，这项举措对古巴的经济或马查多的支持率都毫无效果。

马查多偿付外债的决心——很像后世的尼古拉·齐奥塞斯库——激起了不断增长的反对。到1933年3月，古根海姆大使报告了一个"反对偿付外债本金的广泛的负责任批评运动"。马查多拒绝让步。"马查多总统本人不会在这个问题上采取主动"，韦尔斯大使在两个月后写道。"他认为，他在当前立场上拥有的最大支持，是美国银行界给他的支持，而且他更加确信的是，他的政府承担的任何违约责任将更可能带来美国干预的可能性，这是任何东西都无法动摇的信念。"

马查多的信念，事实上与美国的立场相反。美国更倾向于违约。来自两届不同政府的两位大使都告诉马查多，是他错了，但都是徒然。马查多也没有为华盛顿对南美洲和多米尼加共和国违约的支持所动摇。即使当美国**银行家**向马查多提供2,000万美元公共工程信用本金偿付的两年假期（美国政府认为不够）时，他拒绝了。

因此，美国决定让马查多下台。1933年8月4日，一场总罢工提供了借口。政府雇员罢工、商店关闭，韦尔斯担心"在未来的24小时会出现近乎饥荒的状态"。韦尔斯去见马查多，警告他除非他指定一位中立的国务卿管理政府，接着恢复副总统办公室，而且马查多本人辞职，否则古巴将陷入动乱。总罢工于8月7日转向暴力，当时警察向示威者开了枪。8月8日，马查多宣布他不会"被美国挤走"。当天晚些时候，他亲自告诉韦尔斯，他"宁愿武装干预也不接受任何此类提议"。韦尔斯认为马查多"处于几近歇斯底里的精神障碍状态"。8月9日，马查多的时间用完了。在华盛顿的一个会议上，罗斯福总统有礼貌地向古巴大使建议马查多辞职"以向全世界证明他在此次危机中的高尚意志"，并采取适合"一位伟大的人、伟大的领袖、伟大的爱国者"的"高尚举动"。罗斯福甚至提出提供未指明的政治庇护，这样，马查多不会丢面子。罗斯福还暗示，如果他不辞职，美国将撤回对马查多政府的承认，正如"所有古巴政党的代表所建议的"。而且，虽然罗斯福说他"没有干预的意愿"，但不幸的是，他补充道，他认为"有责任做我们能做的事，使古巴人民中不会有饥荒和动乱"。

第二天，墨西哥外交部长何塞·玛丽亚·普伊格向美国驻墨西哥城大使倾诉说，虽然墨西哥不会支持一个单边的美国干预行动，即使有古巴人民的支持，但它会支持一个"与本大陆其他国家一起合作下"的反古巴运动。当日本驻墨西哥大使指控美国正在古巴施行其"所谴责的日本在满洲的所作所为"时，普伊格对美国的公开支持证实了他的私下言论。

有了总统批准和墨西哥支持，韦尔斯大使召集了有三大党和军队领导人参加的会议。韦尔斯的会议之后，第一炮兵营发生兵变，政变的谣言激增。随后，马查多突然偃旗息鼓，于1933年8月13日辞职。卡洛斯·曼努埃尔·德·塞斯佩德斯作为临时总统接任。马查多乘坐飞机前往巴哈马群岛。他于1939年在古巴流亡者的传统之地迈阿密去世。

随着马查多的离开，美国立即实施了一个计划，精心策划了古巴的违约。国务院与财政部之间的官僚式冲突，使这个部署不如韦尔斯大使希望得那么顺利，但它仍然有效果。8月20日，韦尔斯大使重申了他对暂停债务偿付的支付，涵盖了"偿债基金和利息费用"。之后，他建议美国立即借给古巴现金，需要用来支付当前支出。新的财政次长迪安·艾奇逊虽然对暂停抱有同情，但他担心如果没有国会授权，美国宪法第七条款第九节第一条不允许财政部以外国政府的名义签发短期国库券或中期国库债券。但是，作为一个解决方案，艾奇逊命令费城造币厂加速古巴银铸币，然后，他将"重建财政公司"的特别顾问阿道夫·贝勒派往哈瓦那建立一个委员会以制定一个有序的违约方案。

贝勒委员会果然得出结论，古巴需要在债务偿付之前优先考虑一般性支出和工资拖欠款。"我们认为现在生效的普通预算不能被削减；相反，政府工资应该得到部分地恢复。现在它们已经被削减到危险点之下。（偿还工资欠款）对政府的稳定是必要的。它将能够为岛内经济活动带来某些微动力。"贝勒也认为古巴无法增加政府收入。"税率"，他写道，"已经达到了即将越过收益递减点的位置"。委员会提议，只要未满足一般性支出和工资欠款偿还，就对所有债务偿付进行有条件违约。它还建议了一个美国援助古巴而无须国会批准的合法方式：铸造1,400万美元（以2011年美元币值计算为2.01亿美元）银币，由重建财政公司向生银销售者提供400万美元贷款作为融资手段。

## 又一次政变

新政府将拥有广泛的公众支持。当然,共产主义因素将想方设法地给新政府挑起麻烦。

——杰斐逊·卡弗里,在古巴的总统私人代表,1934年

古巴的传奇故事并没有完全结束。贝勒委员会公布报告的两天前,富尔亨西奥·巴蒂斯塔中士领导了一场士官哗变。哗变的近因是一个(错误的)谣言,据说政府要将军饷从一个月的22美元减到13美元。(以2011年币值计算,相当于从一个月375美元减到221美元,虽然这个计算方法没有考虑古巴的生活成本要低于本土。)激进学生领袖很快到达了哗变者总部。哗变者同意支持学生,并于9月4日宣布成立一个五人行政委员会指导下的新政府,这五个人是雷蒙·格劳、波尔菲·弗兰卡、吉列尔莫·波特拉、何塞·伊利扎里、塞尔吉奥·卡波。五天后,格劳出任总统。一群拒不服从的古巴军官在哈瓦那的国立饭店负隅抵抗——这里是哈瓦那的美国社区中大部分人的——包括韦尔斯大使——居住地。1933年10月2日,格劳的士兵对饭店发动猛攻,抓捕或杀死了这些顽抗分子。

袭击饭店之后,格劳的政权很快失去了支持。韦尔斯大使利用他的办公室来协调格劳的反对者们,并向他们保证美国的支持。到1933年9月11日,所有参加原权力共享协议的各方都宣布反对格劳政府,包括ABC组织和革命激进小组组织。到10月7日,格劳失去了巴蒂斯塔的支持:这位由中士升任的将军告诉韦尔斯,他"现在完全相信当前的政权已经彻底失败"。

韦尔斯认为,格劳政府是受到了"超激进控制",并报告称"共产主义因素有着不良的影响"。当罢工工人抢夺糖业财产时,包括美国人拥有的两家工厂,加之有法令直接插手美国拥有的古巴电力公司和古巴电话公

司的管理,这种观点得到了强烈支持。美国从容地对公用事业采取了干预措施,但对于格劳没能保护好美国财产反应强烈:飓风救济资金停止,而已经被铸造出来的古巴银币因为禁运而滞留在费城。

恐怖主义在实施制裁之后很快再次出现,包括在哈瓦那的炸弹事件和暗杀行动。最戏剧性的事件发生在1933年11月8日,反格劳的军队从哥伦比亚大营"驾驶着偷来的战斗机,低空俯冲穿过哈瓦那的城区,同时向街道扫射50口径的机关枪子弹,穿过屋顶,然后又冲向街道"。

罗斯福政府再一次受到了干预的压力。美国商会和标准石油公司要求干预。伯利恒钢铁公司请求保护在得其利的铁矿。联合果品公司要求派遣美国海军陆战队到其在安蒂亚附近的海边种植园;罗斯福总统派去了一艘驱逐舰。然后,他下令29艘海军舰艇向古巴和基韦斯特前进。海军陆战队的航空中队进入警戒状态,在弗吉尼亚州匡蒂科的飞行员接到命令,"一得到通知立即"收拾行装飞往古巴。海军陆战队的五个营被启用,并准备前往弗吉尼亚州匡蒂科和佛罗里达州罗德代尔堡的埃佛格雷德港。

幸好,罗斯福不需要扣动扳机。美国使馆转交给巴蒂斯塔一些报告称,英国可能要承认格劳。巴蒂斯塔随后联络了反对派的民族主义联盟领袖卡洛斯·门迭塔,问他是否会支持一场政变。门迭塔同意了,只要巴蒂斯塔能保证得到美国的支持。罗斯福在古巴的私人代表杰斐逊·卡弗里愿意给予这种支持。罗斯福拒绝给巴蒂斯塔美国将承认一个新政府的正式保证,但是,巴蒂斯塔认为有卡弗里的承诺就够了。1934年1月15日,古巴军队罢黜了格劳。卡洛斯·何伟亚成了临时总统。几天之后,他将职务移交给了门迭塔。1月19日,卡弗里报告称,新政府符合罗斯福政府的要求,1934年1月23日,美国给予了"正式而诚恳的承认"。四个月内,两国签署了一份协议,正式废除了《普拉特修正案》。

## 大萧条和退出正式帝国

同样由萧条引发的撤出逻辑也适用于美国的正式帝国。与古巴一样，驱动力是经济上的匮乏唤起的国内游说。但是，在菲律宾的情况中，激起抵制的是外国个人的进入而不是外国产品的进口。菲律宾独立就是终止菲律宾移民的代价。

民主党自1900年总统选举开始支持菲律宾独立，但它并未贯彻始终。这大部分要归因于菲律宾自身没有真正支持独立的人。菲律宾主要领导人在公共场合宣称支持独立，但在与美国官员的私下讨论中，他们希望得到的实际上是**自治**。

大多数菲律宾领导人，似乎本质上对1916年菲律宾自治法案下建立的现状感到满意，除了20世纪20年代的一段时期，当时咄咄逼人的伦纳德·伍德试图实际行使那些属于总督的权力。（事实上，自治法的第一稿是由菲律宾在美国国会中的无投票权代表曼努埃尔·奎松撰写的。）当菲律宾领导人向华盛顿提出具体要求时，他们是为了将某种状态的最终正规化，在给予菲律宾法律上和事实上的国内自治权的同时，保留菲律宾在商业、国防和司法方面与美国的密切关系。菲律宾领导人中，没人想看见一个未经选举的外国人以与总督伍德一样的方式行使行政权力，但也不希望失去与美国保护关系的好处。曼努埃尔·奎松在20世纪20年代和30年代是菲律宾参议院的议长，他暗中搁置了有关独立的提案。1927年，奎松明确告诉国务卿凯洛格，只要美国将该群岛的自治权编成法典，"我们将获得主权地位"。即使伦纳德·伍德完全不喜欢，也无法破坏帝国计划；他的继任者则者更尊重菲律宾人的感受。

大萧条的来临，促成伦纳德·伍德无法做到的事；它打破了保持菲律宾与美国关系的政治平衡。简单地说，对于**美国**政治家而言，当国内经济下滑时，保留菲律宾的政治代价陡然增加。第一个危险迹象出现在一个不该出现的地方：加利福尼亚州的沃森维尔。

与夏威夷的居民（根据1900年的夏威夷组织法案，他们已经成为美国公民）或波多黎各的居民（他们根据1917年的琼斯法案成了美国公民）不同，菲律宾人在美国处于中间状态。1902年的菲律宾组织法案创造了特殊的类别，"菲律宾群岛的公民……享有美国的保护"。（他们的地位与现代美属萨摩亚原住民的地位大体类似，后者是美国国民而非美国公民。）美国在法律上对菲律宾人移民没有限制。

1908年之前，很少有菲律宾人移民到美国，当年日本同意限制日本人向美国移民。这所谓的君子协定有一个漏洞：它不适用于夏威夷属地，于是，日本人继续往那里移民。然而，夏威夷的种植园严重依赖于日本劳动力，担心日本的这个漏洞不久后会关闭。因此，他们开始积极地雇佣菲律宾人。他们的担心在1917年被证明是准确的，当时反亚洲的歇斯底里促使国会通过了亚洲禁区法案，它禁止来自亚洲大陆的**所有**移民和"邻近亚洲大陆且不归美国所有的岛屿上的原住民"。于是日本人甚至被排除在了夏威夷之外。当然，菲律宾人是归美国所有的岛屿上的原住民。菲律宾人向夏威夷移民加速，其中有许多继续迁移到美国，尤其是加利福尼亚州（见表6.7）。到1930年，加利福尼亚州成了略多于3万的菲律宾人的家乡。

表6.7　美国的菲律宾居民，1910–1940

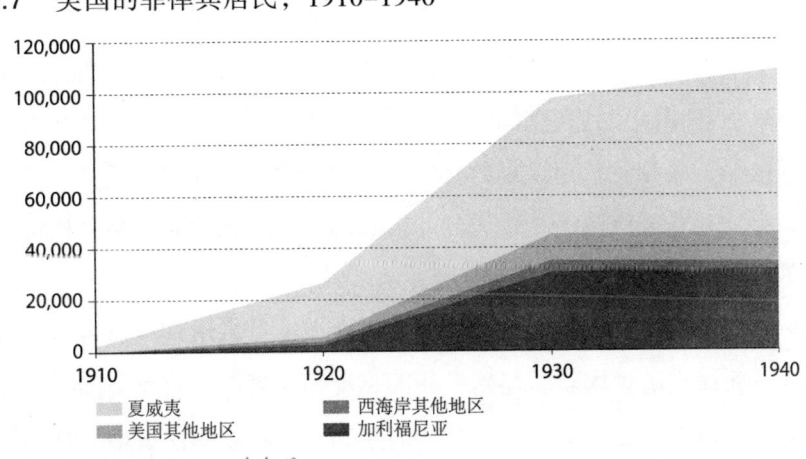

数据来源：美国人口普查局

加利福尼亚州的菲律宾人数很少，但大萧条引起的失业激起了反对他们的一波暴力活动。1930年1月20日，在中央谷地的一系列小事件之后，海边小镇沃森维尔的白人暴民突然袭击了菲律宾人的商店和家，杀死了一位菲律宾裔移民费尔曼·托贝拉，还有几位受伤。一周内，反菲律宾人的骚乱扩散到了圣何塞和洛杉矶，那里的本土主义者炸毁了斯托克顿的一个菲律宾社区中心。在沃森维尔本地，第二个暴徒团伙，据执法机构估计有近700人，开始无差别地袭击大街上的菲律宾人，杀死了数人并逼得警察把镇上的菲律宾人聚拢在一起"进行自我保护"。随后，加利福尼亚州议会投票支持给予菲律宾即刻独立——不是出于政治理想主义，而是为了将菲律宾纳入亚洲禁止区域。此后不久，美国劳工联合会和产业工会联合会也发声支持菲律宾独立，不是因为赞成去殖民化的原则性立场，而是这样一来，菲律宾劳工将不会与美国工会成员产生竞争。糖业生产者和乳制品行业也跳入了推行即刻去殖民化的反菲律宾情绪的大潮里。甜菜糖行业希望将菲律宾赶出美国关税区域，它的理由很明显。这次机会使甜菜糖产业与古巴糖业游说集团构建的非常厉害的游说机器实现了合作——菲律宾独立可能是双方能够达成一致的一个政策立场。中西部的乳制品农夫们很快加入糖业利益集团的阵营中——在不那么动听的"美国油脂生产者关税保护委员会"的领导下——农夫们担心菲律宾椰子油为国内人造黄油带来竞争。结果，1930年，共和党国会议员哈罗德·克努森（明尼苏达州共和党人）等抛弃了共和党长期以来的反独立纲领，没有出现很多反弹。"大家普遍同意，"克努森说，"今天的菲律宾群岛对我们的乳制品社构成了重大的单个威胁"。

美国国内对菲律宾独立几乎没有反对之声。没有出现可与古巴游说团媲美的"菲律宾游说团"。当然，原因是反吞并者已经将对美国公民在菲律宾群岛投资能力的限制，写入到1902年的菲律宾组织法案中。这些限制

## 第六章 偶然脱离

防止出现在保留菲律宾中有既得利益的群体。也就是说，这些限制使帝国陷阱无法在美国最东部领地上闭合。当然，民主党的反帝国主义者无法完全阻止"合成一体的"美国与其"未合成一体的"太平洋领地之间建立经济联系。1909年和1912年的关税法案，将菲律宾纳入了美国的关税辖区。但是，投资限制确保了从美国市场准入中受益的是**菲律宾的**地主和企业，而不是美国的居民。（1916年菲律宾自治法案给予新建立的菲律宾国会以向常驻的美国公民授予菲律宾公民资格的权力。但是没有撰写任何使之生效的法案，也很少有美国人推动这件事，法院曾经裁定，如果他们这样做，将会被收取双倍的所得税。）

但是，当加利福尼亚州种族暴乱活动将菲律宾独立问题重新放回谈判桌上时，民主党的反帝国主义战略就成功了。1930年选举之后，国会通过了若干个独立提案。胡佛在曼努埃尔·罗哈斯和塞尔焦·奥斯梅纳私下的力劝之下否决了全部提案，这两位是菲律宾最重要的政治领导人。胡佛在他的回忆录中表达了对罗哈斯和奥斯梅纳公开支持独立的言论和私下反对之间差别的些许愕然。相反，菲律宾领导人觉得他们的立场中不存在矛盾，因为在他们看来，前几届共和党政府不可思议地不愿意提出他们能接受的建议——例如，行政完全自治结合永久性的商业和国防关系。

国会于1932年12月通过了黑尔-霍斯-卡廷法案，正是胡佛在任的最后几个月中。正如他对以前所有授权菲律宾独立的法案所做的，胡佛否决了它。1933年1月17日，国会推翻了胡佛的否决。这一次**菲律宾**参议院拒绝接受它，但在即将上台的民主党总统带领下，新的民主党压倒性国会不会就此却步。提案经过了些许的修改，去除了对菲律宾境内非海军基地的保留。用这个表面性的改动，国会通过了一个新提案，1934年的泰丁斯-麦克杜菲菲律宾独立法案。菲律宾国会除了接受它别无选择。

菲律宾独立法案强制实行每年50份签证的移民配额，并在1940至1946年期间分阶段逐步取消自由贸易。1935年，美国将对菲律宾强制实行配额制，85万长吨糖、20万吨椰子油和300万磅绳索。即使这样也被证明对国内农场游说集团来说是不够的，因为，他们生活在对廉价造黄油威胁的致命恐惧之中。1934年的收入法案对从菲律宾进口到美国的椰子油增加了每磅3美分的税。（虽然美国宪法规定的紧急状态要求这笔税收将流向菲律宾财政部，但这不可能弥补菲律宾因失去美国市场准入而造成的损失。）在大萧条的中期和太平洋地区不断加速的军备竞赛过程中，新组建的菲律宾联邦在经济上是靠自己的。

值得注意的是，菲律宾的曼努埃尔·奎松总统试图预先阻止完全的独立。1938年，美国高级专员保罗·麦克纳特开始公开提倡两个国家保留永久的贸易和国防联系。奎松声称，麦克纳特的逻辑是"无懈可击的"。但是，缺乏美国的正式提案，奎松保持了开放性的谈判选择，矛盾地说他无法同意美国对"外交、关税、移民、货币和公共债务"的控制，却又同时宣称他欢迎"任何以两国互惠为基础的……任何经济关系"。他还宣称为了独立"无限期延期"他愿意接受一次公民投票。美国国会毫不意外地拒绝接受奎松的提议。在举起无数个试探气球却没得到华盛顿回应之后，奎松最终于1939年12月9日关闭了"主权地位"的大门，当时他宣称，"我宁愿政府被菲律宾人管理得像个地狱也不愿政府被美国人管理得像个天堂"。

## 结论

正如威尔逊和哈丁宁愿取消美国的非正式帝国，赫伯特·胡佛——作为一位采矿工程师，当总统前他靠从中国和澳大利亚获取重金属和矿石发财——更倾向于推动它。但是，总统的好恶在面对全球经济变化时毫无意义。大萧条在胡佛正式就职不到一年时来临，从根本上改变了把美国拉入经济保护领地的政治条件。稀缺政治展现了美国经济利益的一种独特等级：在资源有限时期，国内生产者胜过了利用外国资源和设施的美国生产者，后者又胜过了外国债务的持有者。

　　缺乏统一的联盟为采取行动进行游说，美国政府放弃了许多的海外承诺。在玻利维亚，美国忽视了银行家的意见，因为，为了保证债务偿付而必须采取紧缩措施会损害美国人拥有的采矿公司的利益。类似的一连串事件随后发生在秘鲁、厄瓜多尔和萨尔瓦多。美国人需要对因多米尼加违约而受损的债权人**表现**出同情，但在那些地方也如此时，美国政府最终支持了直接投资者而不是金融资本家。

　　大萧条也损害了美国帝国中的正式组成部分。国内的糖业生产者对古巴糖产品的优惠关税失去了耐心，他们成功地游说而促成了《斯穆特-霍利法案》，提高了那些关税。国内力量提高了外国产品进口的壁垒，他们还成功地提高了外国人进入的壁垒。加利福尼亚的失业和反亚洲激烈情绪导致对菲律宾裔移民的敌意。服从于来自劳工组织（糖和乳制品行业也加入进来）的压力，美国授予菲律宾独立的权力。这些利益集团都不太关心结束在古巴或菲律宾的帝国（或准帝国）统治的抽象概念——这个帝国只是他们保护主义目标的副产品。

　　但是，发生在古巴的奇特的系列事件说明，美国海外利益并没有完全失去影响力。当古巴经济下滑时，美国听从了投资者的抱怨，后者担心马查多的经济政策——主要涉及以一切代价保持政府的借款能力——会导致古巴国家的完全崩溃。在伯利恒钢铁公司、联合果品公司和美国商会的施压下，美国在1933年至1934年间支持了古巴的政权更迭，不是一次，而是两次。

# 第七章

# 再次落入陷阱

此刻,每位观察人士应该都十分清楚,罗斯福总统治下的美国政府与任何其他总统治下的美国政府一样,反对干涉他国政府的自由、主权或其他内部事务或进程。

——国务卿科尔德尔·赫尔,1933年12月22日

虽然是赫伯特·胡佛创造了"睦邻"这个词来形容美国与拉美的理想关系,但最终制订"睦邻政策"的人却是他的继任者富兰克林·罗斯福。之前,胡佛关于美国非正式帝国的公开言论含糊不清,因此罗斯福总统在就职演说中刻意避开胡佛的言论:"在国际政策方面,我将使美国坚定不移地秉持睦邻友好政策,这个'邻'指的是高度尊重自己,而且因为他高度尊重自己,所以也会尊重他人权利的邻居,这个'邻'会恪守自己对各邻国的义务,还会尊重与各邻国所签协议的神圣性。"

罗斯福总统这番话通常被视为是对美国与拉美关系的认真反思。"**睦邻**友好政策是一项政策,它不是简单的唱高调",历史学家布莱斯·伍德(Bryce Wood)写道。制订这个政策的原因是要调整优先秩序。用伍德

的话来说，睦邻政策意味着美国"遏制其金融资本"，以及把对美国海外私人投资的保护摆到次要位置。1938年，外国石油公司与墨西哥政府之间发生纠纷，罗斯福只是采取很温和的反应，最能说明这一点。华府因为有着崇高的政治目标，即建立各方联盟，以遏制轴心国势力的崛起，所以决定以息事宁人的方式对待墨西哥。布莱斯·伍德再次表示："解决……与美国的石油纠纷，是通过平等谈判而不是由仲裁法庭裁定的，这是采用睦邻政策的'温和方式'的完美例子……这一时期外交官没有在不干预和不干涉的区别上纠缠，因为二者都被列为禁用。"

这个记叙可谓中规中矩，但唯一的问题是它与事实不符。实际上，罗斯福政府对墨西哥政府没收美国资产采取了强硬态度。罗斯福实施了制裁措施，使得墨西哥政府最终支付的赔偿价值高于公司的市场价值。对墨西哥没收石油资产的反制，非但不是睦邻政策的完美示范，相反，它是睦邻政策的终结。美国所拥有的海外公司重新找回他们所具有的左右华盛顿政策的能力，而且美国重新掉入了帝国陷阱。

20世纪30年代后期出现的帝国陷阱与大萧条前的帝国陷阱有三方面重要差异。首先，美国放弃了改革外国机构的直接尝试。简而言之，其原因在于，美元外交——海关接管、财政顾问和政府支持的私人贷款等的策略——皆不能奏效。大萧条时期的违约是导致美元外交彻底失败的根本原因。多米尼加共和国的财政接管后来艰难支撑到20世纪40年代，但除了德国、韩国和日本的占领区之外，美国直到2003年才再次试图将美国人安置在外国的政府框架内。即使在南越，美国官员们也没有成为地方政府指挥系统的正式组成部分，这正是亨利·卡博特·洛奇大使非常沮丧的事。

其次，私人债权人不再是决定因素。由于罗斯福不得不应对1929年以前的债务违约人，他的幕僚创建了若干机构，使（政治上被削弱的）债券持有者不找政府，而是找这些机构解决问题。这些机构一旦履行完职责，解决了1929年前的债务纠纷，罗斯福的继任者就不会面临债券持有人的沉重压力，原因很简单，因为大萧条已经摧毁了私人主权债务市场，没有实质性的外国主权债权人要求保护。主权债务市场直到20世纪70年代银团贷款大潮的到来才得以复苏,而主权债券市场直到20世纪90年代才重新创建。20世纪30年代以及之后的帝国陷阱只涉及直接投资人。

第三,实施外国干预的新技术取代了旧手段。新技术的发展有两种形式:外援和秘密行动。在20世纪30年代,美国的国家间贷款已成为例行公事,但1945年以后,美国开始将大规模援助作为其冷战战略的一部分。一旦政府间贷款和赠款成为例行公事,美国就可以通过适度地威胁要切断贷款和赠款来掣肘外国政府。同样,隐蔽行动在1945年之前就已经采用,但是第二次世界大战缔造了一个专门从事隐蔽行动的、完整的政府机构。

最终的结果是,在罗斯福总统第二任期结束之前,美国恢复了保护海外美国人财产权利的任务。当然,除了保护美国投资之外,美国的外交政策还有许多其他顾虑。尽管如此,从实际情况来看,罗斯福、杜鲁门和艾森豪威尔政府在受到第三世界国家政府威胁时,总是成功地保护了美国的利益。唯一例外是在落入红军势力范围的东欧国家。投资者找到了说服美国政府支持他们对抗外国政府的方法。当然,不同的总统需要不同大小的推动力(罗斯福需要相当大的推动力,艾森豪威尔则不需要费多大力),但一旦受到推动,他们都会采取行动并一举成功。"美国第二帝国"(由于用来保护美国财产权的"援助、制裁和隐蔽行动"这个特殊组合可以被称为一个帝国)在美国投资者的眼中是行之有效的。

## 睦邻友好经济政策

对于罗斯福政府来说,"睦邻友好"政策的第一步相对而言是无须成本的。1933年12月26日,在蒙得维的亚(乌拉圭首都)举行的第七届泛美会议上,美国签署了《国家权利和义务公约》。正如书面所述,该公约是国家平等权利的强有力表述。第八条宣布:"任何国家都无权干涉他国内部或外部事务。"第九条规定:"国家领土范围内的国家管辖权适用于所有居民。国民和外国人受到法律和国家当局的同等保护,外国人不可以要求其他权利或比国民更广泛的权利。"

不过,美国是对公约持有保留意见的三个签署国之一。科尔德尔·赫尔在抵达蒙得维的亚后,私下对美国代表团说:"在很多情况下,一个国家完全有正当理由干预他国事务。"然而,赫尔也意识到"要求大家投一致赞成票,这是过于高调,或多或少有些荒谬和不合理"。赫尔和罗斯福都不愿意破坏大会,也不愿意因为一个几乎没有实际约束力的宣言触怒拉丁美洲各国代表团。因此,赫尔收敛锋芒,只对公约提出了一条稍微隐晦的保留意见,以暗示他解读公约的措辞与其他代表不完全一样。

我认为不幸的是,在本次会议的短暂时期内,显然没有时间准备对该报告中所包含的这些基本术语进行诠释和定义。这种定义和诠释将有助于每个政府步调一致统一行事,而不会有任何意见分歧或诠释差异。

尽管赫尔向其他代表保证,他们不需要担心罗斯福政府的干预,但他也承诺美国将遵守"自3月4日以来所奉行的信条与政策,这些信条和政策体现在罗斯福总统自3月4日以来不同场合的讲话中,体现在我本人12月15日(大会召开前11天)的和平演讲中,也体现在各国得到普遍承认和接受的法律中"。赫尔不想弄糟这个派对,但他也不想捆住自己的手脚。

## 远离债务执行

《蒙得维的亚公约》一经签署,罗斯福总统的第二项要务,就是确保美国政府不被拉进因重新安排拖欠的拉美债务而不得不进行的谈判中。解决的办法是公开授权一个私立机构:"外国债券持有者保护委员会"（Foreign Bond-holders Protective Council）。罗斯福于1933年10月通过行政命令创建了该组织。外国债券持有者保护委员会被特许为马里兰州的一家非营利性公司，并由总统任命15人董事会。理论认为：债务人与统一的债权人集团之间的谈判会为当事的各方带来更好的结果。一方面，债权人会获得更多的谈判权力，因为他们可以（理论上）协调信贷抵制和其他惩罚手段。而另一方面，债务人不会被"拒不让步"问题所困，"拒不让步"就是指主要债权人拒绝重组贷款，因为他们知道，如果有足够的其他债权人同意首先进行重组，他们可能会获得更好的交易。

然而，创建外国债券持有者保护委员会的表面原因并不是真正的原因。真正的原因是为了保护罗斯福政府免受债券持有人可能集结起来的政治压力。国务院经济顾问赫伯特·费斯明确表示："国务院将不会承诺就任何情况采取任何行动。事实上，我们希望有了这个理事会，国务院或许可以少受理一些违约案例。"

作为保护债券持有人的手段，外国债券持有者保护委员会是失败的。其总裁鲁本·克拉克和副总裁弗朗西斯·怀特总是采取一种没有效力的强硬路线。"克拉克坚信合同是神圣不可侵犯的，所以他的方法就是争辩为什么债务人必须遵守贷款合同的规定，这给谈判留下很小的空间"。1935年12月，克拉克甚至公开抨击债务国把钱花在像学校、医院和监狱这样的"奢侈品"上。后来他又把债务人购买自己债务的做法说成是"不道德的"。1936年，外国债券持有者保护委员会的年度报告宣布，现在它将正式抵制**任何**重组：不减息，不改变条款，不对本金进行修改。该组织声称，任何维持利息支付的债务人都可以在市场上以较低的利率偿还债务。当然，这个强硬路线并没有解决这些国家违约的问题。此外，一个为了便于重新谈判而创建的组织，却拒绝重新谈判，这真是太不可理喻了。由于巴西和多米尼加政府决定恢复债务偿还，外国债券持有者保护委员会给自己记了一功，不过其功劳很有限，而且该委员会究竟在这两个案例中起了什么作用，人们一点儿也说不清。在1936到1937年与古巴的谈判中，外国债券持有者保护委员会想方设法既与大通银行作对,还与国务院抗衡。

然而,作为规避投资者对美国政府施压的一种手段,外国债券持有者保护委员会可谓功德完满。国务院经常直接征求外国债券持有者保护委员会办公室的意见。大萧条让美国政府摆脱了捍卫美国债券持有者的债权人权利的任务,而帮助政府摆脱这个任务的就是外国债券持有者保护委员会。主权债务市场无法复兴,使其更容易抵制其余债权人的恳求。当然,美国政府也不是完全脱了干系。1937-1938年间,罗斯福政府积极促成古巴债务的重新谈判。此外,随着进出口银行的成立,美国政府开始向外国政府直接提供贷款。不过,总的来说,外国债券持有者保护委员会让华盛顿摆脱了债务执行的差事。从此美国第一帝国的一个重要特点丧失殆尽。

## 停止给予"保护国待遇"

罗斯福总统明白,巴拿马和古巴作为美国的正式保护国,除非美国能把这种关系规范化,否则睦邻友好政策永远不会被视为可信。两国都是因美国的干涉才取得独立,而且两国宪法都赋予了美国非凡的权利(这是普遍遭人憎恨的事)。在古巴,1902年古巴宪法结尾附上的《普拉特修正案》的第二和第三条款如下:

II. 本岛的一般性收入,在支付当前政府开销后一旦出现短缺,本政府(古巴)不得承担或签约任何公共债务,用来支付利息,以及为最终还债安排合理的偿付资金拨备。

III. 为了维护古巴独立,维护一个足以保护生命、财产和个人自由的政府,为了履行《巴黎条约》强加给美国、现在由古巴政府接替和承担的有关古巴的义务,古巴政府允许美国行使干预权。

## 第七章 再次落入陷阱

巴拿马1904年宪法第136条也同样对美国大开其道：

美利坚合众国政府可以在巴拿马共和国的任何地区进行干预，以确保在该地区受到干扰时重新建立公共安宁和宪政秩序，前提条件是该国承担或已经承担条约所规定的保障该共和国独立和主权的义务。

商议首先从巴拿马开始。总统阿努尔福·阿里亚斯（Arnulfo Arias）于1933年10月在华盛顿拜会了罗斯福总统。两国争论的主要焦点就是一个被称为"代管会"的巴拿马运河区机构。"代管会"垄断了该地区消费品的进口，垄断了向过境船舶提供给养和维修等业务。它还控制运河两侧的码头，享受巴拿马铁路的补贴费率。在会见中，罗斯福总统亲口承诺他将遏制"代管会"的过度行为，并保持巴拿马运河年金的价值（以黄金计算）。美元随后在1934年1月贬值，这一承诺未能兑现，使美国总统深感尴尬。国务卿科尔德尔·赫尔表示，需要重新谈判巴拿马年金的数额，这可能是构成新条约的基础。谈判始于1934年4月。

谈判中最棘手的部分，往往出现在华盛顿和巴拿马运河区管理当局之间，而不是华府和巴拿马政府之间。例如，运河区的总督坚持要美国不顾巴拿马人的抗议，接管新克里斯托瓦尔镇（毗邻该区的大西洋一侧），建立运河区的条约在第二条款中为此提供了法律依据，具体如下：

巴拿马共和国进一步授予美国永久性使用、占用和控制上述区域以外的任何其他土地和水域，这些土地和水域可能对上述运河的建造、维护、运行、卫生和保护是有必要的、便利的。

罗斯福政府在新克里斯托瓦尔的争端中支持巴拿马人，尽管有人抗议说新克里斯托瓦尔的美国妇女"受到街头流氓最粗鄙的调戏和肢体的猥亵"。当有人走漏风声说正在酝酿中的条约（恰逢美国实施的《禁酒令》

结束）将对啤酒征收美国消费税，当地军队指挥官不得不警告说，征收这些税"可能会引发不幸的事件"。与此同时，运河区的总工会抗议说，不管是什么协议，都要求美国人"为一个他们没有义务的外国国家的福利做贡献"。罗斯福总统本人不得不通过一项折中方案，让低度啤酒和淡葡萄酒免税，但要求该地区所有烈性饮料都要从巴拿马购买。"酒是奢侈品"，总统写道，"我认为，政府没有理由在运河区内像供应一种必备食品那样供应酒类"。

运河区的美国官员担心（担心是有道理的），他们的特权地位会因新协议而大大减弱。运河区的法律总顾问弗兰克·王担心罗斯福总统已经接受美国在该地区不享有主权的原则。就运河区总督朱利安·施莱而言，他对协议草案隐含的意思表示不满，草案说"在运河带来的金钱利益上，美国与巴拿马之间是伙伴关系"。施莱设法迫使华府拒绝巴拿马提出的"将运河总收入的一部分给予巴拿马，以取代原来的固定年金"的建议。但反过来，罗斯福总统却尽可能不让施莱知晓谈判的内容：他1935年10月访问巴拿马期间，指示美国公使不许透露任何条约的修正案，拒绝与施莱交流任何"非正式"谈判的内容。

虽然美国保留了与运河有关的一些权利和特权，但放弃的那些权利和特权依然不容小觑。该条约于1936年3月2日签署。运河年金的面值从25万美元上涨到43万美元。巴拿马商人获得直接向过往船舶出售货物的权利，并有权对该区域内的供应合同进行投标。该条约允许巴拿马政府开始建设连接巴拿马城和科隆的跨地峡公路，而运河区管理部门以前曾否决修建公路。最后，条约撤销了美国的干涉权，尽管第136条直到1941年仍然是巴拿马宪法的一部分。

与巴拿马达成协议一波三折；而与古巴拉近关系却是难上加难。1934年5月29日，新的《双边关系条约》正式废除了《普拉特修正案》。由于古巴人从未正式承认《普拉特修正案》，认为它不过就是其宪法的一个附录，美国象征性的干涉权就此终结。但是，终止古巴作为美国的保护国的

## 第七章 再次落入陷阱

任务却不能仅由象征性行动来解决。罗斯福总统在美国与巴拿马的关系规范化方面曾面临着艰难的斗争，但唯一的利益集团是运河区的居民。而古巴的情况更复杂，事关糖业的大计需要摆在谈判桌上。拥有古巴财产的美国人希望更多地进入美国市场。如果不能更多地进入美国市场，古巴经济将继续停滞，这会加剧岛上的政治动荡，还可能导致1933年那场梦魇重演。而另一方面，美国国内食糖生产商希望继续受到保护，或至少得到某种保证，也就是确保古巴低成本糖的巨大生产能力不要导致价格崩溃。

1929年的《斯穆特-霍利法案》对古巴糖业的影响比令人担忧的还要严重。美国贸易委员会的内部备忘录于1933年4月6日写道："食糖的关税既不是对国内生产者的价格保护，也不是对扩大生产的鼓励，而是一方面整体摧毁了古巴制糖业，另一方面使波多黎各和菲律宾的制糖业得到连续、迅猛的扩张。"（到1933年4月，糖价比三年前低了20%。）五天后，贸易委员会主席罗伯特·奥布莱恩向总统解释说："古巴的情况是这样的：美国关税越高，在古巴生产糖的成本就越低……其结果就是价格走低，低到无论对美国生产商还是古巴生产商都是一场灾难。很显然，提高美国关税既不能缓解我国，也不能缓解古巴所处的局面。"

为什么《斯穆特-霍利法案》不能保护美国大陆的制糖业？首先，古巴的工资（和其他国内成本）能非常灵活地往低处走。1929年大萧条开始时，古巴的账面工资与美国南部的账面工资不相上下。由于《斯穆特-霍利法案》降低了古巴糖的票面价格，因此也降低了古巴工资的账面价值。甘蔗收获期间的日薪从1929年的1.8美元下降到1933年的1.09美元。（价格崩盘意味着实际工资比同一时期"仅"下降了20%）其他成本也下降：古巴的甘蔗原料成本在1930年至1932年间下降了一半，原糖的总生产成本下降了15%。尽管需要征收关税，但古巴仍然是美国市场上成本最低的食糖供应商。因此，古巴保留了比美国本土大陆制糖商所希望的更大的成本优势——虽然其中的代价是岛内家家户户都在艰难度日。其次，如果说《斯穆特-霍利法案》带来了实惠，那是对于夏威夷、菲律宾群岛和波多黎各

217

而言。所有这三个地区的食糖生产成本都比古巴高,但比大多数美国国内生产商都低。

理论上,国会有权对波多黎各和菲律宾向美国大陆出口的产品征收关税。但实际上,这样做在政治上行不通。波多黎各人口完全由美国公民组成,如果该岛经济崩溃,他们将大批移民回国。此外,波多黎各的甘蔗种植园和糖厂是内地投资者所拥有,并且产品直接运到大陆精炼,已融为一体:与他们的古巴同行不同,波多黎各几乎不在公开市场上销售其产品。因此,如果为了援助古巴,故意让美国公民陷入贫困,搞垮已经纵向整合为一体的美国企业,那么至少可以说,这在政治上是有问题的。

事实上,由于国会里有两名议员坐镇,圣地亚哥·伊格莱西亚斯·潘坦(Santiago Iglesias Pantín)和维托·马尔坎托尼奥(Vito Marcantonio),波多黎各在国会享有特别有效的代表权。作为"常驻专员",伊格莱西亚斯在众议院没有投票权,但在委员会却拥有毫不含糊的投票权。1933年,他以一种有些违背直觉的、支持国家独立的、兼有共和党和社会主义思想的竞选主张当选,他获得了农业以及岛屿事务委员会的席位,能够监督任何影响波多黎各糖业的法案。此外,伊格莱西亚斯与罗斯福家族有着长期的来往,而且他还与"美国劳工联合会"亲密无间。此外,纽约的波多黎各人口日益增多,出生东哈莱姆的纽约共和党议员维托·马尔坎托尼奥因被人称为"来自波多黎各的议员"而名声大噪。马尔坎托尼奥得到了纽约其他众多国会代表团的支持,因为大型糖业公司总部设在曼哈顿,纽约北部郊区和布鲁克林的许多就业机会依赖波多黎各的蔗糖工厂。(全国制糖公司位于纽约扬克斯的布埃纳·维斯塔大街的工厂,负责加工该公司的波多黎各产品,目前该加工厂易主后仍在运营。)

与此同时,菲律宾群岛在1934年仍然属于美国财产。对国内政治而言,对菲律宾征收关税易如反掌。问题是在正式独立**之前**让菲律宾的经济崩溃可能会引发动荡,那样的话,美国就得派军队来平息动荡。罗斯福总统下定决心要避免这一结果。还有另外两个因素使他无法舍弃菲律宾。首先，菲律宾立法机构需要批准该国从美国独立出来：除非菲律宾仍然能够至少在一段时间内继续进入美国市场，否则立法机构不可能同意其独立。其次，联邦农场委员会（The Federal Farm Board）的R·I·诺埃尔在他的一项研究中总结说："对菲律宾糖征收关税对美国糖价产生的影响可以忽略不计，但对古巴人来说，可能是一种他们乐见的保护。"

罗斯福总统当时面临着一个多极化问题。他需要帮助拯救古巴经济，以减少岛上的不稳定因素并保护美国投资的价值。他既需要满足国内糖业的利益，还需要避免出卖菲律宾和波多黎各的利益，因此解决的办法就是在削减关税的同时对古巴食糖实施配额制度。这将有助于古巴，同时减轻人们心中因扩大古巴产量而使其他生产商被迫退出市场的担忧。

然而，给古巴的配额，多少为最合适，这不容易确定。1933年夏，食糖生产商试图根据《1933年农业调整法案》制定一个**自愿**配额制度。糖业制造商提出了一套系统方法，该系统使大陆和波多黎各的配额远高于目前的产量。夏威夷将获得相当于当前产量97%的配额。需要调整的将是古巴和菲律宾。古巴将获得170万吨的配额。国务院一位官员称这个推荐的古巴配额为"剩余配额，也就是所有其他制糖群体的要求得到满足后剩余下来的"。

罗斯福总统没有采纳这个"自愿"配额计划。之后制定的《1934年糖业法》将食糖纳入《农业调整法案》内调控，但使得国内的甜菜糖配额实际上失去了效力。古巴获得了190万吨的配额（见表7.1）。1934年3月，总统根据现行法律行使其行政权力，将古巴食糖的关税从2.0美分下调至1.5美分。稍后两个多月，即1934年5月29日，美国和古巴签署了一项条约，将税率降至0.9美分。

表7.1 《1934年美国糖业法》规定的配额，单位：千吨

| | | 1934 | 1935 | 1936 | 1937 | 1938 | 1939 | 1940 |
|---|---|---|---|---|---|---|---|---|
| 大陆甜菜 | 最后调整配额 | 1556 | 1550 | 1342 | 1417 | 1584 | 1567 | 1550 |
| | 实际交付 | 1562 | 1478 | 1364 | 1245 | 1448 | 1809 | 1550 |
| 大陆蔗糖 | 最后调整配额 | 261 | 260 | 392 | 472 | 429 | 425 | 420 |
| | 实际交付 | 268 | 319 | 409 | 491 | 449 | 587 | 406 |
| 夏威夷 | 最后调整配额 | 916 | 926 | 1033 | 984 | 922 | 948 | 938 |
| | 实际交付 | 948 | 927 | 1033 | 985 | 906 | 966 | 941 |
| 波多黎各 | 最后调整配额 | 803 | 788 | 909 | 897 | 816 | 807 | 798 |
| | 实际交付 | 807 | 793 | 907 | 896 | 815 | 1126 | 798 |
| 菲律宾 | 最后调整配额 | 1015 | 899 | 1001 | 998 | 991 | 1041 | 982 |
| | 实际交付 | 1088 | 917 | 985 | 991 | 981 | 980 | 981 |
| 古巴 | 最后调整配额 | 1902 | 1822 | 2103 | 2149 | 1954 | 1932 | 1749 |
| | 实际交付 | 1866 | 1830 | 2102 | 2155 | 1941 | 1930 | 1750 |
| 全税外国 | 最后调整配额 | 17 | 17 | 26 | 27 | 27 | 27 | 27 |
| | 实际交付 | 17 | 25 | 29 | 115 | 81 | 27 | 24 |
| 总消费 | 最后调整配额 | 6470 | 6262 | 6806 | 6944 | 6723 | 6747 | 6464 |
| | 实际交付 | 6556 | 6289 | 6829 | 6878 | 6621 | 7425 | 6450 |

数据来源：Alan Dye and Richard Sicotte, "The Origins and Development of the U.S. Sugar Program, 1934–59", 2006, p. 3.

这项新安排远非完美，但它成功实现了两个主要目标。第一，它以最低的国内成本稳定了古巴经济（以及美国食糖投资的价值）。出口到美国的古巴糖的票面价格在1934年和1935年大幅跃升（见表7.2）。第二，它减少了古巴糖业对美国糖业可能造成的损害。最后，它使美国废除其对古巴的正式保护，而似乎没有提交换条件，从而丝毫不损睦邻政策。但是，它没能挽救古巴经济。相对于美国，古巴的工资水平此后从未恢复。

表7.2　1925–1939年糖业账面价格（美分/磅）和古巴出口价值

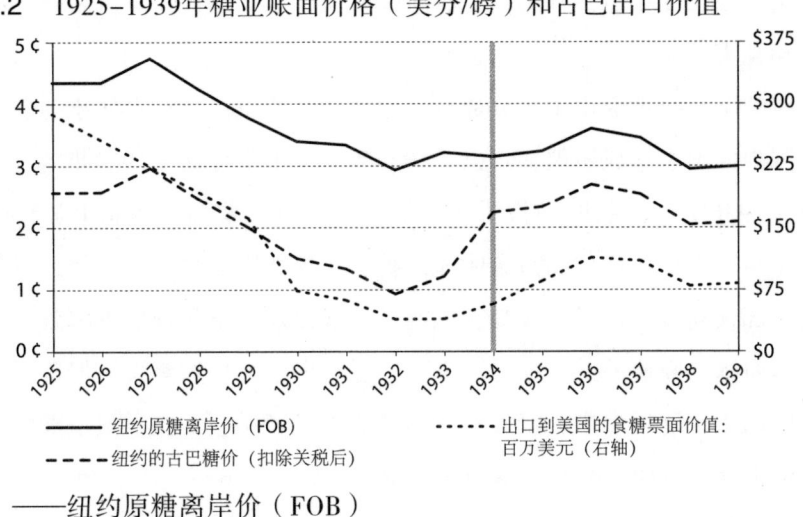

—— 纽约原糖离岸价（FOB）

数据来源：Calculated from data in Alan Dye and Richard Sicotte, "The Interwar Turning Point in U.S.-Cuban Trade Relations: A View through Sugar-Company Stock Prices," paper for "The Origins and Development of Financial Markets and Institutions" conference, April 28–29, 2006, p. 41; Dye and Sicotte, "The Origins and Development of the U.S. Sugar Program, 1934–59," paper prepared for the 14th International Economic History Conference, 2006, p. 37; and Historical Statistics of the United States, Millennial Edition, series Da1433–1435.

## 互惠贸易协定

罗斯福政策的最后一个构成部分，是允许美国关税区以外的拉丁美洲出口产品进入美国市场。该策略的立法依据是《1934年互惠贸易协议法》。这个法令授权总统与外国相互进行削减关税，但唯一的限制是"增加或减少不得超过50%的任何现行税率"。国会一定会批准某种自由化的贸易法案，这在1932年大选后已在意料之中，因为一段时间以来，较低关税一直是民主党的一个政纲路线。1934年3月20日，众议院按党派立场投票，批准了《互惠贸易法案》，96%的民主党赞成，98%的共和党人反对。

参议院的投票几乎也一样不同党派旗帜鲜明：93%的民主党人赞成，85%的共和党人反对。

新的贸易政策取得了部分成功。罗斯福总统设法与许多属于前美国干预范围内的国家达成协议：古巴（1934年），洪都拉斯（1935年），哥伦比亚（1936年），危地马拉（1936年），哥斯达黎加（1936年）和萨尔瓦多（1937年）。该贸易协定明显改善了与签署国的关系。例如，哥伦比亚外交部长高度评价了"外交领域的新标准以及基于奉行最惠国条款运作的自由原则的商业关系"。另一方面，尽管做了大量的努力，但美国无法与外围国家（厄瓜多尔、秘鲁和玻利维亚）或者完全不在干预范围内的国家（阿根廷、巴西、智利和乌拉圭）签署协议。

## 玻利维亚的石油国有化

睦邻友好政策第一次在玻利维亚遭遇到严峻挑战。1937年，玻利维亚政府将属于新泽西州标准石油公司（又名泽西标准）的财产没收为国有。征收为国有凭借的理由是未付税款。泽西标准1922年的特许权声明规定：在生产开始后，土地税将从每公顷2.5分钱（centavos）跃升为10分钱，然后在七年内增加到50分钱。就合同中"生产开始"的定义，玻利维亚政府和泽西标准立即开始公说公有理婆说婆有理，也就是围绕什么时候应该按较高税率上缴土地税，是在打出石油后，还是开始商业销售之后？ 1928年，双方同意从1930年开始提高土地税率，但在1931年，丹尼尔·萨拉曼卡总统的政府取消了该协议，并要求从1924年起追缴土地税，总额为140万玻利维亚诺（BOB），按当时汇率计算，为447,284美元。这个争议进入了玻利维亚法律体系的黑洞并一直悬而未决，在此期间，泽西标准继续按现行税率支付，但拒绝补缴土地税的要求。

到了1937年，泽西标准在玻利维亚的经营开始原地踏步。本来该公司向玻利维亚投资，目的是向阿根廷出口石油。然而，1925年，阿根廷不同意修建从玻利维亚到阿根廷的输油管道。1927年，阿根廷又对石油进口征收禁止性关税。于是，泽西标准在1931年封闭了贝尔梅霍油井，开始将设备运回美国。第二年，它停止钻新井。查科战争期间（Charco War，1932-1936年），由于玻利维亚军队的需求，产量有所增加，但结果只是更密集地开采现有的油田。

实质上，泽西标准的惨淡经营，已成为玻利维亚国内不稳定和国外竞争的受害者。1932年，玻利维亚军队在有争议的查科地区袭击巴拉圭部队。舆论普遍认为战争与石油有关，因为该地区（错误地）被认为石油储量丰富。泽西标准的油田实际上位于塔里哈和圣克鲁斯。巴拉圭部队直到1935年才打到这两个地方，并且在杰尔曼·布希将军（General Germán Busch）成功反击之后无法守住该地区。

在查科战争期间，泽西标准出现了许多失策，疏远了玻利维亚的公众舆论。首先，政府于1933年要求泽西标准在其炼油厂增加航空燃料的产量。泽西标准同意了，但价格必须由泽西标准来定，而且前提条件是政府必须买下炼油厂的辅助产品，**而这些辅助产品是政府在战争中用不着的**……价格也必须由该公司定。军方的回应是暂时接管炼油厂，但很快就改变了想法，因为在激烈的鏖战中还要绞尽脑汁去研究如何生产航空燃料，不合时宜。就这样泽西标准得逞了。玻利维亚政府随后要求泽西标准提供500万美元的贷款以资助战争，被泽西标准回绝。（按2011年价值计算，这笔贷款高达6,830万美元）。

1936年查科战争结束之际，大卫·托罗上校（Colonel David Toro）上台执政，发誓要以"在左派政党的帮助下植入国家社会主义"为执政目标。泽西标准提出以300万美元出售其物业。在泽西标准方面，这个报价并非做慈善：以保守的5%折扣率，300万美元的价值意味着平均利润率为收入的52%。考虑到泽西标准**内部**对其玻利维亚分公司无利可图的抱怨，它根本不可能有这么高的盈利率，或者说其价值根本不可能接近300万美元。事实上，泽西标准在玻利维亚的资产是否还具有**任何**市场价值，这一点都不明确。自1932年以来没有对它进行任何投资，而且产量少，还不断下降。

托罗同意这一提议，但并未签署协议。1937年3月13日，他出尔反尔地征收了泽西标准。托罗决定征收泽西标准有两个理由，一个国内的，一个外国的。国内的原因是他与查科战争的大英雄杰尔曼·布希将军之间水火不容的竞争。布希比托罗更为激进，托罗担心自己会被赶下台，除非他能让玻利维亚的"军事社会主义"尝到甜头且壮大起来。（怕什么来什么，1937年7月13日，托罗还是被布希推翻了。）实际上托罗早在1936年12月就开始准备征收泽西标准，目的是确保玻利维亚政府能够在财产接管之后立即开始经营运作。玻利维亚政府征收泽西标准的外国原因，是阿根廷政府告诉玻利维亚外长恩里克·菲诺（Enrique Finot），布宜诺斯艾利斯将确保玻利维亚不受巴拉圭的威胁，**条件**是将油田征收并交给阿根廷国家石油公司（Yacimientos Petroliferos Fiscales），即阿根廷的国有石油公司。作为回报，阿根廷国家石油公司将14％的产量作为使用费支付给玻利维亚（土地使用税另付），高于泽西标准支付的11％。而玻利维亚政府给予泽西标准国有化的正式理由则是在1926年至1927年间，泽西标准未经批准擅自出售石油给阿根廷，这颇有讽刺意味。

玻利维亚没有将征收的财产转交给阿根廷，但它确实为出口石油到该国奠定了基础。玻利维亚政府组建了自己的石油公司——玻利维亚国家石油公司（Yacimientos Petroliferos Fiscales Bolivianos），接着与阿根廷和巴西签署了易货协议以出口过剩的产品。1937年4月，拉巴斯（La Paz）宣布启动雅库巴–圣克鲁斯铁路项目，将玻利维亚的油田连通到阿根廷。

美国政府没有什么可向玻利维亚施压的"紧箍咒"。时值1937年，如果实行军事干预，那就会和1931年一样，后勤跟不上；美国甚至连干预的**计划**都没有。而且美国人也不可能阻止玻利维亚出口石油到阿根廷。巴拉圭接受了美国禁运玻利维亚石油的请求（而秘鲁，如果美国劝说，最后也可能会接受禁运请求。），但阿根廷政府直截了当地拒绝了美国大使馆的"礼貌请求"。1938年2月，助理国务卿萨姆纳·威尔斯（Sumner Welles）建议玻利维亚政府进行仲裁。他对玻利维亚官员的解释是"要使我国的公众舆论支持'睦邻政策'，把它作为我们外交政策永久性的一部分，唯一方式是将该政策作为一个在整个美洲大陆都予以承认的互惠政策，而不是一个纯粹单方面特色的政策"。

然而，不单玻利维亚政府，泽西标准**也**反对仲裁。玻利维亚认为，根据当地法律，其行动完全合法。而泽西标准认为，通过仲裁要求赔偿意味着承认玻利维亚征收其资产的权利是有效的。而且，泽西标准想不想要获得补偿，还很不明确。相反，用美国代办约翰·穆乔（John Muccio）的话来说，"泽西标准石油公司倾向于接受经济损失，而不是让这些国家得到它可以被强制驱逐的印象"。最终的结果是，美国政府在1937年或1938年没有采取任何行动。实际上，威尔斯不得不迫使**泽西标准石油公司**向玻利维亚法院提起诉讼。毫不意外，玻利维亚最高法院一年后驳回了泽西标准的诉求。

## 墨西哥征收石油公司

这是墨西哥第二次激怒美国的财产征收，从而使美国采取行动捍卫美国人拥有的私产。1938年，继玻利维亚征收泽西标准一年之后，墨西哥也征收了外国石油公司的财产。然而，墨西哥的征收既不是模仿玻利维亚行动，也不是受之鼓励。相反，这是石油公司和墨西哥工会一系列误判导致的不幸结果。

到20世纪30年代末，墨西哥石油行业的表现并不理想。墨西哥之鹰、墨西哥石油公司（泽西标准的子公司）和佩恩-墨西哥（Penn-Mex）等三家交易公司，几乎所有的石油都产自墨西哥。第四家——墨西哥海岸石油公司（Mexican Seaboard）——直到20世纪30年代末有62%的石油产自墨西哥。1937年，这些公司总共占墨西哥全部产油量的78%。自20世纪20年代以来，它们的股价一直在下降（见表7.3）。墨西哥之鹰在1920年至1930年间股价下跌89%（按实际计算）。虽然该公司的波扎里卡油田于1933年投入运营以来，股价短暂上扬，但不久又开始走下坡路。墨西哥海岸股价经过一段时间的上下起伏，变化不定后，在1922年拦腰折半，然后在1925年和1931年之间几乎失去了全部的剩余价值，之后稍有恢复。然而，虽然稍有恢复，但该公司产油量占墨西哥石油总产的份额却从1931年的57%下降到1936年和1937年的20%，换句话说，市场把墨西哥海岸公司从一家墨西哥石油公司降级转型为一家加州石油公司。1932年，佩恩-墨西哥的所有人——南佩恩石油公司——决定清算大部分企业，这一决定的出台使佩恩-墨西哥股值应声跌落。南佩恩石油公司（拥有佩恩-墨西哥55%的股份）安排将面值为1美元的新股换成公司现有的面值为25美元的股票。然后，它授权佩恩-墨西哥的董事"从任何可用资金中支付股息……不管超额部分是否要从净收入中支取"。董事们立即派发了5.18美元的特别股息。四天后，南佩恩公司将其剩余股份以每股1美元的价格立即卖给辛克莱联合石油公司（Sinclair Consolidated），并在未指定的期限内再支付每股18.75美元。

由于泽西标准和印第安纳标准石油公司（后来的阿莫科公司）就后者的海外资产进行谈判，使得墨西哥石油公司的股票价格从被人遗忘到起死回生。印第安纳标准公司拥有97.3%的泛美石油运输公司的股份，而泛美石油运输公司又拥有墨西哥石油公司96%的股权。墨西哥石油公司（单独进行交易）以市值计占泛美公司资产的21%，其余部分位于委内瑞拉和荷属安的列斯群岛。（泛美公司在阿鲁巴精炼委内瑞拉原油）

表7.3 墨西哥各家石油公司的实际股票价格指数，经分割后调整，1921=100

| | 墨西哥之鹰 | 墨西哥石油 | 佩恩-墨西哥 | 墨西哥海岸 | 新泽西标准石油 | 辛克莱联合 | 得克萨斯公司 |
|---|---|---|---|---|---|---|---|
| 1912 | - | 87 | - | - | 82 | - | 86 |
| 1913 | - | 54 | - | - | 71 | - | 99 |
| 1914 | 59 | 66 | - | - | 79 | - | 104 |
| 1915 | 42 | 132 | 525 | - | 106 | 217 | 180 |
| 1916 | 37 | 358 | 408 | - | 79 | 301 | 146 |
| 1917 | 43 | 213 | 297 | - | 69 | 117 | 62 |
| 1918 | 47 | 105 | 266 | - | 70 | 145 | 73 |
| 1919 | 80 | 126 | 271 | - | 71 | 138 | 86 |
| 1920 | 103 | 82 | 133 | - | 55 | 63 | 60 |
| 1921 | 100 | 100 | 100 | 100 | 100 | 100 | 100 |
| 1922 | 70 | 250 | 85 | 47 | 89 | 101 | 92 |
| 1923 | 34 | | 224 | 42 | 38 | 119 | 84 |
| 1924 | 32 | 159 | 115 | 43 | 20 | 77 | 87 |
| 1925 | 37 | 188 | 89 | 41 | 22 | 73 | 82 |
| 1926 | 36 | | 92 | 23 | 21 | 84 | 114 |
| 1927 | 31 | 214 | 177 | 189 | 23 | 195 | 136 |
| 1928 | 30 | 267 | 164 | 15 | 30 | 96 | 136 |
| 1929 | | 205 | | 5 | 36 | 64 | 113 |
| 1930 | 11 | 146 | 99 | 3 | 27 | 32 | 66 |
| 1931 | 10 | 98 | 68 | 2 | 18 | 19 | 28 |
| 1932 | 10 | 72 | 43 | 7 | 22 | 19 | 38 |
| 1933 | 19 | 79 | 20 | 11 | 34 | 37 | 66 |
| 1934 | 12 | 72 | 8 | 9 | 30 | 26 | 54 |
| 1935 | 7 | 89 | 11 | 13 | 35 | 31 | 75 |
| 1936 | 7 | - | 9 | 16 | 46 | 51 | 137 |
| 1937 | 7 | - | 7 | 7 | 29 | 26 | 94 |
| 1938 | 8 | - | 1 | 8 | 35 | 27 | 119 |

*数据来源*：1924 and 1925 Mexican Petroleum from Moody's; it is the annual average. 1921 Mexican Seaboard from Moody's. Mexican Eagle data from Alberto de la Fuente, "El desplazamiento de México como productor de petróleo en los años veinte," B.A. thesis (ITAM: Mexico City, 1998), p. 98, Moody's, and the Times of London. Mexican Eagle share prices were converted to dollars at the market exchange rate and deflated using the U.S. producer price index. 1915–35 Penn-Mex from the Wall Street Journal and Moody's thereafter. 其他数据来自《华尔街日报》和沃顿研究数据服务公司，网址：http://wrds-web.wharton.upenn.edu。

1932年4月，由于美国国会对石油进口关税举行了辩论，印第安纳石油公司同意将泛美出售给泽西标准。泽西标准在南美和欧洲拥有分销网络，因此可以比印第安纳标准更容易将拉丁美洲的石油产品转销到那些市场上。泽西标准只想要委内瑞拉的资产，但印第安纳标准公司拒绝单独出售泛美资产。该交易于1932年底完成，泽西标准收购了印第安纳标准公司在泛美的股份。1935年，泽西标准决定以平价买断剩余的"墨西哥皮特"，并使该股票摘牌退市。

这些公司公布的财务报表数据证实了股市的变化（见表7.4）。墨西哥之鹰的资产回报率从1921年的9%下降到1928年的零，并且一直保持在低位，直到波扎·里卡发现油田，才将其恢复到7%。墨西哥石油公司在整个20世纪30年代持续亏损。

石油公司如此糟糕的财政状况，是不是因为墨西哥的政策呢？答案似乎是否定的。首先，石油公司在20世纪二三十年代一直在持续找油（见表7.5）。1921年，也就是勘探开始衰落之前的五年，石油产量达到顶峰。这些公司一发现石油，就会注入新的投资，就像1930年发现波萨里卡油田一样。

其次，1921年以后行业的税收负担持续下降。确实，石油税收的总收入占原油产值的百分比从1925年的15%升至1931年的30%以上。但是，截止到20世纪30年代，生产费、出口关税、特许权使用费和所得税占政府石油收入的不到三分之一，其余的来自石油进口关税和国内销售精炼产品的消费税。显然，进口税的负担不用石油生产商来承担。原油生产者本来是需要征缴汽

表7.4 墨西哥各大石油公司的资产回报

| | 加权平均 | 墨西哥之鹰 | 墨西哥石油 | 皮尔斯-辛克莱 | 加州标准 | Imperio | 墨西哥海岸 | 斯坦福 | 佩恩-墨西哥 | Agwi | Consolidated |
|---|---|---|---|---|---|---|---|---|---|---|---|
| 1921 | 11% | 9% | 12% | | | | 34% | | 2% | | |
| 1922 | 15% | 8% | 22% | | | | 53% | | -7% | | |
| 1923 | 6% | 2% | 9% | | | | 5% | | 6% | | |
| 1924 | 3% | 2% | 3% | | | | 33% | | 5% | | |
| 1925 | 11% | 2% | 16% | | | | 22% | | | | |
| 1926 | 12% | 2% | 18% | | | | 16% | | | | |
| 1927 | 6% | 2% | 8% | | | | 4% | | | | |
| 1928 | 5% | 0% | 8% | | | | 0% | | | | |
| 1929 | 7% | 7% | 7% | | | | 2% | | | | |
| 1930 | 4% | 5% | 3% | | | | 7% | | 4% | | |
| 1931 | 0% | -1% | 0% | | | | 10% | | 0% | | |
| 1932 | -4% | 2% | -9% | | | | 7% | | 0% | | |
| 1933 | -2% | 5% | -7% | | | | 10% | | | | |
| 1934 | 3% | 7% | -2% | 3% | 3% | 16% | 8% | 1% | 5% | 29% | 4% |
| 1935 | 4% | 7% | 0% | 1% | 6% | 25% | 7% | 13% | 2% | 18% | 2% |
| 1936 | 3% | 8% | -1% | -5% | 0% | 18% | 7% | 11% | 1% | 22% | -3% |
| 1937 | 5% | 9% | -1% | | | | 8% | | | | |

数据来源：Annual reports of Mexican Eagle, Pan-American Foreign, Standard Oil of New Jersey, and Mexican Petroleum; Moody's for Mexican Seaboard and Penn-Mex, Mexico's Oil for the other companies, and Mexican Petroleum in 1934–36.作者使用新泽西州标准石油公司的生产和价格数据估算了1937年的数据。

油消费税的，但因为美国直到1932年才对进口石油或汽油征收关税。要是所有权归属外国的墨西哥炼油厂无法将消费税负担转嫁给消费者，它就会转而出口外销。事实上，墨西哥的精炼产品大部分都是出口的。因此，墨西哥对生产商征收精炼产品税的最大负担，就等于向美国运输精炼产品的成本，根据一份国会报告的估计，1931年运输成本约为每桶28美分（相当于2011年的3.90美元）。1922年后，这些公司的税负几乎是一路直降（见表7.6）。

表7.5 墨西哥原油产量,新钻油井,成功率,1901–1936

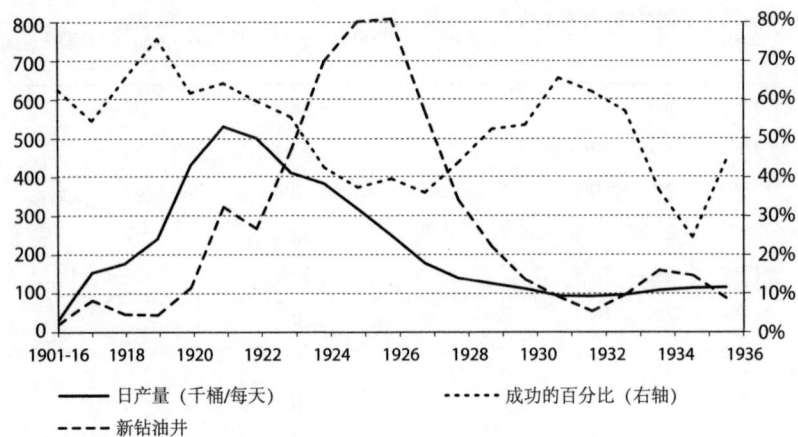

数据来源:Stephen Haber, Noel Maurer, and Armando Razo, "When the Law Does Not Matter," Journal of Economic History (March 2003).

注:1901—1916年为年平均量

表7.6 墨西哥税收(包括特许权使用费)占原油生产总值百分比,1910–1937

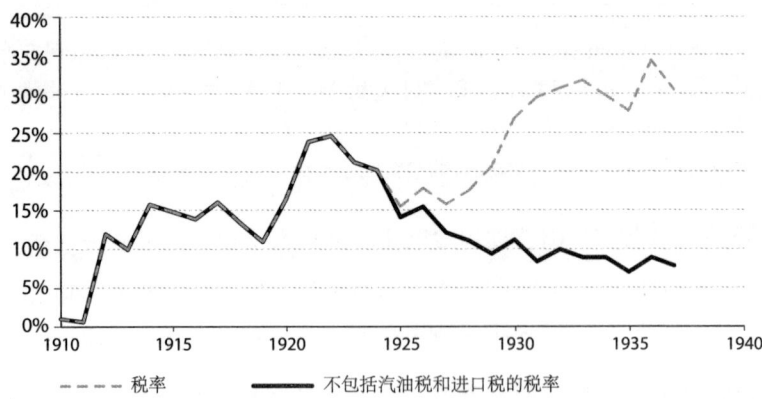

数据来源:Stephen Haber, Noel Maurer, and Armando Razo, "When the Law Does Not Matter," Journal of Economic History (March 2003), p. 10; Luz María Uhthoff, "Fiscalidad y Petróleo, 1912–1938," paper presented at the Segundo

Congreso de Historia Económica, Asociación Mexicana de Historia Económica, October 2004; and Wendell Gordon, Expropriation of Foreign-Owned Property in Mexico (Washington, D.C.: American Council on Public Affairs, 1941), p. 80.

  政府的行动确实降低了墨西哥各石油公司的价值，但此处所言之政府并非墨西哥政府。墨西哥出产的石油需要与得克萨斯州、加利福尼亚州和俄克拉荷马州的大型产油商生产的石油竞争（这三家产油量占美国总产量的84%），还要与堪萨斯州（4%）、阿肯色州（3%）、路易斯安那州（2%）、怀俄明州（2%），以及宾夕法尼亚州（1%）的小型油田竞争。在1930年之前，总共有19个州生产的成品油达到商业用量。随着大萧条时代的降临，贸易保护主义压力越来越大。1930年，国会报告称，使用进口石油的炼油厂每桶获利26美分，而使用国内石油的炼油厂仅获利11美分。尽管巴拿马运河的开通使得美国第一次将加利福尼亚石油出口到东海岸，但墨西哥和委内瑞拉的石油在东部市场的价格仍然较低，因此，独立生产商和炼油厂开始声讨"四大石油公司"，称他们用获得的外国石油资源作为大棒子，"打压独立生产商，扰乱美国市场"。此外，他们还提供证据，表明"四大石油公司"没有因为较低的原油价格而惠及消费者。1931年，俄克拉荷马州、得克萨斯州、堪萨斯州和新墨西哥州州长，敦促胡佛总统对四大石油公司强制实施"自愿"进口配额。泽西标准、印第安纳标准石油公司、海湾石油公司和辛克莱公司同意削减四分之一进口总量，壳牌公司则减半。但该"自愿配额法"还是不能满足保护主义者的要求。

  1932年6月6日，美国国会通过了一项关于进口石油征收关税的法案，税率为原油每桶21美分，汽油为每桶1.05美元，润滑油为每桶1.68美元。胡佛当然很高兴在这项法案上签字。结果却是墨西哥原油出口价格与纽约同级石油价格之间的差距翻了一番。不过，与古巴食糖生产商不同，墨西哥的石油公司向美国出口的原油相对较少。（这些公司大多在墨西哥精炼完各自的产品后出口到欧洲）因此，关税对他们的底线几乎没有直接影响，相反，只是加大了美国石油价格和墨西哥石油价格之间的差距。由于可以向美国市场出口剩余石油产品，这有效地遏制了墨西哥政府直接在本国市场对原油生产征税，因此美国的政策带来了适得其反的效果，给墨西哥政府带来了更多征收石油行业税的回旋余地，而对美国市场几乎没有影响。

## 劳工纠纷

石油公司的财政状况岌岌可危，每况愈下，与石油工会日益增强的战斗力息息相关。1915年4月的大罢工，给墨西哥之鹰在米纳蒂特兰的坦皮科炼油厂带来巨大冲击，随后在1916年和1917年又发生了第二波罢工潮。1917年5月，这里的工人骚乱蔓延到了皮尔斯公司的坦皮科炼油厂，以及墨西哥石油公司在马塔·雷东达的炼油厂。塔毛利帕斯州政府介入并解决了皮尔斯公司的罢工，勒令其涨薪25%。同年6月，墨西哥石油公司也答应相同幅度的涨薪。墨西哥之鹰在1924年的罢工中做出了让步，承认八小时工作制，签署了墨西哥工业历史上第一个集体谈判协议。其他公司签署了类似的合同。这几场罢工是暴力罢工：墨西哥政府一份报告称："大多数工人不同意搞（劳工）运动，并在各种场合告诉我们'如果他们大多数人没有回去上班，那是因为害怕自己会成为其他某些工人施加暴力的对象。'"

**在墨西哥政府的支持下**，后续罢工得到了各石油公司更加快速的回应。例如，墨西哥石油公司在1925年的罢工后，与瓦斯特卡（Huasteca）工会达成了集体谈判协议。1925年，某个与之竞争的工会下属的工人杀害了一名瓦斯特卡会员，瓦斯特卡工会宣布举行第二次罢工。在政府的支持下，管理层解雇了参加罢工的工人，然后只雇用了他们中的三分之一。

## 第七章 再次落入陷阱

同年，墨西哥之鹰平息了一次炼油厂的罢工，代价是向墨西哥区域劳工全国联合会（Confederación Regional de Obreros Mexicanos）的领导人支付了12.3万美元，后者又说服政府宣布罢工非法。不过，总体工资水平还是从1913年的每小时6美分提高到1934年的每小时16美分了。（按2011年的美元值计，这相当于从每小时1.40美元上涨到每小时2.68美元，尽管这么计算没有把墨西哥相对生活费用的变化考虑进去，也没有把该国相对于同时期的美国，整体生活费较低的因素考虑进去。）

最后一波劳资纠纷始于1934年的墨西哥之鹰石油公司。该公司的工会希望从新的波萨里卡油田获得更大比例的回报。墨西哥总统阿贝拉多·罗德里格斯（Abelardo Rodríguez）介入调解，最后达成和解。纠纷一得到解决，各种石油工会就联合起来，组成了墨西哥共和国全国石油工人工会（Sindicato de Trabajadores Petroleros de la República Mexicana），简称STPRM。1935年1月，一系列新的罢工运动重创墨西哥石油公司。根据美国政府观察人士称，该公司宁愿关闭设施"也不愿向工人妥协"。联邦劳工委员会（Junta Federal de Conciliacíon y Arbitraje）宣布工人的罢工合法，但墨西哥最高法院推翻了这一决定，并命令工人返回到工作岗位。

强力压制下的和平无法持久。1936年11月3日，墨西哥共和国全国石油工人工会提出的条件为230万美元的加薪、18天的带薪节假日、20-60天带薪休假、健康保险、自愿离职时每满一年工龄给25天的遣散费、非自愿离职时给29天的遣散费。你别以为工会领导天真幼稚，他们知道石油公司会通过减少劳动力来应对劳动力成本的增加。工会领导人还知道大多数墨西哥的油田正在走向衰败，即使波扎·里卡发现新油田，也不可能创造足够的就业机会来抵消其他地方的裁员。因此，墨西哥共和国全国石油工人工会还要求掌握所有雇工和解雇的决定大权，整个**行业**只留110个职位给管理方定夺。工会谈判代表要求在1936年11月17日前做出回应。

石油公司没有同意这个最后期限。公司代表说："工会的这份草案包含超过250个条款，涵盖165页法律文件字号的文字，其中有差不多40页是工资表。起草这份草案尚需要数月，但却要求各公司在10天之内，而且绝不延期的情况下，'讨论'并'批准'这个文件。"各公司还拒绝放弃招聘和解雇的控制权。"由于目前监管职位的数量有限，石油行业已经遭受了监控不力、纪律涣散的影响"。

　　问题的关键在于，墨西哥共和国全国石油工人工会上上下下想要保住饭碗的心情，甚至超过了他们想要高工资的愿望。而这个雇谁不雇谁的生杀大权，是石油公司在任何情况下都不能妥协的，也是工会认为不可谈判的。谈判一直拖至5月份。1937年5月28日，工会宣布罢工。卡德纳斯总统（President Cárdenas）亲自出面干预，将罢工强行压了下去。8月份，卡德纳斯总统再次干预，制止了第二次罢工。

　　为了安抚劳工，卡德纳斯总统接着任命了一个特别委员会来调查各石油公司的财务状况。1937年8月14日，该委员会报告说，这些公司可以支付730万美元的和解费，换句话说，工会要求的一切都可以满足（见表7.7）。波萨里卡立即爆发自发式突然罢工。卡德纳斯下令停止。9月份，墨西哥之鹰爆发第二次自发式突然罢工。卡德纳斯火冒三丈，指责罢工工人使这个国家与劳工运动相悖，从而助长了"资本主义的利益"。最终，公司同意向工人支付75%的工资损失，并给予工会领导额外的6,944美元，罢工才结束。（按CPI计算，向工会领导层支付的6,944美元相当于2011年的103,744美元。）

　　1937年12月18日，联邦劳工委员会做出了初步裁决。根据裁决，工会一分不少地获得了730万美元。允许各公司裁员，但前提是要按照资历顺序裁员，并发放遣散费，遣散费为三个月的工资，外加工龄每满六个月可获得十天的酬劳。这些公司可能会因故解雇工人，但只能在新成立的"石油工业全国混合调查委员会"进行调查之后才能解雇。这些公司当然都提出上诉。1938年3月2日，联邦劳工委员会驳回了上诉。最高法院第二天维持了这一决定。

表7.7 1936年墨西哥石油工人工会的要求，年度成本，美元

| | 政府估算 | 公司估算 |
|---|---|---|
| 涨薪 | 2,265,493 | 3,438,506 |
| 加班费 | 333,431 | 993,148 |
| 节假日 | 92,496 | 311,434 |
| 休假 | 334,139 | 428,135 |
| 储蓄基金 | 636,077 | 902,370 |
| 医疗费 | 277,778 | 463,512 |
| 住房福利 | 901,217 | 1,115,105 |
| 其他 | 2,474,024 | 3,097,312 |
| 总计 | 7,314,654 | 10,749,533 |

数据来源：Wendell Gordon, Expropriation of Foreign-Owned Property in Mexico (Washington, D.C.: American Council on Public Affairs, 1941), p. 112.

墨西哥石油公司做出的回应是：关闭23口井，将储存在油田的石油运往坦皮科港（大概是为了快速出口），关闭马塔·雷东达炼油厂，并给每一位员工寄信，说明公司将无法遵从劳工委员会的命令。墨西哥共和国全国石油工人工会号召举行全国罢工。联邦劳工委员会确定的3月7日的最后期限到了而且过去了。3月14日，劳工委员会警告说，公司第二天必须做出回应。3月15日，这些公司告知无法遵从裁决。联邦劳工委员会报以暂停所有合同。由于他们的工资合同被暂停，并且罢工的截止期限日趋临近，工人们开始抢占装卸码头并关闭输油管道。整个石油行业开始停摆。

卡德纳斯总统面对的是墨西哥最重要的行业即将崩溃。到1938年，墨西哥一直依靠石油来获取能源。早在1925年，墨西哥63%的热能源消耗来自石油（而不是煤炭）。墨西哥铁路大多已改为使用燃油燃烧器，截止到

1932年，铁路使用了墨西哥燃油总消耗量的73%。此外，公路建设的蓬勃兴起，使卡车运输变得更加重要：墨西哥公路上的货运卡车数量从1925年的7,999辆猛增至1937年的33,746辆。还有一点，石油为墨西哥城电力供应贡献了一小部分但却是十分重要的一部分：80兆瓦的诺诺阿尔科发电厂每天需要消耗2,000桶燃料油。如果石油产业停摆，墨西哥经济也将停摆。

卡德纳斯总统岂能允许这种事情发生。1938年3月18日，他将石油公司收归国有。"在这种情况下，公共当局迫切需要采取适当措施，防止由于交通和工业瘫痪引发的国内剧烈动荡，因为交通和工业不转了，就无法满足群众的需求，也无法为人口密集的居民区提供必需的消费品"。这些公司的财产由一家名为"Petróleos de México"，即墨西哥国家石油公司（Pemex）的国有石油公司接管。石油工人纷纷重返岗位，使墨西哥避免了一场经济灾难。

这些公司真的无法按要求支付和解费吗？表7.8列出了工资和解费年度总额的两个估计值：一个根据联邦劳工委员会的数据估算，另一个根据各公司账户的数据估算。根据公司的各种数值（墨西哥之鹰、墨西哥石油和佩恩-墨西哥等公司的年度报告，其他公司的数值出自墨西哥政府汇编的报表），1936年，这些石油公司盈利370万美元。扣除折旧和耗损支出后，意味着净现金流量为700万美元，**低于**官方估算的和解费。表中第一行显示的是政府估计劳动力结算成本占利润的百分比和现金流量的百分比；第二行是公司估计的劳动力结算成本占利润的百分比和现金流量的百分比。

表7.8　1937年墨西哥石油行业劳工和解费总负担

|  | 占现金流量的百分比 | 占利润的百分比 |
|---|---|---|
| 联邦劳工委员会 | 39% | 47% |
| 石油公司账户 | 153% | 288% |

墨西哥政府指责这些公司进行转移定价，并估计其利润应为1,540万美元（见表7.9）。公司所报的利润与墨西哥政府的估算差距最大的是墨西哥之鹰石油公司。墨西哥之鹰无论怎么计算都是盈利的。墨西哥之鹰的最低负担估计为31%（使用政府数据），最高为102%（使用该公司的数据）。然而，即使是低位数值也会对公司的底线产生重大影响，而高位数值可能使公司陷入赤字。对于其他公司来说，负担会更高。

表7.9　1936年墨西哥各石油公司利润，单位：百万美元

| | 利润 | | 现金流量 | |
|---|---|---|---|---|
| | 政府估计值 | 公司估计值 | 政府估计值 | 公司估计值 |
| 墨西哥之鹰 | $11.9 | $3.9 | $13.2 | $5.2 |
| 墨西哥石油公司 | $1.9 | ($0.8) | $2.7 | ($0.0) |
| 皮尔斯-辛克莱 | $0.6 | ($0.2) | $1.1 | $0.3 |
| 加州标准 | $0.1 | ($0.0) | $0.5 | $0.4 |
| Agwi | $0.2 | $0.1 | $0.2 | $0.1 |
| 佩恩-墨西哥 | $0.0 | $0.1 | $0.0 | $0.1 |
| 斯坦福 | $0.1 | $0.0 | $0.2 | $0.2 |
| 里士满 | $0.0 | $0.0 | $0.0 | $0.0 |
| 帝国 | $0.1 | $0.1 | $0.1 | $0.1 |
| Cia.deGas Combustibl | $0.3 | $0.3 | $0.3 | $0.3 |
| 萨瓦洛 | $0.1 | $0.1 | 0.1 | 0.1 |

数据来源：Mexico's Oil: A Compilation of Official Documents in the Conflict of Economic Order in the Petroleum Industry, with an Introduction Summarizing Its Causes and Consequences (Mexico City: Government of Mexico, 1940), pp. 293–95, 317–19, 331–33, 347–49, 365–67, 381–84, 390–92, and 433; Moody's Manual of Investments, various.

这些公司要驳回工会的要求还有另外三个理由。第一，他们不想失去随意雇用和解雇个人的权力。如果工会在这个问题上占了上风，那么，工

会将来提出各种要求时，就会有更大的胜算，而管理层要想削减成本，就会难上加难（甚至完全做不到）。第二，公司领导层没有料到墨西哥政府会把他们的公司收归国有。在卡德纳斯总统颁布征收法令（以防整个行业停摆）之后，他们以为政府会把他们的财产置于某种暂时的破产管理之下。然而，卡德纳斯总统没有让它们破产，因为他担心"无休止的法律程序"令后果不堪设想。

第三，这些公司中，有很多家在西印度群岛、委内瑞拉和加利福尼亚等地方拥有获利丰厚的资产，但也有激进好斗的工人，所以他们想继续保持一种"绝不向劳工要求妥协"的声誉。尤其是泽西标准，该公司虽然在墨西哥的资产连年亏损，但在委内瑞拉的运营能带来巨大的利润，不过，这里的劳工威胁也实实在在不容忽视。统治了27年之后，委内瑞拉总统胡安·文森特·戈麦斯于1935年12月17日去世。他去世后，爆发了骚乱，毁坏了马拉开波油区的设施。暴力事件一发不可收拾，外国石油公司很多高管及其家属被迫乘油轮逃离。戈麦斯的继任者，埃莱亚萨·洛佩斯·孔特雷拉斯（Eléazar López Contreras）通过"二月计划"平息了危机。这份计划承诺提高石油工人的工资和改善他们的工作条件。然后，他签署了《劳动法》，该法允许集体谈判，以及强制利润分成，还推出了允许征收出口税的新宪法。1936年12月11日，一场持续43天的大罢工重创产油区，产量下降了39%，直到洛佩兹总统介入，罢工才结束。洛佩兹政府随后起诉这些公司，指控他们欠付使用税和税款。1937年6月，洛佩兹将驶过马拉开波湖的船只缴纳的浮标税从按船舶吨位计算，变更为按所装载原油的价值计算，实际上增加了过往船只的税负。在1938年1月与美国官员的一次会议上，委内瑞拉代表说："政府不希望与公司纠缠，也不愿卷入长期的争斗，[但是]如果公司固执己见，不做出更多回应，政府将别无选择。"委内瑞拉政府还宣布正在考虑撤销免征石油公司进口关税的优待。当公司提出抗议时，政府就重启法律诉讼。1938年4月，也就是卡德纳斯总统下令征收墨西哥石油产业还不到两个星期，委内瑞拉最高法院下令梅内格兰德公司（Mene Grande Company）支付400万美元的退缴税。

总之，墨西哥的石油公司做出了理性的赌注。他们将低价值资产押注，赌工会或政府会不会退缩或妥协。对他们来说，这个赌局设得好。首先，他们押注的资产价值相对较低。其次，工会的要求是他们无法承受的。第三，他们没有料到政府会将公司归为国有。最后一点，有几家公司在其他司法管辖区内需要保持一种"绝不妥协"的名声。

工会和政府的表现也合乎理性。工会主要的兴趣不在加薪，而在于工作安全感（即保住饭碗）。工会成员反对领导层用牺牲工作保障来换取较高薪酬的任何企图。同样，墨西哥政府的目标不是争取更高收入（也不是夺得象征性的民族主义胜利），而是需要使"燃油"驱动的国内经济继续运转。除了这个需求，还需要保持石油工业现有的税收收入，如果把二者相结合，那么很显然，一旦工会采取措施让石油行业瘫痪停摆，政府就会别无选择，只能采取行动。而国有化则是确保该行业持续运作的最简单的方法——政治利益仅仅是锦上添花。

## 石油公司的回应

富兰克林·罗斯福总统对石油公司鲜有好感。执行睦邻政策，让政府干预暂时派不上用场。罗斯福总统在意识形态上同情劳工，拥护国家对自然资源的控制。然而，石油公司拥有许多撒手锏可以让美国政府介入并重新抬出帝国陷阱的法器。然而，这个法器几年不用，其铰链已经锈迹斑斑，石油公司做了几次失败的尝试后才成功撼动美国政府，使之出手采取行动。

第一步是动员公共舆论。美国驻墨西哥大使约瑟夫斯·丹尼尔斯抱怨说，这几家公司很快"开始向政府煽风点火，极尽宣传之能事，让政府逼迫他们归还财产"。其中，泽西标准尤为积极，出钱资助大规模宣传活动,发放大量免费出版物,从短篇新闻到长篇巨著应有尽有。泽西标准分发的社评漫画把墨西哥征收公司的财产描述为对美国利益发起的直接进攻。《纽约时报》几乎逐字逐句转载了泽西标准的新闻稿。该报的社论版始终呼吁美国政府对墨西哥采取"惩罚性"行动晓以利害。此外,这些公司的宣传着重报道一些针对美国人的"恐怖主义"事件,并呼吁美国游客不要去墨西哥。这些公司也采取有选择性地放出消息等手段,试图牵着美国政府的鼻子走。例如,1938年3月28日,国务卿科尔德尔·赫尔向墨西哥政府发出一封私人信函,要求"公平、有保证和高效的补偿",但第二天的报纸却把赫尔提出的要求描述为"有力的补偿",这让赫尔颇为惊愕。

宣传活动甚嚣尘上,但收效甚微。未经证实的报告表明:1938年墨西哥的旅游收入下降了33%。更可靠的数据显示,墨西哥政府签发的旅游签证数量下降了21%。原因在于,1937年是墨西哥旅游业特别好的一年:1938年入境人数仍然高于1936年,并迅速恢复到上升趋势(见表7.10)。而且,由于美国从1937年5月开始经济衰退,直到1938年6月才结束,所以墨西哥入境游客数量减少很可能是美国经济状况不佳,外加各石油公司的宣传造势所致。

表7.10　1929年至1946年墨西哥的游客入境人数

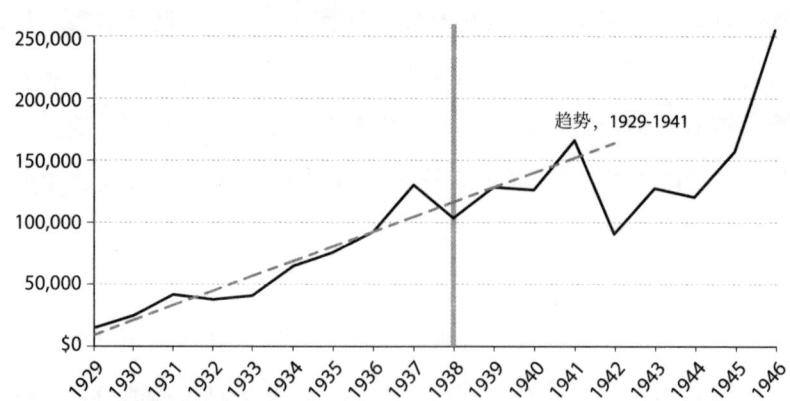

数据来源:国家统计和地理研究所

## 第七章 再次落入陷阱

美国公众对墨西哥发生的这些事件没有给予太多关注。1938年12月，盖洛普民意调查提出了以下问题："你认为（1938年）最有趣的是哪一条新闻报道？"答案包括入侵捷克斯洛伐克（23%），纳粹迫害犹太人（12%）;共和党在国会势力增强（10%），科里根飞往都柏林（7%），公平劳工标准法（6%），新英格兰飓风（5%），经济衰退（5%），纽约洋基队世界系列赛在四场比赛中横扫小熊队（4%），日本入侵中国（4%）和劳工动乱（4%）。墨西哥征收石油企业甚至都没有入围。这并不是说墨西哥的行动在美国得到了公众的支持，而是此举引发的公众愤怒太小，不足以迫使罗斯福政府采取行动。

接着，石油公司就试图抵制墨西哥的石油出口。该行动只获得了英国给予的官方支持。（英国官方能做到这一点，因为输得起，到1938年，墨西哥只给英国石油2.1%的进口额度，大大低于1935年的10.1%。）除英国以外，其他法院都阻止了延长抵制的企图。美国联邦一家地方法院驳回了一起指控美国东部石油公司进口墨西哥之鹰价值170万美元油品的诉讼。比利时和荷兰法院也做出类似裁决。在法国，墨西哥之鹰起初赢得了低级法院的判决，但上诉法院驳回了该判决，迫使墨西哥之鹰向无法获得其石油的经销商赔偿损失。亚拉巴马州的一名州法官竟然命令警长阻止墨西哥之鹰拥有被没收的油轮。法院的这些裁决背后的法律依据是墨西哥的主权豁免。

抵制进口石油的症结所在不是缺乏政府的支持（虽然支持也无济于事），而是这种做法最终只是弄巧成拙。随着国内对燃料的需求暴涨，墨西哥国家石油公司（Pemex）可以向国内市场出售更多的产品来弥补出口收入的损失。1938年以前，墨西哥同时出口和进口成品油。（这种模式在20世纪30年代并不罕见，在21世纪头十年也极为常见。）然而，到了1940年，墨西哥石油工业已围绕国内市场重新定位。由于国内销售额从约0.75亿比索增加到1.5亿比索，销售恢复到1936年的水平。（见表7.11）直到1947年，实际收入才赶超了1937年的高峰，但墨西哥石油行业在抵制中幸存了下来。

**表7.11** 1934–1948年墨西哥石油产品国内销售和出口销售情况

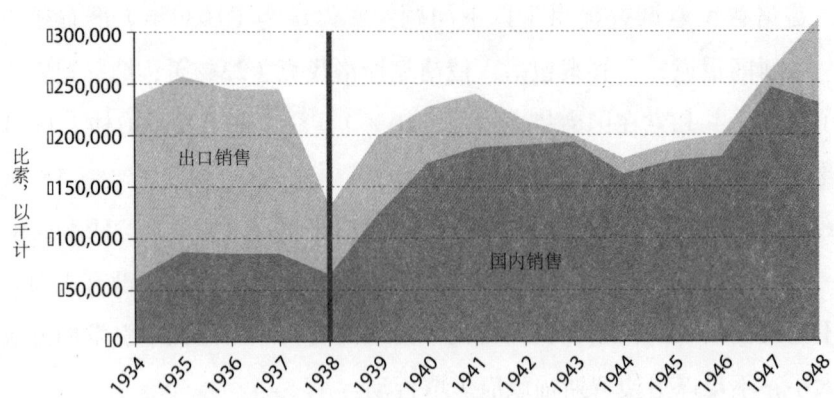

数据来源：Export sales from J. Richard Powell, The Mexican Petroleum Industry, 1938–50 (Berkeley: University of California Press, 1956), p. 118. Domestic sales, 1934–36, from Mexico's Oil: A Compilation of Official Documents in the Conflict of Economic Order in the Petroleum Industry, with an Introduction Summarizing Its Causes and Consequences (Mexico City: Government of Mexico, 1940), pp. 293–95, 317–19, 331–33, 347–49, 365–67, 381–84, 390–92, and 433. Domestic sales, 1938–48, from Powell, The Mexican Petroleum Industry, appendix table 17.

## 唤醒美国人

迫使墨西哥政府做出让步，私人性质的努力业已失败，因此这几家石油公司就制定了一个政治策略，将美国政府拖入争端。不过，要把政府拖下水，这将是一场攻坚战。不仅许多睦邻时代的政策变化降低了私人利益对美国外交政策的政治影响，而且华府内还有一股不愿与墨西哥对抗的来势汹汹的湍流。内政部长哈罗德·伊克斯（Harold Ickes）是最不配合的官员（从公司的角度来看）。"如果刚刚在墨西哥发生的石油纠纷导致中美洲和南美洲地区出现仇美情绪"，伊克斯写道，"对我们来说，这代价

## 第七章 再次落入陷阱

可能比失去墨西哥所有的石油都要大"。而且，伊克斯还担心，制裁可能会导致墨西哥政府垮台，这对美国利益而言会比损失一些油田糟糕得多。美国驻墨西哥大使约瑟夫斯·丹尼尔斯和伊克斯一样，对这些公司充满敌意。财政部长亨利·摩根索（Henry Morgenthau）与艾克斯、丹尼尔斯的态度如出一辙。摩根索担心墨西哥的经济不稳定可能会推动墨西哥政府与轴心国结盟或者转向共产主义体制。

国务卿科尔德尔·赫尔给石油公司开了一个口子。虽然，赫尔压根儿不是一位石油业的粉丝，但是，他确实希望得到墨西哥政府的互惠贸易协议。他对墨西哥决定增加关税感到愤怒，因此不用费力就让他相信美国"在与墨西哥建立更紧密的经济关系之前，有必要在经济上惩罚一下墨西哥，以争取其对美国企业的尊重"。因此，石油公司竭力游说国务卿，请其制定一个巧妙的计划，使各持己见的幕府成员摒弃分歧，一致同意"制裁"墨西哥。

该计划的关键就是利用大家对《1934年白银购买法案》有政治分歧。《白银购买法案》规定财政部每年购买一定数量的白银，直到白银库存达到其总储备金的25%，或价格达到每盎司1.29美元。这对墨西哥来说是一个巨大的福音，墨西哥成为继香港和中国之后的美国第三大白银供应商。对墨西哥白银的需求增加了矿业部门的就业，并增加了税收收入。1936年，墨西哥政府的收入有24%来自白银，是石油的两倍。通过专注于白银而不是石油，美国可以打蛇打七寸，击中墨西哥的要害。

而且，《白银购买法案》尚未得到大家的普遍欢迎。摩根索对此法案态度颇为暧昧。虽然该法案可以让财政部建立可用于抵消美联储政策的银币储备，但1934年同期并行的《黄金稳定法》为此目的提供了充足的资源。从这个角度上说，《白银购买法案》只是浪费金钱。国会也有人反对美国购买墨西哥白银，最引人注目的是内华达州民主党参议员纪伊·皮特曼（Key Pittman），银购案的原始稿就是他起草的。但是，国会对其用于从海外购买如此大量的白银，而不是从国内生产商购买，深感不快，因为大部分白银生产商都位于他的家乡——内华达州。

这样,赫尔就专攻这两个压力点:国会和摩根索。作为突破口,1938年3月26日,赫尔致函墨西哥,谴责其不予补偿地横征暴敛。在国会中,赫尔的盟友提出议案,威胁将不等白宫法令,主动先发制裁——因此,也给行政部门施压,促其采取行动。1939年1月,众议院外交委员会主席塞缪尔·麦克雷诺兹(田纳西州,民主党人)提出了一项议案,要求停止购买对墨西哥经济提供补贴的白银。(赫尔曾与麦克雷诺兹一起在国会供职,而且两人都曾担任过田纳西州法官。)其他国会议员,特别是纽约民主党议员马丁·肯尼迪和纽约共和党议员汉密尔顿·菲什也推出了反墨西哥决议。赫尔确保这些法案不会通过,因为它们会影响墨西哥政府和石油公司之间的谈判,但是,它们又可以做一根好使的大棒,专打罗斯福政府内部那些反对制裁墨西哥的人。

赫尔还说服摩根索,让他相信石油公司被征收是个完美的借口,使《白银购买法案》暂停执行。(赫尔在这一点上得到了财政部经济学家哈里·德克斯特·怀特的支持)因为停止购买墨西哥白银会降低白银价格,使多年积累的储备银贬值,所以,摩根索小心翼翼操纵政策,使事情看起来好像是他被墨西哥发生的事件推着走一样。首先,国务院,而不是财政部,宣布暂停购银。(国务院和财政部故意玩起一场相互扯皮的游戏,让观众自己去判断:国务院对国内观众宣布暂停银购,同时致函卡德纳斯总统,把责任推给了摩根索。)其次,摩根索很清楚:除非美国也下调白银官方支持价,否则暂停银购对墨西哥几乎是毫发无损,因为墨西哥可以在公开市场上以美国支持价出售白银。不过,他还知道,一旦有关新政策的传闻出炉,其他国家会立即开始将他们的白银储备抛入世界市场,因为他们担心美国会通过降低价格来惩罚墨西哥。当然,如果有足够多国家开始倾销其白银储备,美国将被迫降低白银价格,否则纳税人的钱就会白白流向外国央行。如果可能调低白银支持价的消息被泄露出去,那么就可能会造成摩根索**不得不**降低支持价格的局面。当西班牙驻美国大使宣布出售5,600万盎司白银时，西班牙兑现了摩根索的预测。摩根索假装义愤填膺，称这是"最后一根稻草"，然后将白银价格从每盎司45美分下调至43美分。

摩根索的计划还有一部分，是一个旨在赢得罗斯福总统支持的立法。墨西哥没收美国石油公司之际，《公平劳工标准法案》还在众议院有关委员会雪藏。一旦解冻并在众议院获得通过，它就会进入一个会议委员会，这时该法案将面临来自出产白银的内华达州的民主党参议员的敌意。一旦摩根索削减白银的支持价格（表面上是为了制裁墨西哥），罗斯福总统可能会承诺为**国内**的白银重启白银支持价，以此作为一种让顽固的内华达立法者留在他的"新政"联盟内的方法。摩根索不愿意明目张胆地让罗斯福总统采取这个策略，所以他在纽约温泉镇度假期间给总统发了一封信，单刀直入地说，摩根索会将罗斯福总统的沉默理解为默许。

## 最终的解决方案

白银制裁让墨西哥尝到了苦头，但让赫尔始料未及的是，**石油公司**不想早日解决问题，希望尽可能拖延下去，以便让墨西哥遭受尽可能多的痛苦。毕竟石油公司知道他们在墨西哥的资产已经不值几个钱。他们想把墨西哥作为先例，以儆效尤，让其他国家不敢随意改变石油开采权。他们的担心并非空穴来风。1927年西班牙将泽西标准的资产收归国有。（不过美国公司于1928年获得了全额赔偿）1931年，乌拉圭成立了一家国有炼油及零售公司，将市场的私人份额从1931年的100%压低了到1937年的50.2%。1932年，智利威胁要征用美国公司资产，只是一场"人算不如天算"的军事政变使征用泡了汤。1937年3月，正如我们所看到的那样，玻利维亚政府将泽西标准的开采权国有化，而阿根廷军政府公然敌视外国石油公司。1939年，智利总统佩德罗·阿吉雷（Pedro Aguirre）再次提出国有化，但智利议会不放行。这些地区都不是特别重要，但是这些公司认为，在国有化威胁到其他某些利润丰厚的企业之前（比如说我们也已经看到的，他们在委内瑞拉的资产），他们需要划一道底线。

其结果是一场漫长的无休止的连续剧，其结局各方事先都已经知道。石油公司要求签订长期合同来经营被没收的资产，而后他们再将其转交给墨西哥政府。他们还要求墨西哥政府赔偿损失的收入，还要把协议写入与美国达成的一份条约中。不用说，墨西哥政府认为这无法接受。卡德纳斯总统提出按1938年的资产估价进行补偿的建议。另外，卡德纳斯总统建议组建多个石油财团，公司在财团中拥有等同于他们被征财产的权益的财务份额，但墨西哥将任命占董事会多数的董事来管理这些财产权益。（卡德纳斯的第二个提案初稿似乎为公司提供了双重赔偿：财产支付**以及**新财团的财务权益）墨西哥人还希望获得一份短期合同，因为他们担心新技术的诞生会减少未来的石油消费。

罗斯福试图打破僵局，他建议石油公司接受卡德纳斯的提议，董事会成员的分配暂时由公司和政府平分秋色，但双方都表示反对。接着，美国又提出建议，请这些公司使用《1929年美洲间仲裁总条约》来解决他们的诉求。这些公司拒绝了，因为该条约规定的是国家对国家的仲裁，而不是投资者与国家之间的仲裁；因此，这些公司将仰仗罗斯福政府来选择仲裁者，并为这些公司利益代言。

1940年，辛克莱石油与其他公司分道扬镳。该公司接受了墨西哥政府开出的800万美元现金补偿，外加以每桶低于市场价格25美分的折扣价购买2,000万桶石油的条件。与其他公司的谈判一直拖了又拖，直到1941年年中，罗斯福政府已经失去耐心并且有效地达成了和解。根据1941年11月19日与墨西哥签订的协议，两国政府任命了一个由莫里斯·库克和曼努埃尔·泽瓦达组成的两人委员会，他们都是训练有素的工程师。两人花了五个月的时间进行调查，并于1942年4月17日提交了最终解决方案的纲要。墨西哥政府立即给美国打款900万美元。两国政府于1943年9月批准了其

## 第七章 再次落入陷阱

他补偿（包括利息）的付款时间表。到1947年，和解款已经支付了绝大部分；墨西哥在1953年之前还支付了额外的小额利息。最终，赔偿金的票面价值超过约定数额近600万美元。

美国公司获得了合理的赔偿吗？我们可以计算出泽西标准在1932年为收购墨西哥石油公司而支付的价格。泽西标准以4,790万美元的现金和1,778,973股泽西标准股票购买泛美公司。而泛美拥有墨西哥石油公司97%的股份，这部分在纽约证券交易所公开交易。按市值计算，墨西哥石油公司占泛美的21%。泽西标准的股票价值交易时为26.13美元；现金和股票值均以四次年度付款交付。该交易1932年的折扣价值（使用公司债务利率）为21%、97.3%、96%（4430万美元现金+4300万美元股票）= 1,750万美元。去除通货膨胀因素，该数字为1938年美元价值的1,790万美元。加上1935年以面值购买的流通股的价值，泽西标准为其墨西哥资产支付的总价格提高到1,920万美元（见表7.12）。按照这个标准，墨西哥政府公平地补偿了泽西标准。应该指出的是，这个补偿金使泽西标准保住了墨西哥石油公司的大部分流动资产和该公司的油罐车队。

表7.12 墨西哥与外国石油公司最终结算的价值，美元

| 公司 | 赔偿的票面值 | 1938年净现值 | 市场价值 |
|---|---|---|---|
| 墨西哥之鹰 | $132,769,721 | $43,552,824 | $12,233,340 |
| 泽西标准 | $23,138,947 | $19,371,222 | $19,188,049 |
| 辛克莱 | $9,643,827 | $8,602,638 | |
| 南加州 | $4,515,602 | $3,780,325 | |
| 萨巴鲁 | $1,129,381 | $945,483 | |
| 康诺克 | $792,807 | $663,714 | |
| 海岸 | $613,171 | $513,328 | |

数据来源：除正文中提到的消息来源外，请参见U.S. Department of State. "Compensation for Petroleum Properties Expropriated in Mexico." The Department of State Bulletin, Vol. 6, April 18, 1942, p. 351, Tables 5 and 10.

注：根据美国国内生产总值(GDP)平减指数，将所有款项转换为1938年的价值，

并以美国政府1943年给墨西哥贷款利率3.2%将其贴现回到1938年的价值。(这一利率大约相当于美国10年期公司债券的3.1%。)。第二列数值是假定额外的支付按各公司最初交易的份额分配给获得补偿的公司。

1938年，泽西标准的墨西哥资产价值不大可能比1932年更高。首先，墨西哥石油公司在1932年以后没有支付任何股息。其次，它连年亏损，只在1935年保持了一段很短时间的盈亏平衡。泽西标准有可能使用转移定价来提取价值，但这引出了一个疑问：为什么该公司将收入从没有公司所得税的管辖权转移到企业总收入超过25,000美元时需要按19%税率上税。第三，由美国公司控制的油田（大部分归墨西哥石油公司拥有）一直是每况愈下，1938年以后还在继续减产，这与波扎里卡油田不同（见表7.13）。

表7.13　墨西哥各油田的产量，1927–1949

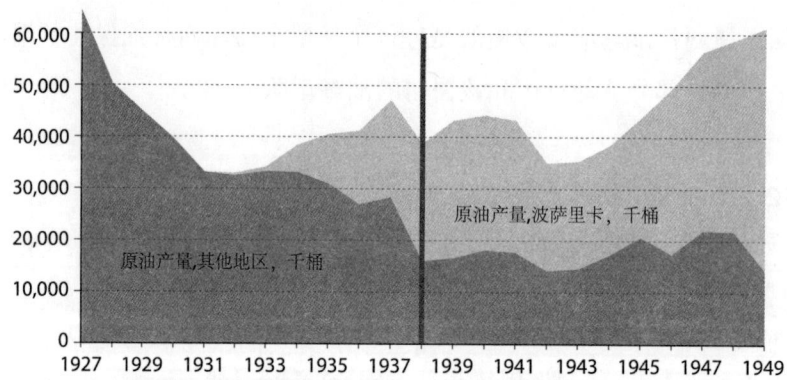

数据来源：J. Richard Powell, The Mexican Petroleum Industry, 1938–50 (Berkeley: University of California Press, 1956), p. 56.

墨西哥政府是否公平赔偿了墨西哥之鹰？我们有理由相信它可能没有。首先，英国政府，一旦石油抵制不成功，对墨西哥就没有任何杠杆可用，这与美国政府不一样。而且伦敦还无法令人信服地承诺结束其之前发起的抵制行动,因为,结束石油抵制以安抚墨西哥,可能激怒其在委内瑞拉和伊朗的盟友。英国驻委内瑞拉首都加拉加斯大使报告说,如果委内瑞拉人发现有任何理由相信英国可能会恢复购买墨西哥石油,而不顾委内瑞拉利益,那么该国政府将"十分不安"。伦敦担心愤怒的委内瑞拉可能会"在我们购买他们的石油时提出苛刻条件,相机挤压我们"。英国也对伊朗感到担忧,1939年,以及1940年和1941年,分别向伊朗支付了660万美元和1,770万美元的额外特许权使用费,以答谢德黑兰方面做出的一项决定,即限制伊朗对苏伊士以西市场的出口,让油轮的使用达到最大化。

此时局势对伦敦来说很不妙:毕竟如果联合王国不能令人信服地主动解除制裁,那么墨西哥就没有理由提供赔偿。外交大臣安东尼·伊登十分不快——"我不愿意让伊朗国王和委内瑞拉觉得我们跟任何人都搞不好关系"。

其次,墨西哥之鹰公司的波扎里卡油田在国有化时期并未下降,这一点尤为突出(见表7.13)。人们预计波扎里卡油田将来会产生可观的收入。墨西哥之鹰冒一个很大的风险,即有可能失去这些资产的实质期权价值。

第三,1938年美国政府没有太多理由去考虑要不要保护在墨西哥的英国投资者,事实恰恰相反。1941年,美国明确要求联合王国重建与墨西哥的关系,从而削弱了英国的谈判地位。伊登决定不向美国人索要任何回报,其中原因是伊登一心希望未来美国一定要与英国合作共同对付希特勒。他认为,如果白厅不再与墨西哥讨价还价,美国会更愿意与英国并肩战斗。因此,英国于1941年10月21日重启与墨西哥的关系。英国新任墨西哥城大使查尔斯·贝特曼私下写道,伊登犯了一个严重的错误,因为(他相信)现在墨西哥政府不可能为英国公司提供比美国公司更好的报价。

事实证明贝特曼想错了。在美国的支持下,墨西哥之鹰从墨西哥获得的赔偿远远超过其资产的市场价值。难以理喻的是,英国在第二次世界大战期间地位下降,却**增强**了该国与墨西哥讨价还价的能力。1938年,美国既没有任何意愿去帮一个潜在竞争对手争取其商业利益,也没有战略上的理由去扶助伦敦,因为英国不需要墨西哥石油。但另一方面,到了1946年,英国已经从潜在的美国竞争对手转变为美国面临重大国际收支问题时重要的初级合伙人。在这种新形势下,华府对英国的求助要求做出了较之从前不一样的反应。美国能够影响墨西哥,源于墨西哥对美国官方资本的需求:1943年,墨西哥协商从美国进出口银行贷款1000万美元,以便在阿斯卡波察尔科新建一家炼油厂,以及在波扎里卡增添生产设施。1946年,墨西哥开始协商一笔1.5亿美元新的贷款。当伦敦要求华盛顿在争端解决之前不要向墨西哥国家石油公司提供任何贷款时,美国默认同意。然后,美国向后来成为墨西哥国家石油公司总干事的安东尼奥·贝穆德斯发出信号,表示迅速解决英国提出的索赔是获得信贷的唯一方式。墨西哥政府回应说:墨西哥将于1947年1月开启与英国的商谈。

英国谈判代表文森特·伊林教授一开始就要求赔偿2.57亿美元。安东尼奥·贝穆德斯以4,290万美元的报价进行还价。双方以8,150万美元结案。付款从1948年开始,到1962年连本带息总额达到1.328亿美元。墨西哥新闻媒体把这次谈判结果描绘为一次伟大的民族主义胜利。历史学家普遍同意这样的评价。例如,洛伦佐·迈耶写道:"老鹰(El Aguila)(即墨西哥之鹰)获得这样的赔偿,意味着墨西哥没有支付该公司声称属于自己的石油储备的全部价值,实际上,只补偿了全部财产价值的三分之一……逐渐失去效力的卡列斯-莫罗协议最后那点残余被涤荡干净,《1917年宪法》第27条第四款的原始精神终于得到体现。"

殊不知,这个民族主义观点可悲之处在于现有的数据表明,英国人(托美国人的福)是把庙一起卷走的和尚。事前支付的1938年的净现值达到了8,260万美元的天文数字。美国的战后通货膨胀使得1938年的交易净现值降至4,360万美元(见表7.12)。墨西哥之鹰在劳工动乱爆发之前的

1936年市场资本化仅为1,220万美元。1937年该公司资产的账面价值仅为1,650万美元。考虑到结案款几乎是前者的五倍,很难说这家公司没有得到足够的资产补偿。

## 打破玻利维亚僵局

美国对墨西哥征收石油资产的回应还带来一个副作用,即:促使国务院代表泽西标准在与玻利维亚发生的争执中进行干预。毕竟,罗斯福政府一旦决定支持在墨西哥的各石油公司,就很难不支持在玻利维亚的石油公司。此外,美国在1939年拥有了两年前不曾拥有的工具——美国进出口银行的国家间贷款。

进出口银行是罗斯福总统于1934年根据《国家工业复苏法》创立的。它的初衷,可以顾名思义,是为了给外贸融资。(大萧条已破坏了贸易信贷以及其他类型的信贷。)进出口银行最初并不打算用于与南部金融不稳定的国家建立商业关系。事实上,进出口银行最初的政策是要避免向国家或国有实体发放贷款,特别是那些对美国私人债权人违约,不偿还债务的国家。

然而,在1937年,一位名叫赫伯特·费斯的财政部官员,因为拒绝向那些在私人外债上违约的国家发放贷款,竟遭到美国直接投资者的抵制,这真是出人意料。费斯拒绝向秘鲁、厄瓜多尔、巴西的国有中央铁路和智利国家铁路公司提供贷款,因为他认为这些国家还有未尝债务问题,它们甚至并不去努力解决。要是早些时候,费斯的立场大概不会引发争议。然而,在1937年,费斯的决定让西屋等大型工业公司感到恼火,因为当时美国金融家手中的政治权力很小。费斯不得不马上改口,答应给智利发放贷款。1938年3月,萨姆纳·韦尔斯从中干预,批准了给巴西中央铁路公司提供贷款。6月,J·G·怀特工程公司向进出口银行求助,以海地政府向其发行的4%票据减息贷款500万美元。摩根索和哈里·德克斯特·怀特支持这个再贴现，而且认为海地正在走向另一个违约，如果进出口银行不答应，海地可能放弃美元，并限制进口。威尔斯担心这笔贷款可能会引发对"帝国主义"的咒骂，但他最终改变了主意，甚至坚持认为信贷应该与美国的出口挂钩。此后不久，进出口银行开始直接向拉美政府放贷。

在玻利维亚，该国政府迫切希望得到进出口银行的贷款。其领导人也拼命想保住位子继续执政。他们担心，任何屈服于泽西标准的表现，都可能导致他们被更激进的势力推翻。这种担心并非空穴来风。1939年8月23日，杰尔曼·布希（Germán Busch）总统自杀身亡，他的继任人卡洛斯·昆塔尼拉（Carlos Quintanillla）在一次明显的操纵选举后将权力交给了恩里克·佩纳兰达（Enrique Peñaranda）。佩纳兰达面临着来自支持布希的社会主义大本营的反对。

美国坚持不给玻利维亚官方信贷，除非它补偿泽西标准。9月，进出口银行和复兴银行公司（RFC）的负责人告诉美国参议院，它将拒绝向"没收我们财产的国家"发放贷款。1939年12月26日，玻利维亚政府正式要求提供美国发展贷款。美国国务院回应了一份可能的项目清单，但没有忘记给玻利维亚一个有点冗长的警告：

> 鉴于我们之间的经济合作要在各方面取得令人满意的成就，就必须取决于各项事业保证建立在安全的基础上，因此为了给美国私人利益必要的支持与合作，在美国提供财政援助之前，我们相信下面这一点至关重要：贵国终止美国石油企业在玻利维亚的特许权，从而不幸引起纠纷，请务必先得到解决。如果要想经济合作计划富有成效，相信横在我们道路上的这个绊脚石必须先移除。

佩纳兰达总统无法说服玻利维亚议会授权他与泽西标准进行谈判，但外交部部长私下告诉美国官员他愿意协商。然而，症结出在泽西标准再也不想与玻利维亚协商了。"这可能表明，外国政府的没收行动只是政府与其受害者之间的私人事务，尽管这种没收在实质上损害了被没收国家和其他国家的所有美国公民的利益"。泽西标准希望美国政府代表公司进行谈判。为了保持这一立场，公司同意让谈判委员会提出——或者更好的是——强制解决这个纠纷。

最后，在1942年初，随着玻利维亚议会的休会，玻利维亚迫不及待地想得到美国贷款，而且美国也急不可耐地希望得到玻利维亚对第二次世界大战的支持，佩纳兰达总统的政府提议给泽西标准赔偿100万美元。1月27日，玻利维亚将报价提高至170万美元。泽西标准接受了，国务院表示，由于玻利维亚议会批准了这笔赔偿，美国也将答应给予援助。承诺的赔偿在4月份得到了批准，泽西标准收到了一张1,729,375美元的支票，作为"礼尚往来"，玻利维亚从美国获得了2,500万美元不同种类的发展贷款。从某种意义上说，是华盛顿提供了补偿泽西岛标准的现金，但应该指出的是，玻利维亚已按时全额偿还了美国政府的贷款。

泽西标准是否获得公平补偿？该公司的投资账面价值约为1,700万美元，但这个估值并不很恰如其分。泽西标准于1932年已经停止勘探石油，而是集中精力开发现有的油田。公司投资的市场价值很可能大大低于账面价值。我们没有相关的市场价格作为基准来衡量补偿款。然而，我们很清楚在1927年至1936年间，泽西标准在玻利维亚的运营总收入约为76万美元（见表7.14）。以10%的折扣率，该公司需要一直享受高于68%的利润率才能证明其价格达到170万美元。而这么高的利润率与泽西标准不愿投资扩大生产是矛盾的。

还有一份证据证明，泽西标准在玻利维亚的资产没有盈利，这份证据来自该行业国有化之后的表现。新的国有公司——玻利维亚国家石油公司，保留了泽西标准的大部分技术人员。玻利维亚国家石油公司通过加大工作强度来扩大泽西标准所属油田的生产，该公司在1939年至1949年间只钻探了五口油井。融资不是问题：1942年美国给予玻利维亚2,500万美元

表7.14 玻利维亚石油产量（千桶，左轴）和总收入（2011年百万美元，右轴），1926–1941

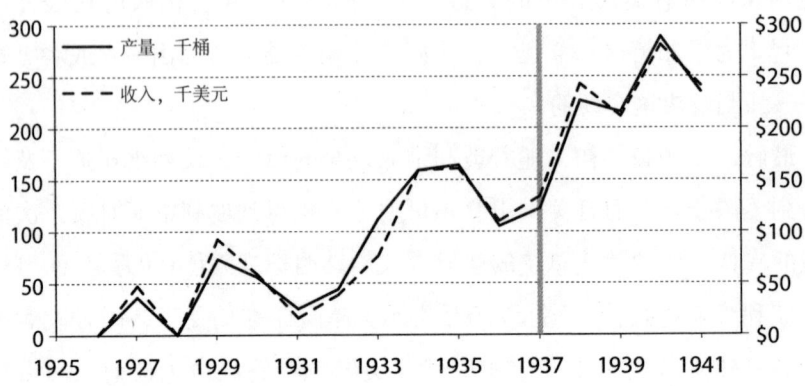

的一揽子贷款中，有850万美元用于在科恰班巴建造一座小型炼油厂，以及一条原油管道将这座炼油厂与卡米利油田相连。为了确保其油品市场，玻利维亚国家石油公司与巴西和阿根廷签署了易货协议。与巴西所签协议迫使玻利维亚国家石油公司从巴西供应商那里购买管道设备，因而，来自巴西的销售收入只能用于购买巴西产品。与阿根廷所签协议也有着同样的规定。然而，虽然两份协议于玻利维亚不利，但泽西标准根本不用进入这两国的市场。

尽管产量增加，还有新市场，而且资本充足，但玻利维亚国家石油公司在其第一个十年中获得的大部分利润，却是来自免税进口的石油产品。其国内石油生产亏损。政府收入在国有化后有所增加，但增加部分不是来自玻利维亚国家石油公司。事实上，政府似乎没有收到玻利维亚国家石油公司应该上交的11%使用权税。

简而言之，各种证据都表明：泽西标准在罗斯福政府的关照下获得了公平的补偿。随着墨西哥和玻利维亚的石油资产被征用，美国拥有的外国生产商重新发现了他们的政治影响力，而且，帝国陷阱重新发挥了作用。

## 帝国陷阱重拳反击

美国20世纪30年代后期及以后的非正式帝国是一个新旧混合体。一方面，驱动美国政府的政治压力，也就是美国所拥有的海外利益，由于受到当地政治动荡或金融动荡的威胁要求美国政府干预的压力，虽然暂缓了十年，但几乎没有变化。不过，机制却发生了很大变化，足以证明第一个和第二个美国帝国之间存在明显区别。首先，债券持有者和直接投资者联盟在第一个帝国中为帝国陷阱提供动力，但在第二个帝国中这个联盟完全不存在。随着私人外债市场的消亡，现有债券持有者的政治影响力几乎全面崩溃。虽然还有美国人持有数年和数十年前借来的主权贷款，但他们游说华盛顿的能力微乎其微。另一个区别在于，经济大萧条前，美元外交是美国与拉美以及利比里亚关系的突出特点（无论涉及接管、财政顾问，还是政府支持的私人贷款），但现在美元外交是消失殆尽。

第二个美国帝国则是一个另类的怪物。它依赖的是像进出口银行这样的机构，40年代初，它把进出口银行是否贷款给玻利维亚政府作为掣肘，玩得如鱼得水。担心共产主义蔓延的焦虑情绪日益增长，也彻底改变了干预政策，而第二次世界大战后越来越依赖隐蔽行动，为一整套新的尝试开辟了道路。

20世纪50年代初的干预手段显示了这种新旧帝国的合体特征。在玻利维亚开展的一项干预行动说明了第一和第二个美国非正式帝国之间有多大的连续性：为确保在一场征收财产的纠纷中能获得赔偿，艾森豪威尔政府在1951年到1952年间行使了罗斯福总统十多年前曾使用过的相同杠杆。虽然共产主义在全球不断扩张，从根本上改变了干预的盘算，但它并不像人们普遍认为的那样是一个驱动因素：在冷战初期，国务院并没有终日为中国和苏联的威胁忧心忡忡，以至于忽视了海外美国利益的诉求，至少在拉丁美洲是这样。与此同时，越来越多地部署隐蔽行动改变了美国在拉丁美洲和其他地区进行干预的方式。

## 重返玻利维亚

玻利维亚不稳定的政治局势触发了一场危机，不过，这场危机十分典型，出现在50年前一点也不突兀。1951年5月，玻利维亚民族革命阵线的总统候选人、当时仍然流亡阿根廷的维克多·帕兹·埃斯滕索罗（Victor Paz Estenssoro）赢得了较多选票。然而，宪法要求候选人必须赢得绝对多数才能就职。军政府随后获得控制权。1952年4月9日，玻利维亚民族革命阵线展开反击，推翻军政府并在几天内摧毁玻利维亚军队，使之丧失有效的作战能力。总统帕兹·埃斯滕索罗在其左翼派矿业和石油部长胡安·勒钦·奥肯多的怂恿下，于10月31日将阿拉马约、霍奇希尔德和帕蒂诺锡公司收归国有。该法令在卡塔维签署具有象征意义，因为，1942年政府屠杀参加罢工的帕蒂诺矿工，加速了玻利维亚民族革命阵线的崛起，这一切就发生在卡塔维。玻利维亚提出给予2,175万美元的赔偿（2011年为1.57亿美元），其中750万美元给帕蒂诺，925万美元给霍奇希尔德，50万美元给阿拉马约，其余给它们的子公司。但与此同时，这些公司却声称他们的资产价值6,000万美元。

美国国务卿迪恩·艾奇逊密切关注玻利维亚革命。玻利维亚控制着西半球最大的锡矿供给，而锡是一种战略资源。此外，艾奇逊担心国有化，不是"出于对帕蒂诺和霍奇希尔德利益的同情"，"因为这两家公司目前的困境，他们自己要负主要责任"，艾奇逊对国有化的担心，是由于"任何没收行动都将对拉丁美洲的私人投资产生动荡不定的影响，包括美国在智利的铜业公司和在委内瑞拉的石油产业"。此外，这些公司本身也积极游说艾森豪威尔政府。霍奇希尔德和阿拉马约雇用前参议员米勒德·泰丁斯（Millard Tydings）（马里兰州，民主党参议员）向国务院表达自己的立场。泰丁斯告诉艾奇逊，他们可以接受以某种方式"分摊矿石"的补偿方式。

国务院只关心赔偿**美国**投资者，并不关心外国产业，除非这些产业属

## 第七章　再次落入陷阱

于对美国具有战略重要性的国家（如英国）。在玻利维亚案中，国务院副法律顾问杰克·泰特（Jack Tate）建议说："美国有义务确保公正的赔偿，但仅限于受国有化法令影响的美国公民。"美国副助理国务卿托马斯·曼（Thomas Mann）建议，"应安排与玻利维亚交换照会，让玻利维亚政府同意将**迅速、充分和高效地补偿玻利维亚国有化公司的美国持股人**的要求提交给一个联合仲裁委员会裁决"。国务卿艾奇逊和玻利维亚大使安德拉德同意托马斯·曼的建议。该协议将通过自动截留玻利维亚销售锡矿给美国的收入得到实施。

1953年世界锡价快速下跌导致帕斯·埃斯滕索罗政府出现恐慌。面对财政和经济崩溃，玻利维亚政府指责艾森豪威尔政府搞"经济帝国主义"并试图破坏玻利维亚的稳定。艾森豪威尔政府的快速外交以及拉巴斯和华盛顿之间"自由而轻松"的交流避免了一场危机。1953年6月13日，在国务院的积极参与下，玻利维亚政府与矿业公司达成了"关于截留的最终协议"，根据协议，如果价格保持在每磅80美分以上，这些公司将截留锡出口收益的一部分。当价格在80美分和90美分之间时，玻利维亚将支付总收入的1.0%。当价格在90美分到1.06美元之间时，这个比例将上升到2.5%。价格涨到1.06美元和1.215美元之间时，比率将为5%，超过1.215美元时，每上涨6美分再增加1%。

是否如布莱斯·伍德所言，艾森豪威尔对玻利维亚表现出的宽容是睦邻政策的最后立场呢？有证据表明不是。事实上，艾森豪威尔政府采用了胡萝卜加大棒的策略，与罗斯福和杜鲁门对付墨西哥如出一辙。首先，对玻利维亚锡矿，美国具有市场支配力，并明确表示愿意使用这个市场支配力。玻利维亚的精矿只能在英国加工，那是一家由帕蒂诺控制的工厂，也可以在美国得克萨斯城锡冶炼厂加工，这个冶炼厂属复兴金融公司经营。复兴金融公司明确表示，如果法定所有权问题没有得到明确解决，它不会购买玻利维亚锡矿。国务院支持复兴金融公司。第二，进出口银行正在走程序向玻利维亚政府发放发展贷款。如果美国认为玻利维亚正在妨碍补偿案的解决，就像墨西哥政府那样，那么贷款程序可能半途而废。革命的玻利维亚政府知道这一点。谈判期间，玻利维亚政府殚精竭虑地强调进出口银行给予的贷款将专门用来"增加[锡矿]产量"。

确实，美国向玻利维亚提供了大量紧急援助性赠款。世界锡价的崩塌使玻利维亚没有足够的外汇来满足其食品进口需求。中央情报局认为这将使玻利维亚出现"经济混乱"。国务院甚至更加悲观：它认为玻利维亚面临"真正的饥饿"。艾森豪威尔政府考虑是否勒令复兴金融公司以长期合同价格而不是以一泻千里的现货价格购买玻利维亚锡矿，但国会反对派使艾森豪威尔将这个念头搁置了下来。（共和党总体上不喜欢复兴金融公司，该公司经营的得克萨斯城锡冶炼厂每年亏损高达数百万美元。）取而代之的措施是美国延长了一项国际收支平衡贷款。美国政府意识到玻利维亚会发现自己极难偿还贷款。因此，在国务卿约翰·福斯特·杜勒斯的敦促下，艾森豪威尔政府于1953年9月依据《1951年共同安全法案》向玻利维亚提供了900万美元（价值2011年的6,300万美元）的赠款。1954财政年度的援助总计达到1,580万美元（2011年为1.09亿美元），全部是赠款，比上年的130万美元有显著增加。

美国理所当然将其给予玻利维亚的赠款视为人道主义援助，但双方也都把这些援助理解为一种交换条件，以换取玻利维亚政府遵循美国金融政策以及反共政策。事实上，艾森豪威尔政府还利用美国国内反对实施援助政策的力量，作为掣肘玻利维亚政府的额外杠杆。美洲事务助理国务卿约翰·卡博特告诉玻利维亚大使，美国政府"不得不小心警惕这些批评意见，如果玻利维亚政府有任何举动，可能导致这种批评增加，那我们给玻利维亚帮助的能力就会相应降低"。在向玻利维亚提供了另一项援助之后，卡博特的继任者亨利·霍兰德在拉巴斯亲自会见了总统帕兹·埃斯滕索罗。霍兰德"问他是否觉得他的政府能够采纳国际复兴开发银行或进出口银行提出的旨在提高玻利维亚的借贷能力的财政修正意见。他向我保证，他会尽力遵循每一条建议。我又问他是否有把握遏制住玻利维亚的共产主义问题。他说他有把握"。

最终，杜鲁门和艾森豪威尔在玻利维亚使用了罗斯福总统在墨西哥使用过的胡萝卜加大棒的软硬组合。即使美国未能让玻利维亚政府对**所有**股东给予有效的补偿（玻利维亚民族革命阵线对帕蒂诺，以及霍奇希尔德家族几乎没有任何好感），但美国在被征收企业的投资总额很小，因此在谈判过程中，给予美国的适当赔偿额易于成为双方皆可接受的目标。事实上，玻利维亚谈判代表，甚至包括总统帕兹·埃斯滕索罗本人在内，都显得迫不及待，乃至在征收法令签署**之前**，便已同意给予美国投资者优先赔偿。冷战的背景几乎没有改变美国帝国的活力。

## 秘密行动和共产主义

第二个美国帝国的主要特征之一是它依赖于秘密行动。这些行动通常与打击共产主义的斗争有关，但也用于保护美国财产。事实上，有证据表明打击共产主义不是真正原因，而是代表私人投资者利益进行干预的借口。

隐蔽行动只是使美国能够履行其世界上第一个全球超级大国角色的一系列新技术之一。这些新技术包括诸如雷达或原子弹等科学技术领域的知名先进技术，但是，**机构性质**技术的先进性也是同等重要。例如，针对入侵西欧和西太平洋而开发的美国先进物流系统直接为1948年至1949年的柏林空运成功提供了机会，打破了苏联对该城市的封锁。这并不是说隐蔽活动是在20世纪40年代发明的。隐蔽活动，其定义为"一种作战行动"，比如颠覆某个敌对政府，其设计要巧妙地掩人耳目，使其背后主导的政府振振有词地说它没有参与其中。美国政府在1933至1934年间在古巴的行动，后来完全变成了中央情报局唱戏的标准剧本，更不用说可上溯到美国独立战争时期的特勤局行动了。但在第二次世界大战之前，美国没有集中的情报服务,主要依靠国务院、联邦调查局、武装部队和其他团体临时收集的零星情报。开展这些行动的人员也分散在各个机构,主要是外交使团。此外,美国已经开发了新技术用在其占领领土上对付德国人,因此,这些早期的秘密行动手段已经基本不用,也不协调。

在美国与拉丁美洲关系(以及被称为"第三世界"的其他国家)中,发挥最大作用的机构是中央情报局,该机构起源于第二次世界大战时期的战略服务局。1941年,美国宣布参战后,战略服务局迅速成为美国对抗轴心国的首席秘密武器。战略服务局在亚洲大陆进行了广泛的反日行动,并在德占欧洲国家,甚至包括德国,进行了大量秘密情报行动。到战争结束时,战略服务局已成为隐蔽准军事行动的领导机构,并在收集秘密情报方面发挥着关键作用。虽然,杜鲁门总统在1945年8月日本投降后不到两个月就正式解散了战略服务局,但其秘密行动部和情报部都是新成立的内阁级机构——中央情报局——的核心。1948年,国家安全委员会赋予中央情报局的职责不仅包括从事间谍与反间谍活动,而且还要进行隐蔽行动,隐蔽行动被定义为:

政府针对敌对外国或外国团体,或者支持友好国家或团体实施的或赞助的全部活动(除另有注明),且所有这些活动都经过周密策划和实施执行,以使未经授权人员对其中的美国政府责任毫不知情,然而,**一旦秘密行动曝光,政府可以堂而皇之地声明对这些秘密行动不负任何责任**(原文添加的斜体字)。具体而言,此类行动应包括与下列活动有关的隐蔽活动:宣传战、经济战;预防性直接行动,包括破坏、反破坏、拆迁和撤离等措施;对敌对国家进行颠覆,包括援助地下抵抗运动、游击队和难民解放团体,以及支持自由世界受到威胁国家中的本地反共产主义力量。

杜鲁门总统利用中央情报局的力量,在意大利首次进行秘密行动。当时正是1948年大选期间,中央情报局向"基督教民主党"注入1,000万美

## 第七章 再次落入陷阱

元的在战争中获得的资金（相当于2011年的7,800万美元）。"我们有好几大笔钱，我们把它们交给指定的政治家，用来支付他们的政治开支、竞选开支、印海报、发行小册子等"，中央情报局负责这项行动的官员马克·怀亚特叙述道，目的是限制共产党领导的人民阵线，不让他们赢得大选。杜鲁门担心如果人民阵线进入政府，可能会夺取意大利政府的控制权，并将其带入共产主义集团。这并非咸吃萝卜淡操心：共产党人1948年2月在捷克斯洛伐克就不折不扣地做到了这一点，他们在议会中占有38%的席位。在意大利，共产党在选举前占了议会19%的席位（相对基督教民主党的37%），他们显得雄心勃勃，似乎准备好获得更多席位。我们无法得知中央情报局的努力是否是成功遏制了共产党选举威胁的关键所在（美国也明确表示，如果共产党获胜，意大利不会得到马歇尔计划援助，或者得不到特里亚斯特自由区），但是，当基督教民主党获得55%的席位，共产党席位被压在33%时，大家都认为这项行动取得了成功。

意大利行动的动机几乎完全是出于战略考量，但是，美国政府很快就发现自己开始部署秘密行动来保护私人利益。1951年3月15日，伊朗议会一致投票通过了将英伊石油公司国有化的决定。英国的回应是封锁伊朗主要石油出口枢纽阿巴丹港。尽管国有化导致伊朗石油收入骤降，却让首相摩萨台在国内非常受爱戴。因此，英国向美国求助。但是，杜鲁门总统强烈反对"对伊朗使用武力或威胁要使用武力"。杜鲁门判断英国现在处境比1942年的黑暗时期更有利。另外，此次国有化没有涉及任何美国资产。

然而，即将上任的艾森豪威尔政府却没有像杜鲁门那样冷静对待援助其冷战伙伴的问题。英国政府意识到，美国不愿在伊朗进行干预，部分原因是它不愿介入另一国的投资争端。因此，英国情报官员不遗余力地试图说服他们的美国同行，让他们相信摩萨台太软弱，无法抵挡共产党的影响。美国人很容易被说服，因为这些理由是完全可以理解，而且是合情合理，美国刚刚在柏林、希腊、土耳其和意大利阻止了苏联威胁，一点不假，并且在朝鲜还在进行一场反共扩张的热战。1946年，美国与苏联就斯大林拒绝从伊朗北部撤军差一点就要开战。苏联人迫于压力撤军，但撤退前竟然建立了两个傀儡政府。有了这些近期记录，美国政府往往觉得为了达到反共的目的，即便有些偏执也没有坏处，这是可以理解的。

艾森豪威尔政府缺乏影响伊朗政策的经济工具，无法得到像在玻利维亚那样的最终结果，因此就要动用它的"隐蔽之手"。中央情报局在新任局长艾伦·杜勒斯（他是艾森豪威尔内阁国务卿的兄弟）的领导下，开始相信"共产主义接管"变得"越来越有可能"的局面正在不断得到巩固和加强，伊朗就是一个很好的例证。国务院和中央情报局说服了不太情愿的艾森豪威尔，说美国无法"跟摩萨台达成成功的交易……其政府可能会背信弃义，不按章办事，这个示范作用可能会对美国在世界其他地方的石油开采权产生极为严重的影响"。艾森豪威尔一旦同意隐蔽行动的计划大纲，立刻授意他的顾问讨论行动细节。1953年6月25日，艾森豪威尔批准了推翻伊朗政府的计划，行动代号"阿贾克斯"。阿贾克斯行动包括巧妙地贿赂伊朗军官，议会成员，还有付费请人游行示威，以在首都营造一个强大的反政府氛围，从而使军队的内应乘机罢黜摩萨台。该计划在一个拥有强大政治制度的国家可能不会奏效。然而，伊朗没有强有力的政治体制。政变始于1953年8月15日。8月19日，经过一场激烈的枪战，摩萨台在他德黑兰宅邸中加有钢筋混凝土的卧室里被捕。

艾森豪威尔政府还利用其"隐蔽之手"来解决危地马拉的投资争端。1952年6月17日，雅各布·阿尔本斯总统和危地马拉国民议会通过了《土地改革法案》。该法将未耕作的土地、租用的土地以及未为其所有者直接耕种的土地划分为"可再分配的土地"。危地马拉政府将按照所申报的税额向拥有这些土地的所有者提供3%利息的25年期债券作为补偿。根据《土改法案》，联合果品公司将至少失去45万英亩的土地（700多平方英里，占危地马拉土地面积的1.6%）。联合果品向危地马拉农业委员会提出申辩理由说，他们财产的账面价值太低，而且，如果危地马拉债券在发行后不久就兑现，将会大打折扣。（后面这个理由是真实的，因为美国

## 第七章 再次落入陷阱

联邦10年期债券当时收益率仅为2.96%。）联合果品公司还抗议说，土改法案不允许将争议诉之于危地马拉民事法庭系统，而是规定只有通过危地马拉农业部才能提出上诉，最终裁决权属于危地马拉总统。联合果品公司最后控诉：即使土改法得到改革，允许向民事法庭提出上诉，阿尔本斯当局也已经为最高法院配备了支持土地征用的法官。

联合果品公司的所有反对理由都合情合理，但该公司将此案情提交给艾森豪威尔政府，称其为共产主义颠覆之案。这样的陈情对艾森豪威尔不是特别难以接受。实际上，阿尔本斯曾在1951年暗中要求（非法的）共产党领导人把他们对土地改革法草案的意见写入法案。然后，1952年12月，阿尔本斯在共产党的危地马拉分支机构改名为危地马拉工党之后将其合法化。改名一事起源于阿尔本斯的顾虑，原来在杜鲁门执政期间，（通常他的政府是不愿出面干预的，所以）中央情报局就因阿尔本斯私通共产党制定了一项推翻甚至暗杀他的应急计划。这份计划实际上是存在的。当时，由于国务卿艾奇逊认为一旦被发现真相，对美国信誉的损害将超过罢免阿尔本斯带来的好处，所以，杜鲁门选择了封存这份计划。约翰·福斯特·杜勒斯，艾森豪威尔政府中艾奇逊的继任者，几乎没有这样的疑虑。杜勒斯曾在大萧条时期担任联合果品公司的律师，他的兄弟艾伦曾是联合果品公司的前董事会成员，时任中央情报局局长。

联合果品公司并没有把全部希望寄托在具有同情心的政府行政官员身上，它还激起了美国的公众舆论。该公司聘请公共关系大师爱德华·伯纳斯在危地马拉掀起一场反对共产主义颠覆的宣传运动。伯纳斯是联合果品公司长期的老朋友，他因此全心全意地承担起这项任务。很快，亲联合果品公司，或者反阿尔本斯的文章开始出现在《纽约时报》《纽约先驱者论坛报》《大西洋月刊》《时代周刊》和《新闻周刊》上。伯纳斯最引以为自豪的成功案例，就是在美国拥有最多读者的左翼自由派周刊《民族报》刊登了反阿尔本斯的文章。联合果品公司利用伯纳斯的宣传攻势建立起一个选民大本营，向他们在华盛顿的国会代表施压，而这些国会代表又会向艾森豪威尔施加压力。

面对日益增长的公共、私人、国会和行政部门对共产党在危地马拉渗透的担忧，国家安全委员会于1953年8月12日批准了对阿尔本斯的秘密行动，这个日子恰好是中央情报局启动伊朗政变行动的前三天。12月9日，中央情报局局长艾伦·杜勒斯批准了推翻阿尔本斯的计划，给这个计划取了一个名不符实的名字——"PBSUCCESS行动"，并为该项目拨款300万美元。1954年3月，"PBSUCCESS行动"培养的首批危地马拉爆破人员结业；4月份，首批"准军事领导人"毕业；5月份首批通讯专家毕业。6月15日，该行动的破坏小组偷渡进入危地马拉，而另一支小型流亡的部队在洪都拉斯集结。6月18日晚上8点20分。卡洛斯·卡斯蒂罗·阿尔马斯上校和他的部队越过洪都拉斯边界。中央情报局提供空中支援，包括针对危地马拉阵地的扫射和轰炸，经过九天交战，阿尔本斯于1954年6月27日宣布投降。

持怀疑态度的读者可能会发问：投资人引发的这些争议是否真的在艾森豪威尔政府推翻伊朗和危地马拉政府的行动中发挥了重要作用？毕竟，艾森豪威尔是在一个反共平台上当选，而且美国国际关系的标准措辞就是强调美国对苏维埃政权扩张的真正担忧就是该时期外交政策压倒性的关切点，因此就算投资人不施加压力，单是对共产主义颠覆的担心就可能导致美国介入伊朗和危地马拉的局势。

而且股价走势也表明了这一点。阿林德拉吉特·杜伯（Arindrajit Dube）、伊森·卡普兰（Ethan Kaplan）和苏拉仕·耐杜（Suresh Naidu）估算了美国**秘密**授权政变对被征用企业的股票价格的影响。美国联合果品公司和盎格鲁-伊朗石油公司的股值在秘密授权政变后的三天内表现出2.4至2.6%的累计异常回报（例如价格上涨），实际上，秘密授权产生了比政变本身更大的收益。显然，被征用公司的投资人有能力获得决策过程最高层的消息。如果是纯粹的反苏战略，会对国有化听之任之（或对补偿无所谓）：毕竟美国愿意与欧洲的许多名义上的社会主义政府结盟，而且不关心玻利维亚的非美国投资者的利益。

## 第七章　再次落入陷阱

具有讽刺意味的是，盎格鲁-伊朗石油公司投资者的期望落空了。美国现在是伊朗政治局势的主要利益攸关方。既然如此，美国政府将代表美国利益采取行动。与1946年的墨西哥情况不同，当时杜鲁门政府迫使墨西哥对英国拥有的墨西哥之鹰进行补偿（实际上是过度补偿），而到了1953年，在伊朗的美国公司需要从英国的损失中获益。伊朗政权和美国政府提议由一个国际财团接管伊朗的特许权。两国政府也一致同意英国公司的份额不应超过50%，而且盎格鲁-伊朗石油公司自身应限于少数股权。在八年前的墨西哥，这样的结果是不可想象的：墨西哥政府很容易受制于美国的经济压力，但它不是美国的客户。各方都知道，墨西哥不会把这些财产归还给英国人，更不用说将它们转让给美国所有者了。

1953年9月，艾森豪威尔总统任命小赫伯特·胡佛监督"通过国务院设立新石油财团"的谈判。在国家安全委员会的会议上，胡佛称谈判结果"也许是有史以来最大的商业交易"。司法部在国务院、国防部、参谋长联席会议和艾森豪威尔总统本人的压力下创建了反托拉斯豁免权，以便多家美国公司可以参股重组的伊朗"国有"石油公司。

盎格鲁-伊朗石油公司仍然认为可以从美国人那里获得赔偿。它向财团索要12.7亿美元，向伊朗政府索要1.1亿吨免费的石油，（1954年的12.7亿美元相当于2011年的88亿美元，1.1亿吨石油当时价值23亿美元，相当于2011年的158亿美元）。美国政府表示反对。一些非英属公司后来向盎格鲁-伊朗公司出价10亿美元购买其在财团中的份额。美国国务卿杜勒斯警告英国人说，这个报价"比这些份额的现价高了10亿美元，因为这些份额一文不值"。英国外交部则认识到，要伊朗政府偿付价值23亿美元的石油根本是个天方夜谭，因此建议伊朗将给盎格鲁-伊朗石油公司的赔偿降至2.8亿美元。美国国务院认为即使降到这个价格也还太高，便提议以500万美元的价格结算。1954年7月28日，伊朗同意为盎格鲁-伊朗石油的分销设施支付2,800万美元，还"为1951年至1954年之间对盎格鲁-伊朗石油公司的经营造成的破坏"赔偿4,200万美元。此外，盎格鲁-伊朗石油公司还获得了价值5,600万美元的税收减免。该和解协议还详细规定盎格鲁-伊朗石油公司将按照《1949年补充石油协议》的条款向伊朗支付1.4亿美元。（盎格鲁-伊朗石油之前否决了该协议）。盎格鲁-伊朗石油公司最终还落了个向伊朗**支付**1,400万美元的结果。

最终协议于1954年9月2日在德黑兰，以及9月20日在伦敦和纽约分别签署，因为外国签署方不希望在伊朗签，如果在伊朗签，可能有受制于伊朗法律的风险。这笔交易完成时盎格鲁-伊朗石油公司只持有新财团40%的股份。五家美国公司——泽西标准石油公司、苏康尼-真空泵公司（Socony-Vacuum）、得克萨斯、南加州公司（SoCal）和海湾公司则总持有另外40%的股份。法国石油公司（Compagnie Française de Pétroles）持有6%，荷兰皇家壳牌持有其余14%。（最终的结果并没有让英国公司的份额超过50%，因为荷兰皇家壳牌拥有60%的荷兰所有权。）伊朗政府获得50%的净利润，但不允许对财团的账目进行审计，在管理上没有发言权。艾森豪威尔政府，在隐蔽行动的武装下，又堕入在富兰克林·罗斯福第二个任期的尾端就开始设下的帝国陷阱。

## 结论

1938年墨西哥没收石油公司财产的举动，经常被看作是当代两个决定性特征的前兆。第一个特征是帝国的灭亡。在这种观点下，美国没有选择动用国家势力的全部要素来捍卫其经济利益。相反，它尊重一个主权国家控制本国经济政策的权利。本来可以通过武力或制裁来解决的问题，现在改为通过在国际法范围内的谈判得到化解。第二个特征就是资源民族主义。墨西哥不仅接管了其地下资源的权利，而且还成立了第一个可以在世界能源领域呼风唤雨的大型国家石油公司。此外，该国控制了大规模的资源租金来源，以用于国家开发，反过来又在整个所谓的"第三世界"开启

## 第七章 再次落入陷阱

了一个产权弱化的时代。

与大多数历史记忆一样，上述内容都是真相的核心。事实上，罗斯福政府在对墨西哥进行干预时是犹豫不决的。而墨西哥政府又的确建立了第一个大型的国家石油公司。但除这些事实之外，实际的历史记录与公认的观点有很大的出入。美国政府最终还是出手干预，以捍卫美国（及盟国）公司的财产权，结果使得墨西哥政府反而以超过其资产市场价值的价格补偿了石油公司。国有化本身就是劳工争议失控后的产物，而不是一个宏伟的计划，而这些公司并不是特别挣钱的公司，因此墨西哥政府和石油工人都没有从国有化中捞到好处。既然美国利用其经济控制权对墨西哥施压并成功取得预期效果，那么就没有理由不对玻利维亚使用相同工具下手了。在玻利维亚案例中，华盛顿更多的是依靠物美价廉的胡萝卜而不是对其施以大棒，但取得的最终结果却一样，这个胡萝卜就是玻利维亚**非常**谨慎而不敢轻易违约的双边官方信贷。美国的强权确保了美国（及其盟国）的投资者被征收的资产得到的补偿款高于其公平市场价值或持续经营的价值。

这一切并不等于说睦邻政策只是一层面纱，事实恰恰相反，罗斯福政府尽其所能完成了帝国的扫尾工作，并将美国与拉美国家的关系（以及美国与菲律宾的关系）在一种全新的、更公平的基础上加以制度化。它结束了对古巴和巴拿马的保护。它完成了从海地撤军。它部分结束了对巴拿马不公平的商业歧视。它向洪都拉斯、哥伦比亚、危地马拉、哥斯达黎加和萨尔瓦多开放了美国市场。它准许菲律宾政治独立。总之，除了少数例外，它有效地终结了第一个美国帝国。

但它并没有消除帝国陷阱本身。睦邻政策衍生的许多新政、程序和制度得以实现都是大萧条时期国内政策对海外利益集团的影响发生了变化所致。萧条时期的紧缩导致债券持有人和直接投资者联盟分裂，大萧条之前二者结盟曾为帝国陷阱提供动力。此外，经济拮据的美国国内生产商自发组织起来共同反对美国保护国长期享有的特殊条款。物质匮乏年代的政治去掉了帝国陷阱的锐气，但随着物质稀缺得到缓解，美国的海外产业找到新的方式来展示其政治实力只是迟早的问题。

尽管睦邻政策时代取得了不少成就，但是，无论罗斯福总统对干预和胁迫是如何深恶痛绝，拥有商业利益的公司在紧要关头总能成功地游说行政部门去保护他们的利益。那些石油公司并没有受到墨西哥政府的摆布。美国调集了国家权力来保护公民的海外财产权。墨西哥1938年的资产征收并非新时代到来的预兆。相反，它是美国重返旧时代的标志。

美国在第二次世界大战中取得胜利，而且还专门成立了一个从事秘密行动的政府机构，这些都导致了事实上的第二个美国帝国的诞生，甚至无须得益于官方的"罗斯福推论"——类似宣言。在西欧和日本，这个帝国将是一个致力于阻止苏联扩张、（大多数时候）尊重他国主权的"受邀而来的帝国"。然而，在其他地方，私有产业者迅速地认识到，他们可以像战前一样调动这个新的、属于全球的美国来保护他们的私人利益。美国对遏制共产主义的高度关注改变了游戏规则，但并未拒绝对海外投资者的关心。有时候，如在玻利维亚、伊朗和危地马拉，冷战政治甚至可能为私人利益提供干预的借口。帝国陷阱之前有过一段短暂的逃离，现在再次谢幕。

# 第八章

# 帝国陷阱与冷战

外国投资在我们这里永远受欢迎，而且永远有安全保障。

——菲德尔·卡斯特罗，1958年

1945年后，美国政府发现自己再次被拖入美国公民海外财产权的争议中。虽然战略环境发生了颠覆性变化，但是，罗斯福执政期间建立起来的基本模式几乎没变：先是外国政府要么把美国投资收归国有，要么扬言要将其收归国有，然后美国政府会以制裁，或者威胁要制裁做出回应，暗中可能会采取秘密行动加以干预。拉锯战打一阵子后，受到制裁的这个国家就会撤销国有化决定，或者向美国公司支付超额赔偿（唯有古巴例外）。

然而，在冷战背景下，为保护美国公民的海外财产权所采取的外交政策成本大增。贸然对苏联某个盟友或附庸国采取**边缘政策**有可能弄巧成拙，使原本投资商与政府之间的纠纷，升级为两个超级大国之间的全方位对峙①。本来这个国家只是没收了美国公民的财产，但一旦与之升级为冲

---

① 边缘政策尤指政治上故意将危险局势推至极限，以达到恐吓并驯服对手的政策。译者注。

突，就很有可能使这个国家倒向苏联阵营，这样的后果虽然少了些戏剧性，但也一样不堪设想。苏联随时准备提供援助、市场和技术支持，这使得美国不易取得成功，而且失败的代价也更高。即使成功也可能得不偿失，被共产主义宣传牵着鼻子走，让西方的政治援助白白花在与相关的投资纠纷毫不相干的地方。

不幸的是，对于美国领导人来说，干预导致潜在战略成本的增加，并没有使国内避免干预的政治成本相应减少。美国的海外直接投资商仍然是富甲一方、权倾一时的个人，他们在华盛顿有手眼通天的关系网。他们还可以依赖国会采取行动。不管怎么说，国会在冷战时期更不愿看到美国财产被征收，因为此时财产被征收可以与共产主义势力的蔓延相提并论。"共产主义"这个词从来都像是一根大棒，需要时就能拿来打人，就像20世纪20年代对"红色墨西哥"小题大做一样，但是眼下共产主义却是一个实实在在的威胁，直接关系到两个拥有核武器的军事巨擘。除此之外，随着对外援助的增加，某国政府一只手接过美国的无偿援助，另一只手却收缴美国财产，一想到这点就让人忍无可忍。1962年，国会不顾总统反对，成功通过了《对外援助法希肯卢帕修正案》（the Hickenlooper Amendment to the Foreign Aid Act），该法案要求行政首脑对没收美国财产的国家停止发放援助。美国几届政府基本上都没有正式启用过《希肯卢帕修正案》，只是当美国财产可能被没收，又得不到充分赔偿因而打起嘴仗时才采取过大幅削减援助的权宜之计。美国政府进行干预可能带来的危险，在国务院看来是如此明明白白显而易见，但在公司董事眼里，以及核心人物心里，却一点也体察不到。

## 第二个卡斯特罗先生引发的后果

古巴革命的余波表明，冷战时期针对财产被征收的国内政治与国外政

## 第八章　帝国陷阱与冷战

治充满了矛盾和冲突。美国制裁很可能是卡斯特罗倒向苏联阵营的推手，至少很多高层决策人士都是这么认为，但是，国内对卡斯特罗行径如此愤怒，这在之前的尼加拉瓜、委内瑞拉、墨西哥、玻利维亚以及危地马拉危机中从未有过。

华盛顿几乎无人料到，20世纪50年代的古巴政治动荡会彻底打乱这之后25年美国海外干预的全盘格局。1952年春，古巴前总统富尔亨西奥·巴蒂斯塔（Fulgencio Batista）发动军事政变重新掌权，杜鲁门政府一笑置之，未加重视。走马上任的新总统艾森豪威尔及其幕僚也一样满不在乎。毕竟之前的古巴政府虽然差强人意，但一直都是民主的典范。美国投资仍然安全流入古巴，古巴货物也一直安全出口到美国。

然而，有一位名叫菲德尔·卡斯特罗的年轻律师，他心怀理想主义抱负，就在政府的法眼下开始了推翻巴蒂斯塔的征程。他第一次行动出师不利：1953年7月26日，卡斯特罗对古巴第二大军事要塞——蒙卡达军营发动进攻，因寡不敌众而溃败，被判15年监禁。巴蒂斯塔并不把这位年轻律师放在眼里，不到两年就把他释放了。没过多久，卡斯特罗卷土重来，再次尝试颠覆政府，这回同样惨败。卡斯特罗有一位在墨西哥从事活动的联络人，从一个美国人手里购买了一艘"奶哪"号游艇。这个美国人有拼写障碍，本来是为表达对祖母的敬意把这艘游艇命名为"奶奶"号，结果写成了"奶哪"。1956年12月2日，卡斯特罗和他的阿根廷战友埃内斯托·"切"·格瓦拉，带着80名武装同伙，试图在古巴东南海岸登陆。报道说卡斯特罗的人马被古巴政府军一举歼灭，但卡斯特罗本人却侥幸逃过一劫，之后他不断获得美国媒体的追捧。1957年2月24日，《纽约时报》头版刊登了他的报道，同时配发了他的照片，照片上他手持步枪、蓄着大胡子，一副年轻反叛者的形象，颇有戏剧表演天赋。他领导的革命运动如星火燎原，迅速扩大，到了1958年，富尔亨西奥·巴蒂斯塔统治集团需要对他严阵以待。

艾森豪威尔政府对卡斯特罗可能上台掌权依然无动于衷。1958年12

月14日，美国大使厄尔·史密斯（Earl Smith）会见古巴外交部长冈扎洛·桂尔（Gonzalo Güell），告诉他"美国不再支持古巴现政府"。12月17日傍晚，史密斯又与桂尔和巴蒂斯塔举行了更长时间的会晤，对他强调美国不再站在巴蒂斯塔的立场进行调解。对此巴蒂斯塔怒火万丈，指责美国此时是"在替卡斯特罗兄弟斡旋"。然而，由于担心卡斯特罗阵营内部有共产主义分子，美国没有态度鲜明地支持这些叛乱分子。在1958年12月23日举行的国家安全委员会会议上，中央情报局局长艾伦·杜勒斯报告了中央情报局对卡斯特罗的评价："共产主义者似乎已经渗透到卡斯特罗阵营内，虽然菲德尔做出努力要把他们拒之门外。"用副总统尼克松的话说，"任由共产主义主宰古巴？我们最好不要冒这个险"。

1959年1月1日，离天亮还有好几个小时，富尔亨西奥·巴蒂斯塔仓皇逃跑，躲到多米尼加共和国。菲德尔·卡斯特罗在圣地亚哥宣布革命胜利。1月8日，他的队伍雄赳赳气昂昂地开进哈瓦那。艾森豪威尔召回史密斯大使——他不会讲西班牙语——派菲利普·邦索尔（Philip Bonsall）替代他，后者是个职业外交家，对拉丁美洲事务有着广泛而丰富的经验。1959年2月7日，古巴新政府颁布了《基本法》，其效力相当于延续1950年巴蒂斯塔终止的《1940年宪法》。《基本法》第24条声明要保护私有财产，不过对于"合作者"有空子可钻，具体如下：

严禁缴没他人财产，但允许没收1958年12月31日被罢免的暴君及其合作者、要对国家经济或公共财政犯罪行为负责的自然人或者法人，以及滥用公共权力非法致富者之财产。不允许剥夺其他任何自然人或公司法人的财产，除非有适当的司法授权，出于公共事业或是社会利益方面的理由，并且总是以现金方式，提前支付相应的赔偿金。

起初，虽然古巴高层少数官员担心共产主义接管古巴纷纷倒戈，但华盛顿还是相信美国可以与卡斯特罗合作。1959年4月，卡斯特罗来到美国,他的意图很明确,就是寻求世界银行贷款,这个目的不带有共产主义正统观念。副总统尼克松在华盛顿亲自会见了卡斯特罗,之后尼克松写道:"我本人对他个人的评价有点五味杂陈。但有一点我们可以肯定,那就是他身上具有一些难以言表的特质,使他成为群龙之首……他对共产主义要么是出奇的幼稚,要么正在接受共产主义的熏陶——我的猜测是前者……因为他有领导才能,之前我就说过,所以我们别无选择,只能争取试着把他引到正确方向上来。"

1959年5月17日,古巴政府颁布了它期待已久的(或者说是担心已久的)土改政策——《农业改革法》,该法案规定个人拥有土地不得超过995英亩,但允许甘蔗种植园主和养牛场主拥有多达100卡瓦拉里亚的土地①,也就是3,300英亩,5平方英里还多一点。禁止非古巴公民将来购置农业用地。允许公司拥有土地,但所有股东都必须是古巴公民。种植甘蔗的公司持股人不许拥有加工甘蔗的公司的股份。这条法规让甘蔗加工厂失去了大约两百万英亩的土地。该法案规定给予补偿,但是只按1958年的税收估值给予补偿。由于古巴没有足够的美元以现金方式补偿投资者,政府答应赔付20年期的不可转让债券,利息最高不超过4.5%,比美国政府发行的10年期证券高出12个基点。

美国一开始做出的反应是不温不火。6月11日,国务院给卡斯特罗发去官方照会,声称美国政府支持"古巴政府欲追逐的目标",但是请求古巴根据1959年的《基本法》"按时足量、切实有效地支付补偿金"。虽然古巴对用长期债券支付补偿金持开放态度,而且这些长期债券可上市交易、可用美元支付,但美国的不满主要集中在古巴补偿投资商的是以比索计价的债券,而不是用美金。

投资商施压很快迫使艾森豪威尔政府对古巴表明立场。1959年6月底,古巴政府在卡马圭省(Camagüey Province)进行了第一次大规模财产征

---

① 在古巴,1卡瓦拉里亚(cabellaría)合13.43公顷。译者注。

收。美国投资商开始惊慌了。其中，喊冤声最响的是一位叫罗伯特·克莱伯格（Robert Kleberg）的大业主，他在得克萨斯州南部拥有占地1000平方英里的国王牧场。克莱伯格在古巴拥有多处资产，其中在卡马圭省就有价值300万美元的牧场。克莱伯格利用他在得克萨斯州的亲信，向参议院多数党党魁林登·约翰逊（Lyndon Johnson）以及财政部长罗伯特·安德森（Robert Anderson）就古巴征收财产之事提出申诉。这位林登·约翰逊最初进入华盛顿政治权力中心，就是从担任"牛仔议员"理查德·克莱伯格的行政助理开始，而那位罗伯特·安德森曾是得克萨斯州一家石油公司的主管。除此之外，主管美洲事务的助理国务卿罗伊·鲁博特姆（Roy Rubottom）以及主管经济事务的助理国务卿托马斯·曼（Thomas Mann）都来自得克萨斯州，"对国王牧场的上诉持同情态度"。

1959年6月24日，克莱伯格争取到一次与国务卿克里斯蒂安·赫特尔（Christian Herter）会面的机会，两人讨论了这场"共产主义兴风作浪"的土地改革。克莱伯格提出了一个方案："如果剥夺古巴的蔗糖出口配额"，他说，"古巴制糖业就会立刻应声倒下，古巴失业率就会进一步大幅上升，因此而失去饭碗的大批古巴人就会开始受困挨饿，这样他们就能亲身体会到卡斯特罗土地改革带来的灾难性后果，到那时，卡斯特罗政治生命就此结束"。第二天，克莱伯格又与艾森豪威尔总统进行一小时的会晤，"会面的前提就是他有些事情要对总统本人（而不能对任何其他人）说"。他要说的事包括请求立即终止古巴蔗糖配额，没收古巴在美国的所有资产。艾森豪威尔"认为没必要告诉鲍勃[①]"他会怎么应对古巴政府的行为。

在古巴投资的美国人，很少有人像克莱伯格这样人脉通天，但是，他们众志成城，拧成一股绳，组成一个威力不容小觑的游说团。由于事关糖业大计，他们几乎不费吹灰之力就说服了佛罗里达州民主党参议员乔

---

① 此处鲍勃指罗伯特·克莱伯格。译者注。

## 第八章　帝国陷阱与冷战

治·斯马瑟斯（George Smathers）向参议院提出削减古巴蔗糖进口配额的建议。1959年9月24日，一群美国糖业高管会晤了国务院高层官员，前者个个说话掷地有声，后者同样掌握着生杀大权，会议由罗伊·鲁博特姆主持，邦索尔大使列席。糖业高管们的态度是，如果古巴局势还有挽回余地，就不要消减蔗糖配额，而是请美国政府与卡斯特罗交涉，允许甘蔗免受《农业改革法》约束。"其他用途的土地没有构成任何问题——都不是什么大不了的事"。但是，食糖**精炼厂主**却愿意更严厉制裁古巴，因为假使美国"用蔗糖配额惩罚古巴"，他们就可以使用国产甜菜糖为原料，提供美国消费的食糖。借用美国食糖精炼公司总裁威廉·奥利弗对国务院说的话，"食糖生意没有任何猫腻"。

眼看甘蔗收割季节就要来临，聚集在佛罗里达的古巴反革命分子开始以古巴制糖厂为目标实施空中打击。第一次空袭是在1959年10月中旬，气急败坏的古巴外长瑞尔·罗阿（Rail Roa）发表声明说，如果空袭不是美国政府的刻意挑衅，至少是美国恶意纵容的结果："古巴人民从血的教训中深刻体会到，如果美国政府动用其强大的警戒与防御系统，要想在其领土内密谋任何军事行动、贩运军火、从其港口非法离境，或者从其机场非法起飞，如果没有齐备的文件，这些几乎都是天方夜谭"。空袭行动还包括投掷白磷炸弹和空中扫射，有一次空袭是在1959年10月21日，目标就是哈瓦那郊区。空袭一直持续到1960年。这不仅没有让古巴屈服，反而更死心塌地地没收美国的制糖资产。例如，1960年1月11日，就古巴决定用比索债券而不是现金来补偿被没收资产的美国公司事宜，邦索尔大使向古巴政府提出正式抗议。抗议甫一提出，随之就是一系列的空中打击，向古巴糖厂投掷燃烧弹，但古巴政府只是把空袭视为一种威胁，对邦索尔大使的照会置之不理。

1959年，卡斯特罗对美国其他公司做了一些小动作，但没有激起太大波澜。是年夏天，古巴政府命令电费降价30%，使得美国和国外电力公司声称其下属的古巴分公司全年损失了1,300万美元；11月，又出台一条新

275

法规，征收石油公司60%特许经营税，并且只能在租借地钻井，否则就要收回租借权。对这两条规定，美国的反应都比较温和，不像制糖业一石激起千层浪。古巴的石油产量本来就不大，而且一直在减产，已经从1956年日产1,715桶下降到1958年的1,100桶，1959年暴跌至552桶。收缴一些未探明价值的租借地不会促使石油公司采取行动，因为那样的话会殃及他们利润丰厚的炼油生意。至于电力公司，拉丁美洲国家对外国人在本国经营的公共事业，一直实施价格调控，这个悠久的传统可以上溯至墨西哥独裁总统波菲里奥·迪亚斯（Porfirio Diaz），1893年，他就曾经采取过类似的措施。美国和国外电力公司已经准备出售公司在古巴的资产，正在寻找买家。因此只有制糖工业如鲠在喉。

基地设在佛罗里达的反革命分子对古巴不断空袭，给苏联创造了机会。1960年2月4日，苏联部长会议第一副主席阿纳斯塔斯·米高扬（Anastas Mikoyan）带着一笔生意飞致哈瓦那，苏联打算在1960年购买4.25万吨古巴糖，之后的四年每年以每磅3美分的固定价格购买100万吨。从经济学角度看，这笔生意对古巴人极其不划算，因为美国进口古巴糖的价格是每磅5.4美分。不仅如此，苏联只同意20%的糖款用现金支付，70%用原材料按全球市场价抵付，剩下10%用苏联制造的工业品抵付。然而，作为一个政治手段，这笔交易在古巴似乎深得人心。人群聚集起来一遍遍齐声高呼，让米高扬"也送飞机和大炮来！"对此，中央情报局局长杜勒斯竭力寻找积极一面，可他就是找不到，只好说"苏联给古巴提供米格战斗机，这一步可能对美国有利，因为这让苏联的企图大白于天下"。

卡斯特罗与苏联达成一致深深刺激了华府。参议院外交关系委员会立即与邦索尔大使召开了闭门听证会。在公开听证会上，托马斯·曼力陈事实，证明以蔗糖配额作为国家利器，美国将面临"两个进退两难的困境"。如果继续给予古巴蔗糖进口配额，"这有姑息和鼓励之嫌……但另一方面，我认为，我们也必须同样警惕另一种极端带来的危险……如果我们通过自己的法案与言行，干涉了古巴的内部事务，我认为，我们会让卡斯特罗更容易把民族主义的大旗裹在自己身上，标榜自己是民族英雄。这样会巩固他在古巴的地位，而且，如果我们做得又不是很巧妙，不是很小心翼翼的话，就会招来整个西半球合力支持卡斯特罗"。

在国务院，官员们都认为，牺牲美国在古巴岛的经济利益来阻止古巴倒向苏联，这个代价可以接受。而弥漫在美洲事务局内的气氛，用国务院政策计划局（the Policy Planning Staff）成员亨利·拉姆齐（Henry Ramsey）的话说，就是"失败主义"。他接着写道，"我认为，我们所有人都必须以极其谦恭的态度对待古巴。在美国历史上，我们从未有过类似经历，无论是欲置美国于死地的仇恨程度，苛刻地没收美国资产，还是苏联对西半球的威胁……我认为，我们的出发点必须是阻止古巴进入中-苏运行轨道，使其回归美洲体系，这比拯救美国在古巴的投资让美国商人称心如意更重要。这是我们必须吞下的苦药"。

国务院屡次提醒艾森豪威尔，对古巴经济报复会引发政治灾难。1959年7月，国务院美洲地区经济事务办公室主任哈利·特克尔（Harry Turkel）也列举了类似结果。他把该战术比作"一把巨锤"，他写道："削减蔗糖进口配额是针对古巴的终极武器……它会让几乎所有古巴人都聚集起来力挺卡斯特罗……这一步可能造成不可逆转的后果"，因为，其他盟国会要求瓜分古巴糖的进口配额，一旦被瓜分，到时就无法隔绝他们了。唯有一种情况，特克尔会建议政府使用经济制裁这个武器：即苏联采取某种行动"支持卡斯特罗，而该行动是我们认为无法容忍的"。

邦索尔大使认同削减蔗糖进口配额会引发灾难这个观点。1959年9月，他警告助理国务卿鲁伯特姆说："由于古巴国内的立法，我们的执法人员出于惩罚或者报复的理由，削减进口古巴蔗糖的配额，我们的立法机关即使是考虑一下这种可能性，以我的判断，都可能引发灾难，这不仅对美古关系如此，而且对美国与其他拉美国家的关系也一样后果不堪设想。"12月，威廉·维兰德（William Wieland），加勒比海与墨西哥事务办公厅主任，也给鲁伯特姆发了类似警告，"削减配额会带来如下政治后果：一、激起古巴和西半球其他国家对美国的仇恨；二、助长了对卡斯特罗的同情，因而可能延长其政权统治期；三、可能授人以柄，让人捉到了我们对海那边相隔仅90英里的一个国家实施经济胁迫政策的证据，这证据可能还确实占理；四、这等于给自己制造后患，不利于卡斯特罗倒台后重振古巴疲软的经济"。

中央情报局不相信古巴已经和苏联结盟。一份日期为1960年3月22日的国家情报评估直截了当地写明，"我们相信，菲德尔·卡斯特罗及其政府目前还没有明显受到国际共产主义运动的主宰和控制"。这份情报评估，同样直截了当地声称，中央情报局不认为卡斯特罗的政权会这么轻易地落入共产主义主宰的体制。按照这份报告的意思，美国战略利益遭到破坏，其原因不是卡斯特罗行为本身，而是美国对卡斯特罗政策的应对方法造成的。

中央情报局的警告没有得到重视。财政部长罗伯特·安德森建议减少美国对古巴的石油出口以削弱古巴经济，但是到1960年4月底，古巴已经采取了"反减"措施，直接接收苏联油轮运来的石油。古巴国家银行书面告知，炼油厂必须接受苏联原油作为古巴政府对以往债务的偿付款。国家银行还通知炼油厂，银行不再提供比索兑换美元的业务。1960年5月31日，在古巴投资的三家大型炼油公司——埃索、德士古和皇家荷兰壳牌——的代表，会晤了助理国务卿托马斯·曼以及财政部部长安德森。作为石油工业的前高管，安德森说："如果各公司决定拒绝古巴的要求，与美国政府的古巴政策是相符的"，不过他补充说，"这个决定还要你们这些公司自己来做"。接着国务院建议了几种提供外交掩护的方法。会后，埃索、德士古和壳牌指示公司在古巴的经理拒绝接收苏联原油。卡斯特罗暴跳如雷，这也是预料之中的，他把石油公司的拒收称为"彻头彻尾的侵略行为"。1960年6月28日，他签署了188号令，命令圣地亚哥的德士古炼油厂炼苏联的油。德士古拒绝，古巴石油研究所马上就占领了炼油厂。几天后在埃索和壳牌再次上演了同一幕戏。

## 第八章　帝国陷阱与冷战

华府对卡斯特罗接管三家炼油厂迅速做出反应。1960年6月29日，众议院将白宫提出的《食糖法1948》修正案交给议员席讨论。这条法律授权执法部门自主调控古巴蔗糖配额："总统可不受标题II下所有其他规定的约束，有权出于国家利益，根据不同时期需要，决定1960年度剩余古巴蔗糖配额数，以及截止到1961年3月31日的为期三个月的蔗糖配额数。"6月30日，众议院以396票对0票的惊人高数票通过了这一法案，7月2日参议院同样也以惊人的84票比0票高票数通过了此法案。艾森豪威尔总统于1960年7月6日签署了这个法案，在原定1960年全年311.9655万短吨的配额上减少了70万短吨，这意味着该年度剩下的时间里，古巴糖基本上无法进入美国市场。

艾森豪威尔政府接下来一一清除了国务院古巴事务的主要异己分子。助理国务卿鲁伯特姆1960年8月被调任驻阿根廷大使，之后再没有担任任何外交要职。邦索尔大使10月被召回，后被委任驻摩洛哥大使，这个职位根本用不上他处理拉丁美洲事务的长项。最令人不安的是维兰德，由于他在美国"失去"古巴事务中扮演的角色，成为国会和新闻媒体搜捕同性恋的"巫术狩猎"行动的对象。

再回到古巴，卡斯特罗听说蔗糖配额被砍，顿时怒气冲天，第二天在一个古巴工人的小型集会上愤怒声讨美国的经济挑衅。接着，他签署了第851号令，授权（但不是命令）收缴所有在古巴的美国资产。第851号令规定补偿金的支付方式为利息2%的30年期债券，而补偿金的来源更是一记奇招：在每年出口美国的300万吨蔗糖不变的前提下，额外销售的蔗糖以每磅5.75美分价格出口美国，所得的销售额拿出25%建立一个账户，用来支付补偿金。古巴开出的这个每磅5.75美分的单价恰好就是当时美国国内的市场价。不用说，即使收回制裁，这条法令也让美国拿不到多少补偿金，因为制裁之前的蔗糖配额也仅为311.9万吨。7月8日，《纽约时报》发表编者按称"艾森豪威尔政府采取的削减蔗糖配额的具体做法是不是合适，只有时间可以回答。选择这个报复行动不是十全十美的，而采取行动的压力又是势不可挡。现在木已成舟，毫无疑问，美国、古巴以及拉丁美洲，已经进入一个新时代"。

就在第二天，新时代正式来临。苏联-古巴同盟从一开始就凸显了进攻美国领土的可能性。1960年7月9日，尼基塔·赫鲁晓夫出席俄罗斯联邦苏维埃共和国教师大会论坛。在这个挂羊头卖狗肉的论坛上，他谈到了古巴局势。他对听众（他自己孩提时的老师也在场，这很有象征意义）咆哮着说：由于美国的"经济封锁"，古巴现在愿意躲在苏联火箭技术的保护伞下。"我们应该牢牢记住，美国现在再也不像从前那样距离我们遥不可及……如果五角大楼的嚣张势力胆敢开始干预古巴，苏维埃的炮兵就可以用他们的火箭支持古巴人民，而且五角大楼最好是放明白一点，不要忘记我们已经拥有能准确落在13,000公里以外的预定目标的火箭，就像最新试验已经证明的那样。这也是对那些想用武力而不是用理性解决国际问题的人，如果你们愿意看到的话，提出警告"。第二天，埃内斯托·"切"·格瓦拉就在哈瓦那总统宫殿前的10万古巴工人集会上宣布："不仅如此，古巴现在还是一个无比自豪的加勒比海岛国，受历史上最伟大的军事强国的导弹保护。"

赫鲁晓夫对美国的警告只是虚张声势，苏联根本就没有可发射、能打到美国的洲际弹道导弹。苏维埃第一个可部署的洲际弹道导弹是R-16，也被称作SS-7萨德勒，直到1961年底才能完全投入使用。但是古巴人不知道这一点，而是心甘情愿地、一去不回头地扎进苏维埃防御圈。

古巴自以为有苏联做安全保障，没收美国的财产就可以肆无忌惮，畅通无阻。1960年8月，卡斯特罗将36家糖厂、炼油厂（已经被古巴官员占有）、电力和电话公司收归国有。9月，他接管了三家美国人拥有的银行。1960年10月13日，他又公有化了19家美国公司，包括宝洁、杜邦和斯威夫特等公司的当地子公司。作为回应，美国在10月20日对古巴出口禁运，除了药品和少数食品。古巴在"以血还血，以牙还牙"的过程中，将166家美国拥有的饭店、保险公司以及其他企业全部国有化，包括尼卡罗镍

## 第八章　帝国陷阱与冷战

厂，以及伍尔沃斯，西尔斯·罗巴克，国际收割机器和可口可乐等公司的子公司。到了12月，艾森豪威尔总统已经把古巴糖进口配额降为零，古巴没收财产也告一段落。1961年1月终止了外交关系。

结局不幸的猪湾入侵行动使两国关系进一步恶化，这本来是中央情报局策划的秘密行动，要把一支古巴流亡者组成的小分队送到猪湾登陆，以便去支持一场全古巴反卡斯特罗的大暴动。虽然该计划是艾森豪威尔时发起，但计划的实施却落在他的接班人约翰·肯尼迪任上。这可不是肯尼迪愿意继承的遗产。猪湾事件前晚，他就把这次行动直接与1956年苏联入侵匈牙利做对比，他对助手说："我不想冒美国版匈牙利的险，搞不好那可能会是一场该死的大屠杀。"因此，他撤销了最初制订的用美国空军空中掩护入侵行动、用海军运送给养的计划。整个登陆行动最大特点就是执行无能。"秘密"入侵实际上变成家喻户晓。1961年1月11日，《纽约时报》在头版头条报道了反卡斯特罗部队的训练，连同一幅地图，地图上清清楚楚标着部队在危地马拉的临时基地，以及在古巴的可能登陆点。与此同时，苏联还知道作战的日期。因此，1961年4月17日第一批部队登陆之后三天以内，古巴政府军就挫败了这起进犯。

由于美国在古巴的软弱无能，使得赫鲁晓夫1962年在岛上部署了中程导弹，这是导致古巴导弹危机的直接原因，两个超级大国之间爆发战争的可能性从未像现在这样一触即发。根据国务院1964年的估算，古巴至少没收了美国5.24亿美元钱款，还有可能远远不止10亿美元的资产，折合成2011年的价值，约为31亿至60亿美元。这个数目，虽然很巨大，但却比不上核战争所摧毁的哪怕是一个美国城市可能造成的损失。没有任何理性的国家行政首脑愿意做这样的交易。

华府有很多人都认为，古巴加入苏联集团是美国对财产被缴后打击报复古巴导致的结果。到底是美国把卡斯特罗推向苏联怀抱，还是他自己扑上去的，对这个问题一直争论不休，但是对这个问题的不确定性，使得美国政府格外清醒地认识到，过度热心保护美国私人财产有可能把一个中立政府推向苏联集团。古巴的教训带给人的滋味不好受,任何一届美国政府都不想重蹈覆辙。

## 巴西,帝国陷阱,以及《希肯卢帕修正案》

需要(国会采取行动),以应对某些国家在没收美国财产时似乎盛行的恣意妄为、肆无忌惮之风。

——参议员休伯特·汉弗莱,1963年

虽然20世纪60年代和70年代屡屡发生的没收财产的冲突没有一个后果严重到像古巴那样一败涂地,但是,美国还是发现自己在美国财产被收归国有这方面,身不由己地陷入了一系列具有战略风险的纷争中。执行部门的行动失败造成国内政治成本继续上升。美国海外财产被他国强行充公引发了前所未有的爱国义愤,1962年国会通过了一项举措——《对外援助法希肯卢帕修正案》——要求停止给没收美国财产的国家提供援助。美国国务院借助好运和勤奋(还有在中央情报局的某种帮助下),成功地从20世纪60年代财产征收冲突中脱身,而没有遭到进一步的战略损失——但仅此而已。

导致《希肯卢帕修正案》出台的一系列事件,始于1962年2月16日,当时巴西的南里奥格兰德州(Brazilian state of Rio Grande do Sul)政府没收了国际电话电报公司的子公司国家电信公司(Companhia Telefonica Nacional)。这场纠纷由来已久,1953年,该州政府就拒绝续签国际电话电报公司的租约,因为服务太差:安装新电话的申请要等四年才能装上,排队等候安装电话的人有2.5万位之多,大大超过已有的1.9万名用户。国际电话电报公司却反驳说国家电信公司亏损运营,若要改善服务必须涨电话资费。争论一直拖到1959年,国际电话电报公司新任总裁哈罗德·吉宁(Harold Geneen)提出投资4,000万美元以换取话费上调。南里奥格兰德州新上任的州长莱昂内尔·布里佐拉(Leonel Brizola)不同意,而是建议把国家电信公司转变成合资公司,州政府与国际电话电报公司各持25%的股份。国际电话电报公司同意仔细研究一下州长的提议。这种谈生意的方式符合20世纪初以来拉美(当然也是全世界)常见的模式,因此并没有引起太多关注,直到双方无法达成一致而谈崩。

南里奥格兰德州和国际电话电报公司委托一个由三位评委组成的评估小组给国家电信公司估值,其中一名评委由国际电话电报公司聘请。国际电话电报公司报的估价在600万至800万美元之间。(折合为2011年的大约3,600万到4,800万美元之间)。三人小组回报估值为730万美元。不知道是国际电话电报公司还是布里佐拉不同意三人小组的估值,反正谈判谈崩了。布里佐拉把1.49748亿旧克鲁塞罗(按当时汇率相当于40万美元)存入一个托管账户,并且没收了该公司的设施。布里佐拉是这么算出1.49748亿旧克鲁塞罗的:三人小组对国际电话电报公司持有份额的估值,减去捐赠给该公司做公共道路的土地,以及"非法出口所得利润"等类似款项。国际电话电报公司可能不会特别在乎一家亏损的小型子公司,但另一方面它的确十分重视在其他拉美国家投资的安全。国际电话电报公司在古巴的多个运营点被政府收缴国有,令管理层深感震惊,而在智利,公司有整整12%的进项出自这里,他们担心巴西这个坏榜样会波及安第斯山脉的另一端。

1962年的巴西政府几乎是专为激发美国的反共情绪而量身定做的。刚上任不久的总统,左倾的乔奥·"姜戈"·古拉特(Joao "Jango" Goulart),虽然是一个富有的地主,却有着激进的形象。而且,当夸德罗斯(Quadros)总统辞职让古拉特接替时,古拉特正在访问中华人民共和国。更糟糕的是,他还指派一位共产主义者做他的新闻秘书,充当他的公众形象。1961年9月,中央情报局得出结论认为,古拉特"有意或无意地在为共产主义有效渗透铺平道路,此为前奏,最终目的是让共产主义接管"。与此同时,布里佐拉州长在1959年已经没收了归属美国和外国电力公司(简称安福普)的几家发电厂。安福普早在1927年就进入巴西,但到1959年,它也像国家电信公司一样一直处在亏损状态。公司的管理层想离开,最简单的撤出方法就是把公司卖给地方政府。在阿根廷和墨西哥,安福普公司设法与当地政府谈判达成了交易。在巴西,就在安福普与联邦政府商讨这件事的时候,布里佐拉州长却干脆没收了它的资产。然而,安福普仍然有信心能与古拉特达成交易,而且该公司没有打算请华盛顿出面支持。然而,只要你去寻找,总能找到太多类似古巴的不祥之兆。

布里佐拉出人意料地没收国际电话电报公司的财产,让肯尼迪政府如热锅上的蚂蚁,因为,布里佐拉走完这一步棋之后的六个星期,也就是1962年4月3日,肯尼迪将在华盛顿会晤古拉德。国际电话电报公司刻意煽起公众舆论的哗然。布里佐拉宣布没收的第二天,吉宁打电报给国务卿迪恩·腊斯克和白宫,强烈谴责巴西的做法。就在同一天,《纽约时报》头版刊登了一篇文章,大标题赫然写着"巴西人霸占了美国电话系统"。该文章一字不落地引用了吉宁的原话。作为对《纽约时报》报道的回应,商人们怒不可遏,纷纷写信、发电报、打电话给国务院,数量之多犹如洪水猛兽,以至于国务卿腊斯克向新任驻巴西大使林肯·戈登通报情况时觉得有必要专门说起这件事。戈登是哈佛大学教授,土生土长的纽约人,对美国跨国公司实在不抱太多同情心。但他得到指示,必须使出"他的浑身解数,充分利用美国政府在这方面的力量和影响,努力取得'按时足量'的补偿"。

肯尼迪政府想悄悄地通过谈判解决问题,但是国会却要高调立法。古巴革命之后,国会已经试图授权制裁。1959年7月,南卡罗莱纳州民主党参议员奥林·约翰斯顿(Olin Johnston),以及新罕布什尔州共和党参议员斯特尔斯·布里奇斯(Styles Bridges)提出了一条《相互安全

## 第八章　帝国陷阱与冷战

法》修正案，要求一旦美国财产被没收就停止所有对外援助。国务院很自然地反对这个提议。阿肯色州民主党参议员J·威廉·富布莱特（J. William Fulbright）带头反对。他认为这个提案会破坏美国与友邦国家的关系："某些国家不会是被震慑，而是被激怒。"修正案以44票比39票未获通过。布里奇斯参议员又提出一条修正案，这一次允许总统自行决定是否停止援助。这个修正案以59比32票获得通过。

巴西的一系列事件改变了国会的推算，这不仅仅是因为国际电话电报公司娴熟的游说技术。1962年3月1日，路易斯安那州民主党参议员罗素·龙（Russell Long）咆哮道："我们不应该继续慷慨地给予援助，与此同时接受援助的国家却在收缴美国纳税人的宝贵财产而不予以补偿，而这些援助款正是出自那些纳税人。"国际电话电报公司找到爱荷华州共和党参议员伯克·希肯卢帕（Bourke Hickenlooper），请他帮忙，这个人具有完美的反共资质。希肯卢帕答应帮忙，提出一项《1962年外国援助法》修正案，该案**追溯性**命令总统在财产被没收时停止给予援助。无论什么党派什么思想路线，大家一致支持此修正案。自由开明的蒙大拿州民主党参议员麦克·曼斯菲尔德（Mike Mansfield）和明尼苏达州民主党参议员休伯特·汉弗莱（Hubert Humphrey）都支持这个立法，汉弗莱后来解释说，"我们需要这项法案，以应对某些国家在没收美国财产时似乎盛行的恣意妄为、肆无忌惮之风"。

国际电话电报公司继续游说。5月9日，在纽约市"海军准将酒店"（Commodore Hotel），哈罗德·吉宁就财产被没收的问题在国际电话电报公司的股东大会上讲话。吉宁奉劝投资人"不要惊慌失措地从拉丁美洲或者其他外国地区撤回"。相反，他怂恿他们"去说服我们的政府，使其相信美国的进步联盟不应再给那些没收美国私人投资，又不给予公平、及时赔偿的国家发放援助"。据《纽约时报》报道，股东大会"安静且秩序井然"，但对吉宁的讲话却报以热烈掌声。

这些假大空的话对美国公司有作用吗？虽然游说这个行当有一层职

业上保密的面纱，但是有确凿证据证明，美国的集团公司都很努力地促成《希肯卢帕修正案》。当时担任希肯卢帕参议员的法律助理的乔治·帕夫里克在接受电话采访时回忆说，国际电话电报公司、德士古、泽西标准、联合果品，以及"几家铜业公司"都为这个修正案积极游说。

肯尼迪政府反对这个修正案。1962年3月7日，肯尼迪总统告诉记者："此时此刻试图通过这个方案，迫使我们因为某个国家的一个州政府的行为而去制裁这个国家的政府，我想不出还有什么比这更不明智。"国务院派遣专家来论证这个修正案不合时宜，包括国务卿迪恩·腊斯克。用希肯卢帕的话说，"国务院做出各种各样的反对姿态，他们写备忘录，他们在委员会上论证，实际上，他们是在说'我们将保护美国的权利，请不要立下任何这类法律，有些国家会怪罪我们，不会拿我们的钱'。委员会举行了一个听证会，调动了大量的行政力量来阻止修正案的实施"。

为什么肯尼迪总统没有威胁说要使用否决权呢？答案来自三个方面：第一，威胁要否决这个修正案会是空话，因为虽然外援在1962年仍然很盛行，但是已有大量反对意见，使得替代法案很难通过。第二，肯尼迪政府虽然反对希肯卢帕的修正案，但一点也不想让人觉得它是缩在一个角落，对美国财产被没收视而不见漠不关心；第三，肯尼迪和国务院认为，如果国家安全确有需要，他们随时有能力规避或者逆转这条修正案。

1962年6月5日，参议院《对外援助法》委员会一致通过增补希肯卢帕修正案。接着，参议院以口头赞成方式通过修正案。在众议院，虽然经过一番辩论，但这些重要条款最终以153票对120票获得通过。1962年8月1日，肯尼迪签署了《对外援助法》，其中包括《希肯卢帕修正案》。

## 《希肯卢帕修正案》的执行

《希肯卢帕修正案》只被正式执行过两次：第一次是针对锡兰（现在

第八章　帝国陷阱与冷战

的斯里兰卡），第二次是在近三十年后针对埃塞俄比亚。1979年制裁埃塞俄比亚没有花什么战略成本。1979年，该国的共产党政府准备加入苏维埃集团。美国由于担心将某个国家推入苏联怀抱而惜用制裁手段，但是一旦某国已经纳入苏联的轨道，就没有太多理由不严惩它。（见特例二）

1962年锡兰的局势却不同：美国的重要战略利益危在旦夕。锡兰政权自1948年从英国获得独立以来，岛国政府就在右倾联合民族主义党和左倾斯里兰卡自由党之间摇摆。1960年，斯里兰卡自由党候选人西丽玛沃·班达拉奈克（Sirimavo Bandaranaike）在其丈夫前一年被一名和尚暗杀后当选锡兰第一位女首相，也是全世界第一位女首相。班达拉奈克的个人政策倾向社会主义，而且锡兰存在严重的国际收支问题。这给苏联制造了可乘之机。1960年6月，莫斯科主动提出以低于全球价格10%到20%的贴现率向锡兰出售汽油、煤油和燃料油。作为回报，莫斯科愿意接受锡兰以橡胶和茶叶付款。班达拉奈克政府做了一笔便宜买卖。1961年1月，锡兰欣然同意苏联以低于英国25%的价格供应石油，六个月的信贷，以锡兰卢比支付。

锡兰政府计划签订锡兰-苏联石油协议的同时创建一家国有石油公司，理由很简单：锡兰担心英美石油分销公司会拒绝销售低于它们自己产品价格的苏联石油。立法机构授权政府将加油站和其他石油公司资产国有化。国内的辩论打破了党派界限：前联合民族主义党首相达德利·森纳那亚克（Dudley Senanayake）宣称该法规会打击外国投资的积极性，斯里兰卡自由党贸易部长T·B·伊蓝加拉特尼（T·B· Ilangaratne）则尖锐地指出，自1948年以来，外资一直对锡兰毫无兴趣。美国代办和英国高级专员都抗议这条法规。

这条新法律于1961年5月5日通过，锡兰政府要求加德士（Caltex：德士古与加利福尼亚标准石油SoCal的合资公司）、埃索标准东方公司，以及壳牌公司销售打折购进的苏联石油产品，被这些公司拒绝。政府就从1962年4月27日起将加油站收归国有，共收缴了108家加油站，石油公司声称价值350万美元（相当于2011年的2,008万美元）。锡兰政府提出补偿120万美元。这些加油站设施只占这些公司在锡兰资产的五分之一。由于仅少数资产做注，石油公司愿意赌一把，这很像1938年这些公司在墨西哥的情况。在他们看来，锡兰是划清底线的好地方，因为在这里他们还输得起。

由于锡兰这项法令包含了由法庭裁决如何补偿，所以美国政府没有立即施压以解决这个问题。然而，三个月后，锡兰根本没有指派法庭。美国大使弗朗西斯·威尔斯给锡兰的金融大臣费利克斯·戴亚斯·班达拉奈克（Felix Dias Bandaranaike）（首相的侄子）发照会提醒他，如果美国实施《希肯卢帕修正案》的话，将停止美国外援。首相立即回复威尔斯说："美国为小国提供外援的最好方式就是停止干涉他们的内政。"1962年8月1日，《希肯卢帕修正案》的启动进入倒计时。这期间为了避免冲突，美国驻科伦坡大使馆**三十五次**提醒锡兰政府《希肯卢帕修正案》事宜。1963年1月11日，国务院正式通知锡兰如果还没有采取行动着手补偿石油公司，将从2月1日开始终止全部援助。

到2月1日倒计时截止时，肯尼迪政府还想阻止削减外援的决定，但终究难敌石油公司的压力。国务卿腊斯克告诉肯尼迪总统："当我们决定（1963年）2月1日推迟执行停止外援时，埃索和加德士的主管和律师们就明确表示对我们的决定很不满意，他们更愿意以锡兰为先例以儆效尤。2月6日的会晤至关重要，却没有证明给我们看他们正在采取'妥当行动'，而要阻止暂停外援，我们需要这样的证据……在我们实施削减之前，我们与两家公司总裁谈了话，他们说完全没有理由反对我们的行动。"1963年2月7日，美国立即终止其国际发展署（美国国际开发署）的项目。取缔的项目包括155万美元的援助拨款和320万美元的贷款。（但是，美国没有停止给锡兰的食物换和平计划，因为这不在《对外援助法》管辖内，因此不受《希肯卢帕修正案》的约束。）

表8.1 1960–1967年西方国家和共产主义国家给锡兰的官方贷款和拨款，以2009年百万美元值折算，年流入净值。

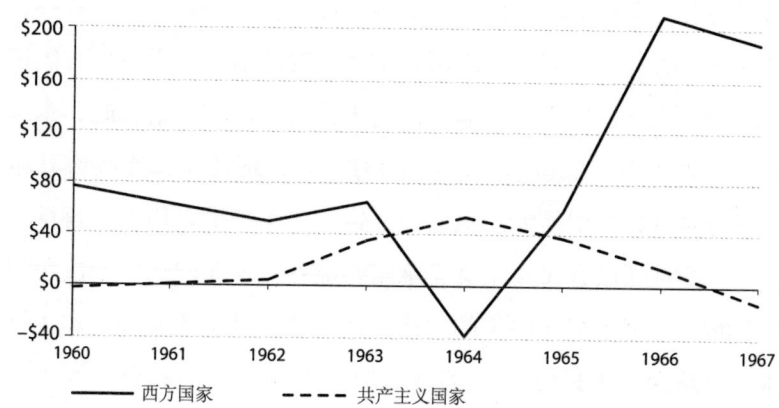

数据来源：Richard Stuart Olson, "Expropriation and International Economic Coercion: Ceylon and the 'West,' 1961–65," The Journal of Developing Areas, vol. 11, no. 2 (January 1977), pp. 205–26: 212 and 214.

继美国之后，世界银行和英国也仿而效之，使得制裁力度剧增。世界银行从1961年起开始发放1,500万美元贷款，还有一部分要到1963年支付；但制裁后不再有新贷款流入。世界银行总裁乔治·伍兹在东京发表声明说，世界银行拒绝给那些"对外国毫不留情"的政府发放贷款，他把个中缘由说得很清楚。同样，从西方其他国家（主要是英国和西德）官方资金流入急剧减少。由于贷款到期没有续期（见表8.1），锡兰统治区域的官方总净流入为负值。1963年12月，石油公司停止所有对锡兰的出口，1964年1月1日锡兰政府以没收石油公司剩下的财产进行报复。2月，科伦坡请求石油公司解除禁运，但他们不接受请求。

停止援助产生了不良副作用，因为共产主义国家趁此机会填补空缺，给锡兰政府提供短期贷款（见表8.1），这正是国务院担心的。苏维埃在油轮短缺，难以调整的情况。还坚持提供了紧急精炼产品的货运。民主的斯里兰卡自由党不愿意锡兰投靠苏联集团（美国国务院知道这一点），但是苏联援助不断增加，使华盛顿惴惴不安。

科伦坡最终捉襟见肘，锡兰经济易受资本外逃影响，锡兰的官方储备自1956年以来一直在下降，1963年下降了12%，1964年下降了31%，目前仅够支付45天的进口。而且，班达拉奈克不仅政治上岌岌可危，国民经济不断恶化。当她决定用僧伽罗语替代英语作为该国官方语言时，泰米尔人爆发了一场非暴力反抗运动。1964年4月19日，班达拉奈克政府开始收回其花言巧语的说辞。贸易大臣抱怨说"锡兰失去援助是因为一再推迟支付补偿金"。反对党联合民族主义党承诺它能在"24小时内"解决争议。班达拉奈克的竞选班子把1965年的大选说成是要在社会主义和资本主义之间做选择，但是1965年3月22日，选民选择了资本主义。联合民族主义党只花120个小时就和石油公司签署了一个基本协议，壳牌获得700万美元补偿金，埃索和加德士分别获得230万美元。

## 反对政治霸权的经济帝国

*如果我们停止所有援助，苏加诺可能会求助于俄国人。*

——总统林登·约翰逊，1964年

继锡兰之后，美国政府成功设法避免了在法律上援引《希肯卢帕修正案》，而只是事实上的实施。美国总统为了维护自己的行政特权，对《希肯卢帕修正案》是抵制的。问题在于，他们抵制不了这背后的政治压力，当初正是这股强力迫使国会通过该修正案。结果就是不正式援引国家法规就削减或威胁要削减一系列外援。当政府发现停止外援还不足以产生预期效果时，便接着使用其他制裁手段。无论潜在战略成本是大还是小，美国一次又一次唱着同一套路的戏。

## 第八章　帝国陷阱与冷战

从美国投资者的角度看，锡兰上演的那一幕看上去是成功的。美国实施了制裁，说服了一个远不在其传统势力圈的政府学会了尊重美国公司的财产权。然而在华盛顿，这场戏却被视为失败。国务卿腊斯克在1963年5月23日给肯尼迪总统的备忘录中写道，使用制裁手段"并没有达到预期的目标，因为美国暂停援助对锡兰政府方面并没有造成足够的影响作用"。（这里腊斯克说得不对，制裁至少让我们认识了锡兰人，但是这场好戏又花了两年时间才收场。）除此之外，"锡兰政府中的友好人士被削弱，极左翼党派明显占便宜"。古巴的幽灵显然还困扰着腊斯克。"暂停援助锡兰可能会对其他意图没收美国私人财产的国家产生威慑作用，但这是否会抵消或超过该制裁措施在锡兰产生的不利政治影响"，当时还不是很清楚。但这给苏联制造了一个捡便宜的机会。不过，腊斯克还是发现了一个亮点，那就是制裁赢得了国内的人心。"美国商人和议员们普遍为我们的行动喝彩，"腊斯克写道："如果在这样的形势下还不终止外援，对国会山以及其他地方势必产生负面影响。"

接下来的一场危机出现在印度尼西亚。1963年，苏加诺政府要求重新谈判属于几家石油公司的石油特许权，这些公司有：加德士太平洋（德士古和加利福尼亚标准石油的合资公司）、美国标准真空石油公司印尼分公司（Stanvac Indonesia，泽西标准和美孚的合资公司），以及皇家荷兰壳牌的地方子公司。与之前锡兰千头万绪的局面不同，印度尼西亚牵涉的数额不容小觑。美国在印度尼西亚的合资公司出口总收入高达约1.86亿美元，相当于2011年的11亿美元。整个行业带来的税后现金流量为每年7,000万美元，其中4,900万美元归美国公司所得（约2011年的2.88亿美元）。荷兰殖民政府统治时期，石油公司需要上交4%的总收入税、20%石油利润税，还有最高可达20%的附加累进收入税。实际上，这个征税系统导致石油公司上缴的整体税率大约是公司净收入的50%。不过，这个殖民时代的特许权将于1968年到期。1963年，已独立的印度尼西亚共和国将这个税收系统改为统一征收净收入的52%，同时按照苏加诺总统的命令，所有这些公司都必须上交炼油厂和分销店的设施。石油公司的回答是，他们更愿意接受税率上调至60%（高于苏加诺的建议），也不想放弃炼油厂和分销店。

肯尼迪政府赶在国会停止援助前实施干预。据《纽约时报》报道，"（国会）作为石油工业的一种资产起到了加倍的作用"。5月，美国政府派使团前往印度尼西亚，警告该国政府不要采取不利于美国公司的单边行动。使团的谈判人员告诉记者：他们的任务就是"让苏加诺先生相信，如果雅加达迫使美国石油公司无法在印度尼西亚继续经营，美国人的怨恨会导致美国终止援助"。肯尼迪政府的干预让印度尼西亚政府做出了一定程度的让步。政府将征收60%的利润，以及占公司总收入20%的最低收入来源。美国公司同意15年内以60%的收购成本出售销售资产，包括20年期的折旧率。

若不是后来苏加诺政府在1964年大张旗鼓地搞国有化运动，这个问题原本已经得到圆满的解决。美国很多公司请国务院出面调停争端：固特异轮胎及橡胶公司（在印尼拥有两片橡胶林和一家橡胶厂）、国际香精香料公司、美国电影出口协会、国家碳业公司（如今的联合碳化物公司）、国家收银机公司、辛格缝纫机，以及美国橡胶公司（现在的Uniroyal——永耐驰公司，该公司拥有5,400英亩资产）。美国公司向国务院通报说有价值超过5亿美元的投资危在旦夕。印度尼西亚工业部部长被告知，美国有可能执行《希肯卢帕修正案》，但他却反唇相讥道："如果真有这个修正案，而且还真有恐吓之意，那么印度尼西亚就准备面对它。"

林登·约翰逊总统根本不愿拿《希肯卢帕修正案》来对付苏加诺。在1964年1月某次白宫会议上，腊斯克提醒总统停止援助会不利时局，不仅苏加诺可能会因此变本加厉地将所有美国财产国有化，而且"万一双方鱼死网破，他可能会向中国甚至俄罗斯求助……我们要让美国继续影响苏加诺，但我们必须与国会保持良好关系，别让国会议员认为外国援助法已经修正了，我们还无视他们施加给我们的合法要求"。副国务卿埃夫里尔·哈里曼的话更直白：如果停止援助，等于最后是北京实际控制了石油。罗伯特·肯尼迪与印度尼西亚的代表在东京会晤。谈崩后，约翰逊召集一帮国会议员到白宫，向他们解释说："如果我们削减所有援助，苏加诺可能转向俄国人。"

如果要找一个在保护美国财产权方面办事小心谨慎的例子，印度尼西亚就是最好的一例。这个国家远离美国传统势力范围，军事干预是不可取的——因为美国一点也不愿挑起战火，而且，为了防御苏加诺进攻马来西亚（虽然他没有公开表示要这么做），美国也担心会被拖入类似纷争中。在雅加达实施秘密行动以推翻苏加诺政府是可选方案之一，但是，这类行动刚刚在古巴惨败，这么一个西方小国，而且与美国有着60年亲密关系，真可谓丢脸丢到家。

然而，随着苏加诺没收更多美国资产，国会却不愿听到这种情况。印第安纳州民主党参议员伯奇·贝（Birch Bayh）为激活《希肯卢帕修正案》，慷慨陈词。"此刻，参议院绝对有必要确定，我们外援的美元所用之处，应该是花在巩固自由的事业上，而不是像过去几年印尼那样"。其他几位众议院说话则更加硬气。密歇根州共和党众议员威廉·布鲁姆菲尔德指控白宫"百般宠爱这个希特勒式的小小联盟"。密歇根州民主党众议员哈罗德·瑞恩甚至让这个危言耸听更进一步，他告诉约翰逊总统说，有一次苏加诺访问狼獾州[①]，提出了一个"惊世骇俗的请求，让我们底特律警察署给他找女人干伤风败俗之事"。

约翰逊总统避免正式援引《希肯卢帕修正案》，但是1964年3月，他将印度尼西亚援助削减至十年最低水平（见表8.2）。腊斯克、哈里曼、霍华德·琼斯大使都力劝总统收回此举，但是林登·约翰逊，作为国内杰出政治家，感觉到了国会和公共舆论给他的压力，使他别无选择。

接踵而来的事件印证了那些人的担心，削减对苏加诺的援助果然迫使

---

① 密歇根州别名（the wolverine state）。译者注。

他倒向共产主义阵营。苏加诺允许共产党党员攻击美国图书馆,亲自接见北朝鲜代表团,并接受苏联为其提供米格–21喷气式战斗机的承诺。1964年8月,苏加诺谴责美国干涉以及约翰逊支持马来西亚独立。最后,他宣布要增派三万名军队渗透到马来西亚。刚刚填补琼斯大使空缺的弗朗西斯·加尔布雷思(Francis Galbraith)报告说,"尽管苏加诺发言中有许多公然的矛盾、错误的事实,以及荒谬的言论,但有一点十分突出:苏加诺宣布印尼进入亚洲共产主义国家阵营,反对美国——不仅反对当时像越南和马来西亚等问题上美国的立场,而且从根本上反对美国的思想、影响力和领导……若有人说他这番讲话不是一份与美为敌的总宣言,那是睁眼说瞎话,没过脑子"。中央情报局认同这一点,向总统汇报说苏加诺"正大步前进,走上一条成为共产党俘虏的不归路"。1965年3月2日,中央情报局报告称,印度尼西亚政府已经决定"缴没所有西方商业资产……尤其是美国标准真空石油公司和加德士石油公司"。截止到1965年9月,中央情报局完整编写了一份《国家情报评估》报告,标题为"共产主义接管印度尼西亚的前景和战略意义"。该报告的结论称:"如果苏加诺活着,很可能两三年后,印度尼西亚这个国家将被共产主义者有效控制,可更名为一个共产主义国家。"报告还称"苏加诺领导的印度尼西亚已经像共产主义国家一样在重要方面发挥作用"。现在,苏加诺在国务院和中央情报局眼中,已经开始向冷战的另一边靠拢。

后来发生的事情证明,苏加诺永远也没机会带领印度尼西亚进一步靠近共产主义。1965年10月,他成为一场政变的牺牲品,他的垮台始于一场政变企图,但迅速导致武装部队派系交火,几名印度尼西亚高级将领在这期间被暗杀,武装部队总参谋长纳苏蒂安将军差点送命。随着苏哈托将军在雅加达掌握了军队大权,战争开始蔓延。而且,苏哈托将这场未遂政变归咎于共产党人,因此,发起了一场反共清洗,后升级为恐怖统治,屠杀了至少50万名印度尼西亚人。

表8.2 1955-1968年官方给印尼的贷款和拨款的年流入净值；折合2009年百万美元值计算

数据来源：美国开发署绿皮书

已有证据表明，这场政变最初并不是约翰逊幕僚策划的。虽然这么说，但是，美国一直明确暗示印度尼西亚军队，美国会支持他们发动推翻苏加诺的军事政变，而且也得到印度尼西亚军方提前告知，一场政变正在酝酿。1964年3月3日，腊斯克告诉美国驻雅加达大使，"国务院认为，我们现在应该试着给苏加诺施加更多来自军方的压力"。他接着给出一系列与军方领导人接触的指示，只要印度尼西亚政府不知不觉就行。霍华德·琼斯大使会晤了印尼总参谋长纳苏蒂安将军，挑明了美国的心愿。"我直接问他，如果印尼共产党上台，军队就会镇压共产党，这会导致经济崩溃，不知道某些军事领导人欢不欢迎这么做"。琼斯还汇报说，"他（纳苏蒂安）立刻就明白了美国会支持军事政变这个再明显不过的暗示"。1965年1月21日，美国大使写道：军队已经有了"接管政权的具体计划"。美国接下来就开始给印尼军队提供"内部通讯"设备。

美国也许没有策划这场政变，但是毫无疑问，战斗打响后全力支持了最强大的派系，而且，美国官员立即传话给这支部队称他们会得到美国支持。引用纳苏蒂安将军的一位副官的话，"这真是雪中送炭，有了这样的保证,在我们开始理顺事情时,我们(军队)就不会受到来自各个角度全方位的打击"。11月,美国"明确表示德士古和美国政府整体上同情并钦佩军队所做的事"。1965年12月1日,苏哈托将军(当时的实际领导人)派代表访问了美国驻印度尼西亚大使馆,告诉美国官员:"好马就要赢了,美国应该在它身上下大赌注。"美国官员为了帮助军队更好地协调作战,为他们配置了无线电。美国还给军队提供了大量的大米和其他援助,其中包括一个1,000万美元的一揽子秘密援助。美国还为苏哈托的反共活动提供了5,000万印尼卢比。(按黑市价兑换,1965年12月的5,000万卢比相当于1,000万美元,约合2011年的5,690万美元。)美国还似乎把共产主义嫌疑分子的名单交给了印尼军方。

苏加诺虽然到1967年一直保留官方国家首脑的头衔,但是,苏哈托很快就站稳脚跟成为实际掌权人。新政府把所有没收的美国财产如数还给原来的所有人,而且还把印度尼西亚变成美国坚实可靠的同盟。这个政变虽然来得很偶然,却使美国避免了其投资方面的强硬路线可能带来最糟糕的潜在战略后果。但是,该事件证明,为捍卫美国公民财产权,国内的压力可能在多大程度上把美国推向战略性灾难的边缘。

## 事实上的《希肯卢帕修正案》

每当有"停止援助"做武器可用的时候,美国总是毫不迟疑地挥舞着它示威,无论是事关自然资源投资方面的纠纷,还是美国人拥有的其他资产被完全没收的时候。从1963年到1979年,美国与九个不同拉丁美洲国家都发生了投资纠纷。每一起纠纷中,美国都大幅削减援助(见表8.3)。美国削减援助的所有案例中,与委内瑞拉的纠纷(下一章会详细讨论)是唯一一例财产被没收前就已经计划要减少的。在圭亚那,美国政府公开扬言要削减援助,但最后没有必要把威胁付诸行动。

表8.3 财产被没收之后的外援变化百分比

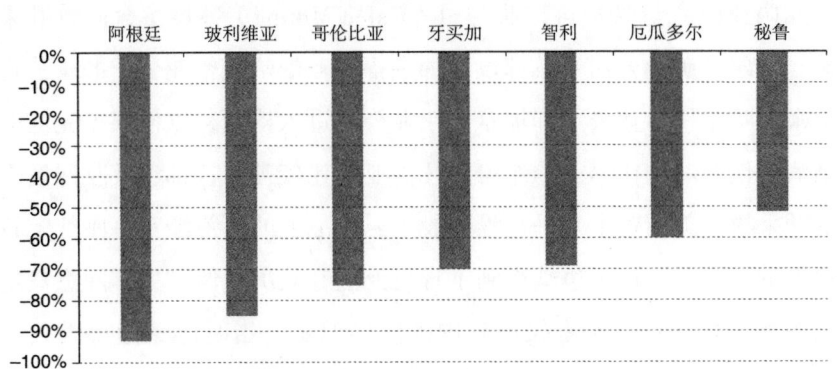

数据来源：美国开发署绿皮书

其他地区的做法略有不同。在亚洲，同时期的投资纠纷很少有争议。其实，除印度和巴基斯坦外，几乎没有任何财产被没收，而在印度和巴基斯坦，被没收的美国财产绝大多数属于保险公司和其他服务性企业，这些公司皆向国务院表达，他们对处理结果感到满意。除了印度尼西亚，唯一与美国企业有关的自然资源投资纠纷发生在1977年的菲律宾；马科斯政府很快就迫于美国压力撤回了没收行为。中东国家在20世纪70年代没有把美国石油运营公司国有化（下一章会讨论到这一点），但是考虑到这些国家的巨额石油收入，美国援助对它们来说并不重要。

在非洲，没收纠纷基本上重复了拉丁美洲模式，但是，当被没收的财产数额很小，或者得到法国政府的同意时，也有例外。在几内亚，1961年发生了一起与加拿大某公司的纠纷，涉及1957年投建的铝土矿开采项目，美国在其中拥有很大部分所有权，当时还没有投产。据加拿大铝业公司称，"（1961年）8月，已经肯定无法为如此大规模的项目取得长期合适的融资，几内亚政府得到如实通报之后，接管了公司在该国的全部资产，理由是由于公司没有能够按照1958年签订的长期协议完成工程进度，故补偿金欠付"。截至项目取消之时，加拿大铝业公司的子公司只在杜古非萨（Dougoufissa）修建了一个码头，铺设了一段55公里铁路路基。1963年，几内亚政府与哈尔科矿业公司（Halco Mining）签订了合同以开采铝土矿。哈尔科矿业公司是总部设在加利福尼亚的哈维铝业公司的子公司。接下来，哈尔科矿业公司和加拿大铝业公司进入谈判，以便根据先前的租约结清赔偿金。利比里亚的纠纷与几内亚的比较类似，都涉及收回尚未投产的开采权：美国资本几乎还没有投入。肯尼亚的纠纷涉及一座红宝石矿的边界重叠问题。这个争端得到了肯尼亚法庭裁决，但矿主不同意裁定的赔偿数额，1976年，矿主投诉到国务院，但是，当时已经拖得太久（而且投资额很小），不足以让美国使用强壮的肌肉去教训一个弱小的非洲盟友。多哥的纠纷和毛里塔尼亚的纠纷都只涉及美国公司持有的不足半数的股份——多哥某家磷酸盐矿38%的股份，毛里塔尼亚某家铁矿财团仅3%的股份。这两起纠纷中，法国政府在企业中占最大份额：当法国政府选择支持国有化时，美国就很难反对。

中央情报局解密文件提供了一个粗略的指标，说明财产纠纷具有多么重要的战略意义，至少在整个1972年是这样。中央情报局提及财产纠纷的次数与其后美国援助的削减数额之间没有任何关系。如果美国公司卷入纠纷，而且纠纷涉及自然资源生产（例如石油、采矿，或者农业），那么，美国政府就会出力为投资者维权。唯一例外的情况就是投资额少，或者纠纷很快得到让美国公司满意的解决。

## 结论

帝国陷阱的逻辑并没有随着冷战的到来而消失，然而，改变的是为维护美国海外投资者利益进行干预的战略风险（外交、隐蔽行动、经济，或者其他风险）。这些风险在艾森豪威尔政府时期并不明显，但随着苏联和中国在"第三世界"变得更加活跃，战略上的进退维谷变得不可避免。此

## 第八章 帝国陷阱与冷战

时,冒失鲁莽或者不成功的行动都可能把某个外国政府推向冷战的另一方。这样的风险绝不是理论上的推测,古巴的例子向很多观察人士证明了这一点。美国险些失去印度尼西亚,美国先是挑唆,之后又纵容了造成近50万人大屠杀的军事政变,这更类似于一场骇人听闻的单边内战,才使美国避免了失去印度尼西亚。让美国政府伤脑筋的,是推动干预的政治压力并没有随着战略风险的上升而相应地减少。如果说还有的话,共产主义的威胁使投资者对华盛顿决策者拥有**更大**的影响力,而且正如下一章将揭示的那样,投资者继续支持由美国强制执行的产权制度,因为这个制度为**他们服务**,比许多人看到的要高效得多。虽然大规模的没收财产发生了多次,都上了报纸的头版头条,但是,美国政府一次又一次成功地保全了美国投资者。面对这样的成功(只有古巴是唯一的——非常有争议的!——失败),没有人具备更有利的动机来躲避这个陷阱。

## 特例二
## 埃塞俄比亚和尼加拉瓜

卡特政府和里根政府在两起案件中看到了财产纠纷与冷战政治有着错综复杂关系，这两起案件就是埃塞俄比亚和尼加拉瓜。从表面上看，这两个案例似乎和古巴和印度尼西亚这样的经典案例一样，同属冷战帝国陷阱式的进退维谷。但仔细考察后发现，这两种情况又确与古巴、印度尼西亚案不同。在埃塞俄比亚，德尔格（the Derg）军政府早就下了决心要侵吞美国财产，融入苏联集团。卡特政府一旦明白了这一点，面前的不确定性就一扫而光，不像艾森豪威尔、肯尼迪以及约翰逊都曾被这种不确定性困扰过，卡特政府没有任何理由不拿出最狠的手段制裁埃塞俄比亚。而在尼加拉瓜，情况正好相反。桑地诺民族解放阵线（Sandinistas）走的是社会主义路线，但下定决心不违抗美国，因此他们给予美国财产特殊优待，直到有一天他们彻底明白，不管对美国怎么好，美国都从根本上反对其政权，这时他们便失去了与美国合作的动力。

德尔格军政府在罢黜了皇帝海尔·塞拉西（Haile Selassie）后，于1974年9月12日上台掌权。第二年，该国政府将大部分私营企业收归国有，大约有20家美国公司在国有化进程中被侵吞，最大一家是卡拉马祖香料萃取公司的子公司，价值1,100万美元，约合2011年的4,100万美元。德尔格政府不打算补偿。卡特总统承受着来自国会声称要制裁埃塞俄比亚的巨大压力。1976年，埃塞俄比亚做了一件史无前例的事，变本加厉与美国作对：它拖欠了政府与政府间的军事信贷。结果，国会通过了《布鲁克-亚历山大修正案》，凡拖欠官方贷款一年以上的国家，一律停止所有援助。与《希肯卢帕修正案》不同，《布鲁克-亚历山大修正案》给予总统回旋余地，以决定是否要启用该修正案。

## 特例二 埃塞俄比亚和尼加拉瓜

然而，1977年，埃塞俄比亚政府公开选择站在冷战的另一方，卡特政府本来还在找理由宽容，现在已无理由可找。4月，埃塞俄比亚取缔美-埃互防协议。7月，索马里越过边境进犯埃塞俄比亚，埃政府请苏联援助。接着苏联运输机开始运送大批古巴作战部队抵达埃塞俄比亚。截止到1978年2月，古巴士兵人数就达到17,000人，苏联卫星国南也门输送了另外2,000名士兵，东德的以及苏联的"顾问们"又是修路，又是训练炮兵部队。此外，苏联还给埃塞俄比亚武装部队提供了80架飞机、600辆坦克和300辆装甲兵运输车。从卡特政府的角度看，压死骆驼的最后那根稻草是1978年11月"社会主义埃塞俄比亚临时军事政府"与苏维埃社会主义共和国联盟签署了一项《友好合作条约》。此时此刻，已经没有任何战略上的理由暂缓制裁——即便卡特政府主观上希望暂缓制裁。1979年1月，《布鲁克-亚历山大修正案》开始生效。3月，美国阻止了非洲发展银行给埃塞俄比亚的一笔贷款。到了5月，《希肯卢帕修正案》开始生效，不过到了那个地步，其影响已无实际意义。

第二场戏是在尼加拉瓜上演，在1979年的尼加拉瓜革命中，桑地诺民族解放阵线罢黜了索摩查（Somoza）。桑地诺民族解放阵线对美国资产表现出惊人的宽容。10月，他们将保险行业的几家公司国有化，但刻意豁免了美国的保险公司，虽然不允许他们发行新险种。1979年11月，桑地诺民族解放阵线将采矿业国有化，包括美国拥有的海王星矿业公司（美国熔炼公司Asarco——American Smelting and Refining Company的子公司），以及罗萨里奥矿业公司，但是，他们根据"持续经营"标准，而非账面价值，小心翼翼地提出补偿。罗萨里奥公司拒不接受桑地诺的第一次报价，理由是该政府没收了矿井还没收了库存，艰苦的谈判持续了四年，但到1983年，桑地诺民族解放阵线同意了罗萨里奥的条件，支付450万美元给公司的金银库存，外加430万美元先前的利息。桑地诺政府还国有化了属于标准水果公司（现在的都乐食品公司）的农业资产。标准水果公司在1981年1月与尼加拉瓜政府达成协议。根据协议，所有高品质香蕉将以折扣价卖给标准水果，为期五年，这期间，标准水果还将获得1,300万美元资产补偿。马那瓜的官员们还承诺停止一切"反标准水果公司"的言论，作为回报，标准水果将对包装和香蕉种植进行监督。（尼加拉瓜政府为什么认为标准水果公司继续监督其产品的包装和种植，是做出的一种让步，这一点我们并不清楚。）1982年10月，标准水果公司决定放弃尼加拉瓜，向海外私人投资公司索赔300万美元，这是一家提供财产征收和战争保险的美国政府机构。通用磨坊公司也向海外私人投资公司提出索赔，但索赔的理由不是资产被征收，因为桑地诺政府在社会化运动中免征了他们的财产，通用磨坊要求海外私人投资公司赔偿的是桑地诺政府做出限量供应外汇的决定造成的损失，以及1979年革命期间公司财产所遭受的战争损失。

在此期间唯一未得到解决的索赔诉求是被尼加拉瓜国有化的PMA公司，这是美国纺织品公司波士顿雷伊纤维总公司（Leigh Fiber Inc. of Boston）下属的一家控股公司。但是，这家公司是在1984年被征收的，当时，里根政府正在试图武力推翻桑地诺政权，推翻桑地诺的理由与美国公司提出的财产索赔无关。（后来还有几项针对尼加拉瓜的索赔进入仲裁或者美国法庭，不过，提出索赔的都是桑地诺政府掌权后移民到美国的尼加拉瓜人。）当时，尼加拉瓜的局势恰好与埃塞俄比亚相反。在埃塞俄比亚，卡特政府虽然最终都实施了制裁，但一直谨慎行事，一旦该国投入苏联怀抱，那就没有必要再犹豫了。而在尼加拉瓜，社会主义桑地诺民族解放阵线试图避免与强大的美国交恶，但是，一旦出于战略原因华府决定要推翻其政权，那么马那瓜就失去了任何继续优待美国财产的动力。

# 第九章

# 帝国陷阱的成功

第一次是偶然，第二次是巧合，第三次就是敌对行动。

——伊恩·弗莱明，特工007之父，1959年

从投资者角度看，1945年后的第二个美国帝国运作良好。而在1945年到1979年伊朗革命期间，美国投资者未能收回投资价值的所有自然资源投资纠纷中，只有四起没有牵涉到苏联：1952年和1969年在玻利维亚的两起，1972年在厄瓜多尔的一起，以及1975年在科威特的一起。在玻利维亚，造成损失的原因不是因为玻利维亚政府抗拒美国的压力，而是美国投资者提出要求并达成了这笔交易之后，才发现这是一笔赔本交易。利比亚、伊拉克和叙利亚在财产国有化纠纷中也没有向美国投资人支付全额赔偿，但这些国家都是公开站到苏联一边的。

国务院的记录表明，除硬岩自然资源（包括石油、天然气）外，大多数投资纠纷都得到了双方满意的解决。问题在于：与硬岩矿产不同，公共事业、银行和保险业的价值无法独立验证。没有一个明确的方法去确认投资价值，公司就只能结清他们能拿到的那部分，这是可能的。（当然，

我们很难理解为什么美国公司就赔偿的充分性没有对国务院说实话。）因此，除了那几个例外（比如，秘鲁政府在1968年到1970年实行的国有化），本章将集中讨论矿产投资案例，因为，这几个例外案例中，非自然资源投资的独立估值可以根据补偿金的数额进行推算。

美国的制裁制度在捍卫被外国政府没收的美国产权方面到底发挥了多大作用？表9.1记录了美国公司请求美国政府官方出面帮助解决的硬岩自然资源投资方面的所有纠纷（包括石油和天然气）。其中的数据表明，美国政府的支持在解决硬岩自然资源投资纠纷中获得了压倒性的成功，尤其是在拉丁美洲。除了三起纠纷外，卷入纠纷的所有美国公司都按公平的市场价获赔。非洲的情况与拉丁美洲基本相似，唯有毛里塔尼亚没有给予全额赔偿。

本章论述如下内容：第一，讨论中东地区带有部分例外的案例，在这几起案例中，美国公司得到补偿的方式是较高的油价，也就是说，如果资产不被国有化，这个高价是不可能合法得到的。（厄瓜多尔的石油国有化与中东的做法一致）第二，仔细分析1952年和1969年玻利维亚国有化没有给予美国公司足够补偿的前因后果。我们经过仔细分析发现，例外其实并非例外时，那么，它们只能证明是普遍性。玻利维亚的两起争端就是这样的。美国政府代表本国公司进行干预，威胁要实施制裁，并且强力施压，迫使拉巴斯最终支付了美国公司所要的赔偿。然而，在这两起纠纷中，发生了意外事件，导致美国人获得的赔偿比最初预计的要少，第一起纠纷中出现了锡价下跌，第二起纠纷中出现了美国通货膨胀加剧。本章接下来详细审视1968年在秘鲁以及1976年在委内瑞拉上演的可奉为经典的财产征收大戏。20世纪60年代和70年代，美国国力遭到挤压——军事上有越南战争造成的损失，经济上有布雷顿森林货币体系的崩溃——但是，正如秘鲁和委内瑞拉两部大戏的结局所证明的，第二个美国帝国捍卫美国投资人产权的能力始终没有减弱。

表9.1 1946-1980年间，上报国务院的拉丁美洲和下撒哈拉非洲自然资源投资纠纷*

| 国家 | 年 | 公平价? | 方法 | 公司或个人 |
|---|---|---|---|---|
| **拉丁美洲** | | | | |
| 安提瓜 | 1975 | 是 | 市场 | 西印度石油公司（100% 纳托马斯石油） |
| 阿根廷 | 1963 | 是 | 见注1 | 阿根廷城市服务开发公司 |
| 阿根廷 | 1963 | 是 | 见注1 | 阿根廷东南钻井公司 |
| 阿根廷 | 1963 | 是 | 见注1 | 阿根廷大陆石油公司 |
| 阿根廷 | 1963 | 是 | 见注1 | 埃索阿根廷（泽西标准） |
| 阿根廷 | 1963 | 是 | 见注1 | 马拉松石油阿根廷有限公司 |
| 阿根廷 | 1963 | 是 | 见注1 | 泛美国际石油公司（印第安纳标准） |
| 阿根廷 | 1963 | 是 | 见注1 | 壳牌生产公司（英国） |
| 阿根廷 | 1963 | 是 | 见注1 | 田纳西阿根廷 S.A. |
| 阿根廷 | 1963 | 是 | 见注1 | 环球钻井公司（Transworld Drilling Co.） 加利福尼亚联合石油公司 |
| 阿根廷 | 1963 | 是 | 见注1 | 锡矿，包括帕蒂诺的利益 |
| 玻利维亚 | 1952 | 不是 | 见正文 | 玻利维亚海湾石油公司 |
| 玻利维亚 | 1969 | 不是 | 见正文 | 国际金属加工公司 |
| 玻利维亚 | 1971 | 是 | OPIC（海外私人投资公司，下同） OPIC | 美娜·马蒂尔德公司（美国斯蒂尔与菲利普兄弟） |
| 玻利维亚 | 1971 | 是 | 市场 | 阿纳康达，肯尼卡特和塞罗 |
| 智利 | 1971 | 是 | 市场 | 阿姆科智利 S.A.（70% 阿姆科钢铁） |
| 智利 | 1971 | 是 | 市场 | 伯利恒 - 智利铁矿石公司 |
| 智利 | 1971 | 是 | 市场 | 丘基卡马塔铜矿智利勘探公司（49% 阿纳康达） |
| 智利 | 1971 | 是 | | 安第斯矿业（70% 塞罗） |
| 智利[2] | 1971 | 是 | OPIC/ 市场 | 伊索迪卡矿业（75% 阿纳康达） |
| 智利[3] | 1971 | 是 | OPIC/ 市场 | 萨尔瓦多铜矿股份公司安第斯铜业公司（49% 阿纳康达） |
| 智利[4] | 1971 | 是 | OPIC/ 市场 | 丘基卡马塔铜矿智利勘探公司（49% 阿纳康达） |
| 智利[4] | 1971 | 是 | 市场 | Cerrillos 铜矿（>50% 菲尔普斯·道奇） |
| 智利 | 1971 | 是 | 市场 | Soc. Minera El Teniente (49% 肯尼卡特) |
| 智利[5] | 1971 | 是 | OPIC/ 市场 | 智利化工矿业公司（简称 Soquimich）(49% Anglo Lautaro Nitrate) |
| 智利 | 1971 | 是 | 市场 | Petroquimica Dow S.A. (70% Dow) |
| 智利 | 1972 | 是 | 退还 | 弗伦蒂诺黄金开采公司（Frontino Gold Mining, Ltd.）(10 % 国际采矿公司) |
| 哥伦比亚 | 1973 | 是 | 市场 | Cia. Minera Choco Pacifico (100% 国际采矿公司), Pato Consolidated Gold Dredging, Ltd. (100% of 65% 国际采矿公司), 弗伦蒂诺金矿（Frontino Gold Mines） |
| 哥伦比亚 | 1973 | 是 | 退还 | |

帝国陷阱

| 国家 | 年 | 公平价？ | 方法 | 公司或个人 |
|---|---|---|---|---|
| **拉丁美洲** | | | | |
| 哥斯达黎加 | 1973 | 是 | 公司结账 | Refinadora Costarricense |
| 厄瓜多尔[6] | 1972 | 是 | 见注[6] | ADA 财团（23.75% 股本基金，23.31% 贝尔石油及天然气，17.89% 阿达石油，5.0% 菲利普斯，15.83% OKC，11.05% American Ultramar，3.17% General Exploration） |
| 厄瓜多尔[6] | 1973 | 不是 | 见注[6] | Minas y Petroleos (57% Amerada Hess，32% Aminoil) |
| | | | | 德士古 - 海湾财团（100%） |
| 厄瓜多尔 | 1974 | 是 | 市场 | 埃索 - 安迪娜（Esso-Andina） |
| 厄瓜多尔 | 1976 | 无 | 租借权到期 | 海湾石油公司（现在的雪佛龙） |
| 厄瓜多尔 | 1976 | 是 | 市场 | Demara Bauxite，aka Demba (100% 阿尔坎) |
| 圭亚那[7] | 1971 | 是 | 市场 | 西印度石油公司（100% 纳托马斯石油） |
| | | | | 阿尔坎（45%） |
| 圭亚那 | 1976 | 无数据 | | |
| 牙买加 | 1974 | 见正文 | 加税 | 美铝公司（简称 Alcoa）（100%） |
| 牙买加 | 1974 | 见正文 | 加税 | 牙买加铝土业协作者有限公司（简称 Alpart）（100% 雷诺兹铝业，阿纳康达，恺撒铝业） |
| 牙买加 | 1974 | 见正文 | 加税 | 恺撒铝业（100%） |
| | | | | 里维尔铜和黄铜（100%） |
| 牙买加 | 1974 | 见正文 | 加税 | 雷诺兹铝业(100%) |
| 牙买加[8] | 1974 | 见正文 | 加税 | 埃索西印度（100% 埃克森） |
| 牙买加 | 1974 | 见正文 | 加税 | 安萨尔科和佩诺尔斯工业公司（Asarco and Industrias Penoles） |
| 牙买加 | 1975 | 是 | 退还 | |
| 墨西哥 | 1961 | 是 | 市场 | Cia Azufrera Mexicana and Cia Explotadora del Istmo |
| 墨西哥 | 1967 | 是 | 净现值 | |
| | | | | Cia de Azufre Veracruz S.A. (CAVSA) |
| 墨西哥 | 1969 | 无 | 倒闭 | 海王星矿业公司（ASARCO） |
| 尼加拉瓜 | 1979 | 不是 | 净现值 | 罗萨里奥矿业公司 |
| 尼加拉瓜 | 1979 | 不是 | 净现值 | 马科纳矿业公司（Marcona） |
| 秘鲁 | 1966 | 是 | 净现值 | 塞罗德帕斯科（Cerro de Pasco） |
| 秘鲁 | 1968 | 是 | 市场 | 埃索标准（100%） |
| 秘鲁 | 1968 | 是 | 市场 | IPC（99% 泽西标准） |
| 秘鲁 | 1968 | 是 | 市场 | 国际石油公司 |
| 秘鲁 | 1969 | 是 | 市场 | Asarco，Andes de Peru（阿纳康达），和塞罗德帕斯科 |
| 秘鲁 | 1970 | 是 | 市场 | |
| | | | | 康昌（Conchan）（100% 加利福尼亚标准石油） |
| 秘鲁 | 1972 | 是 | 市场 | 塞罗德帕斯科（100% 塞罗公司） |
| 秘鲁 | 1973 | 是 | 市场 | |

第九章  帝国陷阱的成功

| 国家 | 年 | 公平价? | 方法 | 公司或个人 |
|---|---|---|---|---|
| 拉丁美洲 | | | | |
| 委内瑞拉 [9] | 1976 | 无 | 见注9 | CODSA（100%） |
| 委内瑞拉 | 1976 | 是 | 见正文 | Amoco（100%） |
| 委内瑞拉 | 1976 | 是 | 见正文 | 大西洋富田（100%） |
| 委内瑞拉 | 1976 | 是 | 见正文 | 雪佛龙石油公司（100%Socal） |
| 委内瑞拉 | 1976 | 是 | 见正文 | 大陆石油公司（100%） |
| 委内瑞拉 | 1976 | 是 | 见正文 | 克里奥尔石油公司（100% 埃克森） |
| 委内瑞拉 | 1976 | 是 | 见正文 | Mene Grande 石油公司（>50% 海湾） |
| 委内瑞拉 | 1976 | 是 | 见正文 | 委内瑞拉美孚石油（100% 美孚） |
| 委内瑞拉 | 1976 | 是 | 见正文 | 西方石油公司（100%） |
| 委内瑞拉 | 1976 | 是 | 见正文 | 菲利普斯石油公司（100% 美孚） |
| 委内瑞拉 | 1976 | 是 | 见正文 | 辛克莱尔石油公司（100%） |
| 委内瑞拉 | 1976 | 是 | 见正文 | 太阳石油公司（100%） |
| 委内瑞拉 | 1976 | 是 | 见正文 | 苏必利尔石油公司（100%） |
| 委内瑞拉 | 1976 | 是 | 见正文 | 德士古 Maracaibo（100% 德士古） |
| 委内瑞拉 | 1976 | 是 | 见正文 | 得克萨斯石油公司（100% 德士古） |
| 拉丁美洲 | | | | |
| 加纳 [10] | 1972 | 是 | 市场 | 英国铝业（49%Reynolds） |
| 加纳 [11] | 1972 | 无数据 | 无数据 | 非洲锰业有限公司（100% 联合碳化物） |
| 几内亚 [12] | 1961 | 无 | 见注12 | 铝土矿 de Midi（Bamidi，加拿大 Alcan 子公司）Ngana (Miller) 红宝石矿（49% 约翰·索尔，个人） |
| 肯尼亚 [13] | 1974 | 无 | 见注13 | 利比里亚矿业公司（60% 共和钢铁） |
| 利比里亚 [13] | 1971 | 无 | 见注13 | 利比里亚美国瑞典矿产公司合资公司（LAMCO）（25% 伯利恒钢铁） |
| 利比里亚 | 1972 | 是 | 退还 | Societe des Mines de Fer de Mauritanie (Miferma)（3% 国际矿物及化学公司） |
| 毛里塔尼亚 [14] | 1974 | 不是 | 市场 | 海湾（100%）美孚（100%） |
| 尼日利亚 | 1973 | 是 | 市场 | 加德士（德士古/雪佛龙）（100%） |
| 尼日利亚 | 1973 | 是 | 市场 | Compagnie Togolaise de Mines du Benin (37.5% |
| 尼日利亚 | 1973 | 是 | 市场 | W.R. Grace) |
| 多个 | 1974 | 无数据 | | 赞比亚盎格鲁-美国（Zamanglo）Roan Selection 信托有限公司 |
| 赞比亚 | 1969 | 是 | 市场 | |
| 赞比亚 | 1970 | 是 | 市场 | |

307

表9.1注释
_____

注释:"市场"意指补偿的真实价值(按被征收时的净现值计算)大于或者等于资产的市场价。当子公司被公开征收时是按照其市场价值征收。如果该子公司属于较大实体的一部分,按该子公司产生的现金流价值进行现金流估价。

"净现值(NPV)"意为补偿的净现值,这是根据子公司产生的现金流净现值、按照资产征收时高品质公司债券的10年利率来测算。

"OPIC"意指支付的海外私人投资公司(OPIC)保险。

"OPIC/市场"意指公司获得财产征收国的赔偿金,同时还有海外私人投资公司的补偿。中东和北非的结果将在正文中讨论。

*向国务院上报过、唯一发生在非共产主义亚洲的主要自然资源被征收,是在1964到1965年间的印度尼西亚(正文中会进行深入讨论),还有1965年的缅甸(缅甸矿业有限公司,公司65%拥有权属于美国,没有给予足够的补偿),还有菲律宾(1977年,马科斯政府取缔了马拉瑙木材公司的租约,该决定后来被撤回)。

1. 在有些纠纷案中,比如阿根廷、智利(或者印尼),补偿金是在美国赞同推翻该政府后发放。在阿根廷,阿图罗·弗朗迪西总统(Arturo Frondizi)与美国石油公司签署了一系列"服务合同"(合同结构与现代化生产共享协议一样)。1962年3月,该国军队(在一场未经美国同意的军事政变中)推翻了弗朗迪西。1963年,总统大选把阿图罗·伊利亚推上总统宝座。伊利亚取缔了与美国公司的所有合同,因此,肯尼迪政府削减了给阿根廷的经济与军事援助,国际货币基金组织(IMF)和世界银行拒绝给该国贷款。经过几年的对峙,于1966年6月由美国支持的军事政变推翻了伊利亚政权。1967年,新政府在胡安·卡洛斯·翁加尼亚将军(Juan Carlos Onganía)领导下解决了纠纷。找到石油的美国公司获得的赔偿金除了最初投资的价值,还加上每年最初投资价值的15%,直到合同废除为止。付款方式是以美元计价的债券,利率在6.5%至6.75%之间,期限从9年到24年不等。(大陆石油公司与马拉松的合资公司因为未找到石油,就

第九章　帝国陷阱的成功

没有申请赔偿。）见尼古拉斯·加达诺（Nicolas Gadano）的文章Urgency and Betrayal: Three Attempts to Foster Private Investment in Argentina's Oil Industry，选自William Hogan and Federico Sturzenegger, eds., The Natural Resources Trap(Cambridge, Mass: MIT Press, 2010), pp. 369–395, especially p. 375。与田纳西天然气公司、埃索、以及壳牌签署的合同终止协议的条款翻译后分别发表在International Legal Materials, vol. 5(1966), p. 103; vol. 6 (1967), p. 1; and vol. 6 (1967), p. 19，还见Virginia Journal of International Law, vol. 15 (1974–75), p. 308。

2. 海外私人投资公司为塞罗公司给安蒂纳矿业公司（Compańía Minera Andina）的贷款提供了担保。

3. Exotica是一家始于1964年与智利政府合资兴办的新公司。

4. 阿纳康达在萨尔瓦多的投资得到了美国开发署（USAID）给予的政治风险保险金5,140万美元，在智利丘基卡马塔的投资获得了1.84亿美元（折合2011年美元价值，分别为1.64亿美元，5.88亿美元。）美国开发署（USAID）后来提供风险保险的机构变成了海外私人投资公司（OPIC），后者企图拒付保费，后来专门为阿纳康达组织了一个仲裁团，除了海外私人投资公司支付的高额保费，还有皮诺切特（Pinochet）政府给阿纳康达支付了2.53亿美元的补偿金（折合2011年8.08亿美元）。见Reports of Overseas Private Investment Corporation Determinations (Oxford: Oxford University Press, 2011), pp. 357 and 364，以及Paul Sigmund, Multinationals in Latin America (Madison: University of Wisconsin Press, 1980), p. 171。

5. 1967年，肯尼科特以8,000万美元将51%的矿山资产出售给智利政府，（折合2011年的4.29亿美元）。接着肯尼科特又通过一家子公司（布雷顿铜业公司）给这家合资公司额外贷款8,160万美元，海外私人投资公司为这笔贷款做了保。阿连德政府将肯尼科特剩余资产收归国有。为此，之后的皮诺切特政权支付了6800万美元的补偿金。见Paul Sigmund, The Overthrow of Allende and the Politics of Chile, 1964–1976 (Pittsburgh: University of Pittsburgh Press, 1977), p. 261。

6. 厄瓜多尔政府按1972年的油价超额补偿了这些公司的投资价值。然而,却没有补偿这些公司整个1973年油价上涨后可能增加的收入。在这一点上,他们遵循了欧佩克其他国家制定的先例(除科威特外)。详见正文对科威特案例的讨论。

7. 圭亚那政府实施的国有化出人意料,而且持续不断。德梅拉拉铝土矿公司(Demba)100%归属加拿大铝业公司(Alcan)。美国政府参与进来有两个原因:其一,55% Alcan的股份掌握在美国居民手中。其二,美国要确保Alcan获得至少表面过得去的清算款,以便在圭亚那以及牙买加给美国投资立个先例。美国政府对加拿大政府的不作为不回应深感不满,不过我们现在明白了个中缘由:如果牙买加企图再搞类似突然袭击式的国有化,而不给那里的加拿大铝业公司设施给予补偿的话,加拿大已经准备了一份紧急军事行动计划。尼克松政府派遣了前最高法院法官及美国大使亚瑟·戈德堡为加拿大铝业公司辩护。圭亚那政府在压力之下(以及大幅削减外援的威胁下)只得妥协,据加拿大铝业公司文件记载,政府支付了5,380万美元的赔偿金,而当时这批资产的账面价值才5,000万美元,(纳税时申报的价值为4,600万美元)据加拿大铝业公司的文件记载,1970年这家圭亚那子公司产生的自由现金流为360万美元。同年加拿大铝业公司(Alcan)的股价仅为其整体现金流量的10.1倍。来自联合国跨国公司中心的支付、价格以及利润数据来自United Nations Centre on Transnational Corporations, Transnational Corporations in the Bauxite/Aluminum Industry (New York: United Nations, 1981), pp. 70 and 80; U.S. Bureau of Mines, Minerals Yearbook Metals, Minerals, and Fuels 1970, vol. (Washington, D.C.: GPO, 1972), pp. 215–216; 以及Demerara Bauxite Company, Where Did the Money Go? The Demba Record in Guyana (Georgetown: Demerara Bauxite Company, 1970)。另外参见Isaiah Litvak and Christopher Maule, "Forced Divestment in the Caribbean," International Journal, vol. 32, no. 3, Image and Reality (Summer 1977), pp. 501–532; David Reece, "Special Trust and Confidence": Envoy Essays in Canadian Diplomacy (Ottawa: Carleton University Press, 1997), p. 253–254; 以及Yves Engler, "The Black Book

on Canadian Foreign Policy," Canadian Dimension(May 6, 2009), http://canadiandimension.com/articles/2292/，登录时间为2012年8月11日。

8. 1975年利威尔（Revere）在铝土矿被征收后关闭公司运营，利威尔宣称这起征收案违反了1967年的租约，因为租约规定不能增加赋税。然而，利威尔在被征收之前每年亏损1,200万美元，因此海外私人投资公司拒付其提出的征收索赔。

9. 该公司在黄金钻石开采租借权取缔后决定不向上级法庭起诉。

10. 英国铝业公司（BAC）在加纳的铝土矿的经营当时正在亏损营业。加纳政府拿走企业的控股权，以防矿山关张。此次接管是经《1972年（政府参与）采矿运营条例》（NRCD132）的授权。接着，加纳政府宣布计划购买55%的英国铝业公司股份：其中25%为免费，剩下用未来红利支付。雷诺金属公司向国务院上报了被征收一事，但并未请求支援。见Thomas Akabzaa and Abdulal Darlmanl, "Impact of Mining Sector Investment in Ghana," SAPRI Draft Report, January 20, 2011, pp. 10-11，以及J. Y. Abogaye, "Public-Private Partnership in the Management of Ghana's Mineral Resources: A Historical Perspective," Presentation for the Mining Forum, Yaoundé, Cameroon, May 27-28, 2009, p. 11。

11. 政府在与联合碳化物协商清算后控制了恩苏塔矿山。根据美国矿务局档案记载，这座矿山在国有化时仅剩"很短的生命期"。政府在与联合碳化物协商清算后控制了恩苏塔矿山。根据美国矿务局档案记载，这座矿山在国有化时仅剩"很短的生命期"。见U.S. Bureau of Mines, Minerals Yearbook Area Reports: International 1974, vol. 3(Washington, D.C.: GPO, 1974), p. 398。

12. 1957年，几内亚政府授予加拿大铝业公司一份开发博科铝土矿的特许经营权。据加拿大铝业公司称，"（1961年）8月，已经肯定无法为如此大规模的项目取得长期合适的融资，几内亚政府得到如实通报后接管了公司在该国的全部资产，理由是由于公司没有能够按照1958年签订的长期协议完成工程进度，故补偿金欠付。"截至项目取消之时，加铝的子公司只在杜古菲萨（Dougoufissa）修建了一个码头，铺设了一段55公里铁路路基。1963年几内亚政府与哈尔科矿业（Halco Mining）签约开采博科铝土矿。哈尔科矿业是总部设在加利福尼亚的哈维铝业的一家子公司。接下来哈尔科和加铝开始谈判，以便根据先前的租约结清赔偿金。见 World Bank, "Engineering Loan for Boke Infrastructure Project, Republic of Guinea," Projects Department Report no. TO-506c, March 14, 1966, p. 1; and Aluminum Limited, Annual Report for the Year 1961(Montreal: Alcan, 1962), p. 8, http://digital.library.mcgill.ca/hrcorpreports/pdfs/A/AlumiAlu_Ltd_1961.pdf, 登录时间为2012年8月15日。

13. 肯尼亚纠纷是因为一座红宝石矿边界重叠引发的争议。利比里亚纠纷涉及未使用的开采权。肯尼亚纠纷经过地方法庭的审理，但是索尔不接受政府承诺的补偿金数额，于1976年求助国务院。1978年2月，索尔获得一家合资公司给予的现金付款，以及参与分割未来利润的承诺。利比里亚纠纷从未得到解决。

14. 毛里塔尼亚政府给予9,000万美元的补偿：其中4,000万美元在1974年4月之前付清，其余5,000万美元分五年年付，直到1981。1968年到1972年间，麦富尔玛（Miferma毛里塔尼亚铁矿公司）（一家铁矿公司）每年估计挣了1,580万美元。我们找到了1968年和1969年的数据，该公司支付的股息平均达到400万美元。由于通胀，9,000万元的补偿金迅速贬值。然而，国际矿产化学公司在该企业拥有3%的股份，只获得了每年118,518美元的股息。而且，由于法国政府拥有毛里塔尼亚铁矿公司24%的股份，当法国政府决定不去争结算款时，美国政府很难和它对着干。总而言之，在毛里塔尼亚国有化过程中，法国的默认和美国的股份太小，二者相加导致结算款只有些微的甜头。计算数据来自Pierre Bonte, "Multinational Corporations and National Development: Miferma and Mauretania," Review of African Political Economy, vol. 2, no. 2 (1975), pp. 89-109 (pp. 100-101 in particular), and U.S. Bureau of Mines, Minerals Yearbook Area Reports: International 1971, vol. 1 (Washington, D.C.: GPO, 1971), p. 590。

第九章　帝国陷阱的成功

## 中东的产油国

　　20世纪70年代初期，中东在两个方面与其他各国征收财产的标准做法不完全相同。第一，苏联盟国（利比亚、伊朗、叙利亚）成功收缴了美国资产而没有给予足够的补偿。苏联的支持给其盟国政府带来三个好处：首先，苏联旗帜鲜明地为原材料提供了新的市场，苏联集团并不需要利比亚、伊朗和叙利亚的石油，但是苏联为了支持中东盟友可以进口石油，然后用他们自己的石油出口挣下的硬通货付款。另外，苏联的援助可以取代美国的援助。由于公开站队的苏联盟友无论对美国资产采取什么态度，其美国援助都可能被削减，因此相对来说，就是采取不利美国资产的行动也不必付出代价。当然美国也可以针对苏联盟国搞秘密行动，但猪湾事件已经证明这远非易事。而且，只有与目标国家内部强大的盟友（尤其是军事上的盟友）里应外合时，秘密行动才能达到最佳效果。而在中东这几个事实上的军事独裁国家，秘密行动很难完胜。

　　第二，1971年和1972年，美国的阿拉伯盟友要求"加入"（占股份）美国石油公司，他们补偿这些公司的方式除了直接付款外还有暴利，以及销售安排上的优先。（直接补偿的计算公式为账面净值的两倍，去除通货膨胀因素。）除了一个例外，所有其他情况中都是直接付款，加上石油以贴现价回售给公司，二者加起来足以弥补政府参与（以及后来的完全国有化）带来的相关现金流损失，至少1973年末和1974年油价大涨之前这么估算的结果是这样的。欧佩克国家认为，油价上涨是他们决定收缴上游业务控制权带来的结果，而不是石油公司应该获得补偿的某种理由，他们这么认为也情有可原。美属石油投资真实的年收入，随着油价上涨从1970年的56亿美元增加至1971年83亿美元，以及1972年的104亿美元（按2011年美元值计算，包括股息，以及子公司支付的利息）。1973年，他们的收入（由于阿拉伯石油禁运）短暂下跌至70亿美元，之后于1974年暴涨到312亿美元。在70年代末的几年里，阿拉伯政府的参与导致他们的收入平均下降到了44亿美元，仅比20世纪60年代末的55亿美元的平均水平减少20%。现金补偿弥补了这块损失，所以最终的结果是，除海湾石油公司在科威特的业务外，国有化并没有使美国石油公司遭受损失。

中央情报局担心，美国可能会损失在国外的石油利润，但是相信获得石油的途径是畅通无阻。这个信念在1973年至1974年阿拉伯石油禁运期受到了严峻考验（美国在考虑要不要采取军事行动），当然，好在禁运只实施了一回，而且禁运也不取决于石油公司是否属于国有，否则阿拉伯政府本来只要轻而易举关闭私营公司的出口业务就行。

科威特则不同，它比其他美国盟友或中立的阿拉伯国家政府提出的交易条件更苛刻。海湾石油公司拥有科威特石油公司的半壁江山（另一半归属英国石油公司）。1972年，科威特石油公司日产石油310万桶。海湾石油指望得到3亿美元作为其股份的补偿，外加一定数量的贴现油。但是，它实际只获得8,215万美元的补偿。1975年，海湾石油公司将未来交付的贴现油的净现值资本化，共计2.754亿美元，因此，提出总额为3.578亿美元的赔偿。

那么，最终海湾石油公司得到公平补偿了吗？可能没有——但并不十分明确。1972年，该公司从"东半球"挣得9,200万美元。不过，这项收入并非全部出自科威特石油公司，海湾石油公司在伊朗、尼日利亚以及安哥拉也有大规模经营。如果我们假设海湾东半球的**所有**石油收入都来自科威特，那么，按海湾石油公司1972年市盈率比（P/E）11.8计算，1972年它在科威特石油公司的股值就是10.85亿美元。按照这一标准，即使扣除1973年之后油价上涨的因素，科威特也没有足额补偿海湾石油公司。

但是，我们不能这么简单地计算。科威特认为，1973年和1974年海湾石油公司赚取的暴利应该算作补偿的一部分。海湾石油公司1973年停止上报其东半球石油收入，但其国外石油生产的收入，从1972年的1.5亿美元骤增至1973年的5.6亿美元，以及1974年的5.94亿美元。1975年，继国有化之后，国外石油生产的收入回落至2.13亿美元。我们可以根据使用费率、

第九章　帝国陷阱的成功

税率，以及历史成本（包括分期偿还费）等数据，来估算科威特石油公司每桶收入随油价上涨而增加的幅度，假设成本与美国通货膨胀率平行上涨。依此假设，每桶收入由1973年每桶25美分到1973年42美分，再到1974年的1.55美元。海湾石油公司的暴利额也相应上升，从1973年的5100万美元增至1974年6,900万美元，甚至把地方政府参股迫使海湾石油公司在科威特总产量的占比减少都考虑进去。再加上这些暴利后，海湾石油公司总补偿金达到5.79亿美元左右——这是1972年其估值的52%。

估算海湾石油公司在科威特的投资还有一个更大的问题，那就是在70年代初期虽然油价上涨，但市场开始大打石油公司价值的折扣。海湾石油公司（在1975年国有化之前，其收入的44%来自美国的业务）经历了其P/E比从1972年的11.8猛跌到1974年仅3.6。以海湾石油公司1974年收入来源的价格计算，它在科威特石油公司的投资价值为3.41亿美元，略**低于**其获得赔偿的3.58亿美元。石油股价格下降，大部分原因**不是**由于外国征收财产的风险，相反，石油股价下跌是由于担心联邦价格调控和征收暴利税，也就是担心**国内**政策变化，而不是外国征收导致。（包括国内独资公司在内的所有石油公司的市盈率都有类似数额的下降）因此，流动现金来自20世纪70年代以低廉的价格出售的石油产品，低价的原因源自华盛顿而不是海外。到1979年，海湾石油公司上游盈利的77%来自北美，但其市盈率仅上升到4.3。按市盈率为4.3计算，海湾石油公司在科威特损失的现金流量价值4.31亿美元。

目前，我们还不清楚，当时美国政府可以采取什么行动来为海湾石油公司争取更好的交易。来自美国的援助，对中东这些石油富豪国家来说可谓是可有可无。美国已经使用了断绝外交关系等手段，还有其他形式的压力：在其他国家经营的主要美国石油生产商称赞"美国政府的某些帮助"有利于他们进行赔偿协议的谈判。秘密行动对一个海湾君主国来说并不是有用的工具。军事行动倒是有可能，但在1973年到1974年石油抵制期间，美国已经考虑但否决了军事行动。首先，越南战争失败后，美国军队处于危急状态。其次，与苏联盟友的战争风险非常高，即使不是与苏联本身：当时英国一份关于美国作战计划的文件这样写道："海湾地区这种对抗的最大风险可能发生在科威特，一旦发生，伊拉克人可能会在苏联的支持下试图干预。"因此，美国拒绝干预，除非禁运持续了太长时间。（事实上，石油封锁在1974年3月结束）。当科威特在1975年对美国石油公司实施国有化时，这些因素仍然存在，对美国来说，可能获得的好处要少得多——特别是当时并不清楚海湾石油公司做了一桩不好的交易，但非常清楚，其他阿拉伯海湾国家的政府保护了美国公司的利益。

## 安第斯例外

美国在西半球存在已久的势力圈内，仅有三例是美国投资者获得的补偿还不到其资产市场估价上限的，一个在厄瓜多尔，另两个在玻利维亚。厄瓜多尔的案例涉及一项尚未开发的近海石油开采权，而当初获得这项开采权的手段至少有些可疑；此外，厄瓜多尔政府取消开采特许权时，遵循的是前委内瑞拉总统西普里亚诺·卡斯特罗1902年的先例，并且还确保了**其他**美国公司会受益。因此，帝国陷阱的标准政治被预先制止。在玻利维亚的两个案例中，美国公司都得到了他们所希望的清算数额，但是之后发生了一系列无法预料的宏观经济事件（一次是锡价大幅下跌；另一次是美国通货膨胀意外加速），导致他们收取的赔偿少于期望值。我们将在下面讨论这三个案例。

1968年，厄瓜多尔总统奥托·阿罗塞梅纳（Otto Arosemena）授予由美国地质学家约瑟夫·沃尔夫领导的六名厄瓜多尔公民为期40年的海上勘探权。然后，这六名厄瓜多尔人将他们的权利出售给美国公司组成的一个财团。这个名为ADA的财团探明了天然气储量却没有下功夫开发。这笔交易在厄瓜多尔引起了极大的负面关注，因此，1972年军方推翻阿罗塞梅

第九章　帝国陷阱的成功

纳之后，新政府的第一个行动就是撤销这一海上勘探权。然后，政府启动司法程序，并最终判处前工业部部长比科·曼提拉（Pico Mantilla）五年监禁。约瑟夫·沃尔夫也被判了九年，但沃尔夫和曼提拉都已离开厄瓜多尔。特别法庭谴责了阿罗塞梅纳，不过没有对这位前总统判刑。接着，政府又给盐湖城的西北管道公司颁发了一项新的勘探权。与ADA的纠纷一直拖着没有解决，但美国政府也不便介入，因为这件事情有着道义上的含混不清，另一方面厄瓜多尔军事将领们硬是巧妙布局，让两家都是美国的利益集团相互撕咬。（在这里，军事将领们照搬了西普里亚诺·卡斯特罗七十年前在委内瑞拉使用过的策略。）

1952年，玻利维亚政府没收了锡矿业。（有关这一事件的详细情况，请参阅第七章。）帕蒂诺矿业公司是在美国注册成立，美国居民拥有公司约四分之一的股份。赔偿计划与公司在美国的首席说客米勒德·泰丁斯（Millard Tydings）所提出的赔偿安排极为相似。米勒德是前马里兰州民主党参议员。以当时锡矿的主导价计算，这些公司获得了新国有化公司**总**收入5%的补偿。如果价格跌破1.06美元，这个份额就下降到2.5%。

不幸的是，对于帕蒂诺的股东来说，与收入挂钩的补偿方法是他们想要的，但结果很不划算，因为1953年锡价下跌了21%，从每磅1.21美元下降到96美分。直到1961年，锡价才恢复到1.06美元的水准。更糟糕的是，玻利维亚的产量随着价格下降而减少：从1953年的峰值的35,384吨，下降到1958年的18,014吨，之后才有所恢复。帕蒂诺每年只收入440万美元，而如果产量和价格保持稳定的话，帕蒂诺本来可以收入1,390万美元（每年150万美元）。1962年，该公司与玻利维亚政府同意中止协议，政府只需另付420万美元。 1952年4月，玻利维亚革命政府上台时，总共970万美元的赔偿额还不足以补偿股东，因为公司被征收前最高市值曾达到1480万。从现值看，1952年的赔偿额以美国政府债券的十年利率计算，只有800万美元。显然，这个贴现率对于与锡矿价格挂钩的可变流量来说太低。以1951年帕蒂诺市盈率的倒数（12.7%）作为折现率，那么，补偿金的净现值仅为470万美元。

1969年，在玻利维亚又上演了相似的一幕。1969年10月17日，玻利维亚政府征收了海湾石油公司（现为雪佛龙）的资产。补偿金的净现值低于资产的市场价值，而且与1952年一样，其原因是出现了一个没有预见到的外来经济冲击——这次是美国通货膨胀意外加速，导致赔偿金实际价值减少。

海湾石油公司被国有化有许多根源，其中最主要的是阿尔弗雷多·奥万多总统左翼政治的脆弱性。由于玻利维亚特别宽松的财政制度，海湾石油公司变成一个大家都想咬一口的肥肉。玻利维亚的石油法规允许各省收取石油生产11%的特许权使用费。中央政府收取30%的所得税，但允许公司扣除生产总值27%的资源耗竭补贴。在玻利维亚，石油储备属于国家，这与美国大部分地方不同，因此，批评者愤怒指责这种资源耗竭津贴的存在——为什么允许一家公司分摊不属于它的资产呢？民族主义者也抗议海湾石油公司对玻利维亚国家石油公司的竞争性挑战，包括所谓的建议在巴西建造一个使用玻利维亚天然气的石化联合企业。

本次纠纷与1952年锡矿公司国有化有异曲同工之妙。亨利·基辛格指示美国大使向拉巴斯发出书面照会，并称此次征收美国资产是"一个可能要用《希肯卢帕修正案》解决的问题"。奥万多总统雇用了一家法国公司（Geopetrole）来审计海湾石油公司的账簿并确定估价。尼克松政府并没有援引《希肯卢帕修正案》，而是暂停了援助，"国有化之后，我们立即采取了一种不搞新动作，而是启动削减美国援助计划的政策"。援助金额从1969年的3,300万美元（相当于2011年的1.62亿美元）下降到1970年为500万美元（相当于2011年的2,300万美元）。多边贷款机构的信用额从4,800万美元（相当于2011年的2.36亿美元）下降到280万美元（相当于2011年的1,300万美元）。美国大使馆给出了潜台词，如果玻利维亚不提供足够的赔偿，美国已经准备好更严厉的制裁：

## 第九章　帝国陷阱的成功

这是一次考验，我们要看看，一个把自己推向极端主义、左派主义、甚至可能是卡斯特罗主义的政府能不能被调教好，重拾自我节制，能不能被引导着去支付被它夺走的东西……如果这个政权或者后继政权表现出很少或者一点也没有想回归自我节制的愿望，在海湾石油的解决方案上没有取得进展（也许还在继续将其他公司也国有化），而且，确实把我们提供援助的良好意愿当成是满不在乎地实施心胸狭隘的民族主义企图的许可证，那么，我们面临的就是一个不同的局面，需要我们采取不同姿态。在这种情况下，我们可能别无选择，只能未雨绸缪，大幅削减项目、人员和关注度。

1970年9月10日，法国Geopetrole公司评估的海湾石油公司的运营成本为1.011亿美元（相当于2011年的4.71亿美元），之后，奥兰多总统颁布了一项法令，要求按照这个估值支付补偿，减去22%的特别税后，赔偿金降为7,860万美元。一位律师咨询过玻利维亚政府后表示，征收特别税的理由，是玻利维亚政府意欲收走海湾石油公司本来该上缴给美国政府的结清款税：有了外国税收抵免，意味着海湾石油不需要给美国上税，但这样一来，玻利维亚可以少付2,250万美元。玻利维亚政府后来又添加1,640万美元到赔偿金里，名义上这笔钱是用来偿还海湾石油公司下属一家子公司的债务，这样，总赔偿额达到9,500万美元。

我们可以用海湾石油公司支付的所得税除以0.3（所得税率），加上耗损补贴，扣除特许权使用费、所得税支付和估计的资本支出估算出海湾石油的现金流量（见表9.2）。将这些现金流量乘以海湾石油公司1969年的市盈率（9.9），就能计算出海湾石油公司的玻利维亚子公司的价值总额在8,340万美元到1.177亿美元之间。

表9.2　在玻利维亚的海湾石油公司，选定的数字

| 年份 | 桶/每天 | | 海湾石油收入 | 特许权使用费支付 | 百万美元 | | | 美分 |
|---|---|---|---|---|---|---|---|---|
| | 全国石油产量 | 海湾石油产量 | | | 所得税支付 | 现金流量估值（低） | 现金流量估值（高） | 每桶开采成本 |
| 1962 | 7975 | 223 | $0.11 | $0.01 | $0.00 | | | |
| 1963 | 9318 | 248 | $0.13 | $0.01 | $0.00 | | | |
| 1964 | 8753 | 54 | $0.03 | $0.00 | $0.00 | | | |
| 1965 | 9197 | -- | $0.00 | $0.00 | $0.00 | | | |
| 1966 | 16671 | 7904 | $5.17 | $0.57 | $0.00 | | | |
| 1967 | 39800 | 32260 | $22.14 | $2.44 | $0.70 | $3 | $7.11 | 28.9 |
| 1968 | 40959 | 32415 | $23.73 | $2.61 | $3.32 | $10 | $13.6 | 30.8 |
| 1969 | 40436 | 32199 | $22.49 | $2.47 | $2.60 | $8.63 | $12.1 | 47.0 |

*数据来源*：Gulf Oil production from IMF, Recent Economic Developments, July 11, 1975, p. 36. Central government royalty rates from George Ingram, Expropriation of U.S. Property in South America: Nationalization of Oil and Copper Companies in Peru, Bolivia, and Chile(New York: Praeger Publishers, 1974), pp. 163 and 167. Royalty payments to provincial governments from Instituto Nacional de Estadistica, Bolivia: Impuesto Nacional y Regalías Departamentales Pagados por Y.P.F.B. Income tax payments from IMF, Bolivia – Request for Stand-by Arrangement (December 18, 1968), p. 4; and IMF, Bolivia—Recent Economic Performance (October 16, 1970), p. 32.

注：1969年的数字已经做了调整，把海湾石油在10月17日已经国有化考虑进去了。现金流量的高估值是假设资本支出为每年50万美元（有记录以来最低值），而低估值是假设资本支出为每年400万美元。1967年每桶开采成本的计算是不可靠的。

以上对海湾石油公司在玻利维亚的业务估值肯定是太高了。首先，它们依据的是用来计算特许权使用费的谈判油价。1969年，这个价格是每桶2美元。然而，当年玻利维亚原油的实际平均出口价格为1.64美元。此外，原油运往智利阿里卡出口码头的运输费约为每桶25美分。根据这一差异进行调整，公司价值降低到6,500美元至9,900万美元之间。

因此，玻利维亚的赔偿额达到了公司价值最高估值的96%。问题在

于，直到1973年，玻利维亚政府开始将其石油出口收入的25％转入海湾石油公司的账户，这笔补偿款才算真正落实。这笔款项的支付一直持续到1976年。1970年至1976年间，美国的通货膨胀率（使用GDP平减指数）平均每年6.5％。将付款转换为1970年的美元值，然后按照1970年10年期联邦债券的利率（8.4％）进行贴现，得出1970年的净现值仅为6,020万美元。如果玻利维亚海湾石油公司在1970年的时候是一家独立公司，其价值可能还不到6,020万美元，然而，这是不太可能的。

## ¡Peru，Si！（秘鲁说"是！"）

秘鲁征收美国石油和矿业权益（连同其他大量投资）通常被视为征收财产的成功典范。然而，仔细审查数据后却发现了一个不同的故事：尼克松政府其实完全有能力拿到足够的补偿使公司完好无损。秘鲁（不同于科威特和玻利维亚）并不是一个例外。事实上，在秘鲁上演的一幕，可以称得上是美国与其名义上的各盟国发生的征收激战之大戏中最出彩的。

1968年，一场军事政变让利马的左翼政府掌权。该政府上台不久就将美国投资收归国有。假定这个世界没有苏联，美国政府就会毫不迟疑地实施严厉制裁。然而，这是1968年的世界，确实存在着一个敌对的苏联，而秘鲁的新政府（虽然信誓旦旦地声称反共）向尼克松政府明确表示，它会毫不犹豫地转向苏联寻求援助。（一个确凿无疑的信号就是秘鲁军政府从莫斯科购买了武器）

60年代的秘鲁经济严重依赖采矿、棉花、渔业和石油等的初级产品，而这些商品大部分是美国所属公司生产或销售。然而，秘鲁决策者的脑海中首先想到的是一家特殊公司——国际石油公司。随着秘鲁经济的扩大，国际石油公司越来越多的产品进入到国内市场，而国内市场的汽油价格是固定的。1957年，国际石油公司向曼努埃尔·普拉多（Manuel Prado）当局（此政府对工商业持友好态度）提议重谈特许权条件。国际石油公司愿意放弃其私有财产权，以换取长期特许权与调高汽油价格。普拉多同意了，并于1959年7月25日提高了汽油价格。但是，油价上涨立即招来了各种不同意识形态人士的反对：联合左翼分子、中间派、保守派，最引人注目的还有秘鲁军队，因此，这笔交易最终没有谈成。1962年，当大选结果表明左-右翼联盟将扶植秘鲁前总统曼努埃尔·奥德里亚（Manuel Odría）担任总统时，军方发动了一场政变。1963年军方允许再次举行大选，结果中间派候选人费尔南多·贝兰德获得超过三分之一的选票，这样一来，贝兰德出任总统，反对党将把持国会。

因此，这种微妙的政治局势，使秘鲁政治发生棘轮效应[1]，各派一轮一轮交手，对国际石油公司争相提出各自的更具民族主义性质的建议。然而，由于政府各派各执己见，使政策无法制定。贝兰德当选后，提议国际石油公司把油田归还给秘鲁，以换取为期25年的特许权。由于交换条件中没有零售价的保证，国际石油公司拒绝了。然后，贝兰德就向秘鲁国会提交了改变国际石油公司财产和税收状况的提案。国会拒绝了贝兰德的按部就班式的提案，而是通过了国会自己立法，废除了国际石油公司1922年特许权条款。贝兰德反过来拒绝执行这项立法。

到1964年底，约翰逊政府开始担心秘鲁政府为打破秘鲁国内政治僵局可能会把国际石油公司收归国有。助理国务卿托马斯·曼（Thomas Mann）试图通过拖延发放对秘鲁的经济援助，以使贝兰德放弃采取这一行动。一位不愿透露姓名的美国官员解释说："我们想到的办法就是将这个话题冻结起来，转而谈论政府的繁文缛节和官僚作风，这样，他们就能很快领会到我们的意图。"不幸的是，秘鲁政府没有领悟到我们的意图。1965年，美国将援助减少了一半以上，但并没有全部切断，数额变化完全在之前的波动范围之内（见表9.3）。1966年，国家安全事务顾问沃尔

---

[1] 指短期内消费中的习惯效应，即易于向上调整不易/难于向下调整这种不可逆性。译者注。

特·罗斯托（Walter Rostow）亲口向贝兰德总统提出了一个交换条件：恢复对秘鲁的援助，作为交换，秘鲁政府不把国际石油公司收为国有，贝兰德总统听罢，着实大吃一惊。这样做的效果是让秘鲁领导人相信，美国在国际石油公司的问题上试图给他们点颜色看看，事实上也确实在他们面前耀武扬威了一把。这还不是约翰逊政府最精彩的时候。

表9.3 美国给秘鲁的支援，1960–1975年，2009年的百万美元

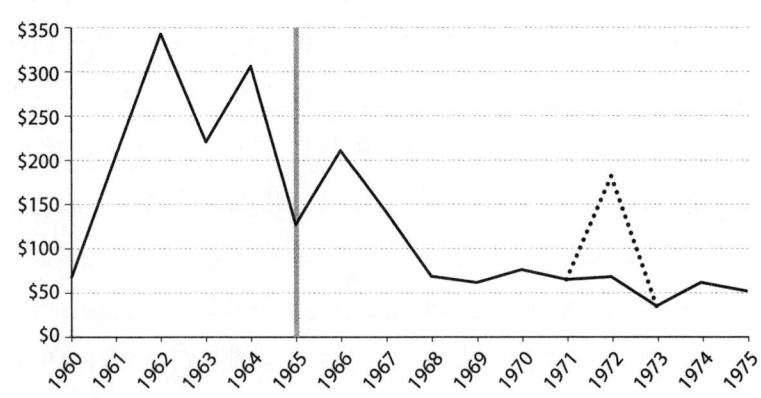

数据来源：美国开发署绿皮书

注：用虚线表示的1972年援助出现骤涨，全部是因为利马发生地震以及严重洪灾，美国拿出1.13亿美元作为人道主义救援的紧急支出。

国际石油公司自己也意识到公司在秘鲁的地位已经岌岌可危。就在贝兰德1968年7月28日发表国情咨文讲话的前三天，国际石油公司告诉贝兰德说，公司愿意将拉布雷–帕里纳斯（La Brea y Pariñas）油田移交给秘鲁国家石油公司，以换取市场营销和炼油的特许权，并享有参与秘鲁其他地方石油勘探的权利。国际石油公司心甘情愿做这样的让步，可能是因为厄瓜多尔的亚马逊地区最近发现有石油而受到激励，但不管怎样，将一个开发成熟，但越来越无利可图的油田交给秘鲁，以换取秘鲁亚马逊地区可能发现的新油田，这似乎是一种理性的交换。对于秘鲁来说，国际石油公司的条款，实际上比贝兰德在1963年开给该公司的条件更为慷慨。在总统

府进行了一系列通宵达旦的谈判之后，贝兰德和国际石油公司达成一份协议——《塔拉拉法案》，秘鲁政府于1968年8月13日正式接收了拉布雷-帕里纳斯的油田。

在政治上，《塔拉拉法案》竟然成了贝兰德的灾难，因为它很快成为国内政治不满的焦点。1968年9月7日，秘鲁国营石油公司负责人卡洛斯·洛雷特·德·莫拉（Carlos Loret de Mola）辞职。三天后，他在国家电视台上宣布，《塔拉拉法案》的官方副本缺少最后一页（即第11页），这一页上有他亲笔签署的一份合同附录，附录规定国际石油公司必须以每桶最低优惠价按美元计算来补偿秘鲁。这之后，贝兰德党内发生了分裂，这种不团结似乎确保了左派分子维克多·劳尔·哈亚·托雷（Victor Raúl Haya de la Torre）的当选，但这个人是秘鲁军队看不顺眼的。10月3日，秘鲁武装部队联合司令部司令胡安·贝拉斯科·阿尔瓦拉多（Juan Velasco Alvarado）将军领导的军事政变罢免了贝劳德。六天后，政变领导人于10月9日否决了《塔拉拉法案》，并强占了国际石油公司的主要炼油厂，同时还占领了拉布雷-帕里纳斯油田。

胡安·贝拉斯科总统领导下的武装部队革命政府征收了国际石油公司在秘鲁的剩余财产，包括遍布全国的埃索加油站。接管过程十分顺利，因为国际石油公司的大部分人员已经是秘鲁当地人，而且当时国际石油公司的经营重点已经转向了秘鲁国内市场。革命政府拒绝给予补偿。此外，革命政府于1969年2月采纳了利马律师协会的高级律师阿尔贝托·鲁伊斯·埃尔德雷奇提出的名为"**复仇**"的建议，要求国际石油公司从已提取石油的价值中抽成退还给秘鲁，这项价值总计6.9亿美元（相当于2011年的34亿美元），也就是将1924年至1968年拉布雷-帕里纳斯油田的总产量减去生产和运输成本，按照东得克萨斯价格计算得出的。对于国际石油公司而言，它声称其全部经营的估价为2亿美元。2月6日，贝拉斯科总统向世界保证："国际石油公司的案例是独一无二的。这是一个特例。"之后不到两个星期，秘鲁与苏联签署了贸易协定。

## 第九章　帝国陷阱的成功

1968年11月5日，理查德·米尔豪斯·尼克松当选为美国第37任总统，这次权力的交接几乎没有争议，相对祥和安宁。尼克松挑选前总检察长、长期担任法律顾问的威廉·罗杰斯为国务卿，挑选亨利·基辛格为国家安全顾问。这是尼克松控制和削弱国务院影响力的策略之一，他对国务院极不信任，而是更倾向于利用多个相互竞争的机构作为他行政权力的延伸，用罗杰斯来维持国务院的配合，同时依靠基辛格的外交政策和对国内事务的建议。因此，基辛格在尼克松白宫内占据的是一个类似首相的位置，从而保护尼克松不受传统上内阁施加压力的影响。

1969年，秘鲁不是尼克松外交政策的首要关注点（考虑到越南战争正如火如荼地展开，这应该不奇怪）。秘鲁甚至都不是尼克松对拉美外交政策的首要关注点。基辛格认为，秘鲁的新军事政府（尽管它的名字听起来觉得不祥）是反共的。中央情报局也认为贝拉斯科不构成威胁。1969年3月，中央情报局在报告中写道："秘鲁最近与苏联和欧洲其他共产主义国家建立外交和经济关系，这些举动从去年贝兰德总统执政时就已经开始了，很可能只是想展示一下秘鲁已经不需要依赖美国了，而不是真的要跟这些共产主义国家发展稳固和密切的关系……（贝拉斯科的）陪行人员都是持各种不同观点的，这些观点涵盖的政治范围从极右到极左什么都有……目前没有证据表明贝拉斯科倚重秘鲁共产党的建议或支持。"中央情报局的报告接着说，这个政权中的官员……尽管持民族主义和左派经济观点，但是"全都有清一色的反共背景"。

然而，《希肯卢帕修正案》（以及相关的反征收立法）在敲响警钟，要求美国在1969年4月9日以前必须停止发放给秘鲁的剩余援助款，（更重要的是）停止所有秘鲁糖的进口。国务院和中央情报局都担心此举的战略影响。在尼克松宣誓就职后的几天内，国务院奉劝基辛格，"暂停援助和食糖配额将给秘鲁经济带来巨大冲击，也许会导致秘鲁政府对美国其他投资进行打击报复，疏远秘鲁人民的感情，激起政府采取严重敌视美国的政策，还可能会把秘鲁进一步推向苏联集团一边，与他们建立经济和外交关系，并破坏未来很长时期内的美-秘关系——所有这一切都会对我们在西半球其他地方的利益产生不利影响"。与此同时，中央情报局也担心制裁可能导致秘鲁政府垮台。"随着经济压力不断加大，政府和老百姓将变得越来越沮丧，越来越情绪化。贝拉斯科领导下的政权可能会变得更为激进，要开始向秘鲁那些已建立起牢固根基的经济产业发起进攻，从而可能出现一场大革命的局面"。

国务院和国家安全委员会感到头疼的问题是：理查德·尼克松不愿坐视美国财产被白白没收。在1969年3月4日的新闻发布会上，尼克松向记者解释了政府对秘鲁的立场："现在，如果他们没有采取适当的措施来支付这个（征收的）补偿款，那么根据法律，也就是大家都知道的《希肯卢帕修正案》，我们将不得不就食糖进口配额和援助项目采取相应行动。我希望我们不必这么做；因为那样会产生多米诺骨牌效应，如果允许我使用这个本该已过时的术语的话，产生一个遍及整个拉丁美洲的多米诺效应。"

国家安全委员会审议了针对秘鲁采取"强硬路线"和"温和路线"的两种不同选项，从极其严厉的经济制裁，到最温和的听之任之，不做任何实质性的事情。（由于美国在越南作战，而且在西德和韩国几乎难以维持足够的兵力，军事行动是不予考虑的。同时，基辛格也不赞成对一个反共产主义政府搞秘密行动。）国家安全委员会分析师认为，"选择这个[最温和的]路线意味着我们做出了一个判断：援引这些制裁手段会产生不利影响，这些不利影响会给我们西半球外交政策的长远利益造成无法接受的损害。这个**决定显然会杜绝政府将来使用《希肯卢帕修正案》之类的法律来保护美国的海外投资，至少在拉丁美洲是这样的**"。

3月中旬，尼克松任命约翰·欧文二世（John Irwin II）作为特使前往秘鲁。欧文在拉丁美洲事务方面有着丰富的经验，曾担任艾森豪威尔政府负责国际安全事务的副助理国防部长，最近还在约翰逊政府中担任美国的巴拿马运河谈判代表。欧文向秘鲁政府建议使用国际仲裁解决国际石油公司的争端。如果提请仲裁，将给予美国一枚无为而治的"无花果叶"，缓

## 第九章　帝国陷阱的成功

和美国国内欲加大制裁力度，或以其他方式进行干涉的舆论压力，并允许秘鲁人上陈一个（欧文认为）很有胜算的案例。但是，秘鲁人拒绝采纳这种建议，因为，这个建议违背了"卡尔沃主义"（Calvo Doctrine）[①]。秘鲁人反过来建议国际石油公司使用秘鲁的行政渠道对这一价值6.9亿美元的判决进行上诉。欧文在与贝拉斯科本人进行了几次会谈后，于4月3日返回美国，距离《希肯卢帕修正案》启动的最后期限仅剩六天，他对紧张局势能够得到缓解持悲观态度。

尼克松一直到《希肯卢帕修正案》的期限截止前的最后几天才拿定主意。4月5日，截止日头一天的星期六早上，基辛格打电话给佛罗里达州比斯坎湾的总统大院，与尼克松讨论秘鲁局势。基辛格告诉尼克松，他的顾问一致认为延长修正案的截止日期是有用的，但是"我们必须有某个借口，除非我们就直接跟他们说，谈判……已经进行了两个星期，我们再给他们宽限30天，以便让双方再冷静思考一下"。尼克松不同意，"不，那样不行。我认为那样是行不通的。我倾向于给他们更长时间。要记住我们的目的不是要谈判，而是要打仗。让军队随时待命，然后尽我们所能逼迫他们。这也许需要三个月的时间"。"不要被他（贝拉斯科）的时间表牵着鼻子走，这是肯定的"，总统说。基辛格同意了，他评价说："虽然国际石油公司是个上不了台面的公司，但这不是现在的问题所在。"尼克松回答说，"对，肯定不是。"尼克松将实施制裁推迟到8月6日，利用国际石油公司暂时接受秘鲁提出的行政上诉条款作为"无花果叶"。因此，尼克松延长启用《希肯卢帕修正案》的最后期限并不是因为他犹豫了，而是为了要在尼克松本人选择的时间点与贝拉斯科算账。

尼克松推迟启动修正案的部分原因还在于，国际石油公司的老板们不希望过早实施制裁，泽西标准明确告诉国务院，他们**宁愿**长期推迟，因为

---

[①] 卡尔沃主义是主张一国境内的外国人享有与当地国民同样保护而不应要求更多保护的学说。为阿根廷外交家和国际法学家卡洛斯·卡尔沃（Carlos Calvo, 1824-1905）所倡导，故得名。译者注。

他们认为"如果允许有足够的时间,内部压力将会加剧,并强迫局势缓和下来"。唯一希望立即实施制裁的派别是国会议员们。例如,亚拉巴马州共和党议员杰克·爱德华兹是在戈德华特①1964年席卷南方各州时进入国会众议院的,因此,他相信地缘政治不能"奴颜婢膝":"只要我们对强加在我们身上的每一种暴行屈膝隐忍,无论秘鲁,还是其他国家都不会停止骚扰美国,并自夸这是取得的一个新的、更大的胜利。让我们在和别国打交道的时候使用一点常识吧,哪怕一次"。尼克松每一次都要确保爱德华兹知晓事态动向,这样他才能让国会批评推迟制裁的人"冷静下来"。总统不希望这些立法者把战术上的拖延误认为是软弱无能的屈膝投降。

4月6日,尼克松与家人在比斯坎湾参加了复活节的教堂弥撒,之后,欧文与尼克松见面会谈了一小时。欧文随后回到秘鲁告知贝拉斯科,国际石油公司将接受秘鲁财政部部长提议的上诉程序,而不是请国际仲裁作为它的裁判人。在这起上诉案中,国际石油公司将据理力争,驳回革命政府要求它支付的6.9亿美元从秘鲁油田中开采的石油价值。星期一(4月7日),罗杰斯国务卿在新闻发布会上宣布,上诉程序和谈判满足《希肯卢帕修正案》的采取"适当措施"准备赔偿的要求,故无须启动此案。

直到7月22日,尼克松已经同意由国家安全委员会起草的一系列有关国际石油公司的政策。第一,美国将"继续对秘鲁施加非显性的经济压力,迫使其为解决纠纷和做出建设性变革提供一个框架"。实际上这一条就等于是非正式终止了秘鲁的国际发展贷款。第二,如果能够找到任何可信的依据证明应该推迟,美国将"推迟适用"《希肯卢帕修正案》。第三,华府将"积极寻求推迟的依据,即使在行政申诉程序结束之后"。8月6日是秘鲁行政上诉的最后期限,这一天什么都没有发生就过去了。两周后,秘鲁政府征收了国际石油公司最后一项资产。国际石油公司继续通过秘鲁法院向秘鲁内阁提出上诉,尽管更上一级的司法上诉也不太可能奏效:因为,贝拉斯科不仅成立了一个有权终止或解雇任何法官的执行委员会,而

---

① Barry Morris Goldwater,共和党保守派议员。译者注。

且,还将在1969年12月替换秘鲁最高法院所有的成员,只保留了两位。这时,美国向秘鲁施加了"非显性"经济压力,以迫使其解决争端,例如施压世界银行和美洲开发银行扣留或暂缓对秘鲁的贷款,同时推迟对秘鲁的双边援助项目。

## 秘鲁的最终解决

秘鲁的最终解决虽然花了很长一段时间,但是尼克松的策略使受到革命军政府破坏的美国公司得以保全下来。如果,贝拉斯科关上了与国际石油公司谈判的大门,那么,秘鲁很可能就不用赔偿了。但是,贝拉斯科总统并没有对国际石油公司关上申诉之门。1969年8月,就在秘鲁政府宣布国际石油公司欠秘鲁6.9亿美元的六个月后,秘鲁就把制糖业也国有化。秘鲁糖业大部分土地都由秘鲁人持有,但W. R. 格雷斯公司持有大量股份。1970年,秘鲁开始与塞罗公司(Cerro)就出售其铜业资产一事进行谈判。到1973年,所有旁观者都清楚地看出,贝拉斯科打算将铜矿也收归国有,1974年1月,他果然把这事办了。所有这些投资都享有美国国际开发署的资本控制保险,但是,美国却没有与秘鲁签过允许美国国际开发署(USAID)提供财产征收险的协议。

1973年初,尼克松绕过国务院,向秘鲁派遣了一个谈判小组。他聘请了制造商汉诺威信托(Manufacturers Hanover Trust)的高级副总裁詹姆斯·格林(James Greene)担任谈判组长。格林曾负责有关向秘鲁政府提供大额贷款的谈判,同时他既懂西班牙语,又了解秘鲁政府的关键人物。格林于1973年2月19日抵达利马,当地的美国大使馆还蒙在鼓里。格林曾游说美国公司先拿到他们可接受的最低补偿范围的补偿款(见表9.4)。有些案例中,他们的最低补偿范围明显低于公司向秘鲁政府提出的索赔款。例如,塞罗公司最初声称其投资价值为1.75亿美元。1972年7月,该公司提出以3,000万美元现金、

4,900万美元的未来5年的销售收入，9,600万美元的未来7年的利润的补偿，390万美元的15年管理费，向秘鲁政府出售其业务。按1972年公司债券10年期利率（7.2%）来计算，公司要求的这个价格其净现值为1.78亿美元。然而，当格林问起时，塞罗公司报告说只要6,500万美元公司就能接受。

表9.4　秘鲁被征收财产的结算，当前美元值，千美元

| | 损失日期 | 公司索赔 | 1973年11月最低结算额 | 一次性分享 | 个人付款 | 总计 |
|---|---|---|---|---|---|---|
| Brown and Root | 1970.02.01 | 1234 | | 100 | | 100 |
| Cargill Peruana, S.A. | 1973.05.07 | 4724 | 1300 | 1300 | 48 | 1348 |
| Cerro Corp | 1974.01.01 | 175000 | 65000 | 10000 | 58000 | 68000 |
| IPC: La Brea and Parinasñ fields, Talara comlex, 50% Lobitos refinery, Lima consession, marketing assets | 1968.11.09, 1969.02.14 | 85000 | 20000 | 22000 | | 22000 |
| General Mills | 1973.05.07 | 2574 | 1100 | 1200 | | 1200 |
| Gold Kit S.A. | 1973.05.07 | 3037 | 1800 | 600 | 2242 | 2842 |
| H. B. Zachry Co. | 1979.02.01 | 3000 | 1000 | 1200 | | 1200 |
| International Proteins Co. | 1973.05.07 | 11279 | 8600 | 8900 | | 8900 |
| Morrison-Knudsen | 1970.02.01 | 6991 | 2000 | 2000 | | 2000 |
| Socal-Chevron in Conchan refinery | 1972.06.16 | 3000 | 2000 | 2000 | | 2000 |
| Star-Kist | 1973.05.17 | 15000 | 7175 | 7300 | 1318 | 8618 |
| W.R. Grace and Co. | 1974.02.14 | 60185 | 20000 | 19200 | 2805 | 22005 |
| 总计 | | 371024 | 129975 | 75800 | 64413 | 140213 |

第九章　帝国陷阱的成功

塞罗公司是如何计算出6,500万美元的？塞罗提出的赔偿要求是市场价，外加少量的资产溢价，它如愿以偿了。1971年，秘鲁获得了该公司采矿净收入的40%：塞罗市值的40%达到了5,800万美元。（1972年，秘鲁创造了45%的净收入：以相同方法计算得出市值5,600万美元。）塞罗的股价跌了，但所有大型铜业公司的股价都走低了，这些公司大多数跟秘鲁没有任何接触，跟智利的接触也相对较少（见表9.5）。

**表9.5**　主要铜业公司的股价指数：1968–1976年，(1968年10月31日=100)

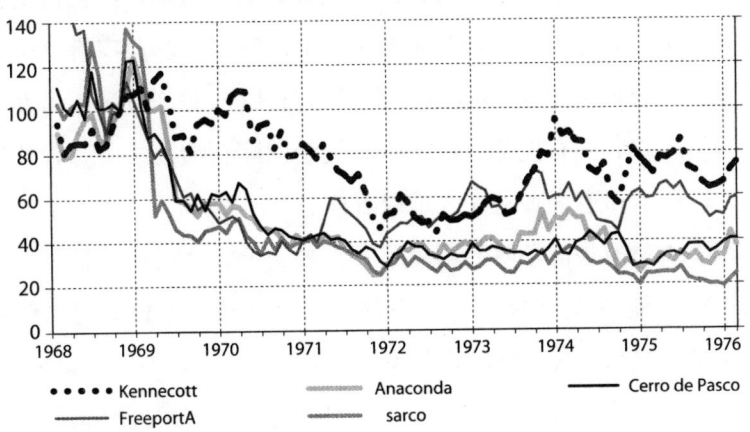

数据来源：纽约证券交易所

**表9.6**　国际石油公司年收益，1950–1972年(1969年到1972年为秘鲁国家石油公司)，2009年百万美元

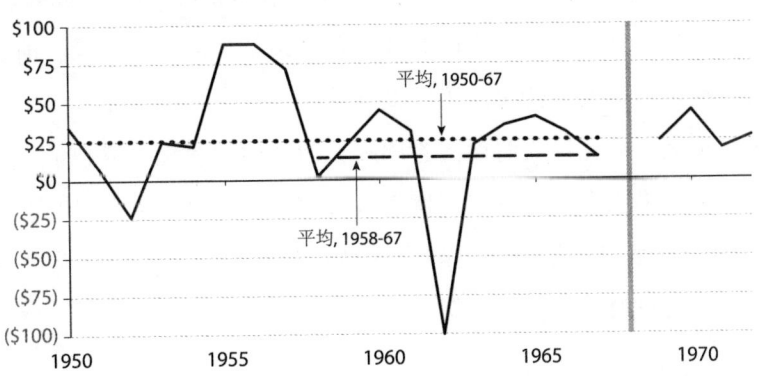

331

数据来源：

①Rosemary Thorp and Geoffrey Bertram, Peru, 1890–1977: Growth and Policy in an Open Economy (New York: Columbia University Press, 1978), p. 278.

②"Economia politica de la privitización," Revista de la Facultad de Ciencias Económicas de la UNMSM, vol. 2, no. 2 (December 1996), pp. 13–50.

最终的解决包括秘鲁转交给美国政府的7,600万美元，发放给了索赔人，以及向被征收的公司直接支付的6,400万美元。大多数公司获得的补偿金接近他们向美国政府申报的预订补偿金数额。国际石油公司则获得了它索要的罗比托斯炼油厂份额、未开采石油的特许权以及零售分销设施等的补偿款。秘鲁政府对美国政府转给国际石油公司2,200万美元表示公开愤怒，但美国政府早有把部分结案款转交给国际石油公司所有者的打算，而秘鲁人居然不知道，真是令人难以置信。

国际石油公司获得足够的赔偿了吗？名义上，公司在国有化之前十年的平均年利润是190万美元。鉴于石油公司风险较大（独立的小型美国石油公司在20世纪70年代早期的市盈率小于5），2,200万美元看起来很公平。问题在于，这样计算没有把通货膨胀考虑进去。美国20世纪60年代的通货膨胀是低，但并不是零，从1958年到1967年的十年间，美国国内生产总值平减指数（GDP deflator）上涨了24%。此外，赔偿直到1974年才到款，美国的价格又进一步上涨了39%。一旦我们把通货膨胀计算进去，国际石油公司得到的赔偿额达到了过去十年平均年收入的4.5倍（见表9.6）。这个数字仍然超过当时风险较大的石油企业的市场价值，而无论事前还是事后，人们很难争辩说该公司的秘鲁投资不是一个高风险投资。

简而言之，尼克松政府设法为国际石油公司的纠纷谋取到了一个十分有利的解决结果。由于秘鲁需要世界银行和国际货币基金组织的支持来维持其经济的运转，因此，尼克松政府向秘鲁施加了一个高度行之有效的制裁威胁。国会对财产被征的愤怒是强烈的；各方都知道，如果这些纠纷最终的结案款不能让这些公司都满意,就会制裁秘鲁,而制裁就会让秘鲁经济一蹶不振。

## 智利说"不"

整个20世纪70年代初,中央情报局继续在投资争端中发挥作用。随着投资者向行政部门施压的传统方式(比如国务院和国会的游说者)离尼克松越来越远,投资者开始寻求非传统渠道。就智利而言,这个渠道是中央情报局。

中央情报局干涉智利政治并不是什么新鲜事。在1964年的智利总统选举中,中央情报局斥资300万美元确保萨尔瓦多·阿连德败选,提供给基督教民主党一半以上的大选经费;另外还制作了每天20个广播电台广告和一个小时的电视节目,让智利媒体市场满满地都是中央情报局的宣传攻势。但是,这些行动是由美国政府掏的腰包。当时,中央情报局还**拒绝接受**在智利的一群美国商人主动拿出的150万美元反政府活动资金。

中央情报局是如何变得更容易接受来自非传统渠道的影响的呢?哈罗德·吉宁(Harold Geneen)的国际电话电报公司在智利的业务,要比在巴西那些不赚钱的子公司有价值得多,几年前巴西政府征收那些子公司,导致美国动用《希肯卢帕修正案》。而在智利,情况分三个阶段。中央情报局局长约翰·麦科恩(John McCone)全面负责1964年的智利大选,1965年辞去中央情报局工作后不久就担任国际电话电报公司董事会的董事。1970年6月,国际电话电报公司董事会讨论了如果阿连德获胜会有什么后果。之后,仍然担任中央情报局顾问的麦科恩曾多次与中央情报局局长杰西·赫尔姆斯谈过智利问题。1970年7月16日夜晚,几个中间人精心安排了哈罗德·吉宁在华盛顿特区的喜来登-卡尔顿酒店大堂与中央情报局西半球分部负责人威廉·布洛私下会晤。就在这次两人会面中,吉宁提出为中央情报局在智利的反阿连德活动提供资金。布洛谢绝了,但主动向吉宁解释了国际电话电报公司怎样自己把这些资金输送给反阿连德的候选人。不过，阿连德还是于1969年9月4日赢得了总统大选。

接下来是第二个阶段，阿连德当选后，国际电话电报公司立即召开董事会。会议期间，吉宁私下告诉麦考恩，他愿意拿出100万美元协助美国做出的任何阻止阿连德执政的计划。9月11日和12日，麦科恩会见基辛格和赫尔姆斯，讨论吉宁的提议。麦科恩后来作证说他没有得到任何答复。（吉宁的这个提议也通过更传统的游说技巧传递给基辛格的班底和国务院，甚至十分蹊跷地传递给了检察长。）与此同时，尼克松正在独自考虑要不要让中央情报局策划一场反阿连德的政变。9月15日，尼克松向中央情报局局长赫尔姆斯说出了他的决定。

到了第三阶段，中央情报局要求国际电话电报公司协助。9月29日，布洛在纽约与国际电话电报公司副总裁内德·加里蒂（Ned Garrity）会面，概要介绍了一个戏剧性的计划：在智利制造经济混乱，以便让智利议会投票反对确认阿连德担任总统。加里蒂给当时身在布鲁塞尔的吉宁发电传，汇报了这个计划，也说了他的疑虑。吉宁与麦科恩讨论了该计划的可行性，他们都遗憾地认为它"飞不起来"。布洛在10月的第一个星期又与国际电话电报公司进行了多次联系，语气一次比一次悲观。10月20日，国际电话电报公司偏爱的候选人亚历山德里退出选举，10月24日，智利议会以153票赞成35人反对，确认阿连德为新任智利总统。此时，国际电话电报公司转而采取与智利领导人直接接触的策略，从而与中央情报局有记录在案的接触就减少了。不过，阿连德政府几乎没有表现出任何同意国际电话电报公司要求的迹象，即使在美国强大的经济压力下也没有表示。

这些非传统的影响渠道是否有效？萨尔瓦多·阿连德（Salvador Allende）领导的智利政府于1973年9月11日被军事政变推翻，这个军事政变就是美国做后台支持的，这一点毫无疑问千真万确。另外，国际电话电报公司试图影响中央情报局——甚至，试图影响行政部门的决策——两次想通过金钱援助，两次均被拒绝，这也是千真万确的。之后，行政部门试图影响国际电话电报公司，请他们出面帮助制造智利经济混乱，国际电话电报公司反过来拒绝了行政部门的计划。国际电话电报公司高管在参议院听证会上发表的证词表明，由于国际电话电报公司更直接地与阿连德政府打交道，所以，国际电话电报公司试图通过其机构影响美国外交政策的努力放慢了。然而，证据的缺失并不等于证据不存在，特别是在隐蔽世界。

如果，美国投资公司拥有一个直通政府制定私人投资决策的行政部门的渠道，他们的股票价格应该能够迅速反映出这个信息。另一方面，如果根本没有渠道，人们就不会期望他们的股价会受到任何影响。杜布、卡普兰和奈度发现，国家安全委员会关于智利局势的会议本应该是"秘密的"，但那些即将被阿连德政府征收的公司却在四天内获得平均1.45%的非正常回报，在13天内上升到3.04%——甚至是在与中央情报局记录在案的接触终止以后。因此，当推翻阿连德的皮诺切特政权将大部分被没收的财产完璧归赵，对没有归还的，主要是铜矿，支付了超过阿连德之前的市场价格的补偿金时，人们应该感到不足为奇。

## 委内瑞拉是个例外吗？

1975年，委内瑞拉总统卡洛斯·安德烈斯·佩雷兹（Carlos Andrés Pérez）决定将美属石油公司国有化，这一决定居然没有引起争议。为什么委内瑞拉征收美国财产的决定没有在美国引起太多政治关注呢？福特政府本来可以采取更加积极的立场来反对国有化的。事实上，在同一年美国在秘鲁铁矿被秘鲁国有化时，福特政府在为美国投资者争取赔偿方面确实发挥了积极的作用。是什么使得委内瑞拉案与众不同呢？

答案很简单，就是，美国无须动用它那仍然令人望而生畏的军火库里的制裁工具，因为，委内瑞拉政府从一开始就同意公平赔偿这些石油公司。实际上，很多家石油公司宁愿被国有化，而不愿接受其他选择。原因在于根据《1943年石油法案》，委内瑞拉的所有石油特许权于1983年到期。因此，谈判过程中，这些公司并不去争他们享有油田收入的权利，相反，他们争的是从1975年到1983年这八年的收益。

补偿的方式有四种。首先，这些公司收到了他们资产的一次性补偿款，账面价值为10.2亿美元，相当于2011年的32.5亿美元。其次，这些公司收到所有开采出来的石油按每桶石油16美分到19美分不等的提成（2011年的51美分到61美分）。第三，这些公司每年获得7亿博利瓦（VEB）技术许可费，即1.63亿美元（2011年为5.2亿美元）。最后，这些公司获得了在国际市场销售委内瑞拉石油的营销合同。由于委内瑞拉的石油特别重，只能通过专门设施进行提炼，其中大部分设在美国。

不出所料，有这些优惠条件作保证，之前在委内瑞拉经营的主要石油公司，每桶石油的收入在国有化之后并没有下降（见表9.7）。奥斯梅尔·曼萨诺（Osmel Manzano）和弗朗西斯科·蒙纳尔迪（Francisco Monaldi）的研究发现，"接受我们采访的跨国石油公司前任高管认为，那个节骨眼上，国有化几乎就是石油跨国公司促成的。他们的目标是要获得他们认为更稳定、利润丰厚的分销协议"。这些高管成功地达到了他们的目标。实际上，委内瑞拉设计了一种"非征收式的征用"，确保石油公司的收入可以一直持续到使用权到期为止。

表9.7 委内瑞拉私营石油公司每桶石油的经营收入；1948–1980，2009的美元值

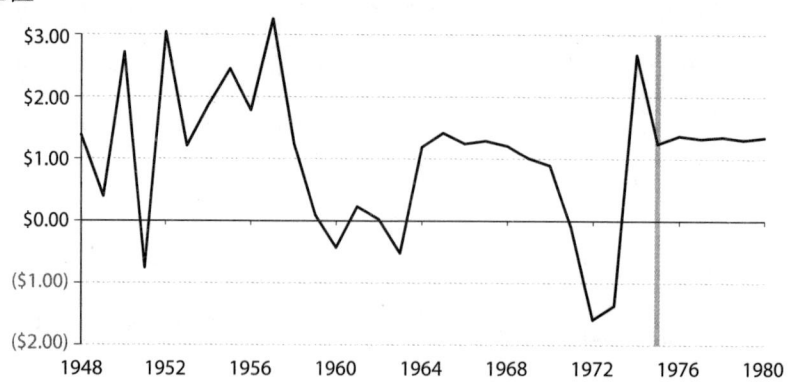

数据来源：Osmel Manzano and Francisco Monaldi, "The Political Economy of Oil Contract Renegotiation in Venezuela," in William Hogan and Federico Sturzenegger, eds., The Natural Resources Trap: Private Investment Without Public Commitment(Cambridge, Mass: MIT Press, 2010), pp. 409-66, and George Philip, Oil and Politics in Latin America: Nationalist Movements and State Companies(Cambridge: Cambridge University Press, 1982), p. 475.

注：后国有化的收入包括征收费，按补偿的价值(31.5亿美元)乘以普通基金的短期利率计算得出。按照这个标准，征收费的价值大约占国有化后总收入的19%。20世纪60年代初和70年代初期的盈利能力下降有不同的原因。20世纪60年代初期的下降是由于玻利瓦尔的高估。当它在1964年贬值时，运营成本下降，利润反弹。70年代初的下降主要是由于税收增加。

## 第二个美国帝国

美国继续——成功地——捍卫了美国公民在海外的财产权。由于各种各样的特殊原因，第三世界各国政府在20世纪70年代选择将外国投资国有化或部分国有化。在几乎所有的案例中，美国政府都没有战略理由来反对这些国家所进行的外资国有化。无论是直接股权参与，还是出让所有权，都无法使这些外国政府获得对美国公司行为的控制权，比他们之前已经拥有的更大。（例如，利比亚政府就掌握着很大的权力，可以在政府进行股权投资之前提前很长时间命令美属石油公司削减产量。）的确如斯蒂芬·克拉斯纳（Stephen Krasner）在《维护国家利益》中指出的，凡是涉及自然资源的地方，外国政府的利益可能与美国的利益不一样。外国政府普遍偏好较高的价格，这不符合美国消费者的利益。但是更高的价格符合美国原材料生产商的利益。由于外国政府可以在不惧怕联邦反垄断机构的情况下合谋提价，因此，只要美国公司能够保有商品营销的最低利益，国有化或股权参与符合他们的利益。美国石油公司在国有化后从中东获得的利润证明了这一点。

在削减援助和威胁要经济制裁方面，战后的美国政府一直效仿富兰克林·罗斯福建立起来的先例。但是，有些国家却对这些制裁有免疫力。如果，某个国家公然与苏联结盟，那么，它就可以抵制美国施压的大多数手段。此外，像科威特这样富裕的袖珍石油生产国，相对来说也有免疫力，又如在法国影响力范围内的非洲国家，如毛里塔尼亚。然而，这些例外情况并不多见，而且，即使是科威特，也给予了高于被剥夺公司价值合理下限的补偿。

美国政府甚至在战略逻辑指向相反方向时也捍卫了美国的财产权。也就是说，美国对古巴的政策把菲德尔·卡斯特罗推入了苏联的怀抱。美国对印度尼西亚的政策也一样把苏加诺推向共产主义中国的怀抱。经济制裁的威胁也让美国差一点失去了锡兰和秘鲁，而采取隐蔽行动则可能在全球范围内产生反弹。尽管如此，只要是在苏维埃集团鞭长莫及的地方，美国就会继续使用它的投资者保护策略。只有在类似委内瑞拉这样的情况下，它才不需要这样做。

然而，冷战时期的世界，树欲静而风不止。一系列法律和制度的意外变革衍生了一项新的策略，私人投资者可以用它来保护他们的财产权，而不需要游说美国政府。这些新机构改变了干涉的逻辑，避免了帝国陷阱。下一章将探讨这些变化。

# 第十章

## 意图脱离？

作为一个国家的行政首脑，总统是整个政府唯一合法的机构，在涉及国家利益或公民利益的问题上，开展和执行与外国的联络或谈判。而且，海外的公民也必须向他寻求人身和财产的保护。

——塞缪尔·尼尔森法官，写于1860年杜兰德诉霍林斯案

1945年到1990年间，保护投资者这个领域发生了根本性的变化。这些变化是徐缓、渐进，多半是无计划的。然而，它们累积的效应却具有革命性。1945年之前，如果有美国公司与外国政府发生投资纠纷，唯一实质性的举措就是呼吁美国行政部门拿出强制性手段。美国的法院毫无用处，因为主权豁免至高无上。行政当局也许能威胁、制裁或推翻外国政府，但美国法院不会对他们实施审判。国际法庭虽然存在，但它要求美国政府支持其公民的主张，并依靠行政行动来执法。

到了20世纪90年代，美国投资者可以利用一系列机制来保护自己的财产权，而**不**依赖于行政自由裁量权。现在，私人投资者可以在没有本国政府干预的情况下，将外国政府提交仲裁。这些决定可以由国内法院执行，

不仅仅美国国内法院，那些签署了纽约或华盛顿公约的任何国家的法院都可以执行。随着必要的法律基础设施的到位（这里需要两项条约，一项联邦法律和一项最高法院的判决），投资者很可能可以强制执行其财产权而完全不需要需求国务院的帮助。第二套改革措施是为美国公司提供财产征收险。这些保险计划虽然开始归入外援名下，但该体系最终被正式化并交由海外私人投资公司（OPIC）承担。在20世纪80年代，世界银行开始提供类似的保险，最后，一家私人公司也加入这个政府经营的保险市场。

这个体系并非冷战一结束就突然问世。仲裁条约可追溯到塔夫脱政府。1958年的《纽约公约》承诺其签署人有权执行跨境商业仲裁。1965年的《华盛顿公约》设立了"国际投资争端解决中心"（The International Center for Settlement of Investment Disputes），提供了一套程序，投资者可以直接将主权国家诉诸仲裁。1971年的《冈萨雷斯修正案》和1974年的《贸易法案》使美国有更大的提请仲裁的权力。海外私人投资公司于1971年成立。该系统最后的撒手锏出现在福特总统治下：1976年的《外国主权豁免法案》取缔了外国"商业活动"享有主权豁免权的规定；美国投资者现在可以在美国法院起诉外国政府。最后，1992年，最高法院在阿根廷共和国诉维尔特沃案中（Argentine Republic v. Weltover）裁定发行主权债务是一项"商业"职能。里根政府也给这些新工具增砖添瓦了，他大力推动外国政府签署《双边投资条约》，为外国投资者开创了一个前所未有的崭新世界。帝国陷阱与其说是被避免使用，不如说是被取代。

## 枪炮、律师和金钱

1965年以前，外国公司起诉一个国家政府，法律上没有任何标准的解决良方。从定义上看，一个主权国家没有比它自己更高的管辖权。在恪守"卡尔沃主义"的国家（主要是拉美国家），外国投资者在征用纠纷中甚至连外交追索权都没有。在"卡尔沃主义"引领下，外国投资者与某国之间的纠纷必须走该国国内纠纷相同的司法程序。卡尔沃本人也意识到这会给外国投资带来困难，但是，他认为，外国侨民之于本国政府，不应该拥有比本国公民更大的权利。

当然，就美国投资者而言，"卡尔沃主义"实际上意义不大。美国投资者往往将仲裁条款包括在贷款和特许权合同中，因为，如果哪里出错了，这些条款就可以给美国政府一个实施干预的借口。1907年的《波特公约》（海牙和平会议的一部分）规定："缔约国同意不诉诸武装力量追回一国政府向另一国政府索取的应该支付给其侨民的合同债务。然而，**当债务国拒绝或忽略答复仲裁要约时，或在接受要约后，不做任何妥协以达成协议，或仲裁后未能按仲裁结果办时，本承诺不适用。**"如果一个国家拒绝仲裁，那么投资者和美国政府就会将此解释作为实施制裁（或使用武力）的依据。（具有讽刺意味的是，此追索权条款从来没有使用过；如前一章所述，美国找到其他干预手段。）

实际中，提交的仲裁案不是外国投资者与东道国之间，而是主权国家之间的仲裁，其中一方是代表本国公民的私人利益起诉他国，其中原因很简单：外国投资者和一个国家之间的合同，过去不是，现在也仍然不是国际法的法律文件。由于没有执行，因此仲裁可能会被东道国视为侵犯其国家主权而不予执行，即使有合同也无济于事。有了这些限制，意味着仲裁作为一种工具鲜有使用，效果也较差。

## 早期的投资人仲裁案

1965年前，投资者与国家之间的主要争端有两起提交仲裁，一个是**莱娜金矿有限公司（Lena Goldfields）诉苏联**，另一个是**美国无线电公司（RCA）诉中国**。双方都十分主动地让投资者的祖国参与进来。莱娜金矿是一家英国公司，1908年获得俄罗斯采金特许权。1925年，莫斯科授予该公司一项新的特许权，作为交换条件，要求莱娜金矿撤销之前对苏联政府的索赔起诉。这份新的特许权包含了一项可提交仲裁的条款。1929年12月，国家安全总局——克格勃的前身——突然袭击了莱娜金矿有限公司的办公室。其莫斯科经理是一位英国公民，被判处服苦役，英国大使不得不直接干预以确保他获得释放。莱娜金矿董事会决定根据其特许条款要求仲裁。英国政府同意支持提交仲裁，这是意料之中，但更让人想不到的是苏联也同意。英国和苏维埃政府成立了一个由英国、德国和苏联仲裁者组成的仲裁委员会。

但苏联的行为却不讲诚信。在诉讼期间，莫斯科对莱娜金矿的四名员工进行了俄罗斯作秀式的公审；这四名员工的最终命运至今不为人知。苏联人还声称莱娜金矿已经放弃了他们的特许权。最后，苏联仲裁人和苏联政府中途退出了仲裁诉讼程序。此举让英国和德国仲裁者做出了有利于莱娜金矿的裁决，总共1,300万英镑（约相当于2011年的8亿美元）。在接下来的几十年里，英国政府一直在尝试收回这笔仲裁款，但并不成功。

第二起仲裁案是美国无线电公司诉中国政府，它更类似于现代投资者诉国家的仲裁，但只是部分类似。美国无线电公司是应美国政府要求成立于1919年的一家公共公司，旨在激励美国电气制造商去积极开发无线通信。之后，在政府（特别是美国海军）的鼓励下，美国无线电公司取得了在中国开展无线电通信的特许权。美国无线电公司并不情愿这么做，因为，公司在亚洲其他地区的特许经营一直处在亏损状态。美国的心病在于中国和美国之间的所有沟通，包括官方通信，都必须通过英国电缆或德国无线电中继。但是，美国无线电公司还是同意了海军的要求，并于1928年安装完成其发射机组。

1932年，另一家美国公司——麦凯无线电报公司（Mackay Radio and Telegraph Company）与中国签署了一项在中国和美国之间建立无线电通信的协议，这与美国无线电公司是竞争关系。麦凯公司于1933年开始发射无线电信号。美国无线电公司认为这么做等于违反了公司与中国政府之间签订的合约,并要求中国对麦凯公司的所有利润和无线电发射承担责任。这种情况使美国左右为难。面对太平洋地区不断升级的紧张局势,美国与中国保持独立的通信联系具有重大战略意义。(日本军方用怀疑的眼光看待麦凯发射装备,因为"打仗时使用它,可能不利于日本"。)美国也不希望把中国推向一个使美中关系其他方面变得复杂的境地。最后还有一点,这个争议中侵犯的是一家美国公司的权利,但却使另一家美国公司受益。对于美国来说,最好的解决办法就是仲裁。仲裁人J·A·范·哈梅尔博士是国际联盟法律部主任,他提议将此案作为一个得到国际联盟秘书长许可的私人请求,而不是《海牙公约》下的"国与国之间"的争端,在海牙常设仲裁法院进行审判。仲裁委员会发现中国并没有违反与美国无线电公司签订的合同,因此裁定中国胜诉美国无线电公司败诉。

尽管后来的法学家将这些早期不规范的案例作为先例引证,但它们与准确无误的"投资者诉国家"仲裁案的案例相去甚远。当它符合投资者祖国政府的国家利益时,而且在特殊合同条款允许的情况下,可以成立一个专门法庭进行审理。但是,如果没有执法机制,这些专门法庭也不管用。(莱娜金矿对最后结果感到满意,那是因为**英国**政府最终为该公司的结案款埋了单。)主权债务合同有时包含仲裁条款,但在1957年,法学家乔治·德劳姆(Georges Delaume)认为,这些条款是"虚假条款"。常设仲裁法院陷入停滞状态。由《联合国宪章》创建的国际法院稍微活跃一些,但其管辖范围仅限于国家间的争端。国际法院同意受理涉及外国私人实体的争端,前提是他们本国政府支持这一诉求。

巴黎的国际商会(ICC)也受理私人方和国家之间的争端,但它回避财产征收案。1922年12月,国际商会首次仲裁了一个国家与私人方之间的案件,当时,一家私营公司请国际商会仲裁它与巴尔干某国之间的争端,据称该国欠付公司在第一次世界大战期间运输粮食的费用。1945年至1965年,国际商会仲裁了多起争端:古巴政府诉法国一家汽车进口商;捷克一家公司诉法国国营矿业公司；希腊卫生部诉丹麦一家实验室设备制造商；印度政府就基础设施融资诉瑞士银行；玻利维亚一家国有银行诉德国一家资本货物公司；法兰克福市诉瑞典一家预制房屋制造商等等。只有一个案例是败诉国拒绝接受国际商会裁决。国际商会的仲裁有两个共同点，首先，诉诸国际商会仲裁，是原始合同中写明的条款。其次，这些都是正常交易合同式的纠纷。最接近可能导致主权国家陷入冲突的投资争端案例，是海德拉巴救济与复兴信托基金与瑞士金融家之间的纠纷案，但袖珍小国瑞士极不可能被吸进一个像印度共和国般遥远而庞大的帝国陷阱里。

此外，还有一系列涉及中东地区石油特许权解释的特别仲裁，这些中东国家包括阿布扎比（酋长国）、卡塔尔、沙特阿拉伯和伊朗。正如大卫·亚基（David Yackee）指出的那样，在其中一些案件中，某些政府认为，"影响行使国家主权权利的问题本质上不能成为'仲裁的主题'"，但仲裁者强调他们的权力应该凌驾于政府之上，因此不受政府这一观点的影响。不过，中东地区的这些案件都没有涉及财产征收。阿布扎比一案裁定在岸特许权不包括大陆架；卡塔尔一案裁定特许权在伊斯兰法下是可强制执行的；沙特阿拉伯一案裁定阿美石油公司（Aramco）的特许权约禁止沙特政府授予亚里士多德·奥纳西斯航运公司"搬运沙特石油的优先权"；而伊朗一案则是询问加拿大的一家小型石油公司是否遵守了其协议，投资1,800万美元进行石油勘探和生产，以换取25%的利润份额。

## 避免帝国陷阱：国际投资争端解决中心的由来

第二次世界大战之后时期，对这种事态的不满变得越来越普遍。1953年，国际商会认识到自身的局限，并在里斯本会议上提出建立一个更强有力的认可和执行体系，以取代两次世界大战期间签订的没有实际效力的公约。联合国采纳了国际商会的提议，经修改后于1958年通过，名为《认可和执行外国仲裁裁决公约》，通称为《纽约公约》。根据《纽约公约》，任何国家颁布的仲裁裁决现在都可以由任何其他签约国的法院执行。但是，《纽约公约》仅适用于不同国籍的私人投资者之间的仲裁执行。它无意适用于对主权国家裁决的执行。

20世纪50年代后期，欧洲经济合作组织（1961年被跨欧洲经济合作与发展组织所取代）试图制定一项多边公约，以制定一套共同标准来处理外国财产。这套标准后来成为经合组织《1962年的保护外国财产公约草案》。但是，该公约未能通过，因为，经合组织欠发达经济体——希腊、土耳其和葡萄牙——表示反对。在20世纪50年代后期，欠发达国家普遍拒绝接受外国财产保护的准则。甚至北约中的资本主义成员国都不接受该准则，更不用说在欧洲帝国的废墟中新兴起来的新近独立的国家。

因此，投资者诉国家的争端可能有演变成国际事件的危险。继古巴、锡兰和印度尼西亚之后，北非的争端爆发了，并且再次蒙上了冷战意义的色彩——尽管没有涉及美国财产。1964年，突尼斯将50万公顷法国农业财产收归国有。法国做出的回应是收回每年提供2,000万美元的援助计划，另外还停止了2,200万美元的私人贷款，取消了该国优先进入欧洲经济共同体的待遇。（当时由于法国还有大量军队部署在撒哈拉以南的非洲地区，所以也存在着没有挑明的军事威胁。）约翰逊政府担心法国的行动可能会将突尼斯推到苏联集团的怀抱，使苏联在地中海拥有海军基地，因此，就进而填补了这个缺口，用不断增加的美国援助替代法国抽回的援助。约翰逊很幸运，因为前法兰西帝国在美国不太受人待见。

然而，直接促成一个可靠的、标准化的解决投资者与国家之间争端的仲裁制度，其动力不是突尼斯，而是古巴，对，又是古巴。1961年9月，世界银行美国总裁尤金·布莱克就创建后来所谓的"国际投资争端解决中心（ICSID）"提出了初步建议。布莱克在那一年维也纳霍夫堡宫举行的世界银行董事会年会上说："我们过往的经验证实了我的信念，即建立某种特别论坛，将为调解或仲裁此类（投资者–国家之间的）争端做出非常有用的贡献。因此,我打算与其他机构以及我们的成员国政府一起探讨,是不是可以为努力达成这种机制的建立做点什么。"世界银行自身将先拟好一个解决投资争议的公约,然后再将其提交给各成员国政府。尽管布莱克最近通过世界银行监督了印度和巴基斯坦之间的《印度河流域条约》,但扮演制订解决投资争议公约这个角色却非同寻常。

世界银行部法律顾问阿朗·布罗切斯(Aron Broches)是《国际投资争端解决中心公约》的主要设计师,他认识到,任何关于投资者与国家之间争端的公约,都必须集中在程序问题上,而不应在外国投资的实体法上。因此,投资者保护的标准只能降低在最低水平。为了确保公约达成尽可能广泛的共识,世界银行在亚的斯亚贝巴、智利的圣地亚哥、日内瓦和曼谷举行了四次协商会议,听取来自86个国家的法律专家的意见。即使在拉丁美洲,这个"卡尔沃主义"占据主导地位的地区,对草案在法律上的反应也只是"令人怀疑的",但并不是全盘否定的。1964年9月世界银行在东京举行年会,在此次会议上,理事会决定完成草案并提交各成员国政府。

该年会编制了一份名为《华盛顿公约》的文件,正式名称为《解决国家与他国国家之间投资争端公约》(Convention on the Settlement of Investment Disputes between States and Nationals of Other States)。这个《华盛顿公约》本身并没有建立一个本质上的国际机构,对于大多数布莱克(和约翰逊政府)希望加入的国家而言,建立这样的机构会是一座跨度过大的桥。相反,该公约设立了一系列程序,根据该程序,外国投资者可以把与某国发生的投资争议提起仲裁。一旦争端进入仲裁,《华盛顿公约》就不允许任何一方单方面撤诉。由世界银行任命的国际投资争端解决中心秘书长拥有一个"看门人"的职能,他或她有权取消一个争端提交仲裁的资格。

该公约允许争议各方自行决定如何处理他们的仲裁,但是,如果他们意见相左,公约制定了一系列违约规定。仲裁法庭由三名法官组成,双方

## 第十章 意图脱离？

各任命一名，第三名由双方协议约定。如果没有达成协议，就由秘书长来任命仲裁员。仲裁可以在双方当事人希望的任何地方进行，但双方若无法达成一致，那就在华盛顿特区进行。所有签署方都将执行裁决，事实上，裁决结果将被要求依法执行，如同国内法院作出的最终裁决一样。第55条里面有漏洞可钻："第54条中的任何规定不得解释为可以减损任何缔约国有关该国或任何外国豁免执行的现行法律。"

批准程序如此迂回曲折，这表明有关各方很少（如果有的话）看好国际投资争端解决中心保护各国免受强大国家干预的能力。首先，来自拉丁美洲19个国家（加上菲律宾）的一组成员与大多数人意见相悖，称该公约"违反了我们各国公认的法律原则"。这将成为"El no de Tokio（对东京说'不'）"。具有讽刺意味但又非巧合的是，拉丁美洲国家（再次包括菲律宾）也是最容易受美国施压影响的国家。这些国家的政府担心，用"卡尔沃主义"做盔甲固然坚固，但盔甲上有任何裂缝都会使美国进行更多的干预，而不是更少。具有悠久历史而且业已深入人心的"卡尔沃主义"不给美国一丝一毫干预自己国家的权利，他们要想有正当理由摒弃这些主义，即使事实已经证明它们在紧要关头只是一纸空文，这在国内也很难办到。换言之，从《华盛顿公约》中获益最多的国家也是拒绝接受它的国家。

第二个讽刺来自美国，《华盛顿公约》在美国批准程序很简单。支持对征收美国财产实施报复的人，与反对的人都认为，新的仲裁程序会使他们的目标更容易达成。自由主义者认为，当美国投资者与外国政府产生纠纷时，这一公约将减少美国政府为美国投资者两肋插刀的压力。而保守派则认为，该公约组织能够进一步保护美国的海外产权，同时又不损害美国的主权。1966年春，参议院在外交关系委员会举行听证会。俄勒冈州民主党参议员韦恩·莫尔斯（Wayne Morse）的反应尤其热烈，他认为，该公约将化解国际上对投资争端的紧张情绪。佛蒙特州共和党参议员乔治·艾肯则精明务实地强调公约的实用性。艾肯专门针对《希肯卢帕修正案》问了财政副国务卿约瑟夫·巴尔一个问题："这个机构（国际投资争端解决中心）不是允许纠纷案件进入法庭仲裁的吗？这样我们就不需要暂停对这个国家的援助了。"巴尔的回答是肯定的，他指出仲裁实际上是《希肯卢帕修正案》所说的一个"适当步骤"。艾肯相信《华盛顿公约》会保护美国财产，所以他没有反对。美国参议院于1966年5月16日以72票对0票批准了该公约，甚至连爱荷华州共和党参议员博尔克·希肯卢帕本人也同意了，即使所有参议员都知道（因为在辩论中他们已经被告知）公约支持者认为，这将使美国政府免受投资者压力，并为推迟启动《希肯卢帕修正案》实施制裁提供借口。

使《华盛顿公约》生效的美国国内立法同样顺利通过。1966年5月21日，财政部部长向众议院和参议院提交了《解决投资争议法案公约》。该立法将把国际投资争端解决中心公约的裁决义务纳入国内法。参议院对法案的听证只是敷衍了事，并于1966年7月19日以口头方式通过。然而，众议院在对这项立法的讨论中提出了其担忧。明尼苏达州民主党众议员唐纳德·弗雷泽专门就秘鲁的美国石油公司的问题，询问国务院副法律顾问安德烈亚斯·洛文菲尔德。"秘鲁的石油公司争端是否适合走这种程序？我认为，这涉及一个威胁性的行政行为而不是司法问题"。（答案是肯定的）宾夕法尼亚州共和党众议员阿尔伯特·约翰逊公开表示想知道古巴，也许通过红十字会，是否可以被纳入《国际投资争端解决中心公约》："我提出这一点，只是希望卡斯特罗先生能够听到我们今天上午议论的事情，并且希望他最终会'获得金融信仰'，然后出面补偿那些不幸的、被古巴没收投资的美国投资者。"锡兰和印度尼西亚的争端也占据着众议员的头脑。爱荷华州共和党众议员H·R·格罗斯是其中几个提到锡兰和印尼争端的人，尽管格罗斯之后在结束听证会时，就"Centre"一词的英式拼写，对财政部总法律顾问纠缠不休。该法于1966年8月1日在众议院以鼓掌方式得到通过。

《华盛顿公约》在其第20个签署国交存批准书一个月后正式生效。

第十章 意图脱离？

1965年8月23日，尼日利亚成为第一个批准的国家；1966年9月14日，布罗奇斯的祖国荷兰成为第20个批准的国家。该中心的20个创始国中有15个是非洲国家，包括突尼斯和毛里塔尼亚。该公约于1966年10月14日生效。

表10.1 国际投资争端解决中心成员国的数量，按地区划分，1965–1981

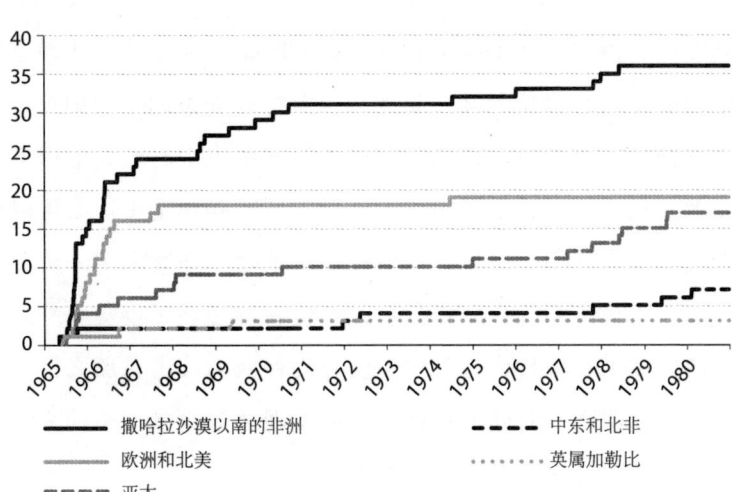

数据来源：国际投资争端解决中心

非洲新独立的国家签署得相对较快（见表10.2）。值得注意的是，美国的动机与非洲后殖民政府的动机完全一样。非洲政府希望向外国投资者保证，他们的经济利益将得到保护，同时还能保留政府自身出于国家利益（或出于特定执政集团的政治利益）没收财产的权利。美国希望降低利益受到损失的美国投资者与非洲友好政府之间投资争端的政治成本。在非洲对抗苏联的影响非常困难，因此没有必要重复美国在拉美的经验。与此同时，非洲人和美国人都希望看到欧洲帝国的余晖能够波澜不惊地落幕。"国际投资争端解决中心"，通过提供一整套由世界银行权威（并借由世界银行资源）给予无保留支持的处理投资者与国家之间争端的程序，给愿意接受的欧洲政府提供了一种途径，使其可以不失颜面地躲开保护殖民时期投资的需要，同时不去忤逆新近独立的国家政府。

## 《双边投资条约》的由来

《双边投资条约》（Bilateral Investment Treaties）是美国改换其目的，以用作干预的合法替代品的又一制度。《双边投资条约》明确规定了哪个投资以及哪种投资类别可以诉诸国际投资争端解决中心或其他形式的国际仲裁，而无须在特许条款中明说。此外，它还明确规定了什么可以和什么不可以被视为财产征用。例如，"财政稳定条款"详细说明了可允许的税收变化。《双边投资条约》并不是私人投资者诉诸国际投资争端解决中心的前提条件，如果一项特许权合约包含允许仲裁的规定，那么仅凭特许权合约就足够了，但随着时间的流逝，人们发现《双边投资条约》给新近标准化的投资者诉国家仲裁提供了宝贵支撑。

实事求是地说，最早一批《双边投资条约》国家与美国没有任何瓜葛。有些国家几乎没有能力制裁征收了本国侨民资产的政府，事实上，前三十多个双边投资条约就是在这些国家推动下签订的（见表10.2）。1959年11月25日，西德与巴基斯坦签署了第一个双边投资协定，当时的西德几乎没有任何独立的外交政策，直到20世纪70年代，它才成为外援的主要来源。西德政府一方面受到北约的限制，另一方面受本国基本法的制约，因此，无论在任何情况下，西德都不可能保护其境外投资者，而又不破坏整个战后的世界秩序。然而，德国投资者想要在国外投资，同时他们也希望获得保护。因此，德意志联邦共和国奉行外交解决办法。波恩力所能及的真是少得可怜，因为如果没有执行能力，双边投资条约的价值并不比一纸空文强多少，但是考虑到对西德的种种限制，这也是波恩能力的最大化。应该指出的是，西德政府也是1959年开始发放政府提供的征收保险的先驱者，这个时间大约是它开始签署双边投资条约的同一时段。

**表10.2  双边投资条约的时间顺序表，1959–1965**

| 投资者 | 东道国 | 年份 | 投资者 | 东道国 | 年份 |
|---|---|---|---|---|---|
| 联邦德国 | 巴基斯坦 | 1959 | 瑞士 | 利比里亚 | 1963 |
| 联邦德国 | 多米尼加共和国 | 1959 | 瑞士 | 喀麦隆 | 1963 |
| 联邦德国 | 马来西亚 | 1960 | 联邦德国 | 斯里兰卡 | 1963 |
| 联邦德国 | 希腊 | 1961 | 联邦德国 | 突尼斯 | 1963 |
| 瑞士 | 突尼斯 | 1961 | 联邦德国 | 苏丹 | 1963 |
| 联邦德国 | 多哥 | 1961 | 意大利 | 几内亚 | 1964 |
| 联邦德国 | 泰国 | 1961 | 瑞士 | 多哥 | 1964 |
| 联邦德国 | 利比里亚 | 1961 | 联邦德国 | 塞内加尔 | 1964 |
| 联邦德国 | 摩洛哥 | 1961 | 联邦德国 | 尼日尔 | 1964 |
| 瑞士 | 尼日尔 | 1962 | 瑞士 | 马达加斯加 | 1964 |
| 瑞士 | 科特迪瓦 | 1962 | 比利时 | 突尼斯 | 1964 |
| 瑞士 | 几内亚 | 1962 | 联邦德国 | 韩国 | 1964 |
| 西德 | 喀麦隆 | 1962 | 瑞士 | 坦桑尼亚 | 1965 |
| 瑞士 | 刚果 | 1962 | 瑞士 | 马耳他 | 1965 |
| 瑞士 | 塞内加尔 | 1962 | 联邦德国 | 塞拉利昂 | 1965 |
| 联邦德国 | 几内亚 | 1962 | 瑞士 | 哥斯达黎加 | 1965 |
| 联邦德国 | 土耳其 | 1962 | 联邦德国 | 厄瓜多尔 | 1965 |
| 西德 | 马达加斯加 | 1962 | 荷兰 | 喀麦隆 | 1965 |
| 瑞士 | 卢旺达 | 1963 | 荷兰 | 科特迪瓦 | 1965 |
| 荷兰 | 突尼斯 | 1963 | 瑞典 | 科特迪瓦 | 1965 |

数据来源：Zachary Elkins, Andrew Guzman, and Beth Simmons, "Competing for Capital: The Diffusion of Bilateral Investment Treaties, 1960–2000," International Organization, vol. 60 (Fall 2006), pp. 811–46: 816.

其他一些干预能力很小或根本没有干预能力的小国家也遵循同样的逻

辑：如果一个国家缺乏制裁外国的能力，至少可以争取投资条约在道义上的劝告能力。瑞士于1961年与突尼斯签署了第一份双边投资协定，荷兰于1963年与突尼斯签署了也是第一份双边投资协定，比利时与突尼斯在1964年再次签署双边投资协定，瑞典与科特迪瓦于1965年签署。这些条约往往是在缺乏历史联系的不太可能的投资组合之间达成的，例如，瑞士和卢旺达之间就没有什么历史联系，这也意味着两国之间鲜有长期非正式的联系，给投资者带来一定程度的认为政府不会搞机会主义的把握。

欧洲的这些双边条约为华盛顿提供了一个模板。美国最初抵制双边投资协定，认为它们没有必要。在卡特执政期间，使用双边条约的备忘录开始在国务院内流传，但直到罗纳德·里根入主白宫后，美国才决定使用该手段。里根总统就职后不久就批准了美国国务院和美国贸易代表办公室达成的一个机构间计划，由商务部和财政部提供投入人力和物力，以拟定一份标准美国双边投资协定的模板。在不到一年的时间里，起草者修改了美国沿用的欧洲式《双边投资条约》中"友谊，商业和领航"之类的陈词滥调。但是，美国版的双边投资条约和它们的欧洲前任之间有一个区别：欧洲版的双边投资条约通常允许投资接受国限制利润的汇回，并规定入境要求和履约要求，而美国版的双边投资条约通常没有。1982年9月29日，美国与埃及签署了第一个《双边投资条约》。此后不久，又与巴拿马签了。（见表10.3）

里根政府将双边投资协定设想为在**已经**保护美国投资的国家内给保护美国投资者上双重保险的一种方法。给予已在那些国家的美国投资者自动获得国际投资争端解决中心的仲裁权不啻是一个额外的红利。结果，美国在谈判期间几乎没有签到特许权合约。用肯尼思·范德维尔德（Kenneth Vandevelde，此人是国家法律顾问办公室负责双边投资协定谈判的官员）的话来说，"如果合作伙伴不愿意接受所提协议的实质内容，那么在美国看来，它就没有针对外国投资的相关政策，而制订双边投资协定的本意就

**表10.3　1982–2012年签订的美国双边投资条约**

| 签约国 | 生效日 | 终止日 | 签约国 | 生效日 | 终止日 |
|---|---|---|---|---|---|
| 埃及 | 1982.09.29 | 1992.06.27 | 白俄罗斯 | 1994.01.15 | 未获批准 |
| 巴拿马 | 1982.10.27 | 1991.05.30 | 牙买加 | 1994.02.04 | 1997.03.07 |
| 塞内加尔 | 1983.12.06 | 1990.10.25 | 格鲁吉亚 | 1994.03.07 | 1997.08.17 |
| 海地 | 1983.12.13 | 未获批准 | 爱沙尼亚 | 1994.04.19 | 1992.06.27 |
| 刚果（金） | 1984.08.03 | 1989.07.28 | 特立尼达 | 1994.09.26 | 1996.12.26 |
| 摩洛哥 | 1985.07.22 | 1991.05.29 | 蒙古 | 1994.10.06 | 1997.01.01 |
| 喀麦隆 | 1986.02.26 | 1989.04.06 | 乌兹别克斯坦 | 1994.12.16 | 未获批准 |
| 孟加拉国 | 1986.03.12 | 1989.07.25 | 阿尔巴尼亚 | 1995.01.11 | 1998.01.04 |
| 格林纳达 | 1986.05.02 | 1989.07.03 | 拉脱维亚 | 1995.01.13 | 1996.12.26 |
| 波兰 | 1990.03.21 | 1994.08.06 | 洪都拉斯 | 1995.07.01 | 2001.07.11 |
| 突尼斯 | 1990.05.15 | 1993.02.07 | 尼加拉瓜 | 1995.07.01 | 未获批准 |
| 乌克兰 | 1991.03.04 | 1996.11.16 | 克罗地亚 | 1996.07.13 | 2001.06.20 |
| 捷克 | 1991.10.22 | 2001.06.20 | 约旦 | 1997.07.02 | 2003.06.12 |
| 斯洛伐克 | 1991.10.22 | 1992.12.19 | 阿塞拜疆 | 1997.08.01 | 2003.08.02 |
| 阿根廷 | 1991.11.14 | 1994.10.20 | 立陶宛 | 1998.01.14 | 2001.11.22 |
| 斯里兰卡 | 1991.11.20 | 1993.05.01 | 玻利维亚 | 1998.04.17 | 2001.06.06 |
| 哈萨克斯坦 | 1992.05.19 | 1994.01.12 | 莫桑比克 | 1998.12.01 | 2005.03.03 |
| 罗马尼亚 | 1992.05.28 | 1994.01.15 | 萨尔瓦多 | 1999.03.10 | 未获批准 |
| 俄罗斯 | 1992.06.17 | 未获批准 | 巴林 | 1999.09.29 | 2001.05.30 |
| 亚美尼亚 | 1992.09.23 | 1996.03.29 | 巴基斯坦 | 2004.09.28 | 未获批准 |
| 保加利亚 | 1992.09.23 | 1994.06.02 | 乌拉圭 | 2005.11.04 | 2006.11.01 |
| 吉尔吉斯斯坦 | 1993.01.19 | 1994.01.12 | 卢旺达 | 2008.02.19 | 2012.01.01 |
| 摩尔多瓦 | 1993.04.21 | 1994.11.25 | 刚果（布） | 1990.01.12 | 1994.08.13 |
| 厄瓜多尔 | 1993.08.27 | 1997.05.11 | | | |

*数据来源*：U.S. Department of Commerce, Trade Compliance Center, http://tcc.export.gov/Trade_Agreements/Bilateral_Investment_Treaties/index.asp, accessed August 20, 2012.

是要反映这个相关政策,因而……谈判就会是它不想要的"。双边投资条约还将"征收补偿款"具体定义为"征收之日被征用财产的公平市场价值,包括自征收日到收到付款日之间的利息"。如果没有市场价值可用,则采用折现现金流量法,或将投资与存在市场价值的相应投资进行比较。(并非巧合的是,这些正好是本书中用于评估补偿款支付的三种方法。)此外,一旦国际投资争端解决中心做出了仲裁决定,双边投资协定就不允许美国投资者向美国政府请求支持。

为什么卡特政府提出建议,而里根政府推动双边投资条约呢?根据肯尼思·范德维尔德的说法,第一个目的是"重申保护美国的外国投资仍然是美国外交政策的重要组成部分"。第二个目的是与国际投资争端解决中心联手,通过"向投资者提供一个不依赖于美国政府支持的法律补救措施,双边投资协议的条款能够在出现投资争端时去政治化,也就是说,该协议把投资保护放在法律范畴而不是政治领域内"。

## 收钱不办事:投资担保的起源

投资担保计划一开始并不是为了保护美国公司免遭征收。相反,它起初是为了保护美国公司免受欧洲资本管制。美国希望促进战后西欧复苏。因此,它既想鼓励美国投资,同时又想允许欧洲政府在需要维持经济稳定时选择实施临时资本管制。然而,这种管制干扰了美国公司自由汇回利润的能力。因此,1948年启动马歇尔计划的立法包含了投资担保计划(IGP)的规定,根据该规定,美国政府同意承担西欧国家可能实施资本管制的风险。在这种情况下,投资担保计划将补偿15个欧洲国家的投资者,直到解除控制为止。

随着欧洲的复苏,杜鲁门政府和艾森豪威尔政府扩大了投资担保计划的地理范围。1951年的《双边安全法案》允许该计划扩大到欠发达的"地区"。参与该计划需要参议院批准与该国政府签署的互惠协议。参议院于1952年批准中国台湾、希腊、菲律宾、土耳其和南斯拉夫的参与；国务院与哥伦比亚、埃塞俄比亚和以色列谈判后达成协议。到1955年，该方案的参与范围扩大到玻利维亚、厄瓜多尔、海地、洪都拉斯、巴基斯坦、巴拉圭和泰国，不过实际做出的承诺却很少，所以投资者对财产征收保险并不特别感兴趣。

表10.4  1952-1964年发行和待定的投资担保，2009年的百万美元

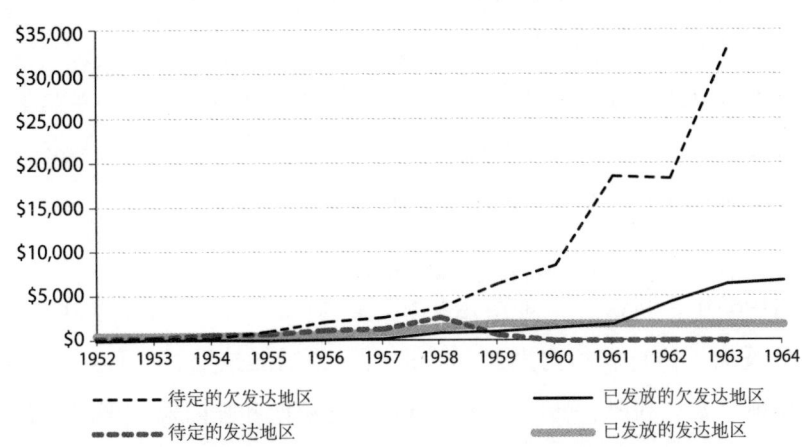

数据来源：Mutual Security Program, Non-Regional Programs, fiscal years 1957, 1958, and 1959; and Marina von Neumann Whitman, Government Risk-Sharing in Foreign Investment(Princeton, N.J.: Princeton University Press, 1965), pp. 94–95.

注：数据包括征收、可兑换性和战争险。每个类别的单独数字只适用于1955年、1956年和1957年。

对征收保险感兴趣，有两波高峰期。第一次大批量申请征收保险是在1956年，当时对征收保险的兴趣突然增加了二倍（见表10.4）。这波浪潮是由苏伊士运河危机引发的，此后，欧洲殖民地的美国投资者开始怀疑苟延残喘的欧洲帝国还有多少阳寿。1956年，法属西非项目的保险申购，占据了欠发达国家待定投资担保的**所有**增加量。（根据英国的政策，英国属

地在达到完全独立之前无资格申购该保险计划）。然后，保险申请持续到1960年稳步增加，主要来自伊朗、土耳其和不同非洲国家。

第二次批量申请浪潮的涌现是在1961年，时值猪湾登陆失利，以及卡斯特罗随后加入苏联阵营。保险申购再次暴涨，这次申请者来自拉丁美洲。需求的增加应不足为奇。美国国际开发署每年只收取投资价值0.5%的保费。事实上，保费甚至更便宜了；在任何指定年度，投资者都可以减少保险金额，而不影响将保险范围恢复到最初授权的较高水平。此外，国会对财产的征收给予了很宽泛的界定，具体如下：

外国政府对自身与投资者之间签署的合同的任何废除、抵赖或减损行为，而这些废除、抵赖或减损行为都不是投资者自身的过错或不当行为所致，而且对项目的持续经营产生重大不利影响。

到1963年，阿富汗、哥斯达黎加、萨尔瓦多、危地马拉、印度、伊朗、牙买加、约旦、利比里亚、马来西亚、尼加拉瓜、尼日利亚、巴拿马、秘鲁、塞拉利昂、韩国、越南南部、突尼斯和委内瑞拉等国签署了进一步的协议。（巴西于1965年加入，1963年美国在没有得到正式批准就开始担保了在阿根廷的投资。）保险承保人从一个机构转移到另一个机构，先是进出口银行，然后移交给双边安全机构，国际合作机构和国务院的海外业务管理机构，最后，在1962年固定给美国国际开发署。

该计划未能满足需求。授权滞后于申购，并且积压量持续增长。经过一段短暂的加快办理期后，该计划移交给美国国际开发署，此时批准速度明显放缓。理论上，任何在与美国达成协议的地区投资新项目的美国公司都可以获得担保。（1962年后担保仅限于不发达国家。）问题在于，美国国际开发署在确定哪些项目符合资格时回旋余地太大。援引一位当代观察家的话，他在1964年写道："令人遗憾的是，国际开发署向投资界通报这些考虑因素是不合适的，因为，这些考虑因素实际上不是开发署决策的动因。"另一位观察家写道，"现在可用的模糊标准并不能提供足够的依据来预测（申请人的）资质状况"。

影响投资担保申请放缓的主要原因似乎是，担保计划超出了美国国际开发署的职权范围，因为它作为国务院的一个机构，有些授权与之发生了冲突。首先，1961年的《对外援助法》规定，担保只能用于"促进友好的欠发达国家和地区的经济资源和生产能力发展"的投资。美国国际开发署显然十分看重这一条，因此放慢了批准过程。其次，国务院官员一想到美国投资者有了政府担保，可能"自行其是，以至于不受当地政府或人民的欢迎"，心中就倍感不安，这使得机构不愿给予投资者最安全的保险。最后，美国国际开发署要求东道国政府具体和明确地批准任何接受担保的投资。许多外国政府（特别是拉丁美洲的国家）不愿意发表这样的声明，因为法律要求如果行使担保权，美国政府将接管投资并与东道国政府进行仲裁。在美国国力处于登峰造极之时，胆敢与美国进行国对国的仲裁，并不是任何拉美政府可以坦然面对的。他们当然会严格审查该计划下的所有投资项目（这是可以理解的），从而进一步放缓新担保的发行。

## 寻求利润，而不是冒险主义：海外私人投资公司

理查德·尼克松刚刚经历了秘鲁财产征收危机，就是他规范了投资担保条款。1969年5月28日，尼克松总统向国会提出了一个解决外援问题的"新方法"。首当其冲的就是"建立海外私人投资公司"。这家政府掌控的公司将为美国海外投资的保险和担保体系带来一个"类似商业性质的管理"，从而利用保险行业的专门知识来销售政治风险的保险。尼克松向国会指出，海外私人投资公司"有望达到盈亏平衡或略有盈利"。

尼克松的提议并不是针对秘鲁危机做出的回应，虽然在时机上利用了它。共和党自约翰逊执政以来，一直在运作一个计划，要成立一个在美国

国际开发署之外的经营投资风险保险的公司，这个计划的倡导人是纽约州共和党参议员雅各布·贾维茨（Jacob Javits）。贾维茨批评美国国际开发署的计划，不是因为他反对外援或政治风险保险（在他看来，这两者对美国的公共政策都是不可或缺的），而是因为他对该计划前后不一致的管理和慢速增长感到不满。在贾维茨负责下，1966年《对外援助法案》在美国国际开发署内，创建了一个国际私人投资咨询委员会，召集了一批商界领袖以征求他们的意见。1968年，贾维茨呼吁一家联邦政府的特许公司"动员和支持在欠发达友好国家和地区使用美国私人资本和技术"。但贾维茨的修正案以12票赞成65票反对被否决。然而，与此同时，美国国际开发署投资委员会发布了一份咨询报告，报告与贾维茨的提案不谋而合。尼克松过渡团队负责人，未来的联邦储备委员会主席亚瑟·伯恩斯，在尼克松做就职演说前，把委员会的提议写到尼克松"早期行动"的建议中。尼克松于1969年2月对此事进行了审阅。

实际上，创建海外私人投资公司的修正案在参议院外交关系委员会中差一点胎死腹中，阿肯色州民主党参议员J·威廉·富布莱特（J. William Fulbright）阻止它写入1969年的《对外援助法案》。贾维茨借助国家安全委员会的支持，着手在两党中争取到足够的票数以通过该法案作为议会修正案。正如贾维茨的经济事务特别助理后来所述，"一个坚定而有影响力的参议员为确保他视之为'他的孩子'的立法得以通过，他的影响力怎么强调都不为过"。1969年12月12日，贾维茨将修正案提交国会讨论，两党都是以多数赞成压倒少数反对，其中53票赞成34票反对（富布莱特投了反对票）。1969年12月31日，尼克松总统签署了载有贾维茨修正案的《对外援助法》。海外私人投资公司于1971年1月19日开始运作。

海外私人投资公司引发人们的担心，认为这可能导致更多而不是更少的干预。1973年9月4日，智利发动推翻萨尔瓦多·阿连德的政变前一周，美国国会研究局的一份报告得出结论说："海外私人投资公司参与解决投资争端，其外交政策方面的主要考虑是政府间因征收资产可能直接发生冲突。迄今为止这种情况还没有发生过。但是，海外私人投资公司目前持有被智利政府、苏丹和海地征用的四家公司的资产。这些资产权可以随时追究。如果国际电话电报公司和安纳康达（Anaconda）中任何一方，或者双方的申诉案得到的仲裁结果有利于公司，海外私人投资公司表示它将在智利'全力以赴索要'代位权。这种行为可能会导致美国和智利政府之间出现新的政治问题"。

推翻阿连德的政变发生后，海外私人投资公司向爱达荷州民主党参议员弗兰克·丘奇（Frank Church）求助，请求建立公司自己风格的帝国陷阱。作为征收保险的承保人，美国自然希望采取行动避免支付征收索赔，它可以使用一些手段做到这一点，比如推翻那个征收美国公司的政府，扶植一个更听话的、更能满足美国投资者愿望的政府上台。在关于扩大《双边安全法》以支付战争损害赔偿金的最初辩论中，也出现了类似的担忧，当时佐治亚州民主党参议员沃尔特·乔治公开表达了他的顾虑：亏了钱、赔了本的海外公司可能会组织暴乱，就是为了获得保险金。然而，参议员乔治的忧虑与丘奇的担心不同。乔治担心公司可能滥用政府保险计划来谋取利润。丘奇则担心美国政府可能会为了自己的利益而滥用这些计划。

丘奇参议员的推理只是部分正确。他的推理是假设行政部门会以谋私利的动机作为其干涉外国的直接理由。然而，丘奇却没有看见，这正是现在行政部门刻意要做的。海外私人投资公司通过承担国外投资者的政治风险，阻止了国外投资者的游说团接触总统的机会。这样，行政部门就可以出于国家的利益，而不是国内生意的原因，决定如何回应剥夺美国财产的国家。几乎没有美国总统把美国政府看作是一种营利性的风险投资，与联邦预算相比，风险总和也只是一个零头。简而言之，正如查尔斯·利普森敏锐地指出的那样，海外私人投资公司"有效地屏蔽了任何更人的外交政策目标"，是刻意而为的。

## 制裁和《冈萨雷斯修正案》

尼克松的第一任任期结束之前,美国政府最终摆脱帝国陷阱的机制大部分已到位。《华盛顿公约》所规定的仲裁程序为推迟实施《希肯卢帕修正案》包含的制裁措施提供了一种途径。海外私人投资公司为美国公司提供了一种保险方式,如果被征用即可获赔,而且还提供了尼克松在秘鲁有效利用过的那类国对国仲裁的后门通道。然而,它们需要的是一个执法机制。刻意设计以拖延行动的机构都不错,但如果要成功达到政治目的,它们就必须是可信的。

解决执法问题的第一个方案是一个大家绝对想不到的人提出的:他就是来自圣安东尼奥的自由民主党议员亨利·冈萨雷斯。他1916年出生于得克萨斯州,父母是从墨西哥革命的废墟里逃到美国。冈萨雷斯非常努力地读完大学和法学院,然后在第二次世界大战期间应征入伍当了一名军事审查员。重返平民生活后,他先后做过缓刑监督官,并成了圣安东尼奥市议会的一名改革派成员,1956年当选州议会参议员,就是在这里他和州参议员亚伯拉罕·卡赞举行马拉松式的冗长辩论,目的是为了阻止针对布朗诉教育委员会的议案。1961年,他成为得克萨斯州第一位墨西哥裔国会议员。在国会中,冈萨雷斯保持了他作为直言不讳的自由主义者的声誉。1963年,众议员埃德·福尔曼(得克萨斯州共和党议员)在议会发言时称冈萨雷斯是个"pinko(粉色人)",引发了二人两虎相斗,几乎是在两人被强制驱逐的结局下收的场。(1986年时冈萨雷斯已经70岁,但仍然在众议院任职。一次,在圣安东尼奥的一家餐厅,他一记老拳打在一名男子脸上,因为这名男子称他是"共产党"。)冈萨雷斯也不喜欢石油公司,事实上,他于1958年竞选州长时借助的平台就是要征收输油管道税。

虽然冈萨雷斯可能思想非常开明,但他仍然是个得克萨斯人,当看到外国政府没有按照他认为的正当程序没收美国财产时,他心中愤愤不平。参议院授权扩大美洲开发银行、亚洲开发银行和国际开发协会业务的法案

## 第十章 意图脱离?

在表述上根本没有提到征用财产。可以预见的是，鉴于其把拉美作为关注的重点，美洲银行的法案受到了两党亲希肯卢帕的参议员猛烈抨击。弗吉尼亚州民主党参议员哈里·伯德（Harry Byrd）抱怨说："法案中没有任何条文可以限制该银行的董事向智利提供贷款，虽然智利刚刚征用了美国财产并拒绝向被征财产的所有者付款。"田纳西州共和党参议员比尔·布罗克大声喊道，"如果我没记错的话，我在1963年亲眼见到巴西侵占了电话公司。我还记得秘鲁政府的行动，甚至还有最近智利政府的行动。我简直搞不明白，为什么国务院或者这个政府自身能继续容忍他人把美国变成一个任意拿捏的懦夫，实际上，把美国变成懦夫的就是那些在执行政府程序时一点都不顾及国际法的人"。然而，下面三个议案很轻松地获得了参议院的通过：美洲银行法案49票赞成31票反对;亚洲银行法案口头表决通过;以及国际开发协会的法案49票赞成34票反对。

作为众议院国际金融小组委员会的主席，冈萨雷斯在1971年的三项多边发展银行的议案中都插入了类似于《希肯卢帕修正案》的语言表述。冈萨雷斯修正案要求美国投票反对任何多边机构向任何将美国公司国有化或征收美国公司的国家提供的贷款，除非"财政部部长确定（A）已经为迅速、充分和有效的补偿做出了安排；（B）双方已根据《解决投资争端公约》的规则将争议提交仲裁；或（C）正在本着诚信的意愿进行谈判，目的是根据国际法的适用原则提供迅速、充分和有效的赔偿"。

冈萨雷斯修正案在四个重要方面与《希肯卢帕修正案》不同。首先，决定谈判是否足以避免执法的人是财政部而不是总统。这显然是冈萨雷斯在试图安抚财政部的利益以及信得过财政部官员而信不过国家的私人公司的利益。（事实上，参与该立法程序的一些人后来声称，财政部起草这份修正案就是为了冈萨雷斯。）第二，冈萨雷斯修正案规定的"及时，充分和有效的赔偿"（至少在修辞上）软化了《希肯卢帕修正案》更严苛的"按可兑换的外汇，相当于其全部价值……迅速地赔偿"等措辞。第三，冈萨雷斯修正案能使对方立即受到惩罚。与《希肯卢帕修正案》不同，冈萨雷斯修正案没有关于"适当步骤"之类的言辞，也没有尼克松总统对秘鲁如此巧妙地用作"无花果叶"的六个月宽限期。小组委员会添加这一条出于几个目的。冈萨雷斯希望"对征收美国财产制定**明确的**政策"。他认为，强有力的征收政策将使美国能够在多边机构内更加明确地表达其意见。另一方面，委员会的一位共和党人有一个更加直截了当的观点，这导致了相同的结论："希肯卢帕修正案没有任何意义，而且共产党分子已经接管，正在成为智利的一个难题。所以我们决定添加几句话。"

第四，也是最后一个不同之处，冈萨雷斯修正案规定国际投资争端解决中心的仲裁可以延迟执行。这排除了大多数拉丁美洲国家，因为截止到1972年，除了美国以外，其他的西半球国家，只有特立尼达和多巴哥共和国、牙买加和圭亚那（后两者与北美公司有过铝土矿争端）同意服从国际投资争端解决中心。因此冈萨雷斯修正案确保了这些国家中凡有违反国际投资争端解决中心判决的，就会有失去所有获得多边援助和信贷的危险。

亨利·冈萨雷斯打算以他名字命名的修正案，能够赋予国际投资争端解决中心更大的威力。"我想强调的是，这个针对财产征收的修正案将极大地鼓励人们去利用世界银行设立的解决投资争端国际中心，其设立的目的就是仲裁涉及国际投资的分歧"。在冈萨雷斯的监管下，众议院在同一天批准了三项修正法案：285票比102票通过了美洲银行法案;255票比132票通过了亚洲银行法案;以及208票对165票通过国际开发协会的法案。（三个动议的赞成票依次递减，似乎反映了立法者对援助的审美疲劳。）

冈萨雷斯对国际投资争端解决中心的实际效用持乐观态度，但该机构当时的历史记录却不能证明它确实具有实际效用。虽然布罗奇斯（Broches）设计得很漂亮，但该中心在1980年以前仅裁决了屈指可数的几个案件。因为，布罗奇斯十分清楚，即使设计最完善的机构也需要有一个执行机制。查尔斯·金德伯格相信：既然国际投资争端解决中心现在已经成为美国法律的一部分，且具有明确的惩罚措施，可在世界范围内执行，那么国际投资争端解决中心就等于获得了一个执法机制，尽管仍然依赖于行政部门的行动。

## 帝国投资者保护的最后胜出

20世纪80年代，财产征收案件进入了暂时的下降阶段。具有讽刺意味的是，下降的主要原因是私人资本流动的重新兴起以及由此引发的债务危机。20世纪60年代，给予拉丁美洲国家政府的年度贷款几乎增长了三倍，从1.15亿美元增加到3.13亿美元。石油价格的上涨进一步增加了贷款的数量，因为石油生产国通过将其巨额石油收入存入西方银行而达到"回收利用"的目的。这些银行反过来以低利率提供融资：1974年至1978年间，向拉美国家提供的按美元计价的商业银行贷款的"通货膨胀调整利率"平均只有0.3％，由于1979年美国的通货膨胀加速，实际上这个"通胀调整利率"已变为负值。早在1978年，外国银行就开始宣布像玻利维亚这样的小国家不可能偿还更多的债务，但在大多数情况下，贷款仍在继续。

如果不是因为两个事件，债务泡沫本来是可以平静地破灭的：第一个事件是1979年伊朗革命后石油价格大幅上涨，第二个事件是保罗·沃尔克（Paul Volcker）决定在1982年刹住美国的通货膨胀。前者增加了拉美对基金的需求：石油进口国通过借入来支付其进口费用，而石油生产国则借钱来为扩大石油生产提供资金。后者突然增加了服务该地区外债的负担，其中大部分是以浮动利率提供的。

这些事件导致了大范围的违约和重新调整债务周期，但也导致了经济崩溃。与20世纪30年代一样，政府拖欠债务，是因为他们如果维持支付就无法维持国家正常运转。问题在于拉美国家仍然需要获得外国资金来阻止经济进一步滑向深渊。1982年，当墨西哥出现大规模的违约浪潮时（玻利维亚1980年的债务周期调整却没有激起太多的涟漪），美国政府以各种特殊方式向受灾国家——特别是墨西哥——提供资金作为回应。（例如，里根政府调用战略石油储备购买墨西哥的石油,现在付款,墨西哥以后再给油。)结果是美国政府和国际货币基金组织在经济政策上获得了显著的影响力。

秘鲁却是个例外。1985年,新当选的艾伦·加西亚政府认定,政府无法继续支付欠国际货币基金组织的那笔款项,并在同一年征收了属于贝尔科石油(Belco Petroleum)的海上油田(贝尔科是安然的子公司)。贝尔科的合同在8月29日已经到期,但在税率上,以及一项扩大勘探以换取额外土地面积的承诺上,公司和政府无法达成一致。因此,加西亚取消了开采特许权并控制了油田。在征收后不到一个月,秘鲁于1985年9月停止偿还国际货币基金组织的债务款。1986年8月,国际货币基金组织将秘鲁从该组织的所有贷款中撤出。

安然选择不要求美国的支持,因为它已经从美国国际集团(AIG)购买了保险来抵御政治风险。美国国际集团与伦敦的劳埃德银行一样,因为"看到海外私人投资公司过去几年盈利丰厚",所以从20世纪80年代开始也提供财产征收险,尽管与海外私人投资公司相比时间相对较短。私人政治风险的保险比海外私人投资公司的保险明显更加昂贵,更不全面,但是,海外私人投资公司只在跟美国签署了投资协议的国家运作,截止到1986年,签有协议的国家和地区包括伯利兹、巴西、喀麦隆、智利、哥斯达黎加、多米尼加共和国、厄瓜多尔、埃及、萨尔瓦多、格林纳达、危地马拉、圭亚那、海地、洪都拉斯、印度、印度尼西亚、牙买加、约旦、肯尼亚、利比里亚、马来西亚、马耳他、尼泊、尼日利亚、巴基斯坦、菲律宾、圣基茨和尼维斯、沙特阿拉伯、索马里、韩国、苏丹、中国的台湾、泰国、突尼斯、土耳其、乌拉圭、扎伊尔和赞比亚,然而,就是没有秘鲁。

美国国际集团的保险涵盖了安然的征收损失,赔付最高可达90%,也就是2亿美元。美国国际集团试图在贝尔科所投保险中挑毛病,但1988年12月,仲裁委员会判安然获胜。委员会发现损失数额达到1.61亿美元,并命令美国国际集团支付1.449亿美元，外加利息。赔偿似乎是以贝尔科持续盈利的价值为依据进行，而贝尔科产业1985年的收入为1,910万美元。1990年1月，纽约州最高法院维持了该裁决。美国国际集团一旦明确自己已身陷贝尔科保险圈套难以自拔，就呼吁布什政府根据1974年的《贸易法》使用其权力向秘鲁施压敦促其付款。1974年的《贸易法》给予总统的一项权力是：如果穷国征收美国投资而不补偿，总统有权取消根据普遍优惠制给予这些穷国的优惠关税。美国贸易代表办公室（Office of The United States Trade Representative）直到1990年4月才不得不对美国国际集团的请愿书做出裁定。

根本不需要制裁秘鲁。秘鲁宪法阻止了加西亚在1990年竞选连任。1990年4月8日，第一轮总统选举中出现的两位候选人是保守的阿尔韦托·藤森和同样保守的（至少在经济问题上）马里奥·巴尔加斯·略萨。两位候选人都打算恢复经济正常化并重新获得国际货币基金组织的援助，这就意味着必须先解决尚未偿还的征用索赔。6月，藤森总统赢得第二轮选举之后，几乎立刻就与美国国际集团进入谈判。该公司最终获得了1.848亿美元的补偿，外加延误补偿的利息。

## 债权人回归与官方贷款人的作用

正如斯蒂芬·柯宝林（Stephen Kobrin）在1984年所预测的，十年后又经迈克尔·迈诺尔（Michael Minor）证实了的那样，整个20世纪80年代，债务危机导致征收急剧下降。在危机期间，国际贷款机构拥有前所未有的杠杆作用，他们借此来阻止财产征收。事实上，他们走向了另一条路：私有化成为国际货币基金组织大多数结构调整计划的试金石。此外，20世纪80年代也是商品价格低迷时期：正如加西亚政府在秘鲁发现的那样，没有太多租金可供创收。但秘鲁却是一个例外，由于它对主权债务采取强硬态度（没钱还债，所以死猪不怕开水烫）已经得罪了美国和多边贷款机构，因此，加西亚政府认为可以对海上石油公司采取同样"强取豪夺"的态度，反正也损失不了什么。然而，这一点秘鲁政府想错了：该国需要国际货币基金组织的支持，因此别无选择，只能按公允价偿付被没收的美国资产。

总体而言，美国的债务政策在20世纪80年代要比20世纪30年代更有利于债权人。20世纪80年代，美国的政策给拉美国家维持支付施加了巨大的压力。从债务国到债权国的最终回收率和净转移比20世纪30年代要大得多。《布雷迪计划》相对有序地减记了拉美（和其他欠发达国家）的外国银行债务，这些债务被证券化债券取代，其中主要部分由美国财政部代管。《布雷迪计划》为18个国家重新调配了2,028亿美元的债务。其结果是减免了637亿美元的债务，并重建了一个活跃的、由发展中国家政府发行的二级债券市场。

美国政府在20世纪80年代发挥更积极作用，个中的原因很简单：1931年的时候，当华盛顿开始对拉丁美洲的债务违约进行注销登记时，美国的银行大多已经破产，因此，拉美违约造成的额外影响微乎其微。但1982年的情况有所不同。美国政府担心，如果拉美政府出现大规模违约和拒绝还款，美国将出现系统性银行崩溃。因此，美国采取了更为积极的路线。虽然路线积极，但美国政策没有做的就是放弃外国直接投资者的利益。事实上，美国通过国际货币基金组织，利用其新的杠杆作用，撬开了外国市场，使之向美国的直接投资开放。

在债务危机就要结束时，世界银行设立了多边投资担保机构，这时，多边贷款机构开始更直接地参与到投资者的保护。多边投资担保机构创建于1985年，于1988年开始运作，是一项按海外私人投资公司的规定设计的保险计划。这个想法（得到了里根政府的支持）就是要在海外私人投资公司和其他国家政治风险保险计划中，在投资争端去政治化方面取得成功的基础上更上一层楼。用里根任命的世界银行行长汤姆·克劳森（Tom

Clausen）的话来说："我们将把多边投资担保机构放在一个独特的位置上，以促进争端的友好解决，并确保一切事项唯有在法律和经济准则的基础上才能进行讨论。换句话说，就像国际投资争端解决中心一样，多边投资担保机构应该为投资争议的非政治化作出重大贡献。"与海外私人投资公司做法一样，多边投资担保机构向投资者收取一笔费用，以换取高达索赔价值90%的保险费。索赔款由多边投资担保机构支付完成后，就会被代位给世界银行，然后世界银行再试图从征收美国财产的国家收回索赔款。

多边投资担保机构还有几个有趣的特点。第一，东道国最终预计会认购该机构40%的资本，实际上是让这些东道国对未来的征收或重新谈判交一份保证金；第二，在某些情况下，东道国的居民，如果其投资所用资金是从国外汇入的，也可以申请多边投资担保机构的保险。最后一点，由于多边投资担保机构既不是外国公司，也不是外国政府，而是一个国际组织，所以希望涉及它的争议可以绕过一些拉美政府不愿意将投资争端提交国际仲裁的心理。多边投资担保机构的创始人还希望它能够更好地确保最初的特许权和合同对东道国是公平合理的，因此，多边投资担保机构就会既有助于避免争端，又能在出现争端时保留更多的道德裁判权。

## 国内的法律基础支撑

到20世纪70年代中期，有一种新的"技术"可以提供两个基础支撑，以帮助外国投资者获得征收补偿（或事实上的征收），而无须烦扰本国政府的权力。第一个是外国投资者直接将外国政府诉诸国际仲裁法庭的能力。第二个是专业政治风险保险项目的创建。《冈萨雷斯修正案》为国际投资争端解决中心提供了一个执法机制，但仍然依赖美国行政自由裁量权。而稳定一个新系统的真正的第三个支撑，是利用美国和欧洲法院对外国政府执行国际投资争端解决中心判决的能力。理论上，《纽约公约》

和《华盛顿公约》要求法院要像执行地方法院裁决一样强制执行仲裁裁决。但实际上，绝对主权豁免原则限制了这种能力。

按照绝对主权豁免的法律，一个国家不能被另一个主权国家的法院起诉。随着政府和政府拥有的公司越来越多地参与跨境商业活动，绝对主权豁免已成为第二次世界大战后的一个问题。私营公司抱怨说，主权豁免权使他们在应对国有竞争公司时处于劣势。毕竟，法国航空公司或英国钢铁公司在德国经营时享受绝对主权豁免权了吗？比利时和意大利是第一批在这些情况下拒绝承认主权豁免的国家。瑞士、法国、奥地利和希腊紧随其后。

美国在1952年部分加入了这股潮流。国务卿的代理法律顾问杰克·泰特（Jack Tate）写了一封信，后来被称作"泰特之信"，他在信中宣称绝对主权豁免不再是国务院的官方立场。"泰特之信"指出，国务院现在认为，"对于类似私人可能从事的活动而引起的索赔，国家不再享有豁免权"。之所以有这个转换，原因是"政府部门广泛且日益增多地参与商业活动，使我们有必要采取一种做法，使那些与政府做生意的人有权在法院确定其权利"。此外，美国法院给外国政府授予主权豁免权的行为，与在合同和侵权行为中必须在同一法庭起诉的原则下美国政府应该采取的行动极其矛盾。换句话说，美国国务院认为，外国政府享有了联邦政府不曾享有的法律特权。

不幸的是，国务院在做决策时通常过多考虑政治因素，因此以一种令人困惑和矛盾的方式解读"泰特之信"。此外，正如"泰特之信"所指出的那样，"人们认识到，执行人员在政策上的转变左右不了法院"。结果造成了大量令人困惑和矛盾的决定，加上不同国家以完全不同方式解读限制性豁免。由此造成的不确定性，导致了欧洲委员会于1963年开始谈判编纂一份定义"限制性豁免"的公约；即定义主权豁免不适用的情况。谈判耗时九年，以出台1972年的《欧洲国家豁免公约》宣告结束。奥地利、比利时、塞浦路斯和荷兰几乎立即批准这个公约。其他国家都没有批准，但

## 第十章 意图脱离？

到1976年，西欧所有国家（除了大不列颠及北爱尔兰联合王国）都既成事实地采纳了限制性主权豁免。联合王国通过1978年国家豁免权法采纳了限制性主权豁免，截止到1990年，澳大利亚、加拿大、巴基斯坦、新加坡、南非和瑞士要么采纳了欧洲公约，要么通过了体现其戒律的法律。

美国没有批准该公约，然而，国会于1976年通过了《外国主权豁免法案》，该法案将欧洲公约的大部分内容写入美国法律。《外国主权豁免法案》规定在九种情况下不能享受主权豁免权：（1）自愿放弃；（2）商业活动；（3）财产征用；（4）在美国的财产；（5）发生在美国的侵权伤害；（6）仲裁；（7）酷刑，法外处决，破坏或绑架；（8）执行海事留置权；以及（9）海事抵押权止赎。《外国主权豁免法案》（连同英国和比利时的立法）明确规定中央银行储备拥有主权豁免权。

《外国主权豁免法案》没有提到主权债务，但美国法院最终将其纳入了法律的管辖范围。1982年，当哥斯达黎加拖欠债务时，联合银行成为第一个使用《外国主权豁免法案》起诉主权债务的债权人。当时，哥斯达黎加欠下了联合银行下属的一个由39个银行组成的财团的债务，1985年联合银行获得了有利的裁决，但美国政府给该银行施压，要求与其他38名债权人相同条件下结案。第二年，也就是1986年，阿根廷中央银行拖欠了1982年为现有债务再融资而发行的一系列以美元计价的特别债券。巴拿马两家公司和瑞士一家银行在纽约起诉阿根廷。1992年，美国最高法院在维尔特沃诉阿根廷共和国案中裁定他们胜诉，因为，在美国的主权债券问题被认定为属于商业活动，而且无法自动适用主权豁免。作为强迫违约国偿还债务的手段，它无法把主权债务包含进来，因为法院不愿意附加资产。然而，作为防止征收的一种方式，它是成功的，因为如果一个国家无视仲裁判决，就可以威胁要干涉其新债券的发行。

## 仲裁在行动

20世纪80年代由于债务危机,政府征收财产行为一度中断,20世纪90年代征收财产逐渐消失,并在21世纪的第一个十年宣告结束。然而,到那时,投资者与国家之间仲裁的新技术已经稳固地建立起来了。过去,当一个外国投资者面对违反其认为的产权行为时有两种选择:与当地政府合作或向其祖国寻求支持。现在有了第三种选择:使用仲裁机制。随着20世纪80年代经济危机逐渐消退,财产征收又一度抬头,仲裁机制证明是非常有吸引力的选择。

最剧烈的转变是投资者与国家之间争端数量呈指数级增长(见表10.5)。1996年前,投资者在国际投资争端解决中心登记的索赔案仅有35项。国际投资争端解决中心的使用率不高,并不是失败的信号;相反,它表明签署加入该制度的国家很少违反外国投资者的合同或条约产权。然而,在1996年至2005年的十年间,国际投资争端解决中心受理的案件数量增至166件。截至2011年初,未决案件数量超过200件。案件数量上升,部分原因是拉丁美洲国家在20世纪80年代和90年代推翻了"对东京说不"的情况,转而同意将国际投资争端解决中心的仲裁,作为隐含的交换条件,美国将帮助他们重组债务,并根据相互自由贸易协定,对其出口产品开发美国市场。1983年,从启动"加勒比盆地行动"开始,美国开始把投资者保护作为援助的一项前提条件;美国开始签署包含投资保护条款的自由贸易协定时,这种情况还在继续。

投资者诉国家案件的仲裁在实践中是如何进行的?根据双边投资协定、投资合同条款或国内法,外国投资者可以将政府上诉到仲裁。每一方选择一名仲裁员。如果双方未能就第三位仲裁员的身份达成一致,那么国际投资争端解决中心秘书长将挑选一名作为第三位。(特许权合同有时会指定国际投资争端解决中心之外的机构,如国际商会,但整体规则都大同小异)。仲裁庭一旦成立,就听取双方的论点,并做出裁决。如果它做出

表10.5 1972—2011年国际投资争端解决中心每年建档的案件数

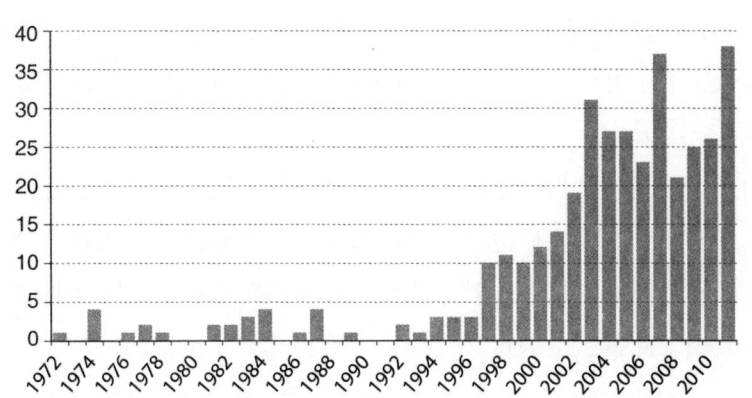

数据来源：国际投资争端解决中心

有利于政府的判决，那么这个过程可能就会结束。如果它做出有利于索赔人的判决，仲裁庭就要决定赔偿的金额。总体目标，就像美国政府代表公民进行干预一样，就是要将索赔人置于与争端不存在时相同的经济地位。当有市场价值可用时，仲裁员会考虑到它们。更常见的是，为了估算赔偿金额，仲裁庭会试着计算未来现金流量的净现值。引起争论的往往是什么时间来评估投资价值和计算适当的贴现率才是合适的时间。仲裁庭没有明确要求一定要遵循某个先例。

如果法庭做出有利于索赔人的裁决，国际投资争端解决中心允许政府尝试取消该判决。应该强调的是，是取消，**而不是**上诉。《华盛顿公约》第52条规定了取消判决的几个条件是：（1）选择不当的仲裁庭；（2）明显超越其权力；（3）腐败；（4）违反基本程序规则；或（5）未能解释判决依据的理由。秘书长将负责决定是否需要任命一个小组来决定是否取消判决。

仲裁程序通常比先前使用美国权力要慢。一般而言，从仲裁请求建档到做出最终裁决，需要三至四年。另外，一些双边投资协定还需要一年或更长时间的谈判，甚至需要依靠当地法院才能把仲裁小组建立起来。而且，仲裁案往往也是相当昂贵。例如，埃克森美孚和委内瑞拉花了2,490万美元和1,850万美元的法律费用，外加270万美元的法庭费用。但是，标准的做法是为了补偿打赢官司的索赔人的延误，判决会从争端开始计算利息。

如果政府拒绝支付，索赔人就去国家级法院追索判决的款项。然而，使馆、领事馆、军事资产以及中央银行储备金等财产不能扣押。2007年，要求阿根廷索赔的人试图在其总统喷气式飞机降落在美国时扣押飞机；美国法院驳回了此案，因为这架飞机是在阿根廷空军登记的财产。2011年，阿根廷驻法国的大使馆有一小段时间不得不以现金支付其雇员工资，因为一名法官代表投资者扣押了大使馆的账户。但是，最高上诉法院迅速推翻了该决定，因为即使按照"限制主权豁免法"，大使馆也必须受到保护。

政府其他资产很容易受到法律行为的影响。在极端情况下，国家法院可以下发全球冻结令（也称为"马瑞瓦资产冻结令"），以防止政府移除、支出或消除被征收的资产（包括库存）。索赔人也可以追究国有公司的资产。2003年，巴黎上诉法院甚至允许对属于刚果和喀麦隆国家石油公司的资产进行扣押，尽管它们并未直接参与争端。美国和英国的法院允许在针对古巴和尼日利亚的案件中，向国有公司采取类似行动。实际上，国家法院可以用来协调抵制行动。第一类是抵制被征收财产的政府攫取的资产，因为被征收公司的产品，是在签署了国际投资争端解决中心公约的国家进行销售。第二类是范围更广的抵制，它针对的是征收财产的政府所拥有的公司或组织的所有商业活动。（美国法院规定，要成为诉讼对象，公司至少要有51%的股份属于国有）。至于国际投资争端解决中心的判决能否在中华人民共和国执行，一直有些疑问：中国是《华盛顿公约》的签署国，但中国的法院仍然坚持绝对主权豁免的观点，尽管香港地区的法院没有坚持。然而，到2012年，还没有一个国家试图通过向中国出口原材料或成品来避免国际投资争端解决中心的判决。

法律行为可能会为征收他国资产的政府减少征收的价值，即使这些

## 第十章　意图脱离？

资产没有产品供出口。2012年，阿根廷政府征用了西班牙的YPF石油公司51％的股份，该公司57％的股份已经由西班牙雷普索尔（Repsol）拥有。在征收前，阿根廷政府已经计划向瓦卡姆尔塔（Vaca Muerta）油田投资203亿美元用于新的石油和天然气项目。雪佛龙、康菲石油、哥伦比亚石油公司（Ecopetrol）、EOG、埃克森美孚、壳牌、中石化、挪威国家石油公司、塔利斯曼、巴西淡水河谷公司（Vale do Rio Doce）和Venoco等11家不同的公司讨论钻探超过一万二千口井。预计康菲石油和塔利斯曼将联合投资约43亿美元。然而，国有化一发生，大多数投资瓦卡姆尔塔资产的计划就人间蒸发。甚至连俄罗斯天然气工业股份公司（Gazprom）似乎也不愿投资了。

YPF事件发生后，石油公司不愿进入阿根廷的原因，并**不是**因为阿根廷政府名声不好。在之前的征收事件中——包括1900年的委内瑞拉、1938年的墨西哥、1971年的利比亚和1986年的秘鲁，石油公司没有丝毫懊悔地就在刚刚征收了竞争对手资产的国家进行投资。相反，阻止雷普索尔的竞争对手在2012年进入阿根廷的原因，是雷普索尔有法律工具可用，本来这些法律工具在1976年以前就应该失效。雷普索尔的第一个行动就是在曼哈顿的美国地区法院对阿根廷政府提起诉讼。打这个官司本身并不是为了从阿根廷政府获得赔偿，而是想警告其他石油公司，如果他们与任何被没收的资产做生意，他们就会进入到一个法律的雷区。对于任何一个在美国境内做生意的石油公司（这些公司都在做，甚至包括中国的国有石油巨头也在做），这都是一个严重的威胁。值得注意的是，这个威胁并不是秘而不宣，相反，雷普索尔给包括埃克森美孚、雪佛龙、康菲石油和壳牌在内的其他主要国际石油公司发函，直言不讳地声称，它将捍卫其要求。也就是说，如果他们中有任何一家给YPF或YPF的资产投资，或者以其他方式采取行动"损害了雷普索尔充分捍卫和恢复其权利的能力"，雷普索尔就会提起诉讼。壳牌阿根廷公司总裁胡安·何塞·阿朗格伦（Juan José Aranguren）评价这封信说："这不是一种威胁，而是一个声明。我不相信有任何公司会在没有某种担保的情况下与阿根廷政府或与被国有化的资产打交道"。

雷普索尔的"声明"可不是光说不练。当雪佛龙公布与现已国有化的YPF签署了投资瓦卡姆尔塔油田的谅解备忘录时，雷普索尔于2012年11月20日在西班牙一家法院提起诉讼，要求依据西班牙竞争法下达制止令。雷普索尔12月4日在纽约对雪佛龙发起了第二起诉讼。（雪佛龙在厄瓜多尔的环境诉讼中也面临着阿根廷法律方面的难题）雪佛龙如果最终决定与YPF开展业务（当然，这是假设雪佛龙逃脱了马德里和纽约的法院制止令的情况下），如果阿根廷输了国际投资争端解决中心的仲裁并拒绝支付，那么雪佛龙就必须作出一个审慎的决定，接受一个未来的或有负债。

仲裁制度影响了美国的行为。2007年，委内瑞拉政府宣布其意欲有效接管奥里诺科河盆地的四个重油项目，没收威瑞森（Verizon）在该国最大电信公司中的股份，并没收美国爱依斯电力公司（AES）拥有的加拉加斯电力公司（Electricidad de Caracas）的所有权。这时，布什政府没有做更多的表示，只是发表了一个安慰性的声明，声称美国政府希望得到"公平和快速的赔偿"。尽管委内瑞拉政府一再挑衅，包括威胁要驱逐美国大使，美国坚持守住这一底线。没有暗示要制裁，也没有威胁要制裁。被征收的公司也没有游说国会，或试图聚集政治压力。（最冒进的就是发动了一项异想天开而未成功活动，想要将波士顿最醒目，且富有代表性的Citgo标识拆除。）发生这些事后，美国当然支持2002年推翻乌戈·查韦斯政府的政变行动，但这次政变企图早于查韦斯对外国财产的重拳出击，并且政变完全只在加拉加斯进行。乔治·W·布什对财产征收的反应，与时期最近的罗纳德·里根政府的反应（更不用说理查德·尼克松）区别之大是惊人的。

埃克森美孚和康菲石油公司（以及威瑞森和爱依斯）通过国际商会和国际投资争端解决中心仲裁向委内瑞拉索赔。国际商会的仲裁是根据石油公司与委内瑞拉国有的委内瑞拉石油公司签署的"协会协议"进行，而国际投资争端解决中心的仲裁则是按照荷兰——委内瑞拉双边投资协议的规则进行。玻利瓦尔共和国支付了国际商会听证会上判决的赔偿款。（截至2013年，国际投资争端解决中心的仲裁程序仍在进行中。）国际商会裁定的补偿款达到了9.067亿美元，远低于许多分析师的预期。然而，裁决款低于预期的原因不是因为法庭偏袒委内瑞拉，也不是因为法庭担心委内瑞拉政府会拒绝支付。（委内瑞拉石油公司拥有希戈Citgo，而希戈在美国拥有数十亿美元的资产。）相反，裁决款低于预期的原因是委内瑞拉石油公司的谈判代表已经在原始合同中写入了石油价格的上限，仲裁员只能使用该价格计算埃克森美孚投资所产生的现金流量价值。最关键的条款是协会协议第15条：

布伦特原油价格第一次连续六个月超过门槛价格（经通货膨胀调整，1996年为每桶27美元）之后，对于布伦特原油的平均价格超过门槛价格的任何财政年度发生的歧视行为，Lagovern CN（委内瑞拉石油公司在塞罗内格罗的合资企业中的子公司）都无须赔偿外国方，并且在考虑到歧视行为的影响后，外国方可获得相当于各方所生产产品的参考价格的净现金流量，其中各方之间应该具有一个至少是合理的关系，而且这个净现金流量因质量不同以及运输差异，需要比较该财年的现金流量阈值进行调整。

换句话说，从委内瑞拉的角度来看，这份滴水不漏、用心良苦的合同规定：如被征收，可用来估价损害赔偿的最高油价不得超过1996年的每桶27美元，而这次征收时油价为37.50美元。此外，合同还规定"因质量不同以及运输差异"，需要调整，使得价格进一步下调。当布伦特原油价格为37.50美元时，委内瑞拉的梅萨原油价格为32美元，这是仲裁员必须使用的价格，而不是2007年梅萨混合油进入市场的销售价72美元。总之，委内瑞拉在仲裁结果上赚得盆满钵满，不是因为它拒赔，而是因为合同设计得富有心机。

总体上，征用他国财产的政府在用仲裁方式处理争端上都取得了相对圆满的结果。苏珊·弗兰克评估了投资协议仲裁案例（即被纳入双边投资协定范围内的投资者与国家之间的仲裁），她发现，政府打赢了58%的案件，投资者打赢了38%，其余则为庭外和解。她还发现，平均索赔额和仲裁小组裁定的平均赔付额之间存在很大差距，这一点不出其所料，在1990年至2006年期间，平均索赔额为3.434亿美元（中位数为5,900万美元），而裁决的平均赔偿额仅为1,040万美元。最高的索赔达到94亿美元，但最高的赔付裁决仅为2.698亿美元。能源案件占案件总数的29%，采矿来案件占去额外6%，其余大部分是公共服务。采矿和能源公司的结果要好于其他公司。以1990年到2011年的案件为例，能源和矿业公司有80%的仲裁案件获得了裁决，其中就包括最近的西方石油公司（Occidental）诉厄瓜多尔政府的案件，西方石油公司获赔18亿美元。

实际上，很少有国家不服从仲裁判决，虽然有证据表明，接收裁决的赔付款需要在国家法院采取一些行动。1998年，俄罗斯联邦没收了德国公民弗朗兹·塞德迈尔拥有25年租约的一栋别墅，但拒绝支付240万美元的仲裁判决的赔付款。塞德迈尔无法把俄罗斯支付的过境费原封不动转移到德国，但他确实拥有了俄罗斯安全服务机构所拥有的科隆房地产。这处地产每年可收34.8万美元的租金。（值得注意的是最近发生在俄罗斯最大规模、最著名的征收案例：壳牌原本拥有俄罗斯萨哈林岛项目220亿美元的55%的股权，但俄罗斯强迫壳牌将55%的一半出售给俄罗斯天然气工业公司，这个案例尚未进入仲裁。）最近，吉尔吉斯斯坦、泰国和津巴布韦都拖延付款；在采取法律行动后，吉尔吉斯斯坦和泰国政府才付了款。（德国法院在2011年收缴了一架泰国飞机）尽管会有严正的、愤怒的言辞表示不满，但即便是委内瑞拉也支付了国际投资争端解决中心的仲裁款，这不仅仅是因为委内瑞拉石油公司通过其希戈子公司在美国拥有价值数十亿美元的炼油厂和加油站。截至2011年11月，只有三个国家（阿根廷共和国、俄罗斯联邦和津巴布韦）有未付款问题。（我们将在下一章中再次讨论阿

根廷对仲裁制度的生存带来的挑战）

## 结论

  1940年，美国投资者对外国政府的敌对行动采取的唯一防卫就是向美国政府寻求帮助。美国政府的箭袋里装有下面几支箭头：外交支持、国与国之间的仲裁、贸易制裁、拒绝援助、拒绝官方信贷，还有秘密行动等等。这几件武器的共同之处在于，它们都要求行政部门采取行动才能生效。如果行政人员不情愿，美国投资者就可以（实际上也这么做了）向美国国会施加压力，要求行政部门采取行动，或以别的方式去激发总统的斗志，但无论做什么努力，最终还是由总统来行动。如果美国投资者试图利用美国法院在海外执行其产权，他的企图将被驳回，正如墨西哥之鹰发现的那样，当投资者请求亚拉巴马州法官收回被墨西哥政府没收的油轮时，法官拒绝了。

  到1990年，一系列制度改革使得美国公司不需要求助国务院或中央情报局就可以捍卫其海外财产。这些变化有两种形式：第一套变革提供了征收保险（也称为投资担保）以补偿投资者的损失。政治风险保险有效地重新规划了由美国国际开发署管理的一系列特设项目，而这一系列特设项目的最初目的，是想给美国投资上一份保险，以抵抗国家资本管制的风险，或者抵抗可能与苏联开战的风险。提供这样的担保，以促进美国在那些饱受战争蹂躏的西欧国家进行投资。而今，从担保资本管制险或者共产党入侵险，到担保征收险，这之间只有一小步而已。

  第二套变革是让私营公司有能力在没有本国政府的参与下将外国政府提交仲裁。这里的目标很明确，就是要使投资争端"去政治化"。去政治化意味着政府不再需要"支持"（此处使用法律术语"espouse"）其公民的主张。因此，投资者与国家之间的争端不再导致外交事件。公司可以选择仲裁方式而不是"政府支持"，简言之，新系统给了管理人员一个他们以前不曾有过的选择。换句话说，新机构创造了一个多半事先无计划的脱离帝国陷阱的可能性。然而，仲裁需要执行机制。事实上，海外私人投资公司也是如此，正如参议员丘奇所担心的那样，如果要海外私人投资公司成功获得代位求偿的索赔款，而不会引发外交事件，它需要一个执行机制。因此，第三套变革终止了长期固守的绝对主权豁免的原则。美国法院以及外国法院现在都可以用来针对外国政府执行仲裁判决。

20世纪80年代，财产征收进入暗淡期，因为债务危机增加了外国政府——尤其是拉丁美洲政府——对外国资本的需求。一旦危机过去，征收又重返舞台。但是，这一次，美国政府的回应与过去完全不同。司法和保险这两项改革，或者更见利忘义，就是律师和金钱的两项改革，既帮助保护了美国政府免受美国海外投资者要求支持的压力，同时还几乎一样帮助保护了美国海外投资者免受外国政府的影响。

# 第十一章

# 21世纪的帝国陷阱

本书力图解释美国政府在20世纪为捍卫美国公民的海外产权而进行干预的各种方式。出发点为以下悖论：尽管美国政府整个世纪都断然拒绝旨在支持或保护美国公民的干预主义，但他们一次又一次发现自己不得不代表美国的私人利益去干涉外国事务。

帝国陷阱的机制，解释了为什么美国政府显然无法避开海外纠纷，即使总统的偏好和国家利益都指向不要干预。私人利益的政治影响力之大，常常意味着拒绝干预的国内政治成本，通常大大高于干预成本，而且显得紧迫得多。要求惩罚那些吞食美国财产的外国强盗式政府的呼声，特别能激起爱国热情，尤其是在冷战爆发之后。此外，美国政府一旦承诺要致力于保护美国利益，无论用什么手段，是设法维持政治和金融稳定，制裁征收财产的政府也好，还是设立富有同情心的管理体制也好，它都发现想要中途摆脱这些承诺实在太难。尽管，美国海外利益的所有者在海外的投资规模与国内的经济规模相比微不足道，但在历史上从来都难以忽视。

20世纪的干预分两个不同阶段展开。美国一有能力保护其公民海外产权，就立即将其派上用场。西奥多·罗斯福在"南锥"以外的大部分拉丁美洲地区创建了一个非官方的干预范围①，为了继续执行现有的承诺，迫使后来的几届政府进一步参与到海外纠纷中，直到大萧条的到来。大萧条瓦解了代表美国财产权持续进行外国干预的政治联盟。富兰克林·罗斯福充分利用局势之便采取了一系列体制措施，比如，开始从菲律宾撤回美国主权，结束对古巴和巴拿马的保护，与拉美国家签署互惠贸易协定等等，因而结束了第一个美国帝国。但是，即使是富兰克林·罗斯福，也无法消除驱动帝国陷阱的政治压力，一旦全球经济状况好转，这种压力就全面卷土重来。

第二次世界大战后，美国成为两个超级大国之一，在苏联势力范围之外几乎没有挑战者。在西欧，美国的主导地位体现在它是一个致力于阻止苏联扩张的"受邀请的帝国"。然而，在其他地方，私人利益迅速地认识到，他们可以调动这个新的、全球最强大的美国来保护他们的私人利益，就像他们战前一样。美国继续捍卫在海外的美国财产，还增添了新工具，比如，隐蔽行动、撤销贸易优惠待遇以及拒绝提供财政援助等等。第二个美国帝国"不请自来的"那部分的范围并不是无限的，但它现在遍及整个拉丁美洲、亚洲大部分岛国，以及非洲和中东的部分地区。事后，该体系运作良好，至少对自然资源投资者而言运作良好。然而，事前，这个体系非常不确定，迫使美国公司想出新的政治策略，旨在动员美国政府去处理每一次新的征收或投资争端。

代表美国投资者利益实施的帝国干预并没有衰退，而是被取代。新的制度缓慢兴起，主要是投资者对国家的仲裁和政治风险保险。除了与征收国政府合作，或背靠美国做后盾，与征收国政府对抗这两种选择外，这些制度还为海外投资管理人提供了第三种选择。仲裁过程很缓慢（故意安排的），而对外国政府提出索赔的公司并不总能打赢官司（也是故意安排的），但是，这个制度使得美国行政官员能够优雅地退出那种旷日持久的

---

① 南锥体地区（Southern Cone）指南美洲的巴西、巴拉圭、乌拉圭、阿根廷和智利。译者注。

对峙,从威廉·麦金利时代,到吉米·卡特的政府,无时无刻不被这种对峙所困扰。没有宏伟的设计,尽管该制度构建的设计者希望它能够将投资争端"去政治化",但是这个制度为投资者提供了一个更具确定性的解决他们诉求的方法。

## 阿根廷对"投资者诉国家"仲裁制度的挑战

然而,投资者诉国家仲裁制度带来了两个隐形缺陷。首先是其执行机制取决于被起诉的国家之外存在某种"抵押品"。这并不意味着这个制度没有执法手段。实际上,这个制度的形成使得在拒不付款的情况下可以查封许多资产:(1)被征收资产本身的收入来源;(2)由征收国拥有和控制的境外实体所获得的商业资产,经营活动或者收入来源;以及在有限条件下的(3)财产征收国在外国司法管辖区发行的主权债务。问题在于并不是每个投资争端所涉及的国家都有这些弱点可利用。

第二个缺陷是,投资者诉国家仲裁制度的正当性受到了2001年后许多财产征收案件性质的威胁。问题并不是欧美民众支持外国政府征收他们同胞财产的权利。西班牙的民意调查显示,77%的公众认为,2012年阿根廷征收西班牙人拥有的YPF是"不合理的",60%支持对阿根廷的"报复"。第二次民意调查发现,58.5%的人支持将阿根廷提交仲裁;54.1%也支持贸易制裁。2007年,委内瑞拉将美国的石油投资国有化时,美国没有进行民意调查,但几乎没有证据表明美国的民意支持乌戈·查韦斯。当然更没有证据表明美国公众舆论反对石油公司使用投资者诉国家仲裁程序来获得赔偿。

棘手的是,并不是每一个外国财产争端(从政治角度来看)都像征收自然资源投资那样明明白白,因为,很多是外资公用事业的合同纠纷。一些公共政策的变化在美国境内可能完全合法,(例如,费率调控上的变化，或服务要求的变化），但按照大多数双边投资条约和许多特许权合同的规定，这些公共政策变化都是被有效禁止。其结果就是，美国公司和欧洲公司为索要（并赢得！）赔偿，政府起诉外国政府的奇观行为，在国内却完全不起眼。

这些诉讼削弱了投资者诉国家仲裁制度的合法性。在这样的仲裁出现之前，让美国政府对运输公司或电力公司不利的价格管制做出回应非常困难。这种价格管制可以追溯到第一次世界大战之前：当时墨西哥和巴西政府都严格管理外国铁路和电力公司；在墨西哥，价格管制使公司到了破产的地步。然而，美国政府却没有回应。原因很简单：某些政府做的事，与美国联邦政府和不同州政府在国内正在做的事一模一样，要试图说服或迫使美国政府采取行动反对做了这些事情的他国政府，必定会引起政治上的抵制，因此，美国国内管制的受益者抗议任何将外国类似法规非法化的企图，担心它会在国内将事态扩大，使一些人得寸进尺。（反对外国征收自然资源投资的行动，正如我们所看到的，却没有在国内引发反弹。）政府和国会偶尔担心"潜在的征收"，但是，美国只在像1963年的巴西那样，政府没收电力公用事业而不给任何补偿的情况下采取了行动。然而，这种政治限制并不适用于新的制度。

阿根廷为投资者诉国家仲裁存在的问题提供了一个最清晰的例子。20世纪90年代初在卡洛斯·梅内姆（Carlos Menem）领导下，阿根廷政府将许多公共服务私有化，从供水到电信到港口。1998年，阿根廷陷入经济衰退：接下来的三年里国内生产总值下降8.7%，失业率从12.1%激增至18.1%。2001年底，经过三年艰苦熬人的衰退后，终于绷不住了，国家经济彻底崩溃，迫使政府打破比索与美元的一对一关系。2002年的经济进一步萎缩了10.9%，比索兑美元汇率下跌了三分之二。阿根廷政府以"比索化"作为回应，其中与美元挂钩的利率合约，以一对一的比率，兑换成比索，然后被冻结起来。面对120万人失业和大部分人口突然损失三分之二的购买力（以美元计算），冻结公用事业费率（包括国内天然气价格）

是完全合理的。如果坚持合同的条文，那会要求在经济萧条时期名义利率增加三倍。

在这种情况下，冻结利率可以理解，但是，却在该国引发了一大波国际投资争端解决中心仲裁的浪潮。阿根廷2001年案后的46起仲裁案件中，有32起是2001年货币贬值政策的直接后果。此外，阿根廷债券持有者试图在该法庭起诉阿根廷拖延主权债务以扩大国际投资争端解决中心的职权范围。如果把这3起案件加进去的话，那么46起案件中有35起案件（76%）是由萧条时期经济危机，及其因此导致的货币贬值引发的。实际上，这次危机造成的案件数量甚至更多，因为其余的11起案件中，有4起是取消采购或建筑合同。例如，与优利系统公司（Unisys）签订的司法部IT系统现代化改造的合同被取消，与英波基诺公司（Impregilo S.p A.）签订的修建一条高速公路的项目被放弃（见表11.1）。路易斯·威尔斯（Louis Wells）打了一个扣人心弦的比方，他把向阿根廷追索赔偿的外国公司比作一名房屋油漆工，尽管房子在他的工作完成之前就被烧毁了，但他还是起诉房主索要工钱。"面临经济大厦正在崩塌的政府，在案件进入仲裁之前，一般都没有解除对外国直接投资者的任何合同义务"。

阿根廷政府的回应是以守为攻，也就是对该制度的合法性提出质疑。在一个重提"卡尔沃主义"的论点中，阿根廷人拒不接受用双边投资条约的权利取代《宪法》，坚持要求索赔人在上诉到国际法庭之前必须先用尽所有当地的解决办法。阿根廷政府甚至更直截了当地首先否认"公共服务"属于国际投资争端解决中心的职权范围。"如果承认国际投资争端解决中心在这个领域的管辖权，就等于授予了它和它所保护的公司决定公共政策的权利"。无论如何，阿根廷政府2001年后还从未支付任何一个国际投资争端解决中心裁决的索赔款。

阿根廷政府强硬立场的背后最具讽刺意味的是，在仲裁中，阿根廷政府实际上并不都是吃大亏。在2001年以后的案件中，有33起是2012年8月之前裁定的。阿根廷赢得了8起，即24%。在这八起中，仲裁赢得了5起。2起被撤销，还有1起（针对英国天然气集团的起诉）被美国地方法院推翻。它输了9个（27%），但是，9个输案中的5个仍然在撤销听证而未决。如果将这5项纳入尚未确定的类别，那么，阿根廷的胜率将达到32%，而失败率仅为16%，其中有52%庭外和解结案。根据苏珊·弗兰克（2007年以前）的研究，国际投资争端解决中心的案件政府赢得了58%，投资者赢得了38%，其余部分为庭外和解。如果按照这个标准，阿根廷在仲裁案件中赢得不算少。

**表11.1  2001年以来对阿根廷提起的仲裁案**

| | 提交日期 | 判决或终止日期 | 裁定撤销日期 | 政府得到结果 | 数额 | 行业 |
|---|---|---|---|---|---|---|
| CIT 集团 | 2004.02.27 | 2009.05.12 | | 赢 | 零 | 租赁 |
| Impregilo S.p.A. | 2008.10.15 | 2011.07.21 | | 赢 | 零 | 公路建设 |
| Metalpar and Buen Aire | 2003.04.07 | 2008.06.06 | | 赢 | 零 | 汽车 |
| TSA 光谱 | 2005.04.08 | 2008.12.19 | | 赢 | 零 | 电信 |
| Wintershall A.G. | 2004.07.15 | 2008.12.08 | | 赢 | 零 | 天然气石油生产 |
| 英国天然气集团 | 2003.04.25 | 2007.12.24 | | 推翻 | $1.853亿 | 供气 |
| 安然和Ponderosa Assets | 2001.04.11 | 2007.05.22 | 2010.07.30 | 撤销 | $1.062亿 | 天然气运输 |
| Sempra 能源 | 2002.12.06 | 2007.12.28 | 2010.06.29 | 撤销 | $1.282亿 | 供气 |
| AES 公司 | 2002.12.19 | 2006.12.03 | | 解决 | 无 | 供电 |
| Aguas Cordobesas, Suez, and Sociedad Gen'l de Aguas de Barcelona | 2003.07.17 | 2007.01.24 | | 解决 | 无 | 供电 |
| BP 美国 | 2004.02.27 | 2008.08.20 | | 解决 | 无 | 油气特许权 |
| 卡穆齐国际（Camuzzi） | 2003.04.23 | 2007.01.25 | | 解决 | 无 | 供电 |

## 第十一章 21 世纪的帝国陷阱

| | 提交日期 | 判决或终止日期 | 裁定撤销日期 | 政府得到结果 | 数额 | 行业 |
|---|---|---|---|---|---|---|
| 卡穆齐国际（Camuzzi） | 2003.02.27 | 2007.6.21 | | 解决 | 无 | 供气 |
| CGE 阿根廷 | 2005.02.04 | 2009.7.28 | | 解决 | 无 | 供电 |
| Electricidad 阿根廷和法国电力 | 2003.08.12 | 2月5日① | | 解决 | 无 | 供电 |
| 能源公司(Enersis) | 2003.07.22 | 2006.03.28 | | 解决 | 无 | 供电 |
| 法国电信 | 2004.08.26 | 2006.03.30 | | 解决 | 无 | 电信 |
| 天然气 SDG | 2003.05.29 | 2005.11.11 | | 解决 | 无 | 供气 |
| 泛美能源（BP） | 2003.06.06 | 2008.08.20 | | 解决 | 无 | 油气特许权 |
| 先锋自然资源 | 2003.06.05 | 2005.06.23 | | 解决 | 无 | 油气特许权 |
| RGA 美国再保险公司 | 2004.11.11 | 2006.09.14 | | 解决 | 无 | 财务再保险 |
| Saur 国际 | 2004.12.07 | 2006.04.07 | | 解决 | 无 | 供水与排污 |
| Telefonica | 2003.07.21 | 2009.10.02 | | 解决 | 无 | 电信 |
| 优利公司 Unisys | 2003.10.15 | 2004.10.26 | | 解决但未付款 | $800万 | 信息服务 |
| Azurix | 2001.10.23 | 2006.07.14 | 2009.09.01 | 输 | $1.652亿 | 供水与排污 |
| CMS 天然气 | 2001.08.24 | 2005.05.12 | 2007.09.25 | 输 | $1.332亿 | 配气 |
| 大陆灾害保险公司 | 2003.05.22 | 2008.09.05 | 2011.09.16 | 输 | $280万 | 保险 |
| Impregilo S.p.A. | 2007.07.25 | 2007.07.25 | 2011.06.21 | 输 | $2130万 | 供水 |
| EDF 法国电力，Saur and Leon | 2003.08.12 | 2012.06.11 | 待定 | 输 | $1.361 | 配电 |
| El Paso 能源国际 | 2003.06.12 | 2011.10.31 | 待定 | 输 | $4300万 | 油气特许权 |
| LG&E 能源 | 2002.01.31 | 2007.07.25 | 待定 | 输 | $5740万 | 天然气配送 |
| 国家电网有限公司 | 2003.04.25 | 2008.11.03 | 待定 | 输 | $5360万 | 输电 |
| 西门子 | 2002.07.17 | 2007.02.06 | 待定 | 输 | $2.378亿 | 信息服务 |
| 资产回收信托 S.A. | 2005.06.23 | | | 待定 | 未决 | 收集合同 |

① 原书如此。译者注。

|  | 提交日期 | 判决或<br>终止日期 | 裁定撤<br>销日期 | 政府得<br>到结果 | 数额 | 行业 |
| --- | --- | --- | --- | --- | --- | --- |
| AWG 集团有限公司 | 2003.07.17 |  |  | 待定 | 未决 | 供水与排污 |
| Azurix（门多萨） | 2003.12.08 |  |  | 待定 | 未决 | 供水与排污 |
| 戴姆勒克莱斯勒维修 A.G. | 2005.11.04 |  |  | 待定 | 未决 | 租赁 |
| Giordano Alpi 及其他 | 2008.07.28 |  |  | 待定 | 未决 | 债券持有人 |
| Abaclat | 2007.02.07 |  |  | 待定 | 未决 | 债券持有人 |
| Giovanni Alemanni 及其他 | 2007.03.27 |  |  | 待定 | 未决 | 债券持有人 |
| Hochtief Aktiengesellschaft | 2007.12.18 |  |  | 待定 | 未决 | 公路建设 |
| 美孚阿根廷 | 2004.08.05 |  |  | 待定 | 未决 | 天然气生产 |
| Suez, Sociedad General de Aguas de Barcelona S.A.，以及 Interagua Servicios Integrales de Agua S.A. | 2003.07.17 |  |  | 待定 | 未决 | 供水 |
| Suez, Sociedad General de Aguas de Barcelona S.A., and Vivendi Universal S.A. | 2003.07.17 |  |  | 待定 | 未决 | 供水 |
| Total S.A. production Urbaser S.A. 以及 Consorcio de Aguas Bilbao Biskair，Bilbao | 2004.01.22 |  |  | 待定 | 未决 | 供气 |
| Biskaia Ur Partzuergoa | 2007.10.01 |  |  | 待定 | 未决 | 供水 |

数据来源：Noel Maurer and Gustavo Herrero, "YPF—the Argentine Oil Nationalization of 2012," Harvard Business School case no. 713-029, June 30, 2012, p. 18.

## 第十一章 21世纪的帝国陷阱

投资者诉阿根廷的结案条款并没有正式公布，但已知的足以做一些概括。首先，他们大部分都是公共服务部门，其中5起（31%）是电力，3起（20%）是天然气生产和经销，2起（13%）是供水和污水处理系统，另外2起（13%）是电信。最后一个是前面提到的优利公司的合同。与AES达成的和解包括电费：AES公司拥有多个发电厂，一旦阿根廷联邦议会和布宜诺斯艾利斯省立法机构批准了新的电费协议，AES就撤诉了。泛美能源（英国天然气公司的子公司）就国内碳氢化合物合同的"比索化"和征收石油出口税向国际投资争端解决中心提起诉讼。泛美能源在丘布特省同意重新谈判勘探和开发特许权，足以补偿联邦政府的价格冻结之后，撤销了索赔申诉。

阿根廷之所以能采取强硬立场，因为它没有多少资产或收入来源可供外国法院扣押。不像委内瑞拉或厄瓜多尔，阿根廷国家没有出口型的大公司。即使在限制主权豁免的规定下，其中央银行储备也是受保护的。在法国，法院临时扣押了阿根廷的银行账户，迫使阿根廷驻巴黎大使馆从其大使的个人账户中提取现金给员工发工资，但这一决定很快就被推翻了。在美国，一位联邦法官裁定：不能扣押阿根廷航空公司的飞机，即使该航空公司属于国有，那是因为它已经破产而被国家拥有。阿根廷当然难以进入外国资本市场，但到了2013年年中，阿根廷并不需要大规模进入外国资本市场。

阿根廷显然对司法行为有豁免权，导致美国和欧盟将国家制裁重新纳入投资争端。2011年9月，针对阿根廷在Azurix和CMS Gas的案件中拒绝赔偿，巴拉克·奥巴马总统宣布阿根廷"并没有真诚地以有利于美国所属企业的方式执行仲裁裁决。"之后，奥巴马政府开始投票反对给阿根廷发放所有信贷，停止发放从美洲开发银行2.3亿美元贷款开始，直到阿根廷向Azurix和蓝岭支付为止。2012年4月，奥巴马总统根据《1974年贸易法》使用其权力，根据普惠制方案暂停阿根廷的免税配额。这一行动使阿根廷出口额减少了4.77亿美元，使出口商每年损失1,700万美元（主要是奶酪、糖果和皮革制品）。

阿根廷成功藐视国际投资体制对其后危机案件做出的裁决，这种行为造成了道德危机。在2001年到2002年的合同纠纷中，正义和常识站在阿根廷这一边。但在2012年的石油征收中，它从YPF的西班牙拥有人雷普索尔（Repsol）手中没收了51%的YPF石油公司股份，这时的阿根廷根本也不占理。雷普索尔给自己的股息非常高，这当然也是事实。在1999年至2011年期间，支付率相当于净收入的98.1%，总数达到169亿美元，其中，雷普索尔就拿走150亿美元。该公司的债务在整个期间增长了275%。减少投资影响了生产：YPF的石油产量下降了42.5%，天然气下降了31%，与竞争对手相比，表现明显糟得多：公司原油的市场份额从40%下降到34%，天然气从32%下降到23%。阿根廷经济部长阿克塞尔·基西洛夫（Axel Kicillof）把雷普索尔的政策说成是"把YPF当奶牛，他们不停地挤奶，一直把它挤到死"，他这么说也不失公允。

然而，阿根廷的政策也是造成雷普索尔投资减少和石油产量下降的大部分原因。阿根廷征收出口税，将石油的有效出口价格限制在每桶42美元。其影响就是阻止了出口，并挑拨离间了阿根廷油价与国际价格之间的关系，而2011年，YPF以每桶56美元的价格在国内销售原油，价格为世界油价的一半。此外，政府的政策公然怂恿YPF发放高额分红。在前总裁内斯托尔·基什内尔（Nestor Kirchner）的许可下，雷普索尔将YPF25%

的股权出售给了阿根廷埃斯凯纳齐（Eskenazi）家族。作为该交易的一部分，YPF承诺将从2008年起的十年期内将90%的净利润以红利的方式分配给股东。

YPF是国际投资争端解决中心应该去政治化那类征收纠纷中最经典的一例，投资者的问题在于，YPF的产品主要是在国内市场销售，这意味着，如果阿根廷拒绝支付未来的仲裁裁决款，那么，它很难获取YPF的收入来源。因此，西班牙政府严禁进口阿根廷的生物柴油。这一举措给阿根廷一个重要行业带来了巨大的冲击：2011年，阿根廷向西班牙消费者出售了9.906亿美元的生物燃料。（西班牙也在2011年停止发放价值约400万欧元的对阿根廷的援助，不过停发这些援助是该国总体紧缩的一部分，是针对所有外国援助的受援国的。）欧洲议会通过了一项要求制裁阿根廷的决议来支持西班牙。从理论上讲，欧盟可以对其每年104亿美元的出口额上制裁阿根廷，但在实践中，欧盟委员会缺乏采取这一步骤的法定权力。然而，5月25日，欧洲联盟向世界贸易组织提起诉讼。该诉讼并没有直接涉及国有化，而是抗议阿根廷实施的进口许可证制度，但观察人士认为，国有化在做出起诉的决定中扮演了关键角色。

换句话说，阿根廷政府利用仲裁体系中缺陷的方法，并没有让"卡尔沃主义"起死回生，而是又回到了20世纪的70年代，那时，投资争端被政治化，强国利用外交和经济强势来维护公民的财产权利。欧盟由于宪政结构多样，权力划分模糊，因而玩这个游戏要比美国难，但雷普索尔却动员了西班牙和欧洲政府（因为欧盟也可以被称为政府）代表它去制裁阿根廷。制裁的回归代表了自1965年以来缓慢建立的国际体系正在渐渐地日薄西山。如果更多国家步阿根廷后尘，那么这个国际体系就会崩溃。

## 拉丁美洲的强烈反弹

阿根廷的阵痛产生了一个令人担忧的催化效应，更加激发了人们对整个投资者与国家之间仲裁制度的反对。这种强烈反弹表现为两种形式。第一种是非政府组织和激进团体展开了小规模但声势不断壮大的动员活动。2011年10月，一个激进团体联盟将国际投资争端解决中心称之为"一个对跨国公司有罪不罚的架构……既破坏了发达国家的又破坏了发展中国家的主权和宪法、民主治理和各国人民的利益"。挪威政府对国内压力做出了回应，它引入了一套新的投资条约范本，这一范本在该制度目前所提供的保护中占据主导地位。不久之后，澳大利亚也进而仿效。当玻利维亚退出国际投资争端解决中心时，来自世界59个不同国家的八百多个公民组织致信世界银行行长表示支持。

强烈反弹表现的第二种形式，是多个拉美国家从这个体系中退出。玻利维亚和厄瓜多尔分别于2007年和2009年退出。2012年1月24日，委内瑞拉宣布委内瑞拉也将退出。厄瓜多尔总统拉斐尔·科雷亚（Rafael Correa）发表声明说：国际投资争端解决中心"是殖民主义的象征，对跨国公司，对华府，对世界银行，极尽奴颜婢膝之能事"。厄瓜多尔总统有点自私——他的政府对抗西方石油的最大仲裁案就是一场典型的投资争端——但是批评家们提出了一些问题，直指该制度合法性的要害所在。根据现行制度，只有外国投资者可以提起诉讼，而东道国不能因为外国投资者未能遵守特许权协议而质疑他们。此外，这个制度是高度保密，而且仲裁员大多来自美国或英国，因此整体上高度整齐划一。

从短期来看，拉丁美洲多国退出国际投资争端解决中心引起的后果将是微不足道。当前，厄瓜多尔和委内瑞拉在国际投资争端解决中心的仲裁案件不会受到影响。此外，双边投资条约将继续有效，即使当事人不得不使用临时仲裁而不是国际投资争端解决中心。委内瑞拉政府已经宣布将来不会支付国际投资争端解决中心做出的任何裁决款，因为，委内瑞拉是主要的石油出口国，并以希戈集团的形式在美国拥有数十亿美元的商业资产，这种口头威胁属于空洞无物。

但从长远来看，大规模退出国际投资争端解决中心的后果相当严重。的确，国际投资争端解决中心及其世界银行的同行——多边投资担保机构（MIGA）仍然存在，而私人保险公司已经加入了公共机构，也在提供政治风险保险。但问题在于，如果要提供与"投资者诉国家仲裁"所提供的同等水平的保护，政治风险保险的保额必须大大超过目前的保额。而政治风险保险的私人市场正在接近其极限。因此，投资者除了向本国政府求助外，几乎没有其他选择。现在，代表私人投资者利益进行干预的战略成本，要比冷战时期低得多，因为没有敌对的超级大国集团，重蹈古巴覆辙的可能性微乎其微。如果本书说出了一点什么道理的话，那就是：民主政府发现自己很难忽视保护公民在海外的财产的呼声。

## 回到未来？

如果管理投资者与国家关系的现有机构消失了，世界会是什么样子呢？历史为我们提供了指南……但当代的例子也能引以为鉴。人们经常提到的一个例子就是中华人民共和国，毫无疑问，中国是国际投资争端解决中心的成员国，所以它的行为并不能作为完美的证明。但是，这个例子却告诉我们：中国在接受其投资的国家几乎从未遇到财产征收的纠纷（虽然我们尚不明确国际投资争端解决中心的判决是否可以在中国法院执行）。宋前儒（音译）和罗德里格·瓦格纳（Qianru Song and Rodrigo Wagner）认为，其中的原因是，中国一直都愿意惩罚，而且是狠狠地惩罚那些侵占中国财产的国家。宋前儒和罗德里格·瓦格纳引用了中国政府用法外手段回应某起贸易争端的一个例子："当阿根廷对制造业（特别是来自中国的制造业）施加贸易壁垒时，中国在几周内就做出了回应：停止购买阿根廷大豆油，给该行业造成重大损失；因为差不多有两年的时间，阿根廷无法把这些大豆油出口到其他地方。"宋前儒和罗德里格·瓦格纳发现，中国在中国的贸易容易受到制裁国家中的非贸易品投资数量较大，（而非贸易品投资恰好是目前投资者与国家之间仲裁制度提供保护最少的投资类型，）这与他们的假设是一致的。即便如此，由于缺少中国以压倒性的制裁回应投资争端的案例，我们很难确切地证明中国投资比其他国家的投资更政治化。

巴西与邻国的经济关系更好地说明了在当前投资体制崩溃时，政治和外国投资之间可能会是一种什么关系。巴西不是国际投资争端解决中心的成员国，签署的双边投资条约也寥寥无几（而获批准的一个也没有），但巴西公司的投资却遍及南美洲。近年来，巴西政府对巴西在邻近国家的投资采取了非常实际的做法。2009年7月，巴西与巴拉圭就两国共享的伊泰普大坝的收入签订了慷慨的分配协议，这么慷慨的原因，不是由于巴拉圭的压力，而是巴西希望给予其南部邻国一个坚实的后盾，毕竟分给巴拉圭大坝收入的一大半，要比给外援计划投票来得容易。伊泰普——巴拉圭大坝总经理卡洛斯·马提奥·巴尔梅利（Carlos Mateo Balmelli）解释说："如果邻居又穷又无能力，对于巴西来说，是太不方便了。"巴西总统迪尔玛·拉索夫（Dilma Rouseff）的特别外交政策顾问马可·奥雷利奥（Marco Aurelio）在2011年4月2日重申："支持邻国对巴西来说是无价的，这就是为什么我们同意每年向巴拉圭支付的金额从1.2亿美元增加到3.6亿美元。"

2009年11月，也就是在巴西同意给予巴拉圭更大份额的大坝收入的两个月后，巴西上演了一个拉萨多尔行动（Operation Laçador）。拉萨多尔行动是一场有八千名士兵参加的演习，目的是在巴拉圭和巴西爆发战争期间"解放"伊泰普大坝。而真实目的乃"司马昭之心路人皆知"，那就是要向"巴拉圭发出强有力的信息"。巴西南方司令部负责人何塞·埃利托·卡瓦略·西奎拉（Jose Ellito Carvalho Siquiera）对巴西报纸说："遮

## 第十一章　21世纪的帝国陷阱

遮掩掩的日子已经结束了。今天我们必须证明我们是领导者，而且重要的是，我们的邻居了解这一点。我们决不能继续回避军演，继续回避展示我们的强大，展示我们的存在，并且我们有能力应对任何威胁。"巴拉圭外交部部长莱拉·拉希德（Leila Rachid）私下对美国外交官说，"阿莫林（巴西外交部部长）正在推动一个旨在将美国在南美的影响降至最低并强调巴西主导地位的议程，这是她强烈反对的一个方针，因为这意味着巴西可以不受约束地控制巴拉圭的命运"。拉希德不仅对大坝感到不安，而且使她更为不安的是，巴西为捍卫定居在巴拉圭的35万巴西人的利益而继续积极干涉。

巴西在邻国玻利维亚与帝国陷阱的逢场作戏的行为更为明显。当玻利维亚总统埃沃·莫拉莱斯（Evo Morales）于2006年5月1日将巴西拥有的天然气资产收归国有时，巴西总统路易斯·"卢拉"·达席尔瓦（Luis "Lula" Da Silva）的第一个反应就是平静接受。用美国外交官的话说，巴西总统"发表了一个温和得令人惊叹的公开声明……，承认玻利维亚所做的事情是按其主权行事，但是重申巴西将采取行动保护……巴西石油公司的利益"。政府息事宁人的做法让卢拉看到国内民众是多么心痛，特别是在玻利维亚派军队占据气田之后。美国外交官指出，"卢拉和他的外交政策团队此刻应该如坐针毡，糟得不能更糟了。玻利维亚士兵进驻巴西石油井架的画面，对于巴西各阶层来说，就如同发生在眼前，令人极度反感，并且在许多人看来，这将是对卢拉政府所谓巴西领头的'区域一体化'新时代的神话给予的一种莫大谴责。事实上，在巴西报业和老百姓的想象中，卢拉越来越被看作是被他的'hermanos（兄弟）'查韦斯和莫拉莱斯算计、操纵和欺骗了"。由巴西国家石油公司引发的众怒持续高涨。"最大的新闻杂志（猛烈抨击）卢拉总统的首席外交政策顾问们处理玻利维亚事件的方式，一度给他们贴上了'穿着羊皮的绵羊'的标签"。

随后，巴西政府掉转方向，并威胁报复。巴西谈判代表驳斥了莫拉莱斯对价格上涨的要求，拒绝接受由于管理上的控制造成的损失。之后，巴西还威胁要停止为玻利维亚的天然气出口付款。卢拉的副外交顾问马塞尔·比亚托（Marcel Biato）说："这是一场扑克牌游戏。"最终，玻利维亚撤销了这个国有化项目：最终的解决办法仅仅是小幅增税而已，从总收入的50%增加到67%至75%，视天然气价格而定。 一场轰轰烈烈的民族主义征收运动变成了一个不起眼的加税行为。

这个剧本在2007年和2008年上演两次。2007年，玻利维亚国有化了巴西石油公司的炼油资产。巴西政府气愤地坚持强硬立场并提出了1.12亿美元的赔偿。同年，巴西毫不隐讳地施压，迫使埃沃·莫拉莱斯修改土地改革法，有效地豁免了边境地区一万五千名巴西定居者。2008年，当天然气收入再次引发争议时，巴西外交部长塞尔索·阿莫林（Celso Amorim）威胁说，这一次他的政府准备"必要时与玻利维亚的东部省长直接接触"。巴西国防部长之后做了同样的声明。当时，玻利维亚的东部省长公然威胁要从玻利维亚分裂出去；这里隐含的意思不言自明。

说明帝国陷阱奏效最准确无误的案例来自厄瓜多尔。圣弗朗西斯科水电大坝的问题导致厄瓜多尔政府取消了与巴西奥德布莱希特建筑公司（Odebrecht）签署的价值2.43亿美元的合同。厄瓜多尔总统拉斐尔·科雷亚（Rafael Correa）出动一支部队强占了圣弗朗西斯科大坝，同时还没收了一个灌溉工程、一个水力发电厂、一条高速公路以及奥德布莱希特正在修建的一座机场。奥德布莱希特的官员逃到巴西大使馆需求庇护。最终的结果是巴西召回了其大使。外交部部长塞尔索·阿莫林说："大使何时回基多（厄瓜多尔首都），尚无计划。"接着巴西威胁要取消所有的发展贷款和信贷。这时，厄瓜多尔政府退缩了，巴西大使于2000年1月重返基多。在第二个投资争端中，厄瓜多尔首先确保不激怒巴西人。2010年，巴西国家石油公司拒绝厄瓜多尔政府提出的合同变更，也就是将产品分成协议变更为服务合同，按每桶收取一定的提成。2008年，当这些变化被提出时，巴西国家石油公司在其年度报告中写道：合同变更将使其资产的回收价值减少1.743亿美元。厄瓜多尔改写合同使巴西国家石油公司的收入（按2008年价格计算）每年减少2,500万美元。2012年，厄瓜多尔同意向巴西国家石油公司赔偿2.17亿美元。

不管卢拉总统有什么样的意识形态上的偏好，巴西政府发现，巴西已在三个邻国卷入了投资争端。在玻利维亚和厄瓜多尔，巴西政府积极干预巴西公司与外国政府之间的纠纷。但玻利维亚和巴拉圭的案情有可能会引起特殊的麻烦，因为，这两个国家有大量巴西侨民，而且数量还在不断增加，另外，除了保护对外直接投资，巴西利亚还有其他多重利益要考虑。"如果允许承担投资者与国家之间仲裁的国际机构分崩离析，可能会有什么后果？"对于这个问题，巴西过去十年的阵痛给我们做出了一个警示性的回答。像中国和印度这样的区域性强国可以很轻松地扮演帝国的角色。

如果我们允许投资者与国家之间争端的现行管理体制失去其合法性，就会出现很多风险，但是，外国投资风险的持续上升——至少在采掘业中投资风险是持续上升的——并不在其中。如果保护投资者的国际机构失去执行机制，或者在其他方面失去效力，那么，大国的投资者仍然会受到很好的保护而不受较小国家政府的强取豪夺或投机取巧的烦扰。然而，此类保护将来自投资者影响或操纵本国外交政策的能力——换句话说，就是帝国陷阱。美国第一帝国和第二帝国的历史表明，因失去保护外国投资的机构而面临风险的，不是国际投资者，而是国家外交政策的独立性。